KB166641

1

한 권으로 끝내는 그누위즈의

HTML5 & CSS3
웹 디자인 입문 + 활용

| 세로스크롤형
사이트 만들기 | 풀페이지형
사이트 만들기 | 가로스크롤형
사이트 만들기 | 반응형 웹
사이트 만들기 |

한 권으로 끝내는 그누위즈의
HTML5 & CSS3 웹 디자인 입문 + 활용

세로스크롤형, 풀페이지형, 가로스크롤형, 반응형 웹 사이트 만들기!

초판 1쇄 인쇄 | 2022년 11월 10일
초판 1쇄 발행 | 2022년 11월 25일

지 은 이 | 윤성훈, 정지영, 정동진
발 행 인 | 김병성
발 행 처 | 앤써북

주 소 | 경기도 파주시 탄현면 방촌로 548
전 화 | (070)8877-4177
팩 스 | (031)942-9852
등 록 | 제382-2012-0007호
도 서 문 의 | answerbook.co.kr

I S B N | 979-11-979489-7-8 13000

이 책은 저작권법에 따라 보호받는 저작물이므로 무단 전재와 무단 복제를 금하며,
이 책 내용의 전부 또는 일부를 사용하려면 반드시 저작권자와 앤써북 발행인의 서면동의를 받아야 합니다.

※ 책값은 뒤표지에 있습니다.
※ 잘못된 책은 구입한 서점에서 바꿔 드립니다.

안내 드립니다!
• 이 책에 내용을 기반으로 실습 및 운용 결과에 대해 저자, 소프트웨어 개발자 및 제공자, 앤써북 출판사, 서비스 제공자는 일체의 책임 지지 않음을 안내드립니다.
• 이 책에 소개된 회사명, 제품명은 각 회사의 등록 상표 또는 상표이며 본문 중 TM, ©, ® 마크 등을 생략하였습니다.
• 이 책은 소프트웨어, 플랫폼, 서비스 등은 집필 당시 최신 버전으로 설명하였습니다. 단, 독자의 학습 시점에 따라 책의 내용과 일부 다를 수 있습니다.

저희 그누위즈는 현재까지 수백여 개의 홈페이지를 제작하고 웹 프로그래밍 관련 강의와 실무에서 다양한 작업들을 하고 있습니다. 아마 저 뿐만이 아니라 많은 분들이 웹 디자인을 공부함에 있어서 가장 기본적이고도 중요한 시작 단계는 HTML과 CSS를 배우는 단계라고 생각할 것입니다. 저도 몇 년 전 HTML, CSS 공부를 처음 시작할 때 온라인과 오프라인을 가리지 않고 열심히 찾아다니며 공부했던 기억이 있습니다. 제가 그 때 공부하면서 느꼈던 생각들과 현재 웹 관련된 일을 하면서 신입이나 입문자들이 확실한 기초를 잡을 수 있는 HTML, CSS 관련 책이 필요하다는 것을 절실하게 느꼈습니다. 그래서 이 책은 HTML과 CSS를 처음 시작하는, 즉 전문 웹 디자이너를 목표로 하는 입문자들을 대상으로 하여 집필하였습니다.

우선 웹 디자이너란 직업은 결코 쉽지 않은 길이라고 생각합니다. 시간이 지날수록 새롭고 편리한 웹 디자인의 스타일, CSS의 신기술들이 하루가 다르게 쏟아지기 때문에 끊임없이 자기 개발을 필요로 하는 아주 고독한 싸움이 될지도 모릅니다. 웹 디자이너가 되려면 나름의 노력과 경험이 필요한데, 그 첫걸음이 바로 책을 통함 배움입니다. 이 책에서 웹 디자이너가 되기 위해 첫걸음을 내딛고 어엿하게 제 몫을 해내는 웹 디자이너로 성장한 여러분과 어딘가에서 만날 수 있기를 기대합니다.

이 책이 나오기까지 저뿐만 아니라 제 주위에 계신 많은 분들의 여러 가지 많은 아픔과 노력과 희생이 있었습니다.

우선 항상 옆에서 많은 응원과 격려를 해준 사랑하는 우리 부모님과 가족에게 사랑과 감사의 마음을 전하고 싶습니다. 힘들 때마다 옆에서 의지가 되는 우리 친구들 그리고 이 책을 완성도 높은 책으로 만들기 위하여 출판 기획과 편집을 맡아주신 앤써북 임직원 여러분께 감사의 말씀을 전합니다.

여기까지 오기 위해 현업에서 함께 혹은 다른 곳에서 일하면서 웹 사이트 구축에 대한 여러 가지 고민을 했던 여러 동료 선후배분들과 SIR 회원님들, 제가 운영하고 서비스하고 있는 그누위즈(gnuwiz.com)의 여러 회원님들에게도 감사드립니다.

마지막으로 말없이 묵묵히 많은 것들을 지원해 주었던 사랑하는 나의 아내 min, 그리고 우리 가족이 된 귀여운 공주 soyi에게 이 책을 바칩니다.

저자 윤성훈

그동안 실무와 프리랜서 강의를 하면서 얻은 HTML&CSS에 대한 노하우를 담은 책을 출판하여 웹이라는 분야를 저자들이 좀 더 쉽게 배우고 꿈을 키워 나갈 수 있도록 도움을 주는 사람이 되고자 하는 꿈이 있었습니다.

그러한 꿈을 앤써북 그리고 공동 저자 두 분과 함께 이뤄나갈 수 있어 기뻤고, 처음 집필하여 미흡한 부분도 있었을 건데 항상 애정 어린 충고를 통해 보완할 수 있도록 도와주셔서 감사합니다.

같은 시기에 결혼하고 같이 재미나게 늙어가는 우리 논팸 항상 애정하고, 지금의 제가 있기까지 언제나 아낌없이 응원해주는 엄마, 아빠 사랑합니다.

끝으로 묵묵히 옆에서 외조하면서 항상 믿어주고 아껴주는 나의 남편 수에게 이 책을 바칩니다.

저자 정지영

예제 소스 다운로드 방법

각 장에서 작성하는 예제 소스 파일은 다음 3가지 방법으로 다운로드 받을 수 있습니다.

방법 1 그누위즈(gnuwiz.com) 홈페이지 접속 –〉 BOOK 메뉴 –〉 HTML5&CSS3 메뉴에서 다운로드 가능합니다.

방법 2 깃허브(GitHub) https://github.com/gnuwiz/HTML_CSS_Book 에 접속하여 다운로드 가능합니다.

방법 3 앤써북(answerbook.co.kr)에 접속한 후 [도서별 독자 지원 센터]–[HTML5&CSS3 웹디자인 입문+활용] 게시판에 접속하여 'HTML5&CSS3 웹 디자인 입문 + 활용〉 책 소스 및 정오표입 니다' 게시글을 클릭하면 안내에 따라 다운로드 가능합니다.

source — ch01 ch02 ch03 ch04 ch05

ch06 ch07 ch08 ch09 ch10

ch11 ch12 ch13 ch14 ch15

ch16 ch17 ch18 ch19 ch20

etc01 etc02

모르면 물어봐 1:1 Q&A 게시판 이용 방법

교재를 보면서 궁금한 사항을 Q&A 게시판에 올려주시면 최대한 빠른 답변을 얻을 수 있습니다.

❶ 저자가 운영하는 GNUWIZ 커뮤니티 사이트(gnuwiz.com)에 접속한 후 [BOOK] 메뉴를 클릭합니다.

❷ HTML5&CSS3 게시판에 교재를 보면서 궁금한 사항을 올려주시면 최대한 빠른 시간에 답변을 얻을 수 있습니다.

강의자료(PPT) 요청 방법

강의자료(PPT 파일)는 채택된 도서에 한하여 교수 · 강사 · 교사에게만 제공되며, 최소한의 절차를 통해서 제공됨을 양해바랍니다.

강의자료(PPT 파일)를 다운로드하기 위해서는 앤써북(answerbook.co.kr)에 접속한 후 [자료 요청] 게시판의 '강의 자료(PPT) 요청 안내 사항' 게시글을 참조하시기 바랍니다.

• https://cafe.naver.com/answerbook/1707

부록 파일 다운로드 받는 방법

이 책의 부록은 앤써북 공식 카페를 통해 "별책 부록. PDF" 파일로 제공됩니다.

Appendix 01 Chapter 12 예제 10개
Appendix 02 트렌지션과 애니메이션
Appendix 01 실전에 앞서

다운로드 받을 수 있는 QR코드입니다.

• https://cafe.naver.com/answerbook/4719

CONTENTS

CONTENTS

CONTENTS

CONTENTS

CONTENTS

CONTENTS

Part 03 HTML & CSS 한 걸음 나아가기

CONTENTS

CONTENTS

01

HTML 시작하기

이번 파트는 웹 사이트의 기본적인 개념과 HTML 기본문법 , 웹 문서의 다양한 내용입력, HTML 입력양식(form) 작성하기 그리고 HTML의 다양한 요소에 대한 설명을 위한 파트입니다.

Chapter

00

들어가기에 앞서

이번장에서는 본격적인 HTML, CSS 문법공부를 하기 전에 웹 사이트의 기본 개념과 웹 사이트의 구조, 웹 브라우저의 종류에 대해서 알아보겠습니다. 그리고 초보자에게는 좀 여러운 내용이 될수 있지만 웹 표준과 웹 접근성, 크로스 브라우저에 대해서도 간략하게 설명을 하도록 하겠습니다.

01 웹 디자이너에게 HTML&CSS가 필요한 이유

우선 저자의 이야기를 잠시 하고자 합니다. 저자는 Java, JSP, HTML, PHP, Javascript, Python 순으로 여러 가지 프로그래밍 언어를 접했습니다. 그중에서도 HTML, CSS는 지금도 다양한 애플리케이션의 시각적인 뼈대를 만드는 중요한 언어로 사용하고 있는데, HTML&CSS는 강의도 여러 번 할 정도로 저한테는 아주 중요한 언어라고 할 수 있습니다.

저자가 HTML&CSS를 접한 건 2016년쯤으로, 웹 디자인 및 개발을 본격적으로 시작한 것 또한 2016년부터입니다. 그때 처음으로 HTML&CSS를 익히고, 기타 서버 사이드 언어들을 공부하며, 시간이 지나면서 디자인과 개발에 대한 지식도 쌓이고 다양한 프로젝트를 진행하면서 여러 가지 기술을 접했습니다.

요즘 웹 디자인은 간단한 포토샵이나 일러스트 툴을 통해서 다양한 애플리케이션의 시안을 만들거나, 아이콘을 만드는 등의 일에서 벗어 난지 오래되었습니다. 웹 디자이너라고 한다면 포토샵, 일러스트는 기본으로 다룰 줄 알아야하고, HTML&CSS를 사용하여 다양한 애플리케이션을 만드는데 있어, 웹 표준 방식으로 코딩하여 시각적으로 중요한 뼈대를 구성할 줄 알아야합니다. 대부분의 애플리케이션은 이처럼 HTML, CSS, Javascript를 함께 사용하여 서비스되고 있으며, 웹 디자이너의 시장은 엄청나게 큰 시장이라고 할 수 있습니다.

아이들이 국가의 미래이듯 신규 웹 디자이너, 개발자들은 개발 시장의 미래인데, 저자는 그들이 신규 웹 디자이너로 시작하는데 도움이 되고자 많은 웹 디자인 인력을 필요로 하는 HTML과 CSS를 교재로 출간하게 되었습니다.

02 코딩? 코딩을 배우는 방법

인터넷 환경이 보편화 되면서 코딩의 중요성이 날로 높아지고 있습니다. 애플의 창업자 스티브 잡스, 조 바이든 미국 대통령 역시 코딩의 중요성에 대해 언급했습니다. 특히 미국의 조 바이든 대통령은 전문대학과 직업훈련기관에 대한 지원을 강화하면서 코딩교육을 확산하고 있습니다.

02-1 코딩이란?

코딩이란 컴퓨터 프로그래밍의 다른 말로, HTML, CSS, C언어, PHP, Java, Python 등과 같은 컴퓨터 언어로 프로그램을 만드는 것을 말합니다. 쉽게 말하면 컴퓨터와 의사소통을 할 수 있는 방법을 배우는 것입니다. 인공지능이 일상의 중요한 부분이 되면서 우리나라를 포함해 많은 국가에서 코딩 교육을 의무화하고 있습니다. 4차 혁명 시대에는 인공지능 로봇, 드론, 빅데이터 등이 활성화되면서 일상생활에 가져다주는 많은 변화 때문에 앞으로 새롭게 생겨날 미래 직업과 일자리에서 코딩 능력이 있는 인재들의 수요가 계속해서 늘 것으로 보입니다.

이 중에서 우리가 알아볼 언어는 HTML(Hypertext Markup Language)이라는 마크업 언어인데 HTML은 웹 문서를 만들기 위해 사용하는 기본적인 웹 언어의 한 종류로 하이퍼텍스트를 작성하기 위해 개발된 언어입니다.

HTML은 문서의 글자크기, 글자색, 글자모양, 그래픽, 문서 이동 등을 정의하는 명령어로 홈페이지를 작성하는 데 사용되며, HTML에서 사용하는 명령어는 '태그'라고 하며, 꺽쇠 괄호'◇'를 사용하여 나타냅니다. 이렇게 HTML로 작성된 문서는 웹 브라우저가 해석해 사용자에게 보여지게 됩니다.
처음 프로그래밍을 공부하기 위해 많은 프로그래밍 언어 중 어떤 언어를 공부해야 하는지 많은 고민을 하지만, 첫 번째 언어로 공부하기에 HTML을 선택하는 것이 가장 좋다고 생각됩니다.

프로그래밍을 처음 접하는 사람에게 HTML을 추천하는 이유 첫 번째는 쉽게 배울 수 있다는 점입니다. HTML은 앞으로 배우는 다양한 프로그래밍 언어보다 쉽고, 문법을 배우는데 다소 쉽기 때문에 쉽게 접근해서 배울 수 있다는 장점이 있습니다.

02-2 코딩을 공부하는 방법

이번 단락에서 이야기하고 싶은 것은 웹 디자이너가 지양해야 할 공부법입니다. 모두가 알다시피 공부법은 사람마다 다르기에 어떻게 공부해야 한다는 것보다, 어떤 공부법을 지양하는 것이 좋다는 것을 알려주는 것이 좋다고 생각했습니다.

(1) 다양한 태그 및 목록 외우기

여러 가지 HTML&CSS 책을 보다 보면 HTML태그 및 CSS속성 목록이 몇 가지 수록되어 있는 경우가 있습니다. 그리고 그것을 마치 영어 단어 외우듯이 공부하는 경우를 본 적이 있을 것입니다. 태그는 태그를 사용하는 방법, 해당 태그가 어떤 내용을 작성하고, 결과는 어떤지에 대한 내용이 포함되어 있는데 이것을 몽땅 외우는 것은 잘못된 공부 방식입니다.

마크업 언어의 태그와 스타일시트 언어의 속성들은 영어단어와는 다릅니다. 우리가 알아야 할 것은 그저 태그의 이름, 해당 스타일 속성에 어떤 것들이 존재하는가를 알고, 그것을 언제 사용하는지만 알면 됩니다.

그럼 HTML 태그와 CSS의 속성값은 어디서 볼까요? 그건 바로 HTML, CSS의 공식 홈페이지에서 태그 목록이나 사용하고자 하는 속성을 확인하면 됩니다. 실제로 웹 디자인을 하면서 코드를 작성하는 일 이외에 하는 것은 검색, 그리고 다양한 예제와 공식 문서를 보는 것입니다. 따라서 HTML과 CSS 관련된 모든 것들은 구글이나 네이버에서 간단한 검색으로 확인할 수 있기 때문에, 꼭 영어 단어 외우듯이 할 필요는 없습니다.

(2) 코드를 똑같이 따라만 하기

HTML 태그나 CSS 스타일을 적용하는 코드에 대한 이해 없이 그저 작동하는 것으로만 넘어가게 된다면 그건 제대로 공부가 되지 않았다고 이야기할 수 있습니다. 우리가 언어를 배울 때 언어의 설계자가 왜 이렇게 언어를 구성했는지 이해하는 것처럼 코딩을 할 때도 원본 코드의 작성자가 어떤 의도를 가지고 이렇게 구성했는지를 이해하는 것은 상당히 중요합니다. 그래야만 나중에 혼자 애플리케이션을 만들 때 써먹을 수 있기 때문입니다.

가장 나쁜 예시 중 하나는 깃허브(Github)에 있는 이미 웹 디자인이 되어있는 소스코드를 그대로 복사 붙여넣기 한 다음 코드를 분석해보거나 이해하려는 노력하나 없이 코드를 실행해보고 안 되면 누군가에게 질문을 던지는 것입니다. 그렇다면 이 코드를 정말 내 것이라고 말할 수 있을까요? 코드에 대한 이해 없이 그저 어떻게든 작동만 되게 하고자 하는 것은 그저 타자연습을 하는 것으로 끝나게 됩니다.

(3) 직접 코드를 작성하지 않고 머리로만 이해하기

예를 들어 책이나 인터넷 강의를 통해 공부를 할 때 대부분은 예제 코드가 있기 마련입니다. 그런데, 그러한 예제 코드를 머리로만 이해했다고 해서 넘어간다면 직접 손으로 동일한 코드를 짜야 할 때 애먹을 수 있습니다. 직접 손으로 코드를 타이핑하고 이해를 하면서 넘어가는 것과 손은 가만히 놔둔 채 머리로만 이해하고 넘어가는 것은 질적으로 전혀 다른 이야기입니다.

예전에 강의를 할 때 학생들을 통해 여러 번 목격한 경험이 있는데, 머리로는 이해했지만 정작 문제를 주고 코드를 작성해보라고 했더니 손을 움직이지 못하는 학생들이 많았습니다. 오히려 가르치면서 코드를 짜고 설명한 저자가 더 공부가 되었을 정도였는데, 이렇게 되고 싶지 않다면 컴퓨터나 코딩을 할 수 없는 환경과 같은 제한적인 상황을 제외하고는 예제를 직접 손으로 작성해보지 않고 넘어가는 것은 지양하도록 하는 것이 좋습니다.

(4) 반복하며 이해하기

책이나 강의를 한 번만 듣고 모든 지식을 내 것으로 만들기란 매우 어렵습니다. 그래서 반복해서 강의를 듣는 것이 중요한데, 새로 시작한다는 마음으로 다시 한 번 책이나 코딩 강의를 처음부터 끝까지 들어보는 것이 좋습니다. 듣다 보면 분명 "이런 내용이 있었어?" 하는 부분이 생길 것이고, 또한 처음 들었을 때는 잘 이해가 가지 않은 부분이 전체를 한 번 다시 들어서 이해가 되는 부분도 생길 것입니다. 새로 공부한 내용도 확인할 겸, 뽕(?)도 뽑을 겸, 무한 반복해서 보는 것이 좋습니다.

(5) 언어의 문법과 이론만 공부하기

여기서 말하고자 하는 것은 분명합니다. 문법과 이론 공부만 하지 말고 작은 포트폴리오 프로젝트라도 시작하라는 의미입니다. 문법과 이론만 알아서는 웹 디자인을 만들어낼 수 없으며, 내가 공부한 문법과 이론을 어떤 상황에 어떻게 적용하는지를 공부하기 좋은 것이 바로 프로젝트를 해보는 것입니다.

이는 사람마다 순서가 조금씩 다를 수 있는데, 어떤 사람은 언어에 대한 깊은 이해보다는 튜토리얼을 통해 간단하게 언어를 익히고 프로젝트를 먼저 해보며 실무적인 감각을 익혀보기도 하고, 어떤 사람은 책을 먼저 보고 언어에 대한 이해를 조금 더 깊게 한 후 프로젝트를 하기도 합니다. 저자는 후자에 속하지만 전자처럼 한다고 해도 큰 문제가 되진 않습니다.

아무리 좋은 책을 가지고 공부를 하더라도, 계속 책만 보거나 기본적인 코드만 작성해본다면 실력을 늘리는 것에는 한계가 있습니다. 설령 언어에 대한 이해가 부족하더라도 프로젝트를 하면서 이해를 해나갈 수 있을 것이고, 처음부터 언어를 완벽하게 이해할 수는 없으며 애초에 HTML, CSS 언어는 마스터하는 것이 불가능하다는 생각을 가지고 공부를 해야 합니다. HTML, CSS 언어는 파면 팔수록 깊은 것들이 나오기 때문에, 저자는 이러한 언어를 완벽하게 마스터하는 것은 굉장히 어려운 일이라 생각합니다.

(6) 나만의 색을 입히자

혹시 책이나 강의를 다 들었을 때, 강의 예제 코드와 내 코드가 100% 일치하나요? 그렇다면 여기에 본인만의 색을 입혀보는 것이 좋습니다. 즉, 변경 가능한 태그나 속성으로 HTML 구조와 스타일 등을 내가 취향에 맞게 바꾸는 것입니다.

프로젝트 시 간단한 HTML과 CSS부터 바꾸다 보면 화면 구성이 바뀌면서 더욱 흥미가 생길 것입니다. 예를 들어 정적인 웹 페이지를 반응형 웹 페이지로 바꿔보는 것도 좋습니다. 나만의 색을 입히는 것의 장점은 코딩 실력도 늘지만, 복제품 같은 결과물이 아닌 나만의 색이 담긴 소중한 나만의 결과물이 나온다는 것입니다.

(7) 깃허브(Github)에 올리기

몇 년 전까지만 하더라도 코딩을 배우는 사람들은 그 결과물들을 개인 블로그 등에 포스팅하였습니다. 하지만 요즘은 Github를 사용하여 본인의 개인 작업물을 업로드합니다. 실제로 실무에서는 Github를 포트폴리오에 제출하거나, Github를 사용할 줄 아는가, 모르는가에 따라 협업이 필요한 웹 디자이너 채용에도 일부분을 차지하곤 합니다.

따라서 코딩을 본인 로컬 환경에서만 작업하고 있다면, 당신의 코딩 프로젝트를 Github에 올려보는 것이 좋습니다. 교재를 실습하면서 코드를 추가하고, 매 단락마다 커밋을 하면 됩니다.

Github에 프로젝트를 올리는 것은 장점이 매우 많습니다. 우선, Github에 올리면 웹상에 본인의 작업물이 공개되는 것이기 때문에 README도 열심히 꾸미고, 커밋도 꾸준히 하게 됩니다. 즉, 억지로라도 열심히 공부하게 된다는 것입니다. 부가적으로 열심히 공부하고 커밋 하다 보면 내 Github의 풀밭도 짙어질 것입니다.

그리고 Github의 가장 큰 장점은 Github에 코딩 프로젝트를 올릴 때마다 하나의 참고용 프로젝트가 늘어나게 된다는 것입니다. 다른 프로젝트를 진행하면서 이전 프로젝트를 코딩할 때 사용했던 방식을 떠올리며 이전 코드를 참고할 수 있습니다. 이런 프로젝트들이 한두 개씩 늘어나면, 문제가 생겼을 때 참고용 프로젝트를 통해 빠르게 문제를 해결할 수 있게 될 것입니다.

(8) 마치며

머지않아 우리나라에서도 웹 디자이너, 웹 개발자를 외국에서 들여와야 할 정도로 인력 부족 현상이 생길 것입니다. 지금 평균 정도 보수를 받고 있다면 틈틈이 자기개발을 하다 보면 아주 가까운 시일 내에 기업들에서 서로 초빙하려고 하는 날이 올 것입니다.

곧 HTML, CSS가 사라질 언어가 될까 봐 배우기를 망설이고 있는 사람이 있다면 이렇게 이야기해 드리고 싶습니다. 지금 공부 할 HTML, CSS는 이미 수십 년간 사용되고 있는 언어입니다. 지금 막 공부를 시작하고, 배우더라도 아마 우리 세대가 늙어서 키보드 누를 힘도 없어지는 날이 와도 HTML, CSS는 살아 있을 것입니다.

03 코딩 프로그램 설치

코딩 프로그램에는 정말 좋은 프로그램이 많이 있습니다. Editplus, Sublime Text, Atom, aptana, Notepad++, 메모장?! 등 정말 다양합니다. 하지만 프로그램의 기능이 좋거나 사용하기 편리할수록 거의 대부분 유료라는 것이 작은 단점이 될 수도 있을 듯합니다. 정말 필요하다면 유료 결제를 해도 되겠지만 무료로 사용할 수 있는 프로그램이 있다면 굳이 그럴 필요가 없습니다. 교재에서 사용하는 코딩 프로그램 비주얼 스튜디오 코드는 무료로 사용할 수 있습니다.

개인적으론 비주얼 스튜디오 코드는 웹 프로그래밍에 입문하기에 적합한 에디터라고 생각합니다. 비주얼 스튜디오 코드는 국내의 웹 프로그래밍을 직업으로 하는 분들은 한 번쯤은 사용했을 정도로 마이크로소프트에서 개발되어 배포 중인 유명한 에디터 프로그램입니다. 그렇다 보니 프로그램의 사용방법 등 인터넷에 검색하면 수많은 웹 문서가 나올 정도로 인지도나 입지가 크다고 할 수 있습니다. 또한 설치 방법이 간단하고 다른 프로그램 보다 가볍습니다.

우리는 가볍고, 사용방법이 쉽고, 친숙한 한글 프로그램인 비주얼 스튜디오 코드를 교재에서 사용하도록 하겠습니다. 물론 다른 프로그램을 사용해도 되지만 비주얼 스튜디오 코드에 익숙해진다면 나중에 다른 프로그램들을 사용하더라도 금방 익숙하게 사용할 수 있을 겁니다.

03-1 비주얼 스튜디오 코드(VS Code) 다운로드 및 설치

비주얼 스튜디오 코드는 마이크로소프트에서 오픈소스로 개발 중인 코딩 프로그램입니다. 윈도우, 리눅스, 맥 등 메이저 OS를 지원하고 있으며 2021년 StackOverflow 개발자 설문에서는 가장 인기 있는 통합 개발 환경으로 꼽히기도 했습니다.

1 비주얼 스튜디오 코드를 설치하려면 먼저 공식 홈페이지(https://code.visualstudio.com)에서 설치 파일을 다운로드 받아야합니다.

◆ 비주얼 스튜디오 코드 공식 홈페이지 (https://code.visualstudio.com)

2 다운로드 버튼을 클릭하면 다운로드 페이지로 이동합니다. 교재에서는 일반적으로 많이 사용하는 윈도우 용 설치 파일을 다운로드하여 진행하도록 하겠습니다.

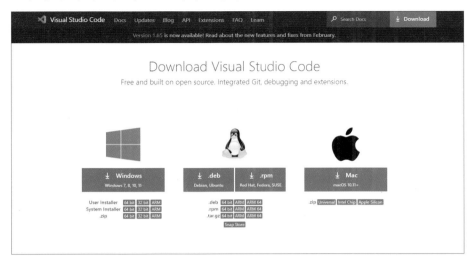

◆ 운영체제에 따른 설치 파일 다운로드

3 다운로드한 비주얼 스튜디오 코드 설치파일을 실행 후, 라이센스 관련 동의 체크 후 "다음"을 클릭합니다.

◆ 비주얼 스튜디오 코드 라이센스 동의

4 추가 작업 설정 후 "다음"을 클릭하여 설치를 진행합니다.

❶ 아이콘 추가 : 바탕 화면에 VSCode 아이콘이 생성됩니다.

❷ 두 번째, 세 번째 "code(으)로 열기" : 폴더나 파일을 VSCode로 바로 열 수 있도록 마우스 우클릭 메뉴에 code(으)로 열기를 표시해 줍니다.

❸ VSCode를 기본 편집기로 사용하고 싶은 경우 체크합니다.

❹ PATH에 추가 : 명령 창(CMD, 파워셸 등)에서 code를 입력하면 VSCode가 바로실행 됩니다.

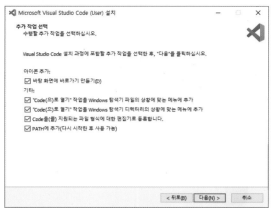 

◆ 비주얼 스튜디오 코드 설치 설정 ◆ 비주얼 스튜디오 코드 설치 화면

 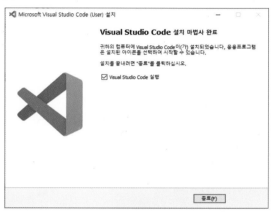

◆ 비주얼 스튜디오 코드 설치 진행 화면 ◆ 비주얼 스튜디오 코드 설치 완료

5️⃣ 정상적으로 설치가 완료 되었다면, 비주얼 스튜디오 코드를 실행 해보도록 하겠습니다.

◆ 비주얼 스튜디오 코드 실행 화면

03-2 비주얼 스튜디오 코드(VS Code) 확장 프로그램 설치하기

확장 플러그인(Extension) 설치 방법

1 좌측 사이드바 하단의 확장 플러그인(Extension) 아이콘 버튼( )을 클릭합니다.(단축키: Ctrl +
Shift + X)검색하기 전에는 현재 설치되어 있는 확장 플러그인을 확인할 수 있습니다.

◆ 비주얼 스튜디오 코드 확장 플러그인 설치 방법

2 사용하고자 하는 확장 플러그인을 검색합니다.

◆ 비주얼 스튜디오 코드 확장 플러그인 설치 방법

3 설치(Install) 버튼을 눌러 설치합니다.

◆ 비주얼 스튜디오 코드 확장 플러그인 설치 방법

비주얼 스튜디오 코드에서 모든 확장 플러그인 설치 방법은 같습니다. 이어서 확장 플러그인 종류에 대
해서 알아보도록 하겠습니다.

확장 기능 검색 창에 'korea'를 입력합니다.

◆ Korea Language Pack for Visual Studio Code 확장 플러그인

기본적으로 비주얼 스튜디오 코드는 기본이 영문버전으로 되어 있습니다. 한국어 버전으로 비주얼 스튜디오 코드를 사용 할 수 있도록 설정해주는 확장 플러그인입니다.
한국어 이외에도 각 국의 언어별 버전의 확장 플러그인을 설치할 수 있습니다.

Auto Close Tag

◆ Auto Close Tag 확장 플러그인

비주얼 스튜디오 코드에서 코드 작성 시, 여는 태그와 닫는 태그를 일일이 직접 입력해야합니다. 하지만 Auto Close Tag 플러그인를 설치하면 여는 태그만 입력하면 자동으로 닫는 태그가 완성됩니다. 예를 들어, 〈div〉만 입력해도 〈/div〉 가 자동으로 완성됩니다.

Auto Rename Tag

◆ Auto Rename Tag 확장 플러그인

여는 태그와 닫는 태그 중 하나를 수정하면 동시에 다른 한쪽 태그도 자동으로 수정되는 플러그인 입니다. 예를 들어, 여는 태그를 〈div〉를 〈section〉으로 수정하면 닫는 태그도 〈/div〉에서 〈/section〉으로 수정됩니다.

Color Highlight

◆ Color Hightlight 확장 플러그인

비주얼 스튜디오 코드에서 색을 설정하는 마크업을 할 때 rgb 또는 16진수의 색상 코드로 입력하면 해당 색상 코드의 색상을 배경 색상으로 표시되어 무슨 색인지 바로 알 수 있어서 직관적인 파악이 가능합니다.

Indent-rainbvow

◆ indent-rainbow 확장 플러그인

코드를 작성할 때 구조가 복잡한 경우 한 개의 구조를 찾기 어렵거나 하위까지 복잡하게 들여쓰기 되어지는 경우가 있습니다. 이때, 4가지의 다른 색상으로 번갈아가며 들여 쓰기의 상태를 쉽게 파악할 수 있어 가독성을 주는 플러그인입니다.

Path Intellisense

Path Intellisense 확장 플러그인

CSS, JS 파일이나 이미지 등 경로를 지정할 때 자동으로 경로를 보여주는 확장 플러그인입니다. 〈img〉 태그 나 background-image에서 이미지 경로를 찾을 때 편리합니다.

Live Server

◆ Live Server 확장 플러그인

코드를 입력하면 실시간으로 브라우저에 바로 반영되어 확인 가능하도록 해주는 가상 서버입니다. 실행 방법은 Alt+L을 누른 후, Alt+O를 누르면 브라우저 창이 띄어집니다. 코드가 추가되거나 수정되면 확인할 때마다 브라우저에서 새로고침을 하지 않아도 되므로 편리하게 코딩을 할 수 있습니다.

Beautify

◆ Beautify 확장 플러그인

에디터 내 코드를 이쁘게 정리해주는 확장 플러그인입니다. 코드를 작성하다 보면 들여쓰기, 내어쓰기가 정리 되어 있지 않아 가독성이 떨어지는 경우가 있습니다. 이럴 경우, 코드를 하나씩 정리하다보면 번거롭고 비효율적이므로 코드를 정리해주는 기능입니다.

03-3 비주얼 스튜디오 코드(VS Code) 환경 설정

❶ 미니맵(minimap) 비활성화

```
index.html  ×
C: › Users › user › Desktop › 🔴 index.html › ⬦ html
  1   <!DOCTYPE html>
  2   <html lang="en">
  3   <head>
  4       <meta charset="UTF-8">
  5       <meta http-equiv="X-UA-Compatible" content="IE=edge">
  6       <meta name="viewport" content="width=device-width, initial-scale=1.0">
  7       <title>Document</title>
  8   </head>
  9   <body>
 10
 11   </body>
 12   </html>
```

◆ 비주얼 스튜디오 코드 미니맵 활성화된 화면

비주얼 스튜디오 코드 기본 설정은 우측에 미니맵이 표시됩니다. 미니맵은 전체 코드를 보여주는 작은 썸네일 형태로 세로로 길게 늘어져 보이는 것입니다. 이러한 미니맵이 우측에 공간차지를 하여 코드를 보는데 불편함을 줄 수 있어 미니맵 표시를 비활성화로 설정하는 방법을 알아보도록 하겠습니다.

```
파일(F)  편집(E)  선택 영역(S)  보기(V)  이동(G)  실행(R)  ···        ● indext.html - Visual Stu...  ⬚⬚    ─    □    ×
  index.html    >minimap                                                        ②        ⧉  ···
C: › Users › Us   보기: 미니맵 토글                                     최근에 사용한 항목
  1   !DOC   View: Toggle Minimap                                              ⚙️        ①
  2   html 1
  3   <head>                                                                 ③
  4       <meta charset="UTF-8">
  5       <meta http-equiv="X-UA-Compatible" content="IE=edge">
  6       <meta name="viewport" content="width=device-width, initial-scale=1.0">
  7       <title>Document</title>
  8   </head>
  9   <body>
 10
 11   </body>
 12   </html>
```

◆ 비주얼 스튜디오 코드 미니맵 비활성화

❶ 원하는 명령어 보기창을 엽니다 (단축키 : `Ctrl` + `Shift` + `p`)

❷ 검색창에 "minimap" 입력합니다.

❸ 목록 중 "View:Toggle Minimap" 을 클릭합니다.

❷ 실시간 미리보기(Live Server) 브라우저 설정

앞에서 웹에서 실시간 미리 보기를 위해 확장프로그램인 Live Server를 설치했습니다. 이때, 기본 브라우저가 IE일 경우 기본 브라우저로 설정되어 있습니다. 책에서는 구글 크롬 브라우저에서 확인하는 것을 권장하므로 "구글 크롬"을 기본 브라우저로 설정하는 방법을 알아보도록 하겠습니다.

◆ 비주얼 스튜디오 코드 실시간 미리보기 브라우저 설정

❶ 환경설정 창을 엽니다 (단축키 : Ctrl + ,)
❷ 설정 검색창에 "live server"를 입력합니다.
❸ "Live Server Settings:Custom Brower" 목록 중 chrome을 클릭합니다.

❸ 뷰티(Beautify) 단축키 설정

앞에서 코드를 정리해주는 확장 플러그인인 Beautify를 설치했습니다. 설치 후, 사용하기 전에 단축키를 설정해주어야 합니다. 단축키 설정하는 방법에 대해 알아보도록 하겠습니다.

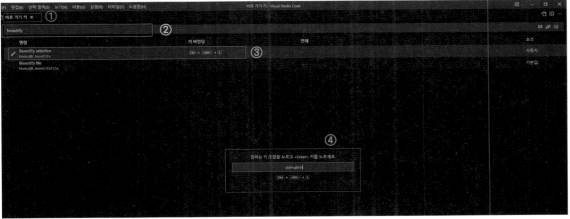

◆ 비주얼 스튜디오 코드 뷰티 단축키 설정

❶ 바로 가기 키 창을 엽니다. (단축키 : Alt + K 누른 뒤 Alt + S)
❷ 검색창에 beautify"를 입력합니다.
❸ 목록 중 "Beautify selection" 더블 클릭합니다.
❹ 단축키 설정 창에 Ctrl + Alt + L 을 동시에 입력한 뒤, Enter 키를 누릅니다.

이제 본격적으로 HTML, CSS 웹 디자인을 시작하기 위한 환경이 모두 갖추어졌습니다. 이상으로 크롬 브라우저와 코딩 프로그램 다운로드, 설치, 환경설정 과정을 모두 완료하였습니다.

웹 사이트 기본 알아보기

이번장에서는 본격적인 HTML, CSS 문법공부를 하기 전에 웹 사이트의 기본 개념과 웹 사이트의 구조, 웹 브라우저의 종류에 대해서 알아보겠습니다. 그리고 초보자에게는 좀 여러운 내용이될수 있지만 웹 표준과 웹 접근성, 크로스 브라우저에 대해서도 간략하게 설명을 하도록 하겠습니다.

01 웹 사이트란?

웹 사이트란, 인터넷상에 제공하기 위해 웹 서버에 저장된 콘텐츠나 서비스를 위한 웹 페이지들의 집합을 의미하고 홈페이지는 모든 웹 사이트에서 먼저 보이는 페이지 또는 첫 페이지를 말합니다. 그래서 홈페이지 제작보다는 웹 사이트 제작 또는 구축이라고 하는 것이 적절한 표현일 수 있습니다. 홈페이지가 우리나라에서는 기관 또는 단체의 웹 사이트를 지칭하는 용어로 사용되면서 홈페이지와 웹 사이트는 같은 의미로 쓰이는 경우가 많습니다.

01-1 웹의 개념

웹이란 World Wide Web의 줄임말로 WWW라고 부르기도 합니다. 정보의 그물망이라고 보면 되는데, 쉽게 말하면 웹은 인터넷에 연결된 사용자들이 정보를 공유할 수 있는 공간을 의미합니다.

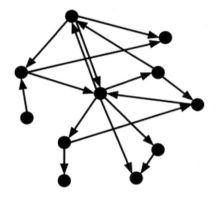

웹에서는 마크업 언어인 HTML을 사용하여 하이퍼텍스트 문서를 작성하고, 이 하이퍼텍스트 문서를 우리는 웹 페이지라고 부릅니다.

하이퍼텍스트란 문서 내부에 또 다른 문서로 연결되는 참조를 넣음으로써 웹상에 존재하는 여러 문서끼리 서로 참조할 수 있는 기술을 의미합니다. 이때 문서 내부에서 또 다른 문서로 연결되는 참조를 하이퍼링크라고 부릅니다.

웹에는 수많은 웹 사이트들이 있고 각각의 웹 사이트는 웹 페이지라는 것으로 이루어집니다. 웹 페이지에는 글, 그림, 동영상 등 수많은 정보를 담고 있고, 마우스로 클릭하면 해당 웹 페이지로 이동하는 링크들이 있습니다. 이러한 링크들을 통해 각각의 웹 페이지들이 서로 연결되어 하나의 웹 사이트로 구성되어 있습니다.

웹은 이렇게 작성된 수많은 웹 페이지들이 하이퍼링크를 통해 서로 연결되어 구성됩니다.
그리고 사용자가 웹 페이지에 포함된 하이퍼링크를 따라 다른 웹 페이지들로 계속하여 이동하는 것을 웹 서핑이라고 부르며, 이때 사용자가 웹 페이지를 눈으로 보고 사용하는 프로그램을 웹 브라우저라고 합니다.

01-2 웹 사이트의 종류(기업, 브랜드, 프로모션 등)

웹 사이트의 종류	
기업 (그룹)	기업 소개 및 투자정보 등 정보전달을 위한 목적으로 만든 사이트
브레드보드	브랜드 아이덴티티를 전달하고 제품 또는 서비스를 판매하는 목적으로 만든 사이트
쇼핑몰	제품 또는 서비스를 판매하기 위한 목적으로 만든 사이트
마이크로사이트	웹 사이트(부모사이트)의 범위 내에서 존재하지만 각기 개별적 사이트로 동작하면서 웹 사이트가 원하는 목적으로 수행하는 사이트 • 홍보 목적 : 특정한 날 목적으로 만들어진 마이크로사이트 • 상업 목적 : 제품 및 서비스 소개 또는 판매를 위해 만들어진 마이크로사이트

• 기업(그룹) 예시 _ 현대자동차(www.hyundai.com)

• 브랜드사이트 예시 _ 제네시스(www.genesis.com)

• 쇼핑몰 예시 _ 쿠팡 (www.coupang.com)

• 마이크로사이트 (홍보목적) _ 초록우산 70주년 홍보사이트(https://www.childfund.or.kr/70th)

• 마이크로사이트 (상업목적) _ 제네시스 G90(https://www.childfund.or.kr/70th)

02 웹 사이트의 구조

수많은 웹 사이트들은 다양한 디자인과 구조들을 가지고 있습니다. 그러나 실제로 내부를 들여다보면 흔히 우리가 접하는 웹 페이지는 위와 같은 구성으로 이루어져 있습니다. 〈div〉 태그로 모든 구조를 나누지 않고 위 시멘틱 태그들을 이용해 구조를 잡아주는 것이 좋습니다. 일반적인 웹 문서의 기본 섹션은 다음과 같습니다.

❶ header : 일반적으로 큰 제목과 로고 등이 있는 큰 영역으로 웹 페이지에서 주요 정보가 있는 곳입니다. 같은 웹 사이트내에서 다른 링크로 이동하더라도 해당 웹 사이트 상단에 항상 공통적으로 나타나는 부분입니다. 일반적으로 〈header〉 태그를 사용합니다.

❷ navigation bar : 필수 사항은 아니지만, 헤더와 함께 사용하는 것으로 대부분 메뉴버튼이나 링크, 탭으로 표현되는 영역입니다. 헤더와 같이 다른 페이지로 넘어가도 항상 웹 사이트의 상단에 나타나는 부분입니다. 일반적으로 〈nav〉 태그를 사용합니다.

❸ main content : 각각의 페이지마다 내용이 달라지며, 메인화면 중심에 콘텐츠를 보여주는 부분입니다. 〈main〉, 〈article〉, 〈section〉, 〈div〉 태그 등을 사용하여 다양한 콘텐츠를 표현할 수 있습니다.

❹ sidebar : 메인 콘텐츠의 왼쪽 혹은 오른쪽에 위치하며, 페이지마다 다르게 혹은 같은 내용을 보여주는 부분입니다. 주로 로그인 버튼, 광고 배너 등을 넣어서 사용하는 영역입니다. 일반적으로 〈aside〉 태그를 사용합니다.

❺ footer : 바로가기 메뉴, 저작권, 업체 정보 등을 보여주며 웹 사이트 하단에 위치하며, 페이지가 바뀌더라도 항상 같은 내용을 보여주는 부분입니다. 일반적으로 〈footer〉 태그를 사용합니다.

03 웹 브라우저 종류

웹 브라우저(Web Browser)란 사용자(클라이언트)가 웹 서버의 제공하는 문서, 이미지 및 오디오 등을 볼 수 있도록 해 주는 사용자 프로그램을 말합니다. 인터넷에서 제공하는 다양한 정보 및 기능을 사용하기 위해서는 이러한 프로그램인 웹 브라우저를 반드시 이용을 해야 합니다.

웹 브라우저에서는 웹 서핑에 필요한 다양한 기능을 제공합니다. 최초의 멀티미디어 웹 브라우저로는 모자익(Mosaic)이 있으며, 현재에는 웹 브라우저의 기능만큼이나 다양한 종류의 웹 브라우저가 있으며 대표적인 웹 브라우저는 구글의 크롬, 마이크로소프트의 인터넷 익스플로러 및 엣지, 애플의 사파리, 모질라 재단의 파이어폭스, 오페라 소프트웨어의 오페라가 있습니다.

◆ 다양한 웹 브라우저

· 구글의 크롬(Google Chrome)

2008년도 검색 시장의 절대 강자인 구글에서 크롬 웹 브라우저를 출시하였습니다. 크롬은 데스크톱, 태블릿, 모바일 기기 등 세계 시장에서 빠르게 점유율을 높여 갔습니다. 구글 크롬은 속도와 호환성에서 강력한 모습을 보여줍니다. 또 다양한 테마를 적용하거나 확장 프로그램을 설치하여 웹 브라우저에 기능을 향상 시킬 수 있습니다. 특히 안드로이드 스마트폰에 기본으로 장착된 웹 브라우저로서 2022년 현재는 가장 높은 우위의 시장 점유율을 차지하고 있습니다.

- 마이크로소프트의 인터넷 익스플로러(Internet Explorer)

우리가 일반적으로 가장 많이 알고 있는, 인터넷 익스플로러(Internet Explorer 이하 IE)은 마이크로소프트의 웹 브라우저입니다. IE에는 추천 웹 사이트, 바로 연결, 웹 조각, 개발자 도구, 자동 충돌 복구 기능 등이 있습니다. IE8은 '인터넷 익스플로러8 표준 모드'로 알려진 새로운 렌더링 모드를 포함하고 있으며, ActiveX 기능을 최소화하고 웹 표준을 준수하기 위해 대대적인 페이지 표시 환경을 수정했습니다. 이 밖에도 IE8에서는 하위 버전의 인터넷 익스플로러와의 호환성을 위해 IE7 버전으로 에뮬레이터 할 수 있는 기능을 추가로 제공합니다.

- 마이크로소프트의 엣지(Edge)

마이크로소프트는 2015년부터 인터넷 익스플로러의 업그레이드를 멈추고 윈도우 10부터 2020년 1월에 엣지 웹 브라우저를 출시하였습니다. 크롬 웹 브라우저와 같은 엔진을 사용하여 같은 기능을 대부분 제공합니다. 인터넷 익스플로러의 새로운 버전이고, PC뿐만 아니라 모바일에서도 사용할 수 있는 Microsoft Edge 웹 브라우저는 Mac, iPhone에서도 사용할 수 있습니다. 동영상 재생 및 PDF 기능을 기본적으로 포함하고 있습니다.

- 사파리(Safari)

2003년 7월에 Mac OS에서만 실행되는 애플에서 출시한 웹 브라우저입니다. 2007년 아이폰의 출시로 iOS에 탑재된 웹 브라우저 시장 점유율을 조금씩 높여 갔습니다. 사파리의 다른 기능으로는 보안 브라우징, 웹 페이지의 저장 및 이메일 전송, 북마크 검색 기능이 있고, 다양한 운영체제를 지원하였으나 애플은 2012년 5.1.7 버전을 끝으로 사파리 웹 브라우저의 윈도우 지원을 중단하였습니다.

- 파이어폭스(Firefox)

웹 브라우저 초창기 강자인 넷스케이프를 만들었든 넷스케이프 커뮤니케이터가 모질라(Mozilla) 재단으로 사명을 변경하고 2002년도 오픈 소스로 파이어폭스 웹 브라우저를 출시하였습니다. 다른 웹 브라우저 보다 W3C(World Wide Web Consortium)의 표준 권고안을 가장 충실히 따라 만들었고 또한 개인 정보 침해 없이 빠른 속도로 웹 사이트를 탐색할 수 있는 웹 브라우저입니다.

- 오페라(Opera)

1994년부터 오페라 소프트웨어에서 개발이 시작되어 1996년 출시가 되었습니다. 웹 브라우저에는 자체 내장 VPN 기능이 있어 개인 정보 보호를 위한 최고의 웹 브라우저입니다. 다른 브라우저와 마찬가지로 확장 프로그램을 설치하여 더 다양한 추가 기능을 추가할 수 있습니다. 다른 웹 브라우저보다 프로그램 크기가 작고 화면 출력 속도가 빠르다고 알려졌지만 현재 시장 점유율은 상당히 낮은 상태입니다.

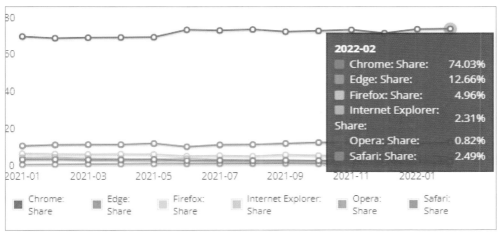

◆ 웹 브라우저 2022년 2월 점유율 (netmarketshare.com)

04 웹 표준과 웹 접근성

04-1 웹 표준

웹 표준이란 정의는 W3C에서 권고안을 의미하면 웹 브라우저를 만들거나 인터넷 홈페이지를 만들 때 지켜야 되는 표준을 의미합니다. 예를 들어서 W3C에서 권고하지 않은 기능을 특정한 웹 브라우저에서만 기능이 되었을 때 같은 코드이지만 다른 웹 브라우저에서는 그 기능이 실행되지 않습니다. 인터넷 초장기에는 그런 일들이 조금씩 있었지만 지금은 대부분의 웹 브라우저는 W3C 권고안을 성실히 준수하여 같은 코드는 동일하게 웹 브라우저에서 실행이 됩니다.

HTML은 다른 컴퓨터 언어와 비교했을 때 관대한 실행 결과를 볼 수 있습니다. 다른 컴퓨터 언어들은 코드가 잘 못 구현이 되면 즉각적인 에러가 발생이 되지만 HTML은 그 부분만 빼고 실행이 되는 특징이 있었기 때문에 이러한 이유로 좀 더 빨리 기술적인 확산이 되었다고 생각을 하고 있지만 최근에는 좀 더 다양해진 웹 환경에 적용되는 어려움이 있습니다.

1996년 W3C는 웹에서 구조화된 문서를 전송할 수 있는 설계된 표준화 텍스트 형식인 XML(eXtensible Markup Language)을 출시하였습니다. XML은 HTML의 단점을 보완하고자 나온 기술이고 매우 엄격한 문법 기준을 가지고 있는 언어입니다. XML은 사용자가 새로운 태그를 정의할 수 있는 기능이 추가되었습니다.

2000년 이후에 W3C는 좀 더 합리적인 XML의 기능을 추가한 HTML4.01이 버전업 하여 발표합니다. 실제 개발하는 입장에서는 느슨한 HTML 문법이 좋겠지만 실질적으로 실행되는 환경인 컴퓨터는 입장에서는 그렇게 좋은 기능이 아니었기 때문에 XML형식의 HTML4.01이 발표가 되었습니다. 시간을 거듭하여 W3C는 2014년 10월 28일 HTML5 표준안을 확정했다고 발표를 합니다. 특히 HTML5는 특정한 플러그인(가능)에 의존하지 않고 웹 페이지를 구현하는 기능을 제공하는 것이 목표입니다. 대부분의 웹 브라우저는 HTML5의 새로운 요소를 지원하고 있습니다. 특히 추가된 태그는 header, footer, aside, figure, section, article 등이 있습니다.

CSS(Cascading Style Sheets)는 1996년 12월에 처음 발표되었습니다. HTML은 웹 사이트의 몸체를 담당을 하고 CSS는 옷과 액세서리처럼 꾸미는 역할을 담당한다고 할 수 있습니다. CSS는 HTML에 코드 안에 정의할 수도 있고 또 따로 확장자 CSS로 작성하여 웹 사이트에 적용할 수 있는 기능이 제공되며 웹 사이트의 전체적인 디자인 분위기를 일관성 있게 유지할 수도 있고 효율적으로 작업할 수 있는 기능이 제공됩니다. CSS는 W3C의 표준 기술이기 때문에 대부분의 웹 브라우저에서는 동일한 웹 사이트의 화면을 제공합니다.

웹 표준의 장점	
속도개선	HTML로 웹 문서를 다양하게 설계하려면 여러 제약이 따르고, 또 각 요소에 속성을 하나하나씩 지정을 해주어야 하지만 CSS로 지정해 두면 한가지 요소만 변경해도 전체 페이지의 내용이 한꺼번에 변경되므로 문서 전체의 일관성을 유지할 수 있고 작업시간도 단축됩니다.
컨테츠와 CSS 분리	HTML과 CSS로 문서를 분리하여 제작하게 되면 불필요한 코드가 줄어들기 때문에 페이지 로딩 시간이 빨라지고 CSS의 내용 수정만으로 손쉽게 모든 디자인 수정이 가능합니다.
검색엔진 최적화	웹 표준으로 구현하여 HTML 코드를 중요도에 맞게 구조화하고 깨끗하게 정리된 코드를 만들어내면 검색엔진에 효율적으로 노출되도록 최적화되어 검색엔진이 올바르게 검색할 수 있습니다.
웹 접근성 용이	웹 표준을 이용해 작성한 문서는 거의 모든 브라우저(PC, 스마트폰, 테블릿, 장애인 지원용)에서 쉽게 읽을 수가 있습니다. 또는 글을 읽고 이해하는 것이 어려운 환경 등 각기 다른 환경의 대부분의 사용자들이 웹 사이트의 컨텐츠를 쉽게 인식하고 서비스를 편리하게 이용할 수 있도록 만들어 웹 접근성을 높일 수 있습니다.

알아두세요! W3C

W3C(World Wide Web Consortium)는 웹을 위한 표준을 개발하고 장려하는 조직으로 팀 버너스 리를 중심으로 1994년 10월에 설립되었다. W3C는 회원기구, 정직원, 공공기관이 협력하여 웹 표준을 개발하는 국제 컨소시엄이다.

04-2 웹 접근성

웹 접근성의 정의는 '장애를 가진 사람과 장애를 가지지 않은 사람 모두가 웹 사이트를 이용할 수 있게 하는 방식을 가리킨다. 사이트가 올바르게 설계되어 개발되고 편집되어 있을 때 모든 사용자들은 정보와 기능에 동등하게 접근할 수 있다.' 추가적으로 신체적 조건 뿐만 아니라 환경적 조건도 포함이 되어 있습니다. 환경적 조건은 사용자의 다양한 디바이스(데스크탑, 스마트폰, 태블릿) 및 많은 OS(운영체제)를 의미합니다.

◆ 정보통신접근성 (WEB 접근성) 인증마크

웹 접근성 인증마크는 장애인 및 고령자가 웹 사이트 이용에 불편이 없도록 웹 접근성 표준을 준수한 우수 사이트에 대해 품질을 인증하고 마크를 부여하는 제도로써「지능정보화 기본법」 제47조 및 동법 시행 규칙 제5조에 의거 과학기술정보통신부가 지정한 웹 접근성 품질인증 기관을 통해 심사 및 인증을 받을 수 있습니다. 현재 등록된 웹 사이트는 전체 10148건 정도입니다.

웹 접근성을 고려한 웹 사이트 개발은 하면 장애인, 고령자 등을 포함한 사용자층 확대가 기대가 되며 다양한 환경, 새로운 기기에서도 이용 효과가 되며 높아질 것으로 보입니다. 사회 공헌 및 복지 기업으로서 기업 이미지 향상과 함께 규정과 요구 사항에 대한 준수가 제고될 것으로 보입니다.

다음은 과학기술정보통신부(구.미래창조과학부) 국립전파연구원에서 발행한 웹 콘텐츠 접근성 지침의 내용을 간략하게 표로 만들었습니다. 웹 콘텐츠 접근성 지침은 장애인이 비장애인과 동등하게 웹 콘텐츠에 접근할 수 있도록 웹 콘텐츠를 제작할 때 지켜야 할 제반 규정을 정한 문서로 정한 내용입니다.

웹 콘텐츠 접근성 지침(WCAG) 2.1

원칙	내용
원칙 1	인식의 용이성 (Perceivable) : 모든 콘텐츠는 사용자가 인식할 수 있어야 한다.
원칙 2	운용의 용이성(Operable) : 사용자 인터페이스 구성요소는 조작 가능하고 내비게이션 할 수 있어야 한다.
원칙 3	이해의 용이성(Understandable) : 콘텐츠는 이해할 수 있어야 한다.
원칙 4	견고성(Robust) : 웹 콘텐츠는 미래의 기술로도 접근할 수 있도록 견고하게 만들어야 한다.

네이버에서는 다양한 장애를 가진 사람들과 동일한 체험을 위한 웹 사이트가 제공됩니다. 저시력 시각장애, 전맹 시각장애, 손 운동장애, 중증운동 장애의 메뉴가 제공되며 '불가능이 아닌 가능을 이야기하는 공간'이라는 모토를 가지고 장애인만 느낄 수 있는 불편함을 체험 함으로써 웹의 문턱을 낮추는 노력을 다양한 환경을 이해하고 공감하는 배려있는 웹 사이트입니다.

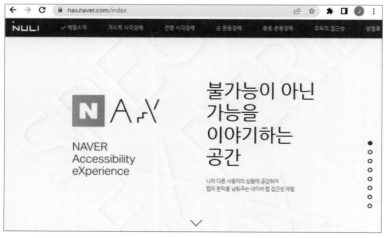

◆ 네이버 장애인 체험 웹 사이트 (https://nax.naver.com/index)

05 크로스 브라우징(웹 호환성)

크로스 브라우징은 웹 페이지가 웹 브라우저의 종류에 구애 받지 않고 제작자의 의도에 맞게 보여 지거나 동작할 수 있게 하는 작업을 의미합니다.

이전에는 웹 브라우저 별로 브라우저 엔진이라고 불리는 렌더링 엔진이 달랐지만 지금 현 재는 구글 크롬에서 개발한 크로미엄(Chromium)을 사용을 하고 있기 때문에 높은 웹 호환성이 가능합니다. 웹 콘텐츠를 개발을 하다 보면 웹 브라우저 마다 실행되는 화면이 조금씩 다르기 때문에 개발자 입장에서는 많은 고민을 해야 합니다. 그러나 현실적으로 모든 웹 브라우저의 실행 화면이 같을 수는 없지만 차이를 최소화 시키는 작업을 크로스 브라우징이라고 합니다. 크로스 브라우징을 하는 방법은 개발자가 직접 다양한 웹 브라우저에 직접 테스트를 해야 하고 웹 콘텐츠를 사용하는 클라이언트의 애로사항을 없애는 방법으로 진행을 해야 합니다.

처음부터 웹 사이트 기획 단계에서 부터 어떤 웹 브라우저를 target으로 할건지 어떤 웹 브라우저 버전까지 서비스 할 건지는 미리 정하고 개발을 해야 합니다. 다시 한번 말씀 드리면 웹 콘텐츠 화면이 모든 웹 브라우저에 100% 같을 수는 없지만 최대한 차이를 없애고 개발을 해야 하는 것이 크로스 브라우징 작업입니다.

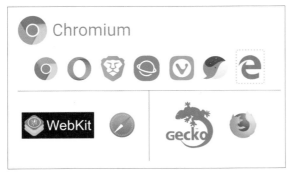

◆ 2022년 웹 브라우저 렌더링 엔진

웹 개발자가 가장 싫어하는 브라우저는 인터넷 익스플로러입니다. 인터넷 익스플로러는 최신 웹 표준 기술이 취약하였고 버전 업데이트 간격이 너무 길어서 정상적인 기능을 발휘하지 못한 웹 브라우저였지만 다행히 마이크로소프트에서 2022년 6월부로 서비스를 종료한다고 발표를 하였고 마이크로소프트에서는 2015년부터 Edge(엣지)를 출시하여 지금 현재로는 크롬과 동일한 렌더링 엔진을 사용하기 때문에 크로스 브라우징에는 너무나 좋은 소식입니다.

웹 사이트란?

웹 사이트란, 인터넷상에 제공하기 위해 웹 서버에 저장된 콘텐츠나 서비스를 위한 웹 페이지들의 집합을 의미하고 홈 페이지는 모든 웹 사이트에서 먼저 보이는 페이지 또는 첫 페이지를 말합니다. 그래서 홈페이지 제작보다는 웹 사이트 제작 또는 구축이라고 하는 것이 적절한 표현일 수 있습니다. 홈페이지가 우리나라에서는 기관 또는 단체의 웹 사이트 를 지칭하는 용어로 사용되면서 홈페이지와 웹 사이트는 같은 의미로 쓰이는 경우가 많습니다.

웹 사이트의 종류	
기업(그룹)	기업 소개 및 투자정보 등 정보전달을 위한 목적으로 만든 사이트
브랜드	브랜드 아이덴티티를 전달하고 제품 또는 서비스를 판매하는 목적으로 만든 사이트
쇼핑몰	제품 또는 서비스를 판매하기 위한 목적으로 만든 사이트
마이크로사이트	웹 사이트(부모사이트)의 범위 내에서 존재하지만 각기 개별적 사이트로 동작하면서 웹 사이트가 원하는 목적으로 수행하는 사이트 • 홍보 목적 : 특정한 날 목적으로 만들어진 마이크로사이트 • 상업 목적 : 제품 및 서비스 소개 또는 판매를 위해 만들어진 마이크로사이트

웹 사이트의 구조는 크게 다음과 같이 나눌 수 있다.

- header
- navigation bar
- main content
- sidebar
- footer

"웹 표준"이란 정의는 W3C에서 권고안을 의미하면 웹 브라우저를 만들거나 인터넷 홈페이지를 만들 때 지켜야 되는 표준을 의미합니다.

"웹 접근성"의 정의는 '장애를 가진 사람과 장애를 가지지 않은 사람 모두가 웹 사이트를 이용할 수 있게 하는 방식을 가리킵니다.

"크로스 브라우징"은 웹 페이지가 웹 브라우저의 종류에 구애 받지 않고 제작자의 의도에 맞게 보여 지거나 동작할 수 있게 하는 작업을 의미합니다.

1 _____은 웹 브라우저를 만들거나 인터넷 홈페이지를 만들 때 지켜야 되는 표준을 의미합니다.

2 _____은 '장애를 가진 사람과 장애를 가지지 않은 사람 모두가 웹 사이트를 이용할 수 있게 하는 방식을 가리킵니다.

3 _____은 웹 페이지가 웹 브라우저의 종류에 구애 받지 않고 제작자의 의도에 맞게 보여 지거나 동작할 수 있게 하는 작업을 의미합니다.

Answer
1 웹 표준   2 웹 접근성   3 크로스 브라우징

HTML 기본 알아보기

HTML은 웹 브라우저에서 실행되는 웹 페이지를 구성을 해주는 가장 기본적인 틀이라고 할 수 있습니다. 그렇기 때문에 웹 페이지에 화려한 화면을 꾸미기 위해서는 CSS를 알아야 예쁜 홈페이지를 꾸밀 수 있습니다. 우선 CSS를 공부하기 전 우리는 가장 기본이 되는 HTML을 배워야 합니다. HTML은 배우기 쉽습니다. HTML의 태그들은 Word, Excel의 기본 편집 도구만큼이나 쉽습니다.

01 HTML이란 무엇인가?

◆ HTML5

▌마크업 언어 HTML

이미 컴퓨터 프로그래밍 언어를 접해본 경험이 있다면, C, C++, JAVA 등과 같은 프로그래밍 언어 이름을 들어 보았을 것 입니다.

- **HTML은 "Hyper Text Markup Language"의 약자로 웹 사이트의 콘텐츠를 구성하고 보여주기 위해 사용되는 마크업 언어입니다.**
- **HTML은 웹의 기본 코딩 형식이 '.html'입니다.**

  일반적인 소프트웨어의 확장자가 '.exe' 파일인 것처럼 텍스트는 '.txt' 이며, 마찬가지로 인터넷 웹 브라우저 상에서 보는 거의 모든 웹 문서는 '.html' 파일로 저장됩니다. HTML은 웹의 기본 코딩 형식입니다.

- **HTML은 웹에서 모든 종류의 콘텐츠를 보여주는 간단하지만 널리 사용되는 마크업 언어입니다.**

  따라서 HTML은 웹 페이지에서 콘텐츠의 의미를 설명하는데 유일한 목적을 가지고 있습니다. HTML과 함께 공부할 CSS가 시각적인 디자인(Visual Design)이라면 HTML은 구조적 설계(Structure Design)라고 할 수 있습니다.

▌HTML 태그(tag)

- **웹 페이지는 HTML 문서라고도 불리며, HTML 문서는 다양한 HTML 태그들로 구성됩니다.** 각각의 HTML 태그는 웹 페이지의 콘텐츠 내용 또는 기능을 정의하는데 사용됩니다.

- HTML 태그는 태그 이름을 꺽쇠 또는 화살 괄호라 불리는 〈〉 괄호로 감싸서 표현합니다.

〈태그 이름〉 시작 태그 ------------------ ❶
〈/태그 이름〉 종료 태그 ---------------- ❷

HTML 태그는 보통 시작 태그(❶)와 종료 태그(❷)의 한 쌍으로 구성됩니다. 종료 태그는 시작 태그와 태그 이름이 같지만, 태그 이름 앞에 슬래시 〈/태그 이름〉를 넣어서 태그의 종료를 명시합니다.

- 태그에 따라 시작 태그만 있고 종료 태그가 없는 태그도 존재하여, 이를 셀프 클로징 태그 또는 빈 태그라고 합니다.

태그	형태
닫는 태그	〈태그〉〈/태그〉
셀프 클로징 또는 빈 태그	〈태그〉 또는 〈태그/〉

" 마크업(Markup) 언어란?

마크업 언어 또는 마크업 랭귀지(Language)란 문서 내에서 요소를 정의하는데 태그(tags)를 사용하는 컴퓨터 언어입니다. 이는 사람이 읽을 수 있는 방식으로 작성되는데 즉, 전형적인 프로그래밍 구문이 아닌 일반적인 단어를 사용하곤 합니다. HTML은 웹페이지를 만드는데 사용되는 마크업 언어로, 각 웹페이지는 HTML 태그를 통해 구성됩니다. 마크업 언어는 일반적으로 데이터를 기술하는 정도로만 사용되기 때문에 프로그래밍 언어와는 구분됩니다

" 코딩이란?

특정한 프로그래밍 언어를 작성하는 행위를 의미합니다. code(코드) + ing(~하는 중) 의 합성어로서, 코드를 작성하는 것을 의미하는 단어이며, '프로그래밍 한다.' 라는 말과 동일한 의미로 사용됩니다.

" 웹 퍼블리싱, 웹 퍼블리셔란?

웹 퍼블리셔는 웹/앱 분야 중 웹 디자인과 웹 프로그램 개발의 중간 단계로 최종 단말기(예: 브라우저, 스마트폰)에서 디자인된 이미지를 실제로 웹 프로그램에 사용할 수 있도록 시각적인 부분을 담당하여 코딩을 해 주는 직군을 말합니다.
웹 퍼블리셔는 실제로 웹에 적용되는 표준을 잡아주는 직업이므로, HTML, CSS, Javascript, 웹 표준, 웹 접근성, 심지어는 웹 디자인에 대한 폭넓은 이해가 필요합니다. 때문에 웹 디자이너와 웹 퍼블리셔를 겸직하는 경우가 많습니다.
퍼블리싱은 publish(출판하다) + ing(~을 하는 중)의 합성어로서, 주로 HTML, CSS, Javascript 와 같은 언어를 이용하여 브라우저에 보여지는 최종적인 형태를 만들어내는 것을 의미합니다.

02 HTML 파일 만들기

HTML 파일 만들기

앞으로의 책을 통해서 HTML을 실습하거나 소스 코드를 작성하며 배울 예제를 실행하기 위해서 비주얼 스튜디오 코드(VS Code)에서 HTML 문서를 만들어 진행해야합니다. 아래에 HTML 파일 만드는 방법에 대해 차근차근 알아보도록 하겠습니다.

1 바탕화면에 해당 챕터 이름으로 폴더를 만듭니다. (예를 들어 CHAPTER 02일 경우 ch02로 이름을 정의합니다.)

◆ 로컬에 생성한 폴더 ch02

2 바탕화면에 생성한 폴더를 선택해서 비주얼 스튜디오 코드(VS Code)에서 열어줍니다. 폴더 열기 방법은 파일–폴더열기 또는 단축키 Ctrl + K Ctrl + O 를 사용합니다.

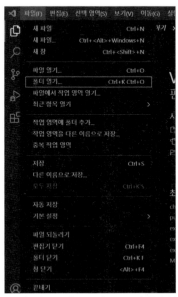

◆ 비주얼 스튜디오 코드(VS Code) 폴더 열기

③ 폴더 열기 창에서 바탕화면에 생성한 폴더 "ch02"를 선택합니다.

◆ 폴더 열기 창에서 해당 폴더 선택

④ 비주얼 스튜디오 코드(VS Code)에서 해당 폴더 안에 마우스 우 클릭하여 새 파일을 클릭합니다.

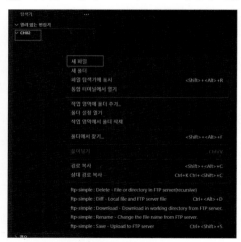

◆ 해당 폴더 안에서 새파일 생성

⑤ 생성된 새 파일 이름 뒤에 HTML 확장자인 .html을 붙여 파일 이름을 정의합니다.
(예를 들어 example (파일 이름) + .html (확장자))

◆ 생성된 파일 이름 정의

6️⃣ 파일이 잘 생성되었는지 확인하기 위해서 생성된 파일에 "Hello" 텍스트를 문서에 작성하고 Ctrl+S를 눌러 저장합니다.(소스위치:/ch02/example.html)

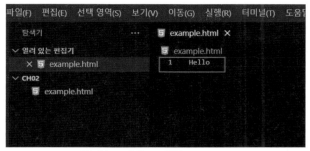

◆ example.html 파일에 "Hello" 텍스트 입력

7️⃣ 바탕화면에 ch02 폴더 안에 example.html 파일을 더블 클릭하여 실행합니다.

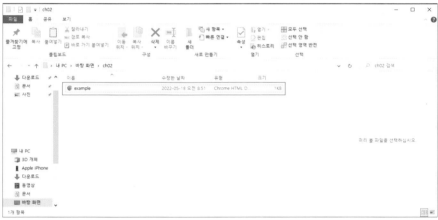

◆ ch02 폴더 안에 example.html 파일 선택

8️⃣ 우리가 생성 한 example.html 파일에서 입력한 "Hello"가 나오면 정상적으로 HTML 파일이 실행되고 있다는 걸 확인할 수 있습니다.

◆ example.html 파일 실행

03 HTML 기본 문서 구조

HTML 기본 구조는 ⟨!DOCTYPE⟩, ⟨html⟩, ⟨head⟩, ⟨body⟩ 등의 여러가지 태그로 구성되어 있씁니다. 여러 가지 태그를 하나씩 살펴보겠습니다.

▌ HTML 문서의 기본적인 구조 – 그림으로 살펴보기

◆ HTML 기본 구조

다음은 HTML 문서를 구성하는 태그입니다.

태그	설명
❶ ⟨!DOCTYPE⟩	– 현재 문서가 웹에서 사용하는 HTML 문서 타입 명시 – HTML5 문서 타입은 ⟨!DOCTYPE html⟩ 과 같이 작성
❷ ⟨html⟩	– HTML5문서의 루트(root) 요소를 정의 –HTML의 요소가 끝나는 부분에는 반드시 ⟨/html⟩ 형식으로 문서의 끝을 명시
❸ ⟨head⟩	– HTML 문서의 메타데이터를 정의 – 메타데이터란 HTML 문서에 대한 정보로 웹 브라우저에는 직접적으로 표현되지 않는 정보를 의미 – 메타데이터는 ⟨title⟩, ⟨style⟩, ⟨meta⟩, ⟨link⟩, ⟨script⟩, ⟨base⟩태그 등을 이용하여 정의
❹ ⟨title⟩	– HTML 문서의 제목을 정의 – 웹 브라우저의 툴바에 해당 제목이 표시 – 웹 브라우저의 즐겨찾기에 추가할 때 즐겨찾기의 제목 – 검색 엔진의 결과 페이지에 제목으로 표시
❺ ⟨body⟩	– 웹 브라우저를 통해 보이는 내용 부분 – 다양한 태그들을 사용하여 이 내용들을 생성

▌HTML 문서의 기본적인 구조 – 소스

HTML 문서는 여러 요소들로 구성됩니다. 최상위 요소는 〈html〉 요소이며 그 밑에는 〈head〉 요소와 〈body〉 요소가 나란히 위치해야 합니다. 아래의 단순한 예제를 통해 이해를 돕도록 하겠습니다.

```
<!DOCTYPE html>
<html lang="ko">
<head>
    <meta charset="utf-8">
    <title>Hello World</title>
</head>
<body>
    <h1>Hello World</h1>
    <p>안녕하세요! HTML&CSS</p>
</body>
</html>
```

기본적으로 HTML 태그는 여는 태그(❶)와 닫는 태그(❷)로 한 조(❸)를 이루는 특징이 있습니다. 간혹 닫는 태그가 없는 경우도 있으며, 이는 셀프 클로징 태그라고 합니다.

여기서 잠깐! AppBar에 자동으로 스타일이 적용된 이유는?

```
<html lang = "ko">
 ❶   ❷    ❸
```

〈 〉 꺾쇠 괄호 사이에 첫 번째 이름이 태그명(❶)이고, 태그명 다음에 속성(❷), 태그명 다음에 속성값(❸)입니다. 단, 속성과 속성값은 사용해도 되고 안 해도 되며 여러 개를 사용해도 됩니다. 즉, 옵션이라고 생각하면 됩니다.

03-1 〈!DOCTYPE html〉

> DOCTYPE = Document 문서 + Type 타입

〈!DOCTYPE html〉 이란 웹 문서가 어떤 버전의 HTML 언어로 작성되었는지, 웹 브라우저가 HTML의 버전에 따라 쉽게 읽을 수 있도록 정의하는 역할을 합니다.

```
<!DOCTYPE html>
```

- HTML 파일은 HTML 문서의 첫 줄, 즉 최상단에 DTD 선언을 해야 합니다.

  DTD란 문서 형식 정의(Document Type Definition)의 약어입니다.

- ⟨!DOCTYPE html⟩은 생략이 가능하지만, 하위 호환성을 위해 작성하는 것이 웹 표준 방식입니다.

- ⟨!DOCTYPE html⟩ 외에도 과거의 HTML 문서 형식으로도 지정 가능합니다.

  하지만, 우리는 최신 HTML5를 배우기 때문에 ⟨!DOCTYPE html⟩만 제대로 기억하도록 합시다.

03-2 ⟨html⟩ ~ ⟨/html⟩

HTML = Hyper하이퍼 + Text텍스트 + Markup마크업 + Language 언어

⟨html⟩ ~ ⟨/html⟩ 태그는 HTML5 문서의 시작과 종료를 알리는 요소입니다.

형식

```
<html lang="ko"> 한국어로 정의 </html>
<html lang="en"> 영어로 정의 </html>
```

- ⟨html⟩ ~ ⟨/html⟩ 태그 사이에는 ⟨head⟩, ⟨body⟩ 등 다양한 HTML 요소를 넣을 수 있습니다.

```
<html>
    <head></head>
    <body></body>
</html>
```

- 문서의 언어 속성과 속성값(lang="언어")을 사용하여 시각 장애인 등에게 현재 페이지가 어떤 언어로 작성되었는지 알려줄 수 있습니다.

언어 속성값	설명
Ko	한국어
en	영어

03-3 〈head〉 ~ 〈/head〉

> head = 머리글

〈head〉 태그는 문서의 머리를 나타내는 태그입니다.

형식

```
<head>
    <title>여기에 제목을 작성합니다.</title>

    <!--글자 설정 -->
    <meta charset="utf-8">
    <!--외부 CSS, 자바스크립트 작성 -->
    <script src="여기에 JS 외부 링크를 작성합니다." type="text/javascript"></script>
    <link href="여기에 CSS 외부 링크를 작성합니다." rel="stylesheet">
    <!-- 내부 CSS, 자바스크립트 작성 -->
    <style>
        /* CSS 내부 작성 */
    </style>
    <script>
        /* 내부 자바스크립트 내용 작성 */
    </script>
</head>
```

- **〈head〉 요소의 정의는 '문서의 메타데이터 집합'입니다.**
  〈head〉 태그는 HTML 문서에 대한 메타데이터를 작성하며, 웹 문서에서 메타데이터는 별도로 표시되지 않습니다.
- **메타데이터는 일반적으로, 문자 집합, 스타일, 링크, 스크립트 및 기타 메타 정보와 문서 제목을 정의합니다.** 이 문서의 메타데이터라는 것은 웹 페이지에 직접적으로 보이지 않는 정보라고 이해하시면 됩니다.
- **메타데이터 종류로는 〈title〉, 〈style〉, 〈meta〉, 〈link〉, 〈script〉, 〈base〉가 있습니다.**

03-4 〈meta〉

> meta = 포함

〈meta〉 태그는 웹 문서에 대한 정보를 알려주는 태그입니다.

형식

```
<meta charset="utf-8">
```

- 〈meta〉 요소는 여러 가지 용도로 사용되지만 위의 문법은 "utf-8"이라는 문자 셋으로 저장되어 있음을 나타냅니다.

문자 셋이란 컴퓨터가 글자(한글, 영문 등)를 저장하는 방식을 나타내는데, "utf-8"은 그중에서도 다국어로 작성된 문서를 저장할 때 가장 널리 쓰이는 방식입니다.

우리는 대한민국에서 사용할 웹 문서를 만들기 때문에, 웹 문서의 콘텐츠 내용은 대부분 한글이 사용될 것이고, 따라서 특별한 경우가 아니라면 일반적으로 문자 셋을 "utf-8"로 지정합니다.

- 〈meta charset="문자 셋"〉은 〈title〉 이전에 선언해야 합니다.

```
<head>
    <meta charset="utf-8">
    <title></title>
</head>
```

▌〈meta〉 태그의 name 속성

번호	속성 값	설명
❶	name="application-name"	웹 애플리케이션 이름 지정
❷	name="author"	저작자 이름(author) 지정
❸	name="description"	문서 설명을 지정
❹	name="generator"	문서 작성에 사용한 저작 도구를 지정
❺	name="keyword"	해당 문서의 키워드를 지정

〈meta〉 태그의 name 속성은 메타데이터 이름을 지정할 때 사용합니다. 이 속성으로 메타데이터 이름을 지정했다면 content 속성으로 메타데이터의 용도와 성격을 지정합니다.

즉, name과 content 속성이 한 쌍으로 작성되는데 name 속성에는 이름, content 속성 값을 작성합니다. HTML에서는 중요도가 높거나 자주 사용하는 메타데이터는 아래와 같이 name 속성 값이 미리 정해져 있습니다.

❶ name="application-name"

웹 애플리케이션 이름을 지정합니다. 웹 애플리케이션이 아닌 때에는 이 속성 값을 사용할 수 없으며 문서 내에서 한 번만 지정할 수 있습니다. 따라서 웹 애플리케이션의 공통 페이지에서 한 번만 선언하여 사용하는 것이 일반적입니다.

형식

```
<meta name="application-name" content="웹 애플리케이션 명">
```

❷ name="author"

저작자 이름(author)을 지정합니다. 일반적으로 웹 애플리케이션을 제작한 제공자나 개발자 이름을 입력합니다.

형식
```
<meta name="author" content="Gnuwiz">
```

❸ name="description"

문서 설명을 지정합니다. 검색엔진은 이 문서 설명을 검색 결과로 보여주고, 문서 내에서 한 번만 지정할 수 있습니다.

형식
```
<meta name="author" content="Gnuwiz">
```

❹ name="generator"

문서 작성에 사용한 저작 도구를 지정합니다. 저작자가 저작 도구를 사용하지 않고 직접 작성한 때에는 이 속성 값을 사용하지 않습니다.

형식
```
<meta name="generator" content="제작프로그램">
```

❺ name="keyword"

해당 문서의 키워드를 지정합니다. 이 키워드는 문서 내용과 관련 있는 단어로 작성되며 콤마를 이용하여 복수의 키워드를 제공할 수 있습니다.

형식
```
<meta name="keyword" content ="html, css, javascript, php">
```

알아두세요! 〈META〉 태그

W3C(World Wide Web Consortium)는 웹을 위한 표준을 개발하고 장려하는 조직으로 팀 버너스 리를 중심으로 1994년 10월에 설립되었다. W3C는 회원기구, 정직원, 공공기관이 협력하여 웹 표준을 개발하는 국제 컨소시엄이다.

03-5 〈title〉 ~ 〈/title〉

〈title〉 요소는 이 문서의 제목을 〈head〉 태그 안에 명시합니다.

형식

```
〈title〉여기에 제목을 작성합니다.〈/title〉
```

- 〈title〉 요소는 〈head〉 요소 아래에 반드시 하나만 작성해야 합니다.

```
〈head〉
    〈title〉〈/title〉
〈/head〉
```

- **검색엔진 등에서 가장 크게 보이는 텍스트이므로 페이지의 특성을 드러내는 제목을 작성하는 것이 중요합니다.** 이 제목은 브라우저의 탭 혹은 제목 표시줄에 나타납니다. 여러분의 웹 페이지에는 검색엔진뿐 아니라 앞을 못 보는 시각 장애인들도 방문할 수 있습니다. 따라서 페이지의 제목을 명료하게 적어주는 것이 좋습니다.

◆ 네이버 제목

- **〈title〉 요소에 특수문자를 사용하는 것은 좋지 않습니다.**

03-6 〈body〉 ~ 〈/body〉

body = 몸통

〈body〉 태그는 문서의 몸통을 나타내는 태그입니다.

형식

```
〈body〉
    〈h1〉Hello World〈/h1〉
    〈p〉안녕하세요! HTML&CSS〈/p〉
〈/body〉
```

〈body〉 태그는 HTML 문서에 보여 지는 모든 콘텐츠를 작성하는 부분입니다.

〈body〉 태그 밖에서 HTML 코드를 작성하더라도, 작성된 코드는 자동으로 〈body〉 태그 안에 들어가게 됩니다. 따라서 모든 콘텐츠들은 〈body〉 태그에 작성하는 것이 좋습니다.

04 HTML 기본 문법

브라우저에 출력되는 웹 페이지를 원하는 형식으로 만들기 위해서는 HTML의 기본 문서 구조 외에 HTML 기본 문법에 대해 알고 있어야 합니다.

기본 문법이라는 말은 결국 이미 정해놓은 규칙이나 절차라는 의미이므로 "웹 표준을 준수한다는 의미 또는 정해놓은 규칙을 잘 지켜서 마크업 한다."라는 것을 의미합니다.

04-1 HTML 기본 작성 규칙
HTML 하나의 요소 = ⟨태그⟩⟨/태그⟩

HTML에서는 150여 가지의 미리 정해진 키워드가 있고, 그 키워드의 형태가 ◇로 되어있는 것을 태그 라고 합니다.

태그의 시작은 꺽쇠 괄호 ◇, 끝은 슬래시 + 꺽쇠 괄호 ⟨/⟩를 사용한 태그들은 HTML에서 하나의 요소 라고 합니다. 이러한 요소들 사이에는 다른 태그 요소들을 추가하여 사용할 수도 있으며 이렇게 다양한 요소들을 이용하여 웹 문서를 작성하는 것을 마크업이라고 합니다.

올바른 HTML 문서를 작성하려면 지금까지 살펴본 내용 이외에도 지켜야 할 많은 규칙들이 있습니다. 몇 가지 예제를 통해 살펴보도록 하겠습니다.

▌태그의 쌍

태그는 여는 태그와 닫는 태그의 쌍이 잘 맞아야만 합니다.

```
<!-- 올바른 예 -->
<p>태그를 열고 닫는 <em>순서 </em>를 잘 지켜야 합니다.</p>

<!-- 잘못된 예 -->
<p>태그를 열고 닫는 <em>순서 </p>를 잘 지켜야 합니다.</em>
<p>태그를 열고 닫는 <em>순서를 잘 지켜야 합니다.</p>
```

▌들여쓰기와 줄 바꿈

들여쓰기와 줄 바꿈은 HTML 문서를 작성하는 사람이 코딩을 할 때, 가독성을 높이기 위한 것으로 사실은 아래와 같이 들여쓰기를 하지 않아도 상관없습니다. 모두 한 줄로 붙여서 쓰거나, 줄 바꿈을 다른 방식으로 하더라도, 웹 브라우저에서는 동일한 HTML 문서로 인식하기 때문입니다.

```
<!-- 들여쓰기를 무시한 예 -->
<!DOCTYPE html>
<html>
<head>
<meta charset="utf-8">
<title>제목</title>
</head>
<body>
<h1>제목</h1>
<p>단락</p>
</body>
</html>
<!-- 한 줄로 나열한 예 -->
<!DOCTYPE html>
<html>
<head><meta charset="utf-8"><title>제목</title></head>
<body><h1>제목</h1><p>단락</p></body>
</html>
```

여러분은 HTML 문서의 내용이 길거나 짧음과 관계없이, 반드시 줄 바꿈과 들여쓰기를 사용하는 습관을 기르는 것이 좋습니다. 그렇지 않으면 가독성이 낮아, 나의 소스 코드를 다른 사람이 수정할 경우, 아니면 내가 나의 소스 코드를 수정할 때, 코드를 읽고 쓰기가 어렵기 때문에 반드시 줄 바꿈과 들여쓰기를 사용하여 코딩하는 습관을 기르는 것이 좋습니다.

04-2 셀프 클로징(Self-Closing), 빈 태그

일반적으로 태그는 다음과 같이 열리고 닫히는 범위가 존재합니다.

```
형식
<div>
    ...
</div>
```

빈 태그의 경우 닫히는 태그가 별도로 존재하지 않는 태그를 의미하며, 따라서 비어 있다(empty)고도 표현합니다.

셀프 클로징 태그는 빈 태그와 같은 의미로 열리는 동시에 스스로 닫아버리는 것을 의미합니다.

HTML에는 다음과 같은 형태를 가지는 닫힌 개념이 없는 태그들이 있습니다.

〈태그 이름〉 슬래시 '/'가 없는 셀프 클로징 태그
〈태그 이름/〉 슬래시 '/'가 있는 셀프 클로징 태그 - 슬래시 앞에 공백 없음
〈태그 이름 /〉 슬래시 '/'가 있는 셀프 클로징 태그 - 슬래시 앞에 공백 추가

HTML5에서는 위 두 가지 형태를 다 사용할 수 있는데, 여러 웹 서버 환경 세팅에 따라 "/"를 사용하는 것이 필수가 될 수 있습니다.

분명한 것은 둘 다 사용 가능한 환경일 경우 두 가지 방식을 혼용하지 않고 한 가지만 일관성 있게 사용하는 것이 좋습니다.

셀프 클로징 태그들은 닫히는 태그가 없기 때문에 범위가 존재하지 않으며, 이 태그가 위치하고 있는 그 부분에서 무언가를 해결해야 하는 그런 용도로 대부분 사용됩니다.

보통 셀프 클로징 태그는 태그가 가지고 있는 고유의 의미보다, 그 의미를 확장해서 사용할 수 있는 "속성 = 값"의 형태가 대부분 셀프 클로징 태그에 포함되게 됩니다.

> **알아두세요!** **교재에서의 셀프 클로징 태그**
>
> HTML5에서는 셀프 클로징 태그에 슬래시는 선택사항이지만, 교재에서는 한 가지 방식만 일관성 있게 사용하기 위해, 셀프 클로징 태그에 슬래시를 사용하지 않는 방식으로 예제를 진행합니다.

04-3 HTML 요소 구조

▌기본적인 HTML 요소 구조

HTML 요소는 다음과 같이 여는 태그로 시작해서 닫는 태그로 끝납니다.

◆ 기본적인 HTML 요소 구조

❶ 여는 태그(Opening tag) : 여는 태그는 요소의 이름과 (예제의 경우 〈p〉), 열고 닫는 꺾쇠 괄호로 구성됩니다. 해당 요소의 시작부터 효과가 적용되기 시작합니다.

❷ 닫는 태그(Closing tag) : 닫는 태그는 요소의 이름 앞에 슬래시(/)가 있는 것을 제외하면 여는 태그와 같습니다. 닫는 태그는 요소의 끝에 위치합니다.

❸ 내용(Content) : 요소의 내용이며, 예제의 경우 단순한 텍스트를 내용으로 사용하였습니다.

❹ 요소(Element) : 여는 태그, 닫는 태그, 내용을 통틀어 요소(element)라고 합니다.

속성을 사용하는 HTML 요소 구조

HTML 요소는 여러 속성을 가질 수 있으며, 이러한 속성은 해당 요소에 대한 추가적인 정보를 넣어서 사용할 수 있습니다.

> 여러분은 아직 다양한 태그에 대해서 배우지 않았기 때문에 속성에 관해서는 뒤에서 배울 태그 단락에서 자세하게 다루도록 하겠습니다. 우선 가볍게 태그에는 속성을 사용할 수 있다는 정도만 기억하도록 합시다.

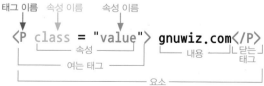

◆ 속성을 사용하는 HTML 요소 구조

속성(Attribute)은 요소의 여는 태그 안에서 사용되는 것으로 HTML 요소 중에서도 반드시 여는 태그 내에서만 정의되며, 속성 이름과 속성 값이 쌍으로 표현됩니다.

- **태그 이름과 속성 이름 사이에는 공백이 있어야 됩니다.** 만약 두 가지 이상의 속성을 사용할 경우 속성과 속성 사이에도 공백이 있어야 합니다.
- **속성 이름은 소문자로 작성하는 것이 좋습니다.** HTML5 표준에서는 속성 이름에 대소문자를 구분하지 않고 있지만, 표준 방법으로 속성 이름은 소문자로 작성하도록 권장하고 있습니다.
- **속성 이름 다음엔 등호(=)가 붙습니다.**
- **속성 값은 열고 닫는 따옴표로 감싸야 합니다.** 속성 값에 큰 따옴표(")와 작은 따옴표(') 둘 다 사용할 수 있습니다. 하지만 두 개를 섞어 사용할 수 없으며, 보통은 속성 값에 큰 따옴표(")를 사용하는 것이 일반적입니다.

04-4 블록 요소, 인라인 요소, 인라인-블록 요소

HTML 웹 표준을 준수하는 데 있어서 가장 기본적인 규칙은 블록(block) 요소와 인라인(inline) 요소를 구분하는 일입니다. 이 두 가지 형태의 기본 원리와 규칙을 살펴보도록 하겠습니다.

▌블록 요소와 인라인 요소

이제 드디어 웹 페이지에 실질적으로 보이는 〈body〉 요소 내에 들어가는 요소들을 다룹니다. 여러분은 이제 앞으로 배우게 될 요소들을 〈body〉 요소 안에 넣으면서 여러분의 웹 페이지 화면을 완성해 나갈 것입니다. 이 요소들은 크게 두 가지 형태로 나눌 수 있는데, 바로 '블록(block)' 요소와 '인라인(inline)' 요소입니다. 이 두 가지 형태에 해당하는 요소들만 잘 알고 있어도, 여러분은 거의 웹 표준을 준수하는 코딩을 하게 될 것입니다. HTML의 모든 요소는 해당 요소가 웹 브라우저에 어떻게 보이는가를 결정짓는 display 속성을 가집니다. 대부분의 HTML 요소는 기본적으로 display 속성 값으로 블록(block)과 인라인(inline) 두 가지 값 중 하나를 가지게 됩니다.

█ 블록 요소 (Block Level Elements)

> block = 사각형 덩어리

display 속성 값이 block으로 지정된 요소는 언제나 새로운 줄에서 시작하며, 해당 줄의 모든 너비를 차지합니다.

블록 요소는 일단 기본적으로 줄 바꿈이 일어나는 형태로 영역의 너비가 상위 영역의 전체 너비만큼 되는 형태입니다. 이 블록 요소에 들어가는 요소들로는 〈h1〉 ~ 〈h6〉, 〈p〉, 〈div〉, 〈form〉 등이 있습니다.

█ 소스

소스위치:/ch02/block.html

```
<!DOCTYPE html>
<html lang="ko">
<head>
    <meta charset="utf-8">
    <title>Title</title>
</head>
<body>
    <h1 style="background: yellow;">블록 요소</h1>
    <p style="background: green;">p 요소는 블록 요소입니다.</p>
    <div style="background: pink;">div 요소는 블록 요소입니다.</div>
</body>
</html>
```

블록 요소

p 요소는 블록 요소입니다.

div 요소는 블록 요소입니다.

◆ 예제 실행

앞의 예제를 해석하면 다음과 같이 설명할 수 있습니다.

여러분들은 아직 CSS를 배우지 않았지만 블록 요소의 구분을 눈으로 쉽게 보기위해, 이번에는 CSS를 이용해서 각 요소들에 배경색을 넣어보도록 하겠습니다.

```
<h1 style="background: yellow;">블록 요소 </h1>
<p style="background: green;">p 요소는 블록 요소입니다.</p>
<div style="background: pink;">div 요소는 블록 요소입니다.</div>
```

블록 요소

p 요소는 블록 요소입니다.

div 요소는 블록 요소입니다.

◆ 예제 실행

위 예제를 실행해보면 결과와 같이 요소 영역의 너비가 가로 전체에 퍼져있는 것을 알 수 있습니다.

- **블록 요소는 웹 페이지 상에 블록을 만드는 요소입니다.**
- **블록 요소는 앞뒤 요소 사이에 새로운 줄(Line)을 만들고 나타냅니다.** 즉, 블록 요소 이전과 이후 요소 사이에 줄 바꿈이 됩니다.
- **블록 요소는 일반적으로 페이지의 구조적 요소를 나타낼 때 사용됩니다.** 예를 들어 개발자는 블록 요소를 사용하여 단락, 목록, 내비게이션 메뉴, 꼬리말 등을 표현할 수 있습니다.

• 블록 요소는 인라인 요소에 중첩될 수 없습니다. 그러나 블록 요소는 다른 블록 요소에 중첩될 수 있습니다.

▌인라인 요소 (Inline Elements)

> inline = 일렬로 늘어선

display 속성 값이 inline으로 지정된 요소는 새로운 줄에서 시작하지 않습니다. 또한, 요소의 너비도 해당 줄 전체가 아닌 해당 HTML 요소의 내용 길이만큼만 차지합니다.

인라인 요소는 블록 요소와 반대되는 형태로 줄 바꿈이 일어나지 않는 요소입니다. 인라인 형태의 요소들로는 〈a〉, 〈img〉, 〈strong〉, 〈span〉 요소 등이 있습니다.

▌소스

소스위치:/ch02/inline.html

```
<!DOCTYPE html>
<html lang="ko">
<head>
    <meta charset="utf-8">
    <title>Title</title>
</head>
<body>
    <strong>
        이 요소는 strong 요소 입니다.
    </strong>
    <a href="#">
        링크가 있는 a 요소 역시 인라인 형태입니다.
    </a>
    <span>
        이것은 span 요소입니다.
    </span>
</body>
</html>
```

이 요소는 **strong** 요소 입니다. 링크가 있는 a 요소 역시 인라인 형태입니다. 이것은 span 요소입니다.

◆ 예제 실행

앞의 예제를 해석하면 다음과 같이 설명할 수 있습니다.

여러분들은 아직 CSS를 배우지 않았지만 인라인 요소의 구분을 눈으로 쉽게 보기위해, 이번에는 CSS를 이용해서 각 요소들에 배경색을 넣어보도록 하겠습니다.

```
<strong style="background: yellow;">
    이 요소는 strong 요소 입니다.
</strong>
<a href="#" style="background: green;">
    링크가 있는 a 요소 역시 인라인 형태입니다.
</a>
<span style="background: pink;">
    이것은 span 요소입니다.
</span>
```

이 요소는 **strong** 요소 입니다. 링크가 있는 a 요소 역시 인라인 형태입니다. 이것은 span 요소입니다.

◆ 예제 실행

위 예제를 실행해보면 결과와 같이 요소 영역의 너비가 각각의 요소에만 퍼져있는 것을 알 수 있습니다.

- 인라인 요소는 항상 블록 요소 내에 포함되어있습니다.
- 인라인 요소는 문서의 한 단락 같은 큰 범위에는 적용될 수 없고 문장, 단어 같은 작은 부분에 대해서만 적용될 수 있습니다.
- 인라인 요소는 새로운 줄(Line)을 만들지 않습니다. 즉 인라인 요소를 작성하면 그것을 작성한 단락 내에 나타나게 됩니다. 예를 들어, 인라인 요소에는 하이퍼링크를 정의하는 요소인 〈a〉, 텍스트(Text)를 강조하는 요소인 〈em〉,〈strong〉 등이 있습니다.

이제 블록 형태와 인라인 형태의 차이점이 좀 이해가 되시나요?

▌ 인라인-블록 요소 (inline-block Elements)

> inline 일렬로 늘어선 + block 사각형 덩어리

이렇게 HTML 태그 요소는 각각 블록과 인라인의 속성을 가지고 있으며, 그 밖에 inline-block 속성이라는 것이 있는데, 인라인-블록 요소는 블록과 인라인 두 속성의 중간 단계의 속성이라할 수 있습니다. display 속성 값이 inline-block으로 지정된 요소는 기본적으로 인라인 요소처럼 전후 줄 바꿈 없이 한 줄에 다른 요소들과 나란히 배치됩니다.

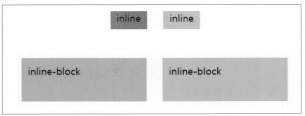

◆ 예제 실행

여러분들은 아직 배우지 않았지만 인라인 요소에서 불가능한 width와 height 속성 지정 및 margin과 padding 속성의 상하 간격 지정이 가능해집니다. 대표적인 inline-block 요소로 〈button〉, 〈input〉, 〈select〉 요소 등이 있습니다.

- 기본 특성은 인라인이라 요소가 수평으로 쌓이지만 블록 요소처럼 사이즈를 적용할 수 있습니다.
- 요소에 크기 값을 가질 수 있습니다. (가로 너비 & 세로 길이 지정 가능)
- 상하좌우 마진 & 패딩을 가질 수 있습니다.
- 사용 가능한 필요한 만큼의 영역을 사용할 수 있습니다. (콘텐츠의 너비만큼)
- 요소들이 한 줄에 여러 개 수평으로 쌓입니다.

▌ 블록 요소와 인라인 요소의 규칙

블록 형태와 인라인 형태의 요소들에는 기본적인 규칙이 있습니다. 이 기본적인 규칙을 지키면 웹 표준을 준수하는 것이 몹시 쉬워집니다.

아래 그림을 예로 블록 요소는 넓은 코끼리를, 인라인 요소는 가느다란 뱀을 떠올려보세요.

하나, 대부분의 요소는 같은 형태의 다른 요소를 안에 포함할 수 있습니다. (블록 요소 안에 블록 요소, 인라인 요소 안에 인라인 요소)

둘, 대부분의 블록 요소는 다른 인라인 요소도 안에 포함할 수 있습니다.

셋, 하지만, 인라인 요소는 블록 요소를 포함할 수 없습니다.

위의 세 가지 규칙만 지키면 됩니다. 다시 말하면 블록 요소는 블록 요소와 인라인 요소를 포함할 수 있지만, 인라인 요소는 인라인 요소만 포함할 수 있습니다. 물론, 일부 요소들 중에는 포함할 수 있는 요소가 한정적인 요소들이 있습니다만, 대체로 위의 규칙을 준수합니다.

앞으로 살펴보게 될 다양한 요소들을 그때 그때 어떠한 형태인지 잘 봐두면, 잘못된 마크업을 할 일은 거의 없을 것입니다. 그리고 이러한 형태들은 브라우저에서 바로 확인이 가능하기 때문에 알아보시는데 어렵지 않을 겁니다.

지금까지 간단하게 display 속성 값인 block, inline, inline-block에 대해서 알아보았습니다.

참고로 〈div〉로 마크업 된 요소가 block 속성 값을 가지고, 〈span〉로 마크업 된 요소가 inline 속성 값을 가지는 이유는 소위 "user agent stylesheet"라고 불리는 브라우저의 내장 스타일이 기본적으로 적용 되서 그렇습니다.

이렇게 HTML 태그 별로 기본적으로 적용되어있는 display 속성 값은 원하는 값으로 CSS를 이용해서 자유롭게 변경이 가능합니다.

04-5 주석

주석(comment)이란 주석 내용은 웹 브라우저에는 표시되지 않지만 웹 페이지를 만드는 웹 디자이너 또는 웹 개발자가 작성한 해당 소스 코드에 대한 이해를 돕는 설명이나 디버깅을 위해 작성한 구문을 의미합니다.

간단하게 말해 주석은 요소가 아닙니다. 여러분의 소스 코드에 메모를 남겨 놓는 것입니다. 때문에 주석은 웹 브라우저에서 보이지 않으며, 검색엔진이나 어디에서도 사용되지 않습니다. 하지만 HTML 코드에 삽입된 주석은 웹 브라우저의 "페이지 소스 보기" 등을 통해서 확인할 수 있습니다.

형식

```
<!-- 주석내용 -->
```

HTML 주석의 시작 태그 '<!--'에는 느낌표가 있지만 종료 태그 '-->'에는 느낌표가 없습니다. 이러한 주석은 HTML 문서의 어느 부분에서라도 사용할 수 있습니다.

- 다음과 같이 여러 줄에 걸쳐 주석을 작성해도 모두 주석으로 인식합니다.

```
<!--
주석은 HTML 코드의 어느 부분에서라도 사용할 수 있습니다.
여러 줄에 걸쳐 주석을 작성해도 주석으로 인식됩니다.
-->
```

- 주석은 웹 페이지 상에서 아무런 역할이 없기 때문에, 많은 초보자 분들은 잘 쓰지는 않습니다. 하지만, 주석은 매우 중요한 코딩 습관입니다. 특히, 같이 협업해야 하는 일이라면 주석은 필수입니다.

- 주석은 메모이기 때문에 소스 코드상에서 요소의 시작이나 끝 등을 알려주는 용도로 많이 쓰입니다.

```
<!-- 본문 시작 -->
<div>
    ...
</div>
<!-- 본문 끝 -->
```

특히 <div> 요소와 같은 경우 레이아웃을 만들다 보면 여러 요소들이 많이 중첩되는데, 하단의 닫는 태그를 보다 보면 대체 어떤 태그가 어떤 <div>를 닫는지 알기 힘든 경우가 생깁니다. 이럴 때 주석으로 어떤 <div>를 닫는지 명시해 주는 용도로도 사용됩니다.

```
<!-- 주석을 사용하지 않은 예 -->
        </div>
    </div>
</div>
```

위 코드를 보면 각각의 <div> 요소들은 어떤 <div> 요소가 닫히는지 파악하기 힘듭니다. 따라서 요소의 끝을 나타내는 주석 문구는 스스로 또는 팀 내에서 협의하에 정하여 사용하면 됩니다. 다음은 다양한 양식의 주석 문구입니다.

```
<!-- 주석을 사용한 예 -->
        </div>
        <!-- main 끝 -->
    </div>
    <!-- End of content -->
</div>
<!-- //wrapper -->
```

- 주석은 이러한 메모의 역할만 있는 것이 아니라, 소스 코드 일부분을 잠시 사용하지 않을 때에도 주석처리로 감추기도 합니다.

```
<!--
    아래 요소를 주석처리로 잠시 감췄습니다.
    다시 사용하려면, 주석을 지우면 바로 나타납니다.
<div>
    <p>아직 개발 중입니다.</p>
</div>
-->
```

HTML을 처음 배우는 입장에서는 주석의 필요성을 잘 느끼지 못하지만 실무에서는 많이 사용되니 주석을 사용하는 습관을 기르는 것이 좋습니다.

HTML 이란?

▌HTML은 "Hyper Text Markup Language"의 약자로 웹 사이트의 콘텐츠를 구성하고 보여주기 위해 사용되는 마크업 언어입니다.

▌HTML은 웹의 기본 코딩 형식이 '.html'입니다.

▌HTML은 웹에서 모든 종류의 콘텐츠를 보여주는 간단하지만 널리 사용되는 마크업 언어입니다.

HTML 태그(tag)

▌웹 페이지는 HTML 문서라고도 불리며, HTML 문서는 다양한 HTML 태그들로 구성됩니다. 각각의 HTML 태그는 웹 페이지의 콘텐츠 내용 또는 기능을 정의하는데 사용됩니다.

▌HTML 태그는 태그 이름을 꺽쇠 또는 화살 괄호라 불리는 〈〉 괄호로 감싸서 표현합니다.

```
〈태그 이름〉  시작 태그
〈/태그 이름〉  종료 태그
```

▌태그에 따라 시작 태그만 있고 종료 태그가 없는 태그도 존재하여, 이를 셀프 클로징 태그 또는 빈 태그라고 합니다.

HTML 문서의 기본적인 구조 – 소스

HTML 문서는 여러 요소들로 구성됩니다. 최상위 요소는 〈html〉 요소이며 그 밑에는 〈head〉 요소와 〈body〉 요소가 나란히 위치해야 합니다.

```
〈!DOCTYPE html〉
〈html lang="ko"〉
〈head〉
    〈meta charset="utf-8"〉
    〈title〉Hello World〈/title〉
〈/head〉
〈body〉
    〈h1〉Hello World〈/h1〉
    〈p〉안녕하세요! HTML&CSS〈/p〉
〈/body〉
〈/html〉
```

HTML 요소 구조

▌여는 태그(Opening tag) : 여는 태그는 요소의 이름과(예제의 경우 〈p〉), 열고 닫는 꺽쇠 괄호로 구성됩니다. 해당 요소의 시작부터 효과가 적용되기 시작합니다.

▌닫는 태그(Closing tag) : 닫는 태그는 요소의 이름 앞에 슬래시(/)가 있는 것을 제외하면 여는 태그와 같습니다. 닫는 태그는 요소의 끝에 위치합니다.

▌내용(Content) : 요소의 내용이며, 예제의 경우 단순한 텍스트를 내용으로 사용하였습니다.

▌요소(Element) : 여는 태그, 닫는 태그, 내용을 통틀어 요소(element)라고 합니다.

블록 요소, 인라인 요소, 인라인–블록 요소

HTML 웹 표준을 준수하는데 있어서 가장 기본적인 규칙은 블록(block) 요소와 인라인(inline) 요소를 구분하고, 해당 영역에 필요한 요소를 사용하여 HTML문서를 작성하는 것이 중요합니다.

주석이란?

웹 페이지를 만드는 웹 디자이너 또는 웹 개발자가 작성한 해당 코드에 대한 이해를 돕는 설명이나 디버깅을 위해 작성한 구문을 의미합니다.

1️⃣ _____은 "Hyper Text Markup Language"의 약자로 웹 사이트의 콘텐츠를 구성하고 보여주기 위해 사용되는 마크업 언어입니다.

2️⃣ 다음 보기에서 HTML의 확장자를 고르세요.

❶ .css   ❷ .js   ❸ .html   ❹ .php   ❺ .py

3️⃣ 다음 중 요소에 포함되지 않는 것을 고르세요.

❶ 블록 요소   ❷인라인 요소   ❸인라인–블록 요소   ❹아웃라인 요소

Answer
1️⃣ HTML   2️⃣❸   3️⃣❹

HTML 웹 문서에
다양한 내용 입력하기

HTML&CSS 입문자가 가장 힘들어하는 것은 "어떻게 무엇을 먼저 시작해야 하나." 입니다. 이번 장에서 우리는 웹 디자인을 배우기에 앞서 HTML에서 사용하는 기본적인 태그에 대한 개념을 이해하고, HTML로 생성한 웹 페이지에 간단한 예제를 작성하고 출력해보도록 하겠습니다.

01 텍스트 입력하기

01-1 제목 〈h1〉~〈h6〉

> h# = headline 표제

〈h1〉~〈h6〉 태그는 HTML 페이지의 섹션의 제목을 나타내 데 사용합니다.

특징	설명
요소	블록 요소(Block Element)
닫는 태그	닫는 태그 사용(〈h1〉 ~ 〈/h1〉)

▌속성

속성	속성 값(예)	설명
align	align	테이블의 행을 오른쪽 정렬
	left	테이블의 행을 왼쪽 정렬
	center	테이블의 행을 가운데 정렬
	justify	테이블의 행을 양쪽 정렬

▌소스

소스위치:/ch03/h1_h6.html

```
<!DOCTYPE html>
<html lang="ko">
<head>
    <meta charset="utf-8">
    <title>Title</title>
</head>
<body>
    <h1>이 제목은 h1 태그입니다.</h1>
    <h2>이 제목은 h2 태그입니다.</h2>
    <h3>이 제목은 h3 태그입니다.</h3>
    <h4>이 제목은 h4 태그입니다.</h4>
    <h5>이 제목은 h5 태그입니다.</h5>
    <h6>이 제목은 h6 태그입니다.</h6>
</body>
</html>
```

이 제목은 h1 태그입니다.

이 제목은 h2 태그입니다.

이 제목은 h3 태그입니다.

이 제목은 h4 태그입니다.

이 제목은 h5 태그입니다.

이 제목은 h6 태그입니다.

◆ 실행 결과

- ⟨h1⟩~⟨h6⟩ 태그는 숫자가 작을수록 글자의 크기가 커집니다.

글자크기　　**h1 > h2 > h3 > h4 > h5 > h6**
　　　　　커짐　　　　　　　　　　　작아짐

이 태그는 단순히 글자의 크기가 크게 보일뿐만 아니라, 봇(컴퓨터, 검색엔진)이 문서를 파악하기 위해 쓰이므로 상황에 맞게 ⟨h#⟩ 태그를 잘 써주는 것이 중요합니다.

- **⟨h1⟩은 가장 중요한 제목 / ⟨h6⟩은 가장 덜 중요한 제목을 정의할 때 사용됩니다.** ⟨h1⟩~⟨h6⟩까지 태그는 제목의 단계를 순차적으로 사용해야 하며, 단계를 건너뛰어 사용하지 않습니다.
- **한 페이지에 ⟨h1⟩ 태그는 한 번만 사용합니다.** 검색엔진최적화(SEO)에 의해 검색엔진과 사용자 모두에게 페이지 내의 콘텐츠 구성을 제대로 전달하는 데 사용하는 콘텐츠 제목 즉, 로고에 ⟨h1⟩ 태그를 대부분 사용합니다.
- **⟨h1⟩~⟨h6⟩ 태그는 단순하게 글씨 크기를 크게 하기 위해 사용하지는 않습니다.** 글씨 크기는 CSS의 ⟨font-size⟩를 사용하여 설정하는 것이 일반적인 방법입니다.

알아두세요! | **제목이 중요합니다.**

웹 검색엔진은 제목을 사용하여 웹 페이지의 구조와 내용을 색인화하여 웹 문서를 수집하게 됩니다. 일반 사용자들은 제목으로 페이지를 살펴보곤 하지만, 문서 구조를 표시하려면 웹 페이지에 제목을 사용하는 것이 중요합니다. ⟨h1⟩ 태그는 중요한 제목에 사용되어야 하며, 그다음 ⟨h2⟩ 태그, 덜 중요한 ⟨h3⟩ 태그 등의 순서로 사용되어야 합니다.

01-2 문단 ⟨p⟩

> p = paragraph = 문단

⟨p⟩ 태그는 문단(paragraph)의 약자로 하나의 문단을 만들 때 사용하는 태그입니다.

특징	설명
요소	블록 요소(Block Element)
닫는 태그	닫는 태그 사용(⟨p⟩ ~ ⟨/p⟩)

▌소스

소스위치:/ch03/p.html

```
<!DOCTYPE html>
<html lang="ko">
<head>
    <metac harset="utf-8">
    <title>Title</title>
</head>
<body>
    <p>문단은 p 태그를 사용합니다.</p>
    <p>이렇게 문단을 구분할 때 사용됩니다.</p>
</body>
</html>
```

문단은 p 태그를 사용합니다.

이렇게 문단을 구분할 때 사용됩니다.

◆ 실행 결과

- **문단은 항상 새 줄에서 시작합니다.** 〈p〉 태그는 블록 요소이므로 브라우저에서는 자동으로 단락 앞뒤에 일부 공백(여백)을 추가합니다.
- **단락이 모여서 문단이 됩니다.** 마크업 할 때 문단은 〈div〉 태그로, 그 안에는 여러 개의 〈p〉 태그로 구성 되어 있다고 보면 됩니다.

```
<div>
    <p></p>
    <p></p>
    <p></p>
</div><!-- 첫 번째 문단 -->
<div>
    <p></p>
    <p></p>
    <p></p>
</div><!-- 두 번째 문단 -->
```

- **〈p〉 태그와 〈/p〉 태그 사이에는 한 줄의 행간이 표현됩니다.** 문단은 하나로 묶을 수 있는 짤막한 단위를 말하며, 단락은 하나하나의 짧은 토막이라고 말할 수 있습니다.

01-3 줄 바꿈 〈br〉

> br = break = 깨다

〈br〉 태그는 부수다(break)의 약자로 텍스트 내의 줄 바꿈을 정의할 때 사용합니다.

특징	설명
요소	인라인 요소(Inline Element)
닫는 태그	셀프 클로징(〈br〉)

■ 소스

소스위치:/ch03/p.html

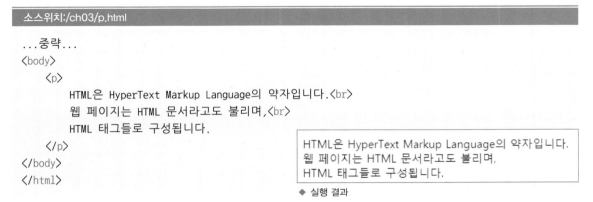

```
...중략...
<body>
    <p>
        HTML은 HyperText Markup Language의 약자입니다.<br>
        웹 페이지는 HTML 문서라고도 불리며,<br>
        HTML 태그들로 구성됩니다.
    </p>
</body>
</html>
```

```
HTML은 HyperText Markup Language의 약자입니다.
웹 페이지는 HTML 문서라고도 불리며,
HTML 태그들로 구성됩니다.
```
◆ 실행 결과

- **HTML은 코드상 줄 바꿈(엔터)이 브라우저 화면에 출력되지 않습니다.**

  기본적으로 HTML은 코드 가독성 향상을 위해 줄 바꿈을 하더라도, 줄 바꿈이 브라우저 화면에 출력되지는 않으며, 한 줄로 연이어 나옵니다. 줄 바꿈을 하려면 직접 줄 바꿈을 한다는 〈br〉 태그를 적어야 합니다.

01-4 글자 기울임 〈i〉

I = italic = 이탤릭

〈i〉 태그는 이탤릭(italic)의 약자로 글자를 기울여서 표시할 때 사용합니다.

특징	설명
요소	인라인 요소(Inline Element)
닫는 태그	닫는 태그 사용〈i〉 ~ 〈/i〉

■ 소스

소스위치:/ch03/i.html

```
...중략...
<body>
    <p>글씨를 특별한 이유로 평범한 글자와 구분하기 위해서는 <i>i</i> 태그를 사용합니다.</p>
</body>
</html>
```

> 글씨를 특별한 이유로 평범한 글자와 구분하기 위해서는 *i* 태그를 사용합니다.

◆ 실행 결과

• **특별한 이유로 평범한 글자와 구분하기 위해 사용합니다.**

〈i〉 태그는 기본 텍스트와는 다른 분위기나 음성을 위한 텍스트 영역을 정의할 때뿐만 아니라 전문용어나 다른 언어의 관용구, 문어체, 서양 문헌에 나오는 선박 이름 등과 같이 다른 텍스트와 구분하기 위해 사용합니다.

01-5 글자 굵게 〈b〉

b = bold = 굵은

〈b〉 태그는 볼드(bold)의 약자로 글자를 굵게 표시할 때 사용합니다.

특징	설명
요소	인라인 요소(Inline Element)
닫는 태그	닫는 태그 사용〈b〉 ~ 〈/b〉

■ 소스

소스위치:/ch03/em.html

```
...중략...
<body>
    <p>글씨를 중요성과 관련성을 전달하지 않고, 다른 텍스트와 구별 할 때 <b>b</b> 태그를 사용합니다.</p>
</body>
</html>
```

> 글씨를 중요성과 관련성을 전달하지 않고, 다른 텍스트와 구별 할 때 **b** 태그를 사용합니다.

◆ 실행 결과

- **⟨b⟩ 태그는 다른 텍스트와 구별 할 때 설정합니다.**

    텍스트는 굵게 표시되지만 다른 부가적인 목적 없이 단순히 굵게 표현되는 텍스트를 정의할 때 사용합니다.

- **⟨em⟩, ⟨strong⟩, ⟨mark⟩ 태그들에서 적절한 태그를 찾을 수 없을 때 사용합니다.**

    ⟨b⟩ 태그는 ⟨em⟩, ⟨strong⟩, ⟨mark⟩ 태그들에서 적절한 태그를 찾을 수 없을 때, 특별한 정보 전달의 의미가 없을 때 고려해서 사용합니다.

01-6 텍스트 강조 ⟨em⟩

> em = emphasis = 강조

⟨em⟩ 태그는 강조(emphasis)의 약자로 강조된 텍스트를 표현할 때 사용합니다.

특징	설명
요소	인라인 요소(Inline Element)
닫는 태그	닫는 태그 사용(⟨em⟩ ~ ⟨/em⟩)

▌ 소스

소스위치:/ch03/b.html

```
...중략...
<body>
    <p>글씨를 강조하고 싶다면 <em>em</em> 태그를 사용합니다.</p>
</body>
</html>
```

> 글씨를 강조하고 싶다면 *em* 태그를 사용합니다.

◆ 실행 결과

- **⟨i⟩ 태그와 ⟨em⟩ 태그 차이점**

    ⟨i⟩ 태그와 ⟨em⟩ 태그를 시각적으로 봤을 때 글씨가 기울어져 표시되어 같다고 생각하지만 차이점이 있습니다.

구분	⟨i⟩	⟨em⟩
의미	특정 이유로 주위와 구분을 해야 할 때 사용 (기술 용어, 외국어 구절, 등장인물의 생각 등	주위 텍스트와 비교했을 때 해당 부분을 강조하고 싶은 경우에 사용

- **단순히 글씨를 기울임꼴로 쓰기 위해 사용하지는 않습니다.**

    글씨를 기울임꼴로 표기하는 방법은 CSS font-style의 italic 속성을 사용하는 것이 일반적인 방법입니다.

01-7 텍스트 강조 ⟨strong⟩

> strong = 강조

⟨strong⟩ 태그는 텍스트의 중요성을 강조할 때 사용합니다. ⟨strong⟩ 태그는 다른 태그와 유사한 점이 있기 때문에 비교하며 적절한 곳에 사용해야 합니다.

특징	설명
요소	인라인 요소(Inline Element)
닫는 태그	닫는 태그 사용(〈strong〉 ~ 〈/strong〉)

▌소스

소스위치:/ch03/strong.html

```
...중략...
<body>
    <p>글씨를 강조하고 중요성까지 강조하고 싶다면 <strong>strong</strong> 태그를 사용합니다.</p>
</body>
</html>
```

글씨를 강조하고 중요성까지 강조하고 싶다면 **strong** 태그를 사용합니다.

◆ 실행 결과

- **〈b〉 태그와 〈strong〉 태그 차이점**

    〈b〉 태그와 〈strong〉 태그를 시각적으로 봤을 때 글씨가 굵게 표시되어 같다고 생각하지만 차이점이 있습니다.

구분	〈b〉	〈Strong〉
의미	단순 시각적 요소	주변의 콘텐츠와 비교했을 때 더 중요하다는 의미

위와 같은 차이점이 있으며 최신 HTML 표준은 〈b〉 태그 보다는 〈strong〉 태그를 권고하고 있습니다.

- **〈strong〉 태그와 〈em〉 태그 차이점**

    〈strong〉 태그와 〈em〉 태그는 강조하는 태그이지만 의미에 있어 약간의 차이가 있습니다.

구분	〈strong〉	〈em〉
의미	중요성, 긴급성, 심각성을 알리는 경우 단어를 강조할 때 사용	문장 내에서 특정 문맥의 강조할 때 사용
예	"이곳은 위험한 곳입니다. 들어가지 마세요." → 중요성, 긴급성, 심각성 의미 내포함	"재미있는 HTML, CSS" → 문맥을 강조

- **〈strong〉 태그는 단순하게 글씨를 볼드체로 쓰기 위해 사용하지는 않습니다.**

    폰트의 두께는 CSS의 font-weight를 사용하여 설정하는 것이 일반적인 방법입니다.

01-8 텍스트 작게 〈small〉

small = 작다

〈small〉 태그는 저작권 및 법적인 텍스트를 정의할 때 사용합니다.

특징	설명
요소	인라인 요소(Inline Element)
닫는 태그	닫는 태그 사용(〈small〉 ~ 〈/small〉)

```
...중략...
<body>
    <p>
        이 교재는 HTML, CSS를 배우기 위한 책입니다.<br>
        <small>이 책에 대한 권한과 라이센스는 앤써북(AnswerBook)에 있습니다.</small>
    </p>
</body>
</html>
```

> 이 교재는 HTML, CSS를 배우기 위한 책입니다.
> 이 책에 대한 권한과 라이센스는 앤써북(AnswerBook)에 있습니다.

◆ 실행 결과

• 〈small〉 태그는 저작권, 면책조항, 주의사항, 법적 제한 사항, 주석표시, 부가정보를 나타내는 데 사용합니다. 여러 단락이나 광범위한 텍스트가 포함된 섹션에서는 사용하지 않습니다.

01-9 마킹 표시 〈mark〉

mark = 표시하다

〈mark〉 태그는 참조용 표시를 정의합니다.

특징	설명
요소	블록 요소(Block Element)
닫는 태그	닫는 태그 사용(〈mark〉 ~ 〈/mark〉)

■ 소스

```
...중략...
<body>
    <p>글씨의 중요성과 강조를 고려하지 않는 단순 참고용 표시를 사용한다면 <mark>mark</mark> 태그를 사용합니다.</p>
</body>
</html>
```

> 글씨의 중요성과 강조를 고려하지 않는 단순 참고용 표시를 사용한다면 mark 태그를 사용합니다.

◆ 실행 결과

• 〈mark〉 태그는 형광펜으로 칠한 것처럼 하이라이트 된 텍스트를 정의할 때 사용합니다.
• 〈mark〉 태그는 중요성과 강조를 고려하지 않는 단순 표시사항 또는 검색 결과에 대한 단순 표시 사항으로 사용합니다.

02 목록 만들기

02-1 순서 없는 목록 〈ul〉 〈li〉

순서가 없는 목록은 〈ul〉 태그로 작성하고, 여기에 포함되는 각각의 목록 요소는 〈li〉 태그로 작성합니다. 각각의 목록 요소 앞에는 기본 마커(marker)로 검정색의 작은 원이 함께 표시됩니다.

특징	설명
요소	인라인 요소(Inline Element)
닫는 태그	닫는 태그 사용(〈ul〉 ~ 〈/ul〉)
닫는 태그	닫는 태그 사용(〈li〉 ~ 〈/li〉)

█ 소스

소스위치:/ch03/ul.html

```
...중략...
<body>
    <ul>
        <li>HTML</li>
        <li>CSS</li>
        <li>Javascript</li>
    </ul>
</body>
</html>
```

- HTML
- CSS
- Javascript

◆ 실행 결과

- **〈ul〉 태그는 순서가 없는 목록 형 태그를 정의합니다.**
- **〈ul〉 태그는 항목을 나타내는 〈li〉와 같이 사용됩니다.**

  〈ul〉 태그 안에 〈li〉 태그를 작성한 부모–자식 관계를 이루는 기본 구조를 가집니다.

  ```
  <ul>
      <li></li>
      <li></li>
      <li></li>
  </ul>
  ```

- **〈ul〉 태그를 사용하면 블릿 기호가 나타납니다.**

  보통 실무에서는 블릿 기호가 브라우저마다 다르게 나오기 때문에, 〈ul〉 태그의 스타일을 초기화하고, 기본 스타일로는 사용하지 않습니다.

- **〈ul〉 태그는 2단 또는 3단으로 사용할 수도 있습니다.**

```
...중략...
<body>
    <ul>
        <li>이것은 첫번째 목록입니다.</li>
        <li>이것은 첫번째 목록입니다.
            <ul>
                <li>이것은 두번째 목록입니다.</li>
                <li>이것은 두번째 목록입니다.
                    <ul>
                        <li>이것은 세번째 목록입니다.</li>
                        <li>이것은 세번째 목록입니다.</li>
                    </ul>
                </li>
                <li>이것은 두번째 목록입니다.</li>
            </ul>
        </li>
        <li>이것은 첫번째 목록입니다.</li>
    </ul>
</body>
</html>
```

```
• 이것은 첫번째 목록입니다.
• 이것은 첫번째 목록입니다.
    o 이것은 두번째 목록입니다.
    o 이것은 두번째 목록입니다.
        ▪ 이것은 세번째 목록입니다.
        ▪ 이것은 세번째 목록입니다.
    o 이것은 두번째 목록입니다.
• 이것은 첫번째 목록입니다.
```

◆ 실행 결과

• CSS의 list-style-type 속성을 사용하면 리스트 요소 앞에 위치하는 마커(marker)를 다른 모양으로 변경할 수 있습니다.(여러분은 아직 CSS를 배우지 않았기 때문에, 간단하게 이런 것이 있다는 정도만 알고 넘어가도록 하겠습니다.)

```
...중략...
<body>
    <p>disc : 검정색 작은 원형 모양 (기본설정)</p>
    <ul>
        <li>HTML</li>
        <li>Java</li>
        <li>C++</li>
    </ul>
    <p>circle : 흰색 작은 원형 모양</p>
    <ul style="list-style-type: circle;">
        <li>HTML</li>
        <li>Java</li>
        <li>C++</li>
    </ul>
    <p>square : 사각형 모양</p>
    <ul style="list-style-type: square;">
        <li>HTML</li>
        <li>Java</li>
        <li>C++</li>
    </ul>
</body>
</html>
```

```
disc : 검정색 작은 원형 모양 (기본설정)
    • HTML
    • Java
    • C++
circle : 흰색 작은 원형 모양
    o HTML
    o Java
    o C++
square : 사각형 모양
    ▪ HTML
    ▪ Java
    ▪ C++
```

◆ 실행 결과

02-2 순서 있는 목록 〈ol〉 〈li〉

순서가 있는 목록은 〈ol〉 태그로 작성하고, 여기에 포함되는 각각의 목록 요소는 〈li〉 태그로 작성합니다. 각각의 목록 요소 앞에는 기본 마커(marker)로 아라비아 숫자가 함께 표시됩니다.

특징	설명
요소	블록 요소(Block Element)
닫는 태그	닫는 태그 사용(〈ol〉 ~ 〈/ol〉)
닫는 태그	닫는 태그 사용(〈li〉 ~ 〈/li〉)

▌속성

특징	속성 값(예)	설명
reversed	reversed	목록 순서를 내림차순으로 설정합니다.
start	start="number"	목록 항목의 시작 값을 숫자로 설정합니다.
type	type="1"	블릿기호의 종류를 설정합니다.
	type="A"	
	type="a"	
	type="I" (대문자 i)	
	type="i"	

▌소스

소스위치:/ch03/ol.html

```
...중략...
<body>
    <p>기본 형식</p>
    <ol>
        <li>HTML</li>
        <li>CSS</li>
        <li>Javascript</li>
    </ol>
    <p>시작 번호 설정</p>
    <ol start="10"><!-- 시작번호 설정 -->
        <li>HTML</li>
        <li>CSS</li>
        <li>Javascript</li>
    </ol>
    <p>내림차순 설정</p>
    <ol reversed><!-- 내림차순 설정 -->
        <li>HTML</li>
        <li>CSS</li>
        <li>Javascript</li>
    </ol>
</body>
</html>
```

기본 형식

1. HTML
2. CSS
3. Javascript

시작 번호 설정

10. HTML
11. CSS
12. Javascript

내림차순 설정

3. HTML
2. CSS
1. Javascript

◆ 실행 결과

- 〈ol〉 태그는 순서가 있는 목록 형 태그를 정의합니다.
- 〈ol〉 태그는 항목을 나타내는 〈li〉와 같이 사용됩니다.

  〈ol〉 태그 안에 〈li〉 태그를 작성한 부모–자식 관계를 이루는 기본 구조를 가집니다.

```
<ol>
    <li></li>
    <li></li>
    <li></li>
</ol>
```

- 〈ol〉 태그를 사용하면 아라비아 숫자가 나타납니다.
- 〈ol〉 태그는 2단 또는 3단으로 사용할 수도 있습니다.

■ 소스

소스위치:/ch03/ol2.html

```
...중략...
<body>
    <ol>
        <li>이것은 첫번째 목록입니다.</li>
        <li>이것은 첫번째 목록입니다.
            <ol>
                <li>이것은 두번째 목록입니다.</li>
                <li>이것은 두번째 목록입니다.
                    <ol>
                        <li>이것은 세번째 목록입니다.</li>
                        <li>이것은 세번째 목록입니다.</li>
                    </ol>
                </li>
                <li>이것은 두번째 목록입니다.</li>
            </ol>
        </li>
        <li>이것은 첫번째 목록입니다.</li>
    </ol>
</body>
</html>
```

```
1. 이것은 첫번째 목록입니다.
2. 이것은 첫번째 목록입니다.
    1. 이것은 두번째 목록입니다.
    2. 이것은 두번째 목록입니다.
        1. 이것은 세번째 목록입니다.
        2. 이것은 세번째 목록입니다.
    3. 이것은 두번째 목록입니다.
3. 이것은 첫번째 목록입니다.
```

◆ 실행 결과

- 〈ol〉 태그 type 속성

  〈ol〉 태그 type 속성을 통해 숫자, 문자, 로마 숫자들을 표현할 수 있지만, CSS의 list–style–type 속성을 통해 사용하는 것을 권장합니다.

```
...중략...
<body>
    <p>type : 1 (숫자 설정)</p>
    <ol type="1"><!-- 숫자로 설정 -->
        <li>HTML</li>
        <li>CSS</li>
        <li>Javascript</li>
    </ol>
    <p>type : A (영문 대문자 설정)</p>
    <ol type="A"><!-- 영문 대문자 설정 -->
        <li>HTML</li>
        <li>CSS</li>
        <li>Javascript</li>
    </ol>
    <p>type : a (영문 소문자 설정)</p>
    <ol type="a"><!-- 영문 소문자 설정 -->
        <li>HTML</li>
        <li>CSS</li>
        <li>Javascript</li>
    </ol>
    <p>type : I (로마 숫자 대문자 설정)</p>
    <ol type="I"><!-- 로마 숫자 대문자 설정 -->
        <li>HTML</li>
        <li>CSS</li>
        <li>Javascript</li>
    </ol>
    <p>type : I (로마 숫자 소문자 설정)</p>
    <ol type="i"><!-- 로마 숫자 소문자 설정 -->
        <li>HTML</li>
        <li>CSS</li>
        <li>Javascript</li>
    </ol>
</body>
</html>
```

```
type : 1 (숫자 설정)

  1. HTML
  2. CSS
  3. Javascript

type : A (영문 대문자 설정)

  A. HTML
  B. CSS
  C. Javascript

type : a (영문 소문자 설정)

  a. HTML
  b. CSS
  c. Javascript

type : I (로마 숫자 대문자 설정)

  I. HTML
  II. CSS
  III. Javascript

type : I (로마 숫자 소문자 설정)

  i. HTML
  ii. CSS
  iii. Javascript
```

◆ 실행 결과

• CSS의 list-style-type 속성을 사용하면 리스트 요소 앞에 위치하는 마커(marker)를 다른 모양으로 변
경할 수 있습니다.(여러분은 아직 CSS를 배우지 않았기 때문에, 간단하게 이런 것이 있다는 정도만 알고
넘어가도록 하겠습니다.)

```
...중략...
<body>
    <p>decimal : 숫자 (기본설정)</p>
    <ol>
        <li>HTML</li>
        <li>CSS</li>
        <li>Javascript</li>
    </ol>
    <p>upper-alpha : 영문 대문자</p>
    <ol style="list-style-type: upper-alpha;">
        <li>HTML</li>
        <li>CSS</li>
        <li>Javascript</li>
    </ol>
    <p>lower-alpha : 영문 소문자</p>
    <ol style="list-style-type: lower-alpha;">
        <li>HTML</li>
        <li>CSS</li>
        <li>Javascript</li>
    </ol>
    <p>upper-roman : 로마 숫자 대문자</p>
    <ol style="list-style-type: upper-roman;">
        <li>HTML</li>
        <li>CSS</li>
        <li>Javascript</li>
    </ol>
    <p>lower-roman : 로마 숫자 소문자</p>
    <ol style="list-style-type: lower-roman;">
        <li>HTML</li>
        <li>CSS</li>
        <li>Javascript</li>
    </ol>
</body>
</html>
```

decimal : 숫자 (기본설정)

  1. HTML
  2. CSS
  3. Javascript

upper-alpha : 영문 대문자

  A. HTML
  B. CSS
  C. Javascript

lower-alpha : 영문 소문자

  a. HTML
  b. CSS
  c. Javascript

upper-roman : 로마 숫자 대문자

  I. HTML
  II. CSS
  III. Javascript

lower-roman : 로마 숫자 소문자

  i. HTML
  ii. CSS
  iii. Javascript

◆ 실행 결과

03 표 만들기

03-1 표 삽입 〈table〉

> table = 표

〈table〉 태그는 데이터를 포함하는 셀(cell)들의 행과 열로 구성된 2차원 테이블을 정의할 때 사용합니다.

특징	설명
요소	블록 요소(Block Element)
닫는 태그	닫는 태그 사용(〈table〉 ~ 〈/table〉)

■ 소스

소스위치:/ch03/table.html

```
...중략...
<body>
    <table>
        <tr>
            <th>번호</th>
            <th>제목</th>
            <th>주인공</th>
        </tr>
        <tr>
            <td>1</td>
            <td>홍길동전</td>
            <td>홍길동</td>
        </tr>
        <tr>
            <td>2</td>
            <td>춘향전</td>
            <td>성춘향</td>
        </tr>
        <tr>
            <td>3</td>
            <td>심청전</td>
            <td>심청</td>
        </tr>
    </table>
</body>
</html>
```

번호	제목	주인공
1	홍길동전	홍길동
2	춘향전	성춘향
3	심청전	심청

◆ 실행 결과

- **〈table〉 태그가 주로 사용되는 곳은 아래와 같습니다.**
  - 〈table〉 태그는 주로 게시판 영역이나 회원가입 영역, 표를 나타내는 영역에서 많이 사용합니다.
  - 디자인을 담당하는 레이아웃을 목적으로 사용은 적합하지 않지만, 예외적으로 메일을 보낼 때는 레이아웃을 목적으로 사용할 수도 있습니다.
- **〈table〉 태그는 다음과 같은 태그들과 함께 사용됩니다.**

태그	설명	태그	설명
〈table〉	표를 설정	– 〈tr〉	– 표의 행을 설정
〈caption〉	표의 제목을 설정	– 〈td〉	– 표의 열(셀)을 설정
– 〈thead〉	– 표의 헤더 영역을 그룹화	– 〈th〉	– 행이나 열에 타이틀을 설정
– 〈tbody〉	– 표의 본문 영역을 그룹화	– 〈colgroup〉	– 표의 열을 묶는 그룹을 설정
– 〈tfoot〉	– 표의 푸터 영역을 그룹화	– 〈col〉	– 〈colgroup〉 요소에 속하는 각 열의 속성을 설정

- **〈table〉 태그는 기본적으로 〈tr〉, 〈td〉, 〈th〉로 구성되어 있습니다.**

  〈table〉 태그는 일반적으로 아래와 같은 구조를 가집니다.

```
<table>
    <tr>
        <th></th> <!-- 표 제목을 쓰는 역할 -->
        <td></td> <!-- 셀 만드는 역할 -->
    </tr> <!-- 가로줄을 만드는 역할 -->
</table>
```

- **〈table〉 태그는 추가로 〈caption〉, 〈col〉, 〈colgroup〉, 〈thead〉, 〈tbody〉, 〈tfoot〉 요소를 포함하고 있습니다.**

```
<table>
    <thead>
        <tr>
            <th></th>
            <th></th>
        </tr>
    </thead>
    <tbody>
        <tr>
            <td></td>
            <td></td>
        </tr>
    </tbody>
    <tfoot>
        <tr>
            <td></td>
            <td></td>
        </tr>
    </tfoot>
</table>
```

- **〈table〉 태그를 다른 태그들과 함께 사용한 전체 구조는 다음과 같습니다.**(예제에서 사용되는 각각의 태그는 이어서 설명하도록 하겠습니다.)

```
...중략...
<body>
    <table>
        <caption>표 제목 설정</caption>
        <colgroup>
            <col>
            <col>
            <col>
            <col>
            <col>
        </colgroup>
        <thead>
            <tr>
                <th>제목1</th>
                <th>제목2</th>
                <th>제목3</th>
                <th>제목4</th>
                <th>제목5</th>
            </tr>
        </thead>
        <tbody>
            <tr>
                <td>내용1</td>
                <td>내용1</td>
                <td>내용1</td>
                <td>내용1</td>
                <td>내용1</td>
            </tr>
            <tr>
                <td>내용2</td>
                <td>내용2</td>
                <td>내용2</td>
                <td>내용2</td>
                <td>내용2</td>
            </tr>
        </tbody>
    </table>
</body>
```

```
            표 제목 설정
제목1 제목2 제목3 제목4 제목5
내용1 내용1 내용1 내용1 내용1
내용2 내용2 내용2 내용2 내용2
```

◆ 실행 결과

알아두세요! 테이블이란?

테이블(table)이란 여러 종류의 데이터를 보기 좋게 정리하여 보여주는 표를 의미합니다. HTML에서는 〈table〉 태그를 사용하여 이러한 테이블 표를 작성할 수 있습니다.

테이블은 데이터를 포함하는 셀의 행과 열로 구성된 정보표입니다. 테이블을 만들기 위해서는 다양한 태그를 사용하여 제목, 설명, 셀, 셀 합치기, 표 구조, 셀 그룹 등 여러 가지를 신경써야합니다.

테이블은 제목을 표시하기 위해서는 〈caption〉을 사용하고, 셀 요소를 그룹화하기 위해 〈colgroup〉과 〈col〉을 사용합니다.

테이블 전체 구조를 분리하기 위해서는 〈thead〉, 〈tbody〉, 〈tfoot〉를 사용하며, 행과 열을 나타내는 〈tr〉, 〈td〉 〈th〉 등을 사용합니다.

여기에 접근성을 위해 scope 속성을 사용하고, 셀의 병합을 위해 colspan과 rowspan을 사용하게 됩니다.

03-2 표 제목 〈caption〉

> caption = 캡션

〈caption〉 태그는 테이블의 제목을 정의할 때 사용합니다.

특징	설명
요소	인라인 요소(Inline Element)
닫는 태그	닫는 태그 사용(〈caption〉 ~ 〈/caption〉)

▌소스

소스위치:/ch03/caption.html

```
...중략...
<body>
    <table>
        <caption>표 제목 설정</caption><!-- 표 제목 설정 -->
        <tr>
            <th>번호</th>
            <th>제목</th>
            <th>주인공</th>
        </tr>
        <tr>
            <td>1</td>
            <td>홍길동전</td>
            <td>홍길동</td>
        </tr>
    </table>
</body>
</html>
```

```
표 제목 설정
번호   제목   주인공
1    홍길동전 홍길동
```
◆ 실행 결과

- **〈caption〉 태그는 표의 제목을 설정합니다.**

  〈colgroup〉 태그는 테이블에서 서식 지정을 위해 하나 이상의 열을 그룹으로 묶을 때 사용합니다.

- **〈caption〉 태그는 기본적으로 가운데 정렬로 표시됩니다.**

  〈caption〉 태그의 콘텐츠는 테이블 바로 위쪽에 가운데 정렬되어 표시되지만, CSS의 text-align이나 caption-side 속성을 사용하여 캡션의 위치나 정렬 방법 등을 변경할 수 있습니다.

- **〈caption〉 태그의 순서는 항상 〈table〉 태그의 바로 다음에 위치해야 합니다.**

```
<table>
    <caption></caption>
</table>
```

03-3 표의 열을 묶는 그룹 〈colgroup〉 〈col〉

> colgroup = column 열 + group 그룹

〈colgroup〉 태그는 표의 열을 묶는 그룹을 설정합니다. 〈col〉 태그는 〈colgroup〉 태그 요소에 속하는
각 열(column)의 속성을 정의할 때 사용합니다.

특징	설명
요소	인라인 요소(Inline Element)
닫는 태그	닫는 태그 사용(〈colgroup〉 ~ 〈/colgroup〉)
닫는 태그	닫는 태그 사용(〈col〉 ~ 〈/col〉)

█ 소스

소스위치:/ch03/colgroup.html

```
...중략...
<body>
    <table>
        <caption>표 제목 설정</caption>
        <colgroup>
            <!-- 해당 열의 색상을 yellow -->
            <col style="background-color: yellow;">
            <!-- 해당 열의 색상을 red -->
            <col style="background-color: red;">
            <col>
        </colgroup>
        <tr>
            <th>번호</th>
            <th>제목</th>
            <th>주인공</th>
        </tr>
        <tr>
            <td>1</td>
            <td>홍길동전</td>
            <td>홍길동</td>
        </tr>
    </table>
</body>
</html>
```

◆ 실행 결과

- **〈colgroup〉 태그는 표의 열을 묶는 그룹을 설정합니다.**
  〈colgroup〉 태그는 테이블에서 서식 지정을 위해 하나 이상의 열을 그룹으로 묶을 때 사용합니다. 그리고
  표의 열을 묶는 〈col〉 태그와 함께 사용됩니다.

- **〈colgroup〉 태그를 사용하는 경우는 아래와 같습니다.**
  〈colgroup〉 태그는 각 행이나 열의 스타일을 반복하지 않고, 열 전체에 다른 스타일을 적용하고 싶을 때
  유용하게 사용할 수 있습니다. 또한, 〈colgroup〉 태그 내부에 〈col〉 태그를 포함하여 열마다 각각 다른 스
  타일을 적용할 수도 있습니다.

- 〈colgroup〉 태그의 순서는 아래와 같습니다.

  〈colgroup〉 태그는 〈table〉 태그의 자식 요소로, 모든 〈caption〉 태그보다 뒤에 위치해야 하며, 모든 〈thead〉, 〈tbody〉, 〈tfoot〉, 〈tr〉 요소보다는 앞에 위치해야 합니다.(HTML 문서의 부모, 자식 관계는 뒤에서 따로 다루게 됩니다.)

```
<table>
    <caption></caption>
    <colgroup>
        <col>
    </colgroup>
    <tr>
        <th></th>
        <td></td>
    </tr>
</table>
```

- 〈col〉 태그는 〈colgroup〉 태그 요소에 속하는 각 열의 속성을 설정합니다.

03-4 표 영역을 그룹화 〈thead〉〈tbody〉〈tfoot〉

```
thead = table 표 + header 헤더
tbody = table 표 + body 몸
tfoot = table 표 + footer 푸터
```

테이블의 각 영역(header, body, footer)을 명시하기 위해 〈thead〉, 〈tbody〉, 〈tfoot〉 태그를 사용하여 표 영역을 그룹화할 수 있습니다.

특징	설명
요소	블록 요소(Block Element)
닫는 태그	닫는 태그 사용(〈thead〉 ~ 〈/thead〉)
닫는 태그	닫는 태그 사용(〈tbody〉 ~ 〈/tbody〉)
닫는 태그	닫는 태그 사용(〈tfoot〉 ~ 〈/tfoot〉)

▌소스

소스위치:/ch03/table_group.html

```
...중략...
<body>
    <table>
        <thead><!-- 상단 그룹으로 묶음 -->
            <tr>
```

```
                <td>상단1</td>
                <td>상단2</td>
            </tr>
        </thead>
        <tbody><!-- 중간 그룹으로 묶음 -->
            <tr>
                <td>중간1</td>
                <td>중간2</td>
            </tr>
        </tbody>
        <tfoot><!-- 하단 그룹으로 묶음 -->
            <tr>
                <td>하단1</td>
                <td>하단2</td>
            </tr>
        </tfoot>
    </table>
</body>
</html>
```

```
상단1 상단2
중간1 중간2
하단1 하단2
```

◆ 실행 결과

- **〈thead〉, 〈tbody〉, 〈tfoot〉 태그**

태그	설명
〈thead〉	표의 헤더 영역을 그룹화
〈tbody〉	표의 본문 영역을 그룹화
〈tfoot〉	표의 푸터를 그룹화

03-5 표의 행 생성 〈tr〉

tr = table 표 + row 행

〈tr〉 태그는 테이블에서 열들로 이루어진 하나의 행(row)을 정의할 때 사용합니다.

특징	설명
요소	해당 없음
닫는태그	닫는 태그 사용(〈tr〉 ~ 〈/tr〉)

■ 소스

```
<table>
    <tr>
        ...
    </tr>
</table>
```

- 〈tr〉 태그는 〈td〉 태그와 〈th〉 태그 요소를 함께 사용합니다.

  〈tr〉 태그 안에 〈td〉, 〈th〉 태그를 작성한 부모-자식 관계를 이루는 기본 구조를 가집니다.

```
<tr>
    <th></th>
    <td></td>
</tr>
```

03-6 표의 열 생성 〈td〉

```
td = table 표 + data 데이터
```

〈td〉 태그는 HTML 테이블에서 하나의 데이터 열을 정의할 때 사용합니다.

특징	설명
요소	블록 요소(Block Element)
닫는태그	닫는 태그 사용(〈td〉 ~ 〈/td〉)

▌ 소스

소스위치:/ch03/td.html

```
...중략...
<body>
    <table>
        <td>열1</td>
        <td>열2</td>
    </table>
</body>
```

열1 열2
◆ 실행 결과

- 〈td〉 태그 내의 텍스트는 일반적인 두께의 폰트로 좌측 정렬됩니다.

03-7 표의 행, 열 타이틀 생성 〈th〉

```
th = table 표 + header 헤더
```

〈th〉 태그는 행이나 열에 타이틀을 설정합니다.

특징	설명
요소	블록 요소(Block Element)
닫는태그	닫는 태그 사용(〈th〉 ~ 〈/th〉)

```
소스위치:/ch03/th.html

...중략...
<body>
    <table>
        <th>열1</th>
        <th>열2</th>
    </table>
</body>
</html>
```

열1 열2

◆ 실행 결과

- **〈th〉 태그는 행이나 열에 타이틀을 설정합니다.**

  〈th〉 태그는 HTML 테이블에서 제목이 되는 헤더 셀(header cell)을 정의할 때 사용합니다. HTML 테이블을 구성하는 셀(cell)은 두 종류로 구분할 수 있으며, 하나는 〈th〉 요소를 사용한 헤더 정보를 저장하는 헤더 셀과 또 다른 하나는 〈td〉 요소를 사용한 일반적인 데이터를 저장하는 데이터 셀입니다.

  ```
  <table>
      <th>셀 정의</th>
      <th>일반적인 데이터 저장</th>
  </table>
  ```

- **〈th〉 태그는 표의 제목 역할로 볼드체로 표현됩니다.**

03-8 셀 열(가로) 병합 colspan

colspan = column 기둥 + span 걸치다

〈th〉, 〈td〉 태그의 속성으로 colspan 속성을 사용하면 테이블의 열(column)을 합칠 수 있습니다.

특징	설명
사용 태그	〈th〉, 〈td〉의 속성으로 사용

■ 소스

```
소스위치:/ch03/colspan.html

...중략...
<body>
    <table>
        <tr>
            <th>번호</th>
            <th>상품</th>
            <th>금액</th>
```

```
            </tr>
            <tr>
                <td>1</td>
                <td>수박</td>
                <td>10,000원</td>
            </tr>
            <tr>
                <td>2</td>
                <td>딸기</td>
                <td>5,000원</td>
            </tr>
            <tr>
                <td colspan="2">합계</td><!-- 두 개의 열을 한 개로 병합 -->
                <td>15,000원</td>
            </tr>
        </table>
    </body>
</html>
```

번호	상품	금액
1	수박	10,000원
2	딸기	5,000원
합계		15,000원

◆ 실행 결과

• 〈th〉, 〈td〉 태그에 colspan 속성을 사용하여 테이블의 열을 병합할 수 있습니다.

태그	설명
〈th〉	행이나 열에 타이틀 설정할 때 사용
〈td〉	테이블 표의 열(셀)을 설정할 때 사용

03-9 셀 행(세로) 병합 rowspan

rowspan = row 행 + span 걸치다

〈th〉, 〈td〉 태그의 속성으로 rowspan 속성을 사용하면 테이블의 행(row)을 합칠 수 있습니다.

특징	설명
사용 태그	〈th〉, 〈td〉의 속성으로 사용

▌소스

소스위치:/ch03/rowspan.html

```
...중략...
<body>
    <table>
        <tr>
            <th>분류</th>
            <th>상품</th>
            <th>금액</th>
```

```
        </tr>
        <tr>
            <td rowspan="2">과일</td><!-- 두 개의 행을 한 개로 병합 -->
            <td>수박</td>
            <td>10,000원</td>
        </tr>
        <tr>
            <td>딸기</td>
            <td>5,000원</td>
        </tr>
        <tr>
            <td>채소</td>
            <td>오이</td>
            <td>1,000원</td>
        </tr>
    </table>
</body>
</html>
```

분류	상품	금액
과일	수박	10,000원
	딸기	5,000원
채소	오이	1,000원

◆ 실행 결과

• ⟨th⟩, ⟨td⟩ 태그에 rowspan 속성을 사용하여 테이블의 행을 병합할 수 있습니다.

태그	설명
⟨th⟩	행이나 열에 타이틀 설정할 때 사용
⟨td⟩	테이블 표의 열(셀)을 설정할 때 사용

04 이미지 삽입하기

04-1 이미지 삽입 〈img〉

img = image = 이미지

〈img〉 태그는 이미지(image)의 약자이며, HTML 문서에서 이미지를 정의할 때 사용합니다.

특징	설명
요소	인라인 요소(Inline Element)
닫는태그	셀프 클로징(〈img〉)

■ 속성

속성	속성 값()	설명
alt	alt="텍스트"	이미지의 대체 문자 설정
crossorigin	anonymous use-credentials	타사 사이트의 이미지 허용여부 설정
height	height="100"	이미지의 높이 값 설정
ismap	ismap	이미지를 서버 축 이미지 설정
longdesc	longdesc="URL"	이미지의 자세한 설명을 포함하는 URL 설정
sizes	sizes="100"	이미지의 크기 설정
src	src="이미지 경로"	이미지의 경로 설정
usemap	usemap="#image"	이미지 맵의 아이디 설정
width	width="10"	이미지의 세로값 설정

■ 소스

소스위치:/ch03/img.html

```
...중략...
<body>
    <img src="http://gnuwiz.com/html/ch03/logo.png" alt="대체문자열">
    <img src="http://gnuwiz.com/html/ch03/logo.png" alt="대체문자열" width="100px"
height="100px">
</body>
</html>
```

◆ 실행 결과

- 웹 페이지에서 주로 사용되는 이미지의 종류는 다음과 같습니다.

종류	설명
JPG,JPEG	웹상에서 이미지 및 사진 등의 정보를 전송할 때 가장 보편적으로 사용하는 파일 형식
gif	투명 이미지, 움직이는 이미지 지원
png	투명 이미지, 비손실 그래픽 파일 포맷

- 〈img〉 태그에는 src 속성과 alt 속성은 반드시 명시해야만 합니다.
  - src 속성은 이미지가 저장된 URL 주소를 넣습니다.
  - alt 속성은 이미지를 불러올 수 없는 상황에서 이미지 대신 나타날 텍스트를 설정할 수 있습니다.

```
<img src="이미지가 저장된 URL 주소" alt ="이미지 설명">
```

- 〈img〉 태그에 title 속성을 설정하면 이미지에 대한 추가적인 정보를 제공하고, 브라우저에서는 툴팁으로 표시됩니다.

```
<img title="이미지에 대한 추가적인 정보" src ="" alt ="">
```

- 이미지의 크기(width, height) 설정할 수 있습니다.

  width 속성과 height 속성을 이용하면, 이미지의 너비와 높이를 각각 픽셀(pixel) 단위로 설정할 수도 있습니다.

```
<img src="" alt="" width="" height="">
```

위의 두 가지 방법 모두 HTML5 표준에는 적합한 방법이지만, 나중에 배우게 될 CSS를 이용한 내부 스타일 시트나 외부 스타일 시트와 상관없이 이미지의 원래 크기를 유지하려면 style 속성을 사용하는 것이 좋습니다.

04-2 〈img〉 태그에서 사용하는 URL 주소와 파일 경로

이미지 태그에서 이미지를 첨부할 경우 사용되는 상대 경로, 절대 경로, 웹 서버 주소에 대해 각각 알아보겠습니다.

〈img〉 태그는 src, alt 두 가지 필수 속성이 있습니다. 그 중 src 속성에 경로를 지정하여 이미지를 가져올 때 다음과 같이 HTML 코드를 작성하여 이미지 태그에서 이미지를 첨부할 경우, 상대 경로, 절대 경로, 웹 서버 주소를 경로로 추가할 수 있습니다.

```
<img src="이미지 경로" alt="이미지 설명">
```

- **상대 경로**

상대 경로는 이미지를 표시할 HTML 문서의 위치를 기준으로 이미지 파일의 위치를 인식하는 방식입니다. 상대 경로를 지정하기 위해서는 다음의 기호들을 적절히 사용해주어야 합니다.

/ : ~에 있는

. : 이미지를 표시할 HTML 문서와 같은 위치

.. : 상위 디렉터리

예를 들어 다음과 같은 디렉터리와 "img.html" 파일이 있다고 가정해보겠습니다.

만약 "img.html" 파일에서 "images" 디렉터리 안에 있는 "study.png" 이미지를 가져오고 싶다면, 다음과 같이 상대 경로를 작성하면 됩니다.

```
<!-- 이미지를 표시할 HTML 문서의 위치에 있는 images 폴더 -->
<img src="images/study.png">

<!-- ~에 있는 study.png -->
<img src="./images/study.png">
```

여기에서 이미지를 표시할 HTML 문서의 위치를 의미하는 "./" 기호는 생략 가능한 기호입니다. 즉, "./" 기호를 작성하는 경우와 작성하지 않는 경우 모두 현재 디렉터리를 의미합니다. 따라서 위 코드는 모두 같은 의미를 지닌 코드입니다.

이어서 한 가지 예를 더 들어보겠습니다. 이번에는 상위 폴더에 이미지가 있는 경우입니다.

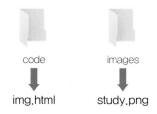

만약 "code" 디렉터리 안에 있는 "img.html" 파일에서 "images" 디렉터리 안에 있는 "study.png" 이미지를 가져오고 싶다면, 다음과 같이 상대 경로를 작성하면 됩니다.

```
<img src="../images/study.png"><!-- ~에 있는 study.png -->
```

"img.html" 파일이 실행되는 상위 디렉터리(한 단계 위)에 있는 "images/study.png" 를 src 경로로 지정한 것입니다.

- **절대 경로**

절대 경로는 간단합니다. 표시하고 싶은 이미지의 위치 값을 그대로 가져오기만 하면 됩니다. 이미지가 저장되어있는 폴더를 열고 "주소를 텍스트로 복사"하는 방법이 가장 간단한 방법입니다. 몇 가지 간단한 예만 소개하도록 하겠습니다.

```
<!-- OS X에서 절대 경로 지정한 경우 -->
<img src="/Users/code/images/study.png">

<!-- 윈도우즈에서 절대 경로 지정한 경우 -->
<img src="C:\home\images\study.png">
```

- **웹 서버 주소**

웹 서버 주소 지정은 이미지가 저장되어있는 서버의 주소를 그대로 src 경로로 입력하는 방식입니다. 인터넷을 하다가 내 HTML 문서에 표시하고 싶은 이미지를 발견한 상황을 가정해봅니다.

인터넷상에서 발견한 이미지를 마우스 오른쪽 버튼으로 클릭하면, "이미지 주소 복사"라는 메뉴가 보입니다. 이를 클릭합니다.

그리고 〈img〉 태그의 src 속성에 복사한 주소를 붙여넣기 합니다.

```
<img src="http://gnuwiz.com/html/ch03/logo.png">
```

그러면 내가 인터넷(웹 서버)에서 보았던 이미지가 내 HTML 문서를 통해서도 표시가 됨을 확인하실 수 있습니다.

단, 이때 주의하셔야 할 점이 있습니다. 이미지가 저작권 보호를 받는 이미지인지 꼭 확인하고 내가 사용해도 문제가 없는지를 모두 파악한 후에 웹 서버 이미지를 사용하시기 바랍니다.

> **알아두세요!** 상대 경로, 절대 경로, 웹 서버 주소
>
> W3C(웹 표준)안에 모범사례를 보면, 가능한 경우 "상대 경로"를 사용하는 것이 가장 좋다고 나와 있습니다.
> "상대 경로"를 사용하면 웹 페이지가 현재 기본 URL에 바인딩 되지 않기 때문에 향후 도메인이 변경 되거나, 웹 호스트를 이동할 경우에도 해당 이미지를 불러올 수 있기 때문입니다.
> "http://도메인주소.com/images/study.png" 라는 웹 서버 경로를 사용할 경우, 만약 도메인이 변경되었을 때 HTML 문서의 이미지 파일 경로를 찾지 못하는 현상이 생기는데, "/images/study.png"로 루트 디렉터리로부터 시작되는 절대 경로를 사용하면 해결되므로 반드시 상대 경로만을 사용할 필요는 없습니다.

05 하이퍼링크 삽입하기

05-1 하이퍼링크 〈a〉

> a = anchor 앵커

〈a〉 태그는 하나의 페이지에서 다른 페이지로 이동할 때 사용하는 하이퍼링크(hyperlink)를 정의할 때 사용합니다.

특징	설명
요소	인라인 요소(Inline Element)
닫는태그	닫는 태그 사용(〈a〉 ~ 〈/a〉)

▌속성

속성	속성 값()	설명
download	download="filename"	다운로드를 파일 이름 설정
href	href="URL"	링크로 이동하는 경로 설정
	href="mailto"	메일 주소 설정
	href="tel"	연락처 설정
hreflang	hreflang="ko"	링크된 문서의 언어 설정 한글(ko)
ping	ping="URL"	– 추적 용도로 사용하는 속성 – URL을 POST 방식으로 전송
rel	alternate	문서에 대한 대체 링크 설정
	author	문서에 대한 저자 링크 설정
	bookmark	문서에 대한 북마크 URL 설정
	external	문서에 대한 외부 문서 설정
	help	문서에 대한 도움과 관련된 링크 설정
	license	문서에 대한 저작권과 관련된 링크 설정
	next	문서에 대한 다음 문서 링크 제공
	nofollow	문서에 대한 검색엔진이 링크된 문서로 따라가지 않도록 설정

	noreferrer	문서에 대한 HTTP referer를 사용하지 않을 때 설정
rel	noopener	문서에 대한 보안을 위한 속성
	prev	문서에 대한 이전 문서를 설정
	search	문서에 대한 검색 도구를 설정
	tag	문서에 대한 태그를 설정
target	_blank	링크 클릭 시 새로운 브라우저 창으로 설정
	_parent	– 현재 브라우저의 부모 브라우저 창으로 설정 – 부모가 없는 경우 _self와 동일합니다.
target	_self	현재와 동일한 브라우저 창으로 설정
	_top	– 최상위 브라우저 창에서 설정 – 부모가 없는 경우 _self와 동일
type	type="text/html"	– 링크된 문서의 유형을 설정 – 특별한 기능은 없음 (생략 가능)

▌ 소스

소스위치:/ch03/a.html

```
...중략...
<body>
    <p>그누위즈의 코딩 스터디 인원을 이번 주까지 모집합니다.</p>
    <p>참가 신청 : <a href="http://gnuwiz.com">홈페이지</a></p>
    <p>참가 신청 : <a href="mailto:gnuwiz@naver.com">메일</a></p>
    <p>참가 신청 : <a href="tel:01012341234">전화</a></p>
    <p>타겟을 설정하면 새로운 브라우저 및 현재 브라우저에서 이동이 가능합니다.</p>
    <p><a href="http://gnuwiz.com" target="_blank">새창</a></p>
    <p><a href="mailto:gnuwiz@naver.com" target="_self">현재창</a></p>
</body>
</html>
```

그누위즈의 코딩 스터디 인원을 이번 주까지 모집합니다.

참가 신청 : 홈페이지

참가 신청 : 메일

참가 신청 : 전화

타겟을 설정하면 새로운 브라우저 및 현재 브라우저에서 이동이 가능합니다.

새창

현재창

◆ 실행 결과

- **〈a〉 태그는 다른 페이지 이동을 설정합니다.**
  - 〈a〉 태그는 클릭하면 다른 페이지로 이동합니다. 현재 페이지에서 다른 페이지 URL로 연결하는 것을 하이퍼링크라고 합니다.
  - 〈a〉 태그는 페이지 주소뿐만 아니라, 메일 주소, 전화번호 등도 연결할 수 있습니다.
  - 〈a〉 태그는 아이디(#id)로 이동할 수 있습니다.

- **〈a〉 태그는 초기, 방문, 활성화 상태에 따라 스타일이 다릅니다.**

상태	스타일
초기	밑줄과 파란색으로 표시
방문	밑줄과 보라색으로 표시
활성화	밑줄과 빨간색으로 표시

- **〈a〉 태그는 다른 블록 요소의 태그를 포함할 수 있습니다.** 원칙적으로 〈a〉 태그는 블록구조를 포함할 수 없지만, HTML5에서는 〈a〉 태그는 블록 요소를 포함할 수 있습니다.

HTML에는 웹 문서의 콘텐츠 내용을 입력하기 위해 필요에 따라 사용할 수 있는 여러 종류의 태그들이 있습니다.

- 텍스트 관련 태그
- 목록을 만드는 태그
- 표를 만드는 태그
- 이미지 태그
- 링크를 만드는 태그

태그 정리

- 텍스트 관련 태그

  제목 〈h1〉 ~ 〈h6〉

  문단 〈p〉

  줄 바꿈 〈br〉

  글자 기울임 〈i〉

  글자 굵게 〈b〉

  텍스트 강조 〈em〉

  텍스트 강조 〈strong〉

  텍스트 작게 〈small〉

  마킹 표시 〈mark〉

- 목록을 만드는 태그

  순서 없는 목록 〈ul〉〈li〉

  순서 있는 목록 〈ol〉〈li〉

- 표를 만드는 태그

  표 삽입 〈table〉

  표 제목 〈caption〉

  표의 열을 묶는 그룹 〈colgroup〉 〈col〉

  표 영역을 그룹화 〈thead〉〈tbody〉〈tfoot〉

  표의 행 생성 〈tr〉

  표의 열 생성 〈td〉

  표의 행, 열 타이틀 생성 〈th〉

  셀 열(가로) 병합 colspan 속성

  셀 행(세로) 병합 rowspan 속성

- 이미지 태그

  이미지 삽입 〈img〉 *이미지 파일 형식 간단 설명

  〈img〉 태그에서 사용하는 URL 주소와 파일경로

- 링크를 만드는 태그

  하이퍼링크 〈a〉

1 다음 중 텍스트 관련 태그가 아닌 것을 고르세요.

❶ 〈p〉　　　❷ 〈strong〉　　❸ 〈table〉　　❹ 〈h1〉　　❺ 〈b〉y

2 다음과 같이 목록의 결과를 만들기 위해 사용되는 태그는 무엇인가요?

```
결과

  • HTML
  • CSS
  • Javascript
```

```
...중략...
<body>
    <_____>
        <li>HTML</li>
        <li>CSS</li>
        <li>Javascript</li>
    </_____>
</body>
</html>
```

❶ 〈table〉　　❷ 〈ul〉　　❸ 〈tr〉　　　❹ 〈colgroup〉　　　❺ 〈a〉

3 다음은 무슨 태그에 대한 설명입니까?.

```
_____ 태그는 기본적으로 〈tr〉, 〈td〉, 〈th〉로 구성되어 있습니다.
_____ 태그는 추가적으로 〈caption〉, 〈col〉, 〈colgroup〉, 〈thead〉, 〈tbody〉, 〈tfoot〉 요소를 포함하고 있습니다.
   〈tr〉태그는 일반적으로 아래와 같은 구조를 가집니다.
        <th></th><!-- 표 제목을 쓰는 역할 -->
        <td></td><!-- 셀 만드는 역할 -->
    </tr><!-- 가로줄을 만드는 역할 -->
</_____>
```

Answer
1 ❸　　2 ❶　　3 table

HTML 입력 양식
작성하기

HTML 문서에 여러 가지 폼 관련 태그를 사용하여 다양한 입력 양식을 만들 수 있습니다. 이번 장에서는 HTML에서 사용하는 폼 관련 태그에 대한 개념을 이해하고, HTML로 생성한 웹 페이지에 간단한 예제를 작성하고 출력해보도록 하겠습니다.

01 폼 삽입하기

01-1 입력 폼 〈form〉

> form = 유형, 종류

〈form〉 태그는 웹 서버에 정보를 제공하는 폼 컨트롤 유형을 설정합니다.

특징	설명
요소	인라인 요소(Inline Element)
닫는태그	닫는 태그 사용(〈form〉 ～ 〈/form〉)

▌속성

속성	속성 값()	설명
accept	accept="image/gif"	서버가 받아들이는 파일의 유형 설정
accept-charset	accept-charset="UTF-8"	폼에 제출하는 언어 속성 설정
action	action="form.php"	폼 양식이 제출될 때 데이터의 경로 설정
autocomplete	autocomplete="on"	폼의 자동완성속성을 on으로 설정
	autocomplete="off"	폼의 자동완성속성을 off로 설정
enctype	application/x-www-form-urlencoded	폼 데이터가 서버에 전송 될 때 인코딩 방식을 설정
	multipart/form-data	
	text/plain	
method	get	폼에 데이터가 전송 방식을 설정
	post	
name	name="text"	폼 데이터의 이름을 설정
novalidate	novalidate	폼 데이터를 전송시 검증되지 않도록 지정
target	_blank	폼 데이터를 전송한 후 새로운 브라우저에 표시설정
	_self	폼 데이터를 전송한 후 브라우저에 표시 설정
	_parent	폼 데이터를 전송한 후 부모 브라우저에 표시 설정
	_top	폼 데이터를 전송한 후 제일 상위 브라우저에 표시 설정

형식

```
<form action="처리 할 페이지 주소" method="get|post">
    ... 기타 입력 태그를 작성 ...
</form>
```

소스

소스위치:/ch04/form.html

```
<!DOCTYPE html>
<html lang="ko">
<head>
    <meta charset="utf-8">
    <title>Title</title>
</head>
<body>
    <form action="form_data.html" method="post">
        <fieldset>
            <legend>로그인</legend>
            <div>
                <label for="id">아이디 : </label>
                <input type="text" name="id">
            </div>
            <div>
                <label for="password">비밀번호 : </label>
                <input type="password" name="password">
            </div>
            <div>
                <input type="submit" value="로그인">
            </div>
        </fieldset>
    </form>
</body>
</html>
```

◆ 실행 결과

- • 〈form〉 태그는 웹 서버에 정보를 제공하는 폼 컨트롤 유형을 설정합니다.

  〈form〉 태그는 사용자로부터 입력을 받을 수 있는 HTLM 입력 폼(form)을 정의할 때 사용합니다.

- • 〈form〉 요소는 다음과 같은 태그들을 하나 이상 포함할 수 있습니다.

〈button〉	〈fieldset〉	〈input〉	〈label〉
〈option〉	〈optgroup〉	〈select〉	〈textarea〉

- • **action 속성** : action 속성은 입력받은 데이터를 처리할 서버 상의 URL 주소를 명시합니다. 이때 다른 웹 프로그래밍 언어 PHP, ASP, JSP, Python을 통해서 폼으로 입력받은 데이터를 가공하게 됩니다.

- • **method 속성**

  – method 속성은 입력받은 데이터를 서버에 전달할 방식을 명시합니다.

  – method 속성을 통해 명시할 수 있는 〈form〉 태그의 전달 방식은 GET 방식, POST 방식으로 나눠집니다.

- **GET 방식** : GET 방식은 URL 주소에 데이터(data)를 추가하여 전달하는 방식입니다. 전달되는 데이터가 주소 입력창에 그대로 나타나며, 전송할 수 있는 데이터의 크기 또한 제한적입니다. 따라서 검색엔진의 검색어와 같이 크기가 작고 중요도가 낮은 정보를 보낼 때 주로 사용합니다.
- **POST 방식** : POST 방식은 데이터(data)를 별도로 첨부하여 전달하는 방식이다. 데이터가 외부에 드러나지 않으며, 전송할 수 있는 데이터의 크기 또한 제한이 없습니다. 따라서 보안성 및 활용성이 GET 방식보다 좋습니다.

01-2 사용자 입력 〈input〉

input = 입력

〈input〉 태그는 데이터를 입력할 수 있는 폼 컨트롤을 정의합니다.

특징	설명
요소	인라인 요소(Inline Element)
닫는태그	셀프 클로징

〈form〉 태그는 다양한 타입의 〈input〉 요소를 포함할 수 있습니다. 〈input〉 태그에 사용되는 속성에 관해서는 나중에 알아보도록 하고, 우선은 〈input〉 태그에 사용되는 다양한 타입에 관하여 살펴보도록 하겠습니다.

타입	설명
type="button"	〈input〉 요소의 유형을 버튼 설정
type="checkbox"	〈input〉 요소의 유형을 체크박스 설정
type="color"	〈input〉 요소의 유형을 컬러 선택으로 설정
type="date"	〈input〉 요소의 유형을 날짜(year, month, day) 선택으로 설정
type="datetime-local"	〈input〉 요소의 유형을 시간(year, month, day, time) 선택으로 설정
type="email"	〈input〉 요소의 이메일 주소의 필드 설정
type="file"	〈input〉 요소의 파일 업로드 버튼 설정
type="hidden"	〈input〉 요소의 필드를 숨김
type="image"	〈input〉 요소의 이미지 버튼 설정
type="month"	〈input〉 요소의 월과 년도 설정
type="number"	〈input〉 요소의 숫자를 입력하기 위한 필드 설정
type="password"	〈input〉 요소의 패스워드 필드 설정
type="radio"	〈input〉 요소의 라디오 버튼 설정
type="range"	〈input〉 요소의 범위 선택 버튼 설정
type="reset"	〈input〉 요소의 범위 리셋 버튼 설정
type="search"	〈input〉 요소의 문자를 입력하기 위한 검색 텍스트 필드 설정
type="submit"	〈input〉 요소의 데이터 전송 버튼 설정
type="tel"	〈input〉 요소의 전화번호를 입력하기 위한 필드 설정
type="text"	〈input〉 요소의 텍스트를 입력하기 위한 필드 설정
type="time"	〈input〉 요소의 시간을 입력하기 위한 컨트롤 설정
type="url"	〈input〉 요소의 URL 입력하기 위한 컨트롤 설정
type="week"	〈input〉 요소의 주(week)와 년도를 설정

- **일반 버튼 – button**

⟨input⟩ 태그의 type 속성 값을 "button"으로 설정하면, 일반적인 버튼이 되는 속성입니다.

▌소스

```
<input type="button" onclick="alert(' 안녕하세요. ')" value="클릭">
```

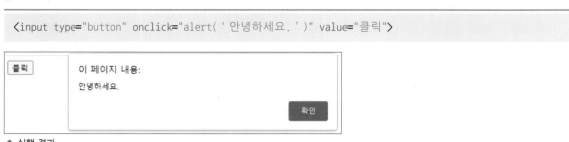

◆ 실행 결과

- **체크박스 – checkbox**

⟨input⟩ 태그의 type 속성 값을 "checkbox"로 설정하면, 사용자로부터 여러 개의 옵션 중에서 다수의 옵션을 입력받을 수 있습니다. 이때 서버로 정확한 입력을 전송하기 위해서는 모든 ⟨input⟩ 요소의 name 속성이 같아야 합니다.

▌소스

```
<input type="checkbox" name="language" value="HTML" checked > HTML
<input type="checkbox" name="language" value="CSS"> CSS
<input type="checkbox" name="language" value="Javascript"> Javascript
```

☑ HTML ☐ CSS ☐ Javascript

◆ 실행 결과

- **색상 입력 – color**

⟨input⟩ 태그의 type 속성 값을 "color"로 설정하면, ⟨input⟩ 요소는 사용자가 색상을 입력할 수 있도록 해줍니다. 선택된 색상은 #을 제외한 6자리의 16진수 색상 값으로 전송되며, 브라우저 지원 여부에 따라 색상을 선택하기 위한 도구를 보여줍니다.

▌소스

```
<input type="color" name="color">
```

◆ 실행 결과

- **날짜 입력 – date**

〈input〉 태그의 type 속성 값을 "date"로 설정하면, 〈input〉 요소는 사용자가 날짜를 입력할 수 있도록 해줍니다. 브라우저 지원 여부에 따라 날짜를 선택하기 위한 달력을 보여줍니다.

■ 소스

```
<input type="date" name="birthday">
```

◆ 실행 결과

- **날짜와 시간 입력 – datetime-local**

〈input〉 태그의 type 속성 값을 "datetime-local"로 설정하면, 〈input〉 요소는 사용자가 날짜와 시간을 입력할 수 있도록 해줍니다. 브라우저 지원 여부에 따라 날짜를 선택하기 위한 달력과 시간을 선택하기 위한 도구를 보여줍니다.

■ 소스

```
<input type="datetime-local" name="birthdaytime">
```

◆ 실행 결과

- **이메일 입력 – email**

〈input〉 태그의 type 속성 값을 "email"로 설정하면, 〈input〉 요소는 사용자가 email 주소를 입력할 수 있도록 해줍니다. 브라우저 지원 여부에 따라 전송할 때 입력한 email 주소가 유효한 email 주소인지 자동으로 검사하게 됩니다.

■ 소스

```
<input type="email" name="email">
```

◆ 실행 결과

- **파일 선택 – file**

〈input〉 태그의 type 속성 값을 "file"로 설정하면, 파일을 전송할 수 있습니다.

■ 소스

```
<input type="file" name="file">
```

파일 선택 선택된 파일 없음

◆ 실행 결과

• 숨김 입력 – hidden

〈input〉 태그의 type 속성 값을 "hidden"으로 설정하면, 숨겨진 데이터를 전송할 수 있습니다. HTML 문서에서는 "hidden" 속성으로 설정된 〈input〉은 화면에 출력되지 않습니다.

소스

```
<input type="hidden" name="hidden" value="1234">
```

• 이미지 버튼 – image

〈input〉 태그의 type 속성 값을 "image"으로 설정하면, 전송버튼(Submit Button)의 역할을 하면서 이미지로 출력되는 버튼이 됩니다.

소스

```
<input type="image" src="http://gnuwiz.com/html/ch04/64x64.png">
```

◆ 실행 결과

• 연도와 월 입력 – month

〈input〉 태그의 type 속성 값을 "month"로 설정하면, 〈input〉 요소는 사용자가 연도와 월을 입력할 수 있도록 해줍니다. 브라우저 지원 여부에 따라 연도와 월을 선택하기 위한 달력을 보여줍니다.

소스

```
<input type="month" name="month">
```

◆ 실행 결과

• 숫자 입력 – number

〈input〉 태그의 type 속성 값을 "number"로 설정하면, 〈input〉 요소는 사용자가 숫자를 입력할 수 있도록 해줍니다. number 타입이 일반 text 타입과 다른 점은 입력 필드 우측에 숫자의 크기를 조절할 수 있는 상하 버튼이 생기는 점입니다. 브라우저의 지원 여부에 따라 min 속성과 max 속성을 이용하여 숫자 선택에 제한 값을 설정할 수 있습니다.

소스

```
<input type="number" name="number" min="1" max="5">
```

◆ 실행 결과

• 비밀번호 입력 – password

〈input〉 태그의 type 속성 값을 "password"로 설정하면, 사용자로부터 비밀번호를 입력받을 수 있습니다. 비밀번호를 입력받기 때문에 브라우저에 따라 화면에는 입력받은 문자나 숫자 대신 별표(*)나 작은 원 모양(•)이 표시된다.

```
<input type="password" name="password">
```

◆ 실행 결과

• 라디오 버튼 – radio

〈input〉 태그의 type 속성 값을 "radio"로 설정하면, 사용자로부터 여러 개의 옵션(option) 중에서 단 하나의 옵션만을 입력받을 수 있습니다. 이때 서버로 정확한 입력을 전송하기 위해서는 모든 input 요소의 name 속성이 같아야 합니다.

■ 소스

```
<input type="radio" id="HTML" name="language" value="HTML"checked >HTML
<input type="radio" id="CSS" name="language" value="CSS">CSS
<input type="radio" id="Javascript" name="language" value="Javascript">Javascript
```

◉HTML ○CSS ○Javascript
◆ 실행 결과

• 범위 선택 바 – range

〈input〉 태그의 type 속성 값을 "range"로 설정하면, 〈input〉 요소는 사용자가 일정 범위 안의 값만을 입력할 수 있도록 해줍니다. 브라우저 지원 여부에 따라 값을 선택하기 위한 수평 조절 바를 보여줍니다.

■ 소스

```
<input type="range" name="range" min="1" max="9"> 9
```

 9
◆ 실행 결과

• 리셋 버튼 – reset

〈input〉 태그의 type 속성 값을 "reset"으로 설정하면, 〈form〉 태그 내부에서 사용자가 입력한 값이 초기 값으로 재설정하는 버튼이 됩니다. 따라서 리셋 버튼은 반드시 〈form〉 태그의 내부에 위치해야만 합니다.

■ 소스

```
<input type="reset">
```

초기화
◆ 실행 결과

• 검색 입력 – search

〈input〉 태그의 type 속성 값을 "search"로 설정하면, 〈input〉 요소는 사용자가 검색어를 입력할 수 있도록 해줍니다. 이러한 검색 필드는 보통의 텍스트 필드(text field)와 동일하게 동작합니다. search 타입이 일반 text 타입과 다른 점은 입력 필드에 검색어를 입력하면, 입력 필드 우측에 입력된 검색어를 바로 삭제할 수 있는 엑스(X) 표시가 생기는 점입니다.

■ 소스

```
<input type="search" name="keyword">
```

검색어입력 ×
◆ 실행 결과

- **데이터 전송 버튼 – submit**

⟨input⟩ 태그의 type 속성 값을 "submit"으로 설정하면, 사용자로부터 입력받은 데이터(data)를 서버의 폼 핸들러로 제출하는 버튼이 된다. 폼 핸들러(form-handler)란 입력받은 데이터를 처리하기 위한 서버 측의 웹 페이지를 의미하며, 이러한 폼 핸들러의 주소는 ⟨form⟩ 요소의 action 속성을 이용하여 명시할 수 있습니다.

▌소스

```
<input type ="submit">
```
제출

◆ 실행 결과

- **전화번호 입력 – tel**

⟨input⟩ 태그의 type 속성 값을 "tel"로 설정하면, ⟨input⟩ 요소는 사용자가 전화번호를 입력할 수 있도록 해줍니다.

▌소스

```
<input type ="tel"name ="tel">
```
01012341234

◆ 실행 결과

- **텍스트 입력 – text**

⟨input⟩ 태그의 type 속성 중 가장 많이 사용되는 속성으로, 속성 값을 "text"로 설정하면, 사용자로부터 한 줄의 텍스트를 입력받을 수 있습니다.

▌소스

```
<input type="text" name="title">
```

◆ 실행 결과

- **시간 입력 – time**

⟨input⟩ 태그의 type 속성 값을 "time"으로 설정하면, ⟨input⟩ 요소는 사용자가 시간을 입력할 수 있도록 해줍니다. 브라우저 지원 여부에 따라 시간을 선택하기 위한 도구를 보여줍니다.

▌소스

```
<input type="time" name="time">
```

◆ 실행 결과

- **URL 입력 – url**

⟨input⟩ 태그의 type 속성 값을 "url"로 설정하면, ⟨input⟩ 요소는 사용자가 URL 주소를 입력할 수 있도록 해줍니다. 브라우저 지원 여부에 따라 전송할 때 입력한 URL 주소가 유효한 URL 주소인지 자동으로 검사하게 됩니다.

■ 소스

```
<input type="url" name="homepage">
```

http://gnuwiz.com

◆ 실행 결과

• **연도와 주 입력 - week**

⟨input⟩ 태그의 type 속성 값을 "week"로 설정하면, ⟨input⟩ 요소는 사용자가 연도와 몇 번째 주인지를 입력할 수 있도록 해줍니다. 브라우저 지원 여부에 따라 연도와 주를 선택하기 위한 달력을 보여줍니다.

■ 소스

```
<input type="week" name="week">
```

◆ 실행 결과

앞에서 예제로 살펴본 ⟨input⟩ 태그는 type 속성 이외에도 다양한 속성이 있습니다. ⟨input⟩ 태그에 사용되는 기타 속성은 그 개수가 많기 때문에, 간략하게 자주 사용되는 속성들만 살펴보도록 하겠습니다.

■ 속성

속성	속성 값(예)	설명
alt	alt="text"	⟨input⟩ 요소가 이미지의 경우 대체 문자를 설정
autocomplete	autocomplete="on"	⟨input⟩ 요소의 자동 완성 기능을 사용 여부 설정
	autocomplete="off"	
checked	checked	⟨input⟩ 요소를 유형이 checkbox, radio의 경우 체크 표시 가능
disabled	disabled	⟨input⟩ 요소를 비활성화 되도록 설정
height	height="pixels"	⟨input⟩ 요소의 유형이 image인 경우 세로 값을 설정
max	max="number/data"	⟨input⟩ 요소의 최대 값을 설정
maxlength	maxlength="number"	⟨input⟩ 요소의 허용되는 최대 문자 수 설정
min	min="number/data"	⟨input⟩ 요소의 최소 값 설정
name	name="text"	⟨input⟩ 요소의 이름 설정
placeholder	placeholder="text"	⟨input⟩ 요소의 미리보기 텍스트 설정
readonly	readonly	⟨input⟩ 요소의 입력 필드를 읽기전용으로 설정합니다.
required	required	⟨input⟩ 요소의 입력 필드가 필수값 설정
size	size="number"	⟨input⟩ 요소의 폭을 문자로 설정
src	src="이미지 경로"	⟨input⟩ 요소의 type="image"인 경우 경로 설정
value	value="text"	⟨input⟩ 요소의 속성 값을 설정
width	width="pixels"	⟨input⟩ 요소의 유형이 image인 경우 가로 값설정

01-3 선택 목록 〈select〉

> select = 선택

〈select〉 태그는 선택 목록을 설정합니다.

특징	설명
요소	인라인 요소(Inline Element)
닫는태그	닫는 태그 사용(〈select〉 ~ 〈/select〉)

▌속성

속성	속성 값(예)	설명
autofocus	autofocus	페이지가 로드한 후 자동으로 포커스 설정
disabled	disabled	목록을 비활성화
form	form="id"	선택 메뉴에 폼 아이디 설정
multiple	multiple	선택 메뉴를 두개 이상 선택 가능
name	name="text"	선택 메뉴에 이름 설정
required	required	선택 메뉴를 필수적으로 선택해야할 때 설정
size	size="4"	보여주고 싶은 선택 메뉴의 개수 설정

▌소스

소스위치:/ch04/select.html

```
<!DOCTYPE html>
<html lang="ko">
<head>
    <metac harset="utf-8">
    <title>Title</title>
</head>
<body>
    <label for="select">당신이 선호하는 언어는 무엇인가요?</label>
    <select id="select">
        <option value="HTML">HTML</option>
        <option value="CSS">CSS</option>
        <option value="Javascript">Javascript</option>
        <option value="PHP">PHP</option>
        <option value="Python">Python</option>
    </select>
</body>
</html>
```

당신이 선호하는 언어는 무엇인가요? HTML
HTML
CSS
Javascript
PHP
Python

◆ 실행 결과

- **〈select〉 태그는 선택 목록을 설정합니다.**

〈select〉 태그는 여러 개의 옵션이 드롭다운 리스트(drop-down list)로 되어 있으며, 그 중에서 단 하나의 옵션만을 입력 받을 수 있습니다. 콤보 박스 또는 풀다운 메뉴(pull-down menus)라고도 합니다.

• 〈select〉 태그는 선택 목록을 〈option〉 태그를 사용하여 설정합니다.

〈select〉 태그 안에 〈option〉 태그를 작성한 부모–자식 관계를 이루는 기본 구조를 가집니다.

```html
<select>
    <option>목록1 </option>
    <option>목록2 </option>
    <option>목록3 </option>
</select>
```

• 〈select〉 태그는 접근성을 위하여 〈label〉 요소를 사용하며, id와 for 속성을 설정합니다.

1 select요소의 id 값과 label 요소의 for 속성을 같은 값으로 설정합니다.

```html
<label for=" select ">목록1</label>

<select id=" select ">
    <option>목록1</option>
    <option>목록2</option>
    <option>목록3</option>
</select>
```

2 option 요소 중에 selected 속성을 가진 텍스트와 label 요소의 텍스트를 일치시키도록 합니다.

```html
<label for="select"> 목록 1 </label>

<select id="select">
    <option selected> 목록 1 </option>
    <option>목록2</option>
    <option>목록3</option>
</select>
```

01–4 〈select〉 〈datalist〉 태그의 항목 정의 〈option〉

> option = 선택

〈option〉 태그는 〈select〉 〈datalist〉 태그의 항목을 정의합니다.

특징	설명
요소	인라인 요소(Inline Element)
닫는태그	닫는 태그 사용(〈option〉 ~ 〈/option〉)

▌속성

속성	속성 값(예)	설명
disabled	disabled	〈option〉 태그를 비활성화
label	label="text"	〈option〉 태그의 이름 설정
selected	selected	〈option〉 태그를 미리 선택되도록 설정
value	value="text"	〈option〉 태그 속성 값 설정

- **〈option〉 태그는 〈select〉, 〈datalist〉, 〈optgroup〉 태그의 항목을 정의합니다.**

  〈option〉 태그는 속성이 없이 사용할 수 있지만, 서버에 데이터를 전송하기 위해서는 value 속성 값을 설정해야만 합니다.

  ```
  <option value="속성 값">옵션명</option>
  ```

- **〈optgroup〉 태그를 이용하여 〈option〉 항목을 그룹화할 수 있습니다.**

  〈optgroup〉 태그 설명은 이어서 자세히 설명하겠습니다.

01-5 〈option〉 항목을 묶는 그룹 〈optgroup〉

> optgroup = option 선택 + group 그룹

〈optgroup〉 태그는 〈select〉 태그의 〈option〉 리스트의 그룹화를 설정합니다. 드롭다운 리스트에서 옵션의 수가 많을 경우 〈optgroup〉 요소를 사용하여 관련된 옵션끼리 각각의 그룹으로 묶어주면 사용자가 좀 더 쉽게 드롭다운 리스트를 사용할 수 있습니다.

특징	설명
요소	인라인 요소(Inline Element)
닫는태그	닫는 태그 사용(〈option〉 ~ 〈/option〉)

▌ 속성

속성	속성 값(예)	설명
disabled	disabled	〈option〉 태그 비활성화
label	label="text"	〈option〉 태그의 이름 설정
selected	selected	〈option〉 태그를 미리 선택되도록 설정
value	value="text"	〈option〉 태그 속성 값 설정

▌ 소스

소스위치:/ch04/optgroup.html

```
...중략...
<body>
    <label for="select">좋아하는 자동차는 무엇인가요?</label>
    <select name="select">
        <optgroup label="Hyundai">
            <option value="GRANDEUR">그랜저</option>
            <option value="GENESIS">제네시스</option>
        </optgroup>
        <optgroup label="BMW">
            <option value="BMW5series">5시리즈</option>
            <option value="BMW6series">6시리즈</option>
            <option value="BMW7series">7시리즈</option>
        </optgroup>
    </select>
</body>
</html>
```

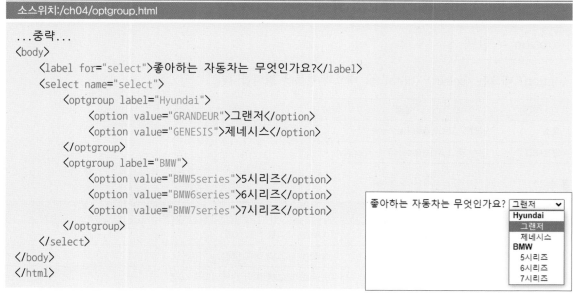

◆ 실행 결과

01-6 문장 입력 〈textarea〉

> text 문자 + area 구역

〈textarea〉 태그는 여러 줄의 텍스트를 입력할 수 있는 텍스트 입력 영역을 정의할 때 사용합니다.

특징	설명
요소	인라인 요소(Inline Element)
닫는태그	닫는 태그 사용(〈textarea〉 ~ 〈/textarea〉)

▌속성

속성	속성 값(예)	설명
cols	cols="30"	텍스트 영역의 가로 폭 설정
maxlength	maxlength="100"	텍스트 영역의 최대 문자수 설정
minlength	minlength="10"	텍스트 영역의 최소 문자수 설정
name	name="text"	텍스트 영역의 이름 설정
placeholder	placeholder="text"	텍스트 영역의 미리보기 글자 설정
readonly	readonly	텍스트 영역을 읽기 전용 설정
required	required	텍스트 영역이 필수조건일 때 설정
rows	rows="30"	텍스트 영역의 세로 폭 설정

▌소스

소스위치:/ch04/textarea.html

```
...중략...
<body>
    <textarea name="textarea" cols="50" rows="5">
        여기에 내용을 작성합니다.
    </textarea>
</body>
</html>
```

◆ 실행 결과

- **〈textarea〉 태그는 글자 수의 제한이 없습니다.**

```
<textarea name="textarea" minlength="20" maxlength="30">
    글자를 최소 20자에서 최대 30자로 제한했습니다.
</textarea >
```

〈textarea〉 태그는 글자 수의 제한이 없지만, minlength(최소 글자수), maxlength(최대 글자 수)속성을 사용하면 글자 수를 제한할 수 있습니다.

- **〈textarea〉 태그는 cols 속성과 rows 속성으로 크기를 설정합니다.**

CSS의 height 속성과 width 속성을 사용하면 더욱 손쉽게 크기를 지정할 수 있습니다.

```
<textarea name="textarea"cols="50"rows="5">
    여기에 내용을 작성합니다.
</textarea >
```

01-7 버튼 〈button〉

> button = 버튼

〈button〉 태그는 클릭할 수 있는 버튼을 정의할 때 사용합니다.

특징	설명
요소	인라인 요소(Inline Element)
닫는태그	닫는 태그 사용(〈button〉 ~ 〈/button〉)

▌속성

속성	속성 값(예)	설명
disabled	disabled	버튼을 비활성화
name	name="text"	버튼의 이름 설정
type	button	버튼의 유형을 button으로 설정
	reset	버튼의 유형을 reset 설정
	submit	버튼의 유형을 submit 설정
value	value="text"	버튼의 속성 값 설정

▌소스

소스위치:/ch04/button.html

```
...중략...
<body>
    <button type="button">button 버튼</button>
    <button type="reset">reset 버튼</button>
    <button type="submit">submit 버튼</button>
</body>
</html>
```

| button 버튼 | reset 버튼 | submit 버튼 |

◆ 실행 결과

- 〈button〉 태그와 〈input type=button〉 차이점

구분	button	input type=button
정의	인터페이스 조작을 위한 버튼	사용자의 입력을 서버로 전송하기 위한 버튼
디자인	폭이 넓음(이미지 or gif 포함 가능)	폭이 좁음
submit 기능	O(input type=submit과 동일)	X

01-8 라벨 〈label〉

> label = 라벨

〈label〉 태그는 사용자 인터페이스(UI) 요소의 라벨(label)을 정의할 때 사용합니다.

특징	설명
요소	인라인 요소(Inline Element)
닫는태그	닫는 태그 사용(〈label〉 ~ 〈/label〉)

▌속성

속성	속성 값(예)	설명
for	for="〈input〉 요소의 id"	〈input〉 요소의 아이디 연결
form	form="폼 요소의 id"	폼 요소의 양식 설정

▌소스

소스위치:/ch04/label.html

```
...중략...
<body>
    <label for="label1">HTML</label>
    <input type="checkbox" name="html" id="label1">
    <label for="label2">CSS</label>
    <input type="checkbox" name="css" id="label2">
</body>
</html>
```

> HTML ☐ CSS ☐
>
> ◆ 실행 결과

- 〈label〉 태그는 for 속성을 사용하여 다른 요소와 결합할 수 있으며, 〈input〉 요소의 id와 같으면 속성이 연결됩니다.

  〈label〉 태그와 연결된 요소는 사용자가 input text, checkbox, radio button 등을 좀 더 쉽게 선택할 수 있도록 도와주어 사용자의 편의성을 높일 수 있습니다. 또한, 〈label〉 태그를 클릭하면 input text의 경우에는 자동으로 포커스가 이동하고 checkbox, radio button의 경우는 자동으로 해당 항목이 선택됩니다.

1 〈label〉 태그에 for 속성을 사용하여 이름을 정의합니다.

```
<label for=" label ">CSS</label>
<input type="checkbox" name="css">
```

2 〈label〉 태그에 for 속성 이름과 결합하고자 하는 요소의 id 속성 값을 같이 정의합니다.

```
<label for=" label ">CSS</label>
<input type="checkbox" name="css" id=" label ">
```

HTML 입력 양식을 작성하기 위해 사용되는 폼 관련 태그는 다음과 같습니다.

▌폼 관련 태그

입력 폼 〈form〉

사용자 입력 〈input〉

선택 목록 〈select〉

〈select〉〈datalist〉 태그의 항목 정의 〈option〉

〈option〉 항목을 묶는 그룹 〈optgroup〉

문장 입력 〈textarea〉

버튼 〈button〉

라벨 〈label〉

▌〈form〉 태그는 웹 서버에 정보를 제공하는 폼 컨트롤 유형을 설정합니다.

▌〈form〉 태그는 웹 서버에 정보를 제공하는 폼 컨트롤 유형을 설정합니다.

〈form〉 태그는 사용자로부터 입력을 받을 수 있는 HTLM 입력 폼(form)을 정의할 때 사용합니다.

▌〈form〉 요소는 다음과 같은 태그들을 하나 이상 포함할 수 있습니다.

〈button〉	〈fieldset〉	〈input〉	〈label〉
〈option〉	〈optgroup〉	〈select〉	〈textarea〉

1 다음은 무슨 태그에 대한 설명입니까?

_____ 태그는 선택 목록을 설정합니다.
_____ 태그는 선택 목록을 〈option〉 태그를 사용하여 설정합니다.
_____ 태그는 접근성을 위하여 〈label〉 요소를 사용하며, id와 for 속성을 설정합니다.
_____ 태그는 일반적으로 아래와 같은 구조를 가집니다.

```
〈_____〉
    〈option〉목록1〈/option〉
    〈option〉목록2〈/option〉
    〈option〉목록3〈/option〉
〈/_____〉
```

2 다음과 같이 사용자로부터 여러 개의 옵션 중에서 다수의 옵션을 입력받을 수 있도록 사용되는 〈input〉태그의 type 속성 값은 무엇인가요?

결과

☑ HTML ☐ CSS ☐ Javascript

```
〈input type="_____" name="language" value="HTML" checked 〉 HTML
〈input type="_____" name="language" value="CSS"〉 CSS
〈input type="_____" name="language" value="Javascript"〉 Javascript
```

❶ radio　　❷ checkbox　　❸ date　　❹ color　　❺ hidden

3 다음은 무슨 태그에 대한 설명입니까?.

〈input〉 태그의 type 속성 값을 "_____"으로 설정하면, 숨겨진 데이터를 전송할 수 있습니다. HTML 문서에서는 "_____" 속성으로 설정된 〈input〉은 화면에 출력되지 않습니다.

Answer
1 select　**2** ❷　**3** hidden

HTML 부모 요소,
자식 요소, 형제 요소

DOM(Document Object Model)은 문서 객체 모델이라고 합니다. 문서 객체 모델은 HTML 문서의 구조화를 위해 반드시 필요한 개념입니다. 이는 CSS, Javascript, jQuery에서 각 태그 요소들을 찾아서 선택하여 디자인을 변경하거나, 특정 기능을 지정할 때 사용됩니다. 요소 사이의 관계는 부모-자식 관계, 형제관계, 상위요소, 하위요소 등이 있습니다. 이들의 개념을 DOM 또는 문서 객체 모델이라고 합니다. 이번 장에서는 CSS를 배우기 전 반드시 필요한 개념인 태그 간의 관계에 대해서 살펴보도록 하겠습니다.

01 DOM으로 요소 관계 파악하기

HTML에서는 부모, 자식, 형제 요소 그리고 상위, 하위 요소라는 개념이 있습니다. 이 개념은 특히 CSS 단락에서 배울 '선택자' 뿐만 아니라 요소의 배치나 정렬을 스타일링 할 경우 반드시 알아야하는 기본 개념입니다. 따라서 여러 예제를 통해 다양한 요소 관계를 살펴보도록 하겠습니다.

다음 소스 코드를 예시로 그림과 함께 DOM의 간단한 관계를 설명하도록 하겠습니다.

▌소스

소스위치:/ch05/example.html

```
<!DOCTYPE html>
<html lang="ko">
<head>
    <meta charset="utf-8">
    <title>Title</title>
</head>
<body>
    <h1>
        A heading
        <ul>
            <li></li>
            <li></li>
            <li></li>
        </ul>
    </h1>
    <ahref="#">Link text</a>
</body>
</html>
```

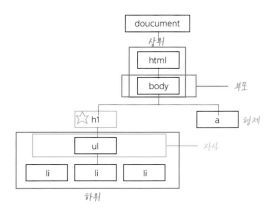

앞의 예제에서 〈h1〉 태그 요소 기준으로 예를 들면 다음과 같은 관계가 형성됩니다.

관계	해당 요소
부모 요소	〈body〉
자식요소	〈ul〉
형제요소	〈a〉
상위요소	〈html〉,〈body〉
하위요소	〈ul〉,〈li〉

- **부모 요소**

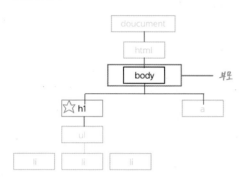

〈h1〉의 부모는 〈body〉 태그입니다. 부모 요소는 해당 태그의 바로 위 상위요소를 말합니다. 부모 요소의 여러 속성을 상속받아 표현될 수 있습니다.

- **자식요소**

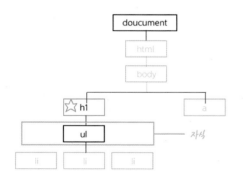

〈h1〉의 자식은 〈ul〉 태그입니다. 자식요소는 해당 태그의 바로 아래 하위요소를 말합니다.

- **형제요소**

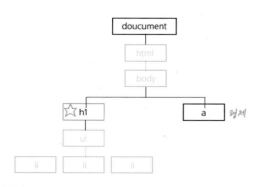

〈h1〉의 형제는 〈a〉 태그입니다. 해당 태그와 같은 단계에 존재하는 요소가 형제요소를 말합니다. 형제요소는 같은 부모를 가지고 있습니다.

- **상위요소**

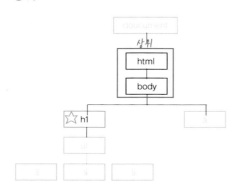

⟨h1⟩의 상위요소는 ⟨body⟩, ⟨html⟩입니다. 이는 부모 요소를 포함한 부모 요소의 부모 요소처럼 상위요소의 전체를 말합니다.

⟨h1⟩의 상위요소는 ⟨body⟩, ⟨html⟩입니다. 이는 부모 요소를 포함한 부모 요소의 부모 요소처럼 상위요소의 전체를 말합니다.

위의 예제에서 예시로 하여 ⟨body⟩, ⟨html⟩를 말하였지만 CSS나 Javascript로 해당 요소를 제어할 때는 ⟨body⟩나 ⟨html⟩은 적용되지 않을 수도 있습니다. 다만 실제 웹 페이지를 만들다 보면 5~7단계 그보다 많은 단계로 작성되기 때문에 상위요소의 개념을 활용해야할 경우가 많습니다.

- **하위요소**

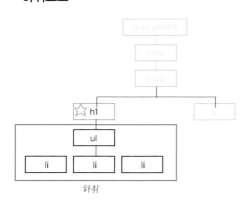

⟨h1⟩의 하위요소는 ⟨ul⟩, ⟨li⟩입니다. 상위요소와 반대로 자식요소를 포함한 자식요소의 자식요소처럼 하위요소의 전체를 말합니다. 상위요소와 마찬가지로 CSS 등을 활용할 때를 대비하여 하위요소에 대해 알아둘 필요가 있습니다.

02 HTML 요소 관계 파악하기

다음 소스 코드를 예시로 HTML 요소의 간단한 관계를 설명하도록 하겠습니다.

■ 소스

소스위치:/ch05/example2.html

```
...중략...
<body>
    <p>기본 형식</p>
    <ol>
        <li>HTML</li>
        <li>CSS</li>
        <li>Javascript</li>
    </ol>
    <p>시작 번호 설정</p>
    <ol start="10">
        <li>HTML</li>
        <li>CSS</li>
        <li>Javascript</li>
    </ol>
    <p>내림차순 설정</p>
    <ol reversed>
        <li>HTML</li>
        <li>CSS</li>
        <li>Javascript</li>
    </ol>
</body>
</html>
```

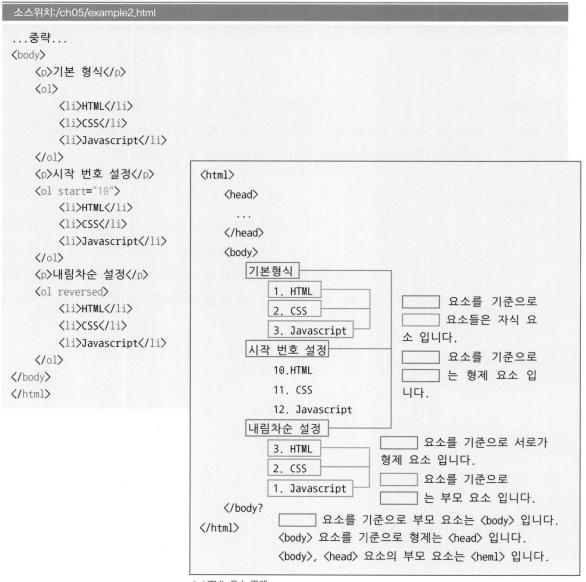

◆ HTML 요소 관계

위 그림처럼 태그 간의 관계는 사실 굉장히 간단하며, 태그 간의 관계는 기준이 되는 태그에 따라서 관계가 달라집니다. 우리는 이걸 왜 알아야 할까요?

이유는 간단합니다. CSS를 사용하면 특정 태그 혹은 class, id에 다양한 스타일을 지정할 수 있습니다. 하지만 모든 태그에 class 와 id를 부여할 수 없기 때문에, 해당 class, id명의 부모 요소, 자식 요소, 형제 요소, 상위, 하위 요소에만 스타일을 줄 수 있기 때문입니다.

특정 부모의 자식 선택자에게만 스타일을 입히는 방법은 간단합니다. 스타일을 지정할 부모 요소 선택자 뒤에 자식 요소를 넣어주면 끝이 납니다. 지금은 이런 개념들을 기억하고, 뒤에서 배울 CSS 단락에서 실습하며 더욱 자세히 이해하도록 하겠습니다.

핵|심|정|리

DOM이란?
DOM(Document Object Model)은 문서 객체 모델이라고 합니다. 문서 객체 모델은 HTML 문서의 구조화를 위해 반드시 필요한 개념입니다. 이는 CSS, Javascript, jQuery에서 각 태그 요소들을 찾아서 선택하여 디자인을 변경하거나, 특정 기능을 지정할 때 사용됩니다. 요소 사이의 관계는 부모-자식관계, 형제관계, 상위요소, 하위요소 등이 있습니다. 이들의 개념을 DOM 또는 문서 객체 모델이라고 합니다.

▌HTML에서는 부모, 자식, 형제 요소 그리고 상위, 하위 요소라는 개념이 있습니다.
다음 예제에서 〈h1〉 태그 요소 기준으로 예를 들면 다음과 같은 관계가 형성됩니다.

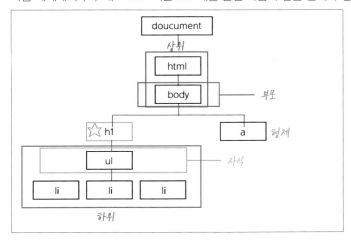

관계	해당요소
부모요소	〈body〉
자식요소	〈ul〉
형제요소	〈a〉
상위요소	〈html〉〈body〉
하위요소	〈ul〉,〈li〉

02

CSS 다루기

이번 파트는 CSS의 기본 개념과 CSS 선택자, 텍스트 꾸미기, 색과 배경 넣어서 꾸미기, 레이아웃 박스 만들기 및 배치하기 그리고 내 스타일 적용하기 설명을 위한 파트입니다.

CSS 기본 알아보기

이번 장에서는 HTML에서 디자인 영역을 담당하는 CSS를 배워보도록 하겠습니다. CSS의 문법도 HTML과 마찬가지로 어렵지 않습니다. CSS의 기본 문법부터 스타일 시트를 적용하는 방법 그리고 스타일 시트에 대한 우선순위까지 순서대로 배워보도록 하겠습니다.

01 CSS란 무엇인가?

◆ CSS3

▌스타일 시트 언어 CSS

- CSS는 "Cascading Style Sheets"의 약자로 웹 페이지의 스타일, 레이아웃 등 구체적으로 어떤 스타일로 HTML 요소가 표시 되는지를 정하는 데 사용되는 표준 스타일 시트 언어입니다.

  CSS(Cascading Style Sheets)에서 Cascading은 사전적 의미로 "폭포처럼 떨어져 내리는" 과 같은 의미를 가지고 있습니다. CSS에서는 디자인 속성이 HTML 문서의 구조, 즉 DOM 구조의 상위 요소에서 정의한 디자인 속성이 하위 요소로 전달되는(상속 개념) 의미에서 유래 되었다고 할 수 있습니다.

- HTML은 뼈대를 만드는 역할, CSS는 꾸며주는 역할을 담당합니다.

  HTML이 텍스트나 이미지, 표와 같은 구성 요소를 웹 문서에 넣어 뼈대를 만드는 것이라면 CSS는 색상이나 크기, 이미지 크기나 위치, 배치 방법 등 웹 문서의 디자인 요소를 담당 합니다.

- CSS 이전에는 HTML 문서의 거의 모든 표시 속성이 HTML 마크업(특히 HTML 태그 내부)에 포함 되었습니다. 모든 글꼴 색상, 배경 스타일, 요소 정렬, 테두리 및 크기는 HTML 내에서 명시적으로 설명되어야 했습니다.

- 과거에는 웹사이트의 모든 페이지에 스타일 정보가 반복적으로 추가되기 때문에 대형 웹사이트의 개발은 길고 비용이 많이 드는 과정이 필요했습니다.

  CSS는 이런 문제를 해결함과 동시 웹 페이지의 내용과 스타일(표현)을 분리해주어, 역할 분담도 되는 효과를 가지고 있습니다.

알아두세요! CSS를 공부하는 법

교재에서는 CSS의 기본 주제에서 고급 주제에 이르기까지 최신 CSS3 언어의 기초를 단계별로 설명합니다. 초보자라면 CSS의 모든 것을 한 번에 이해하고 습득하기란 어렵기 때문에 기본 챕터부터 시작하여 매일 조금씩 배우면서 점진적으로 진행하며 이해하는 것이 좋습니다.

█ CSS의 동작 방식

CSS의 동작 방식 다음과 같습니다.

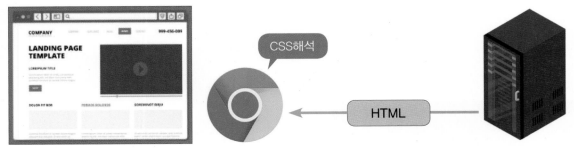

◆ CSS의 동작 방식

❶ 방문자가 주소창에 주소를 입력하거나 링크를 클릭하여 웹 페이지를 서버 측에 요청합니다.

❷ 서버는 HTML 파일과 연결되거나 HTML 파일에 포함된 다른 파일과 함께 HTML 파일을 방문자의 컴퓨터로 전송합니다.

❸ CSS 코드의 위치와 상관없이 방문자의 브라우저는 CSS를 해석하고 이를 HTML에 적용합니다.

❹ 브라우저는 렌더링 엔진을 사용해 웹 페이지를 렌더링하고 이를 브라우저 창에 출력합니다.

█ CSS를 사용하는 이유

- HTML은 문서의 구조를 표현하기에 적합한 마크업 언어라서 화면상에 콘텐츠를 깔끔하게 보여주기에는 한계가 있습니다. HTML만으로 웹 페이지를 제작할 경우 HTML 요소의 세부 스타일을 일일이 따로 지정해 주어야만 하는 데, 이 작업은 매우 많은 시간이 걸리며, 완성한 후에도 스타일의 변경 및 유지 보수가 매우 힘들어집니다.

- 위와 같은 문제점들을 보안하고자 W3C(World Wide Web Consortium)에서 만든 스타일 시트 언어가 바로 CSS입니다.

- CSS를 사용하면 HTML문서의 콘텐츠와 스타일을 분리할 수 있습니다. CSS는 웹 페이지의 스타일을 별도의 파일로 저장할 수 있게 해주므로 웹 사이트의 전체 스타일을 손쉽게 제어할 수 있게 되었습니다.

- 웹 사이트의 스타일을 일관성 있게 유지할 수 있게 해주며, 그에 따른 유지 보수 또한 쉬워졌습니다. 이러한 외부 스타일 시트는 보통 확장자를 .css 파일로 저장합니다.

▌CSS로 할 수 있는 일

- 여러 요소에 동일한 스타일 규칙을 쉽게 적용할 수 있습니다.
- 단일 스타일 시트로 웹 사이트의 여러 페이지 표시를 제어할 수 있습니다.
- 다른 장치에서 동일한 페이지를 다르게 표시할 수 있습니다. (PC, 모바일 분리 가능)
- hover, focus 등과 같은 요소의 동적 상태에 스타일을 지정할 수 있습니다. 그렇지 않으면 불가능합니다.
- 마크업을 변경하지 않고 웹 페이지에서 요소의 위치를 변경할 수 있습니다.
- 기존 HTML 요소의 시각적인 스타일을 변경할 수 있습니다.
- Javascript를 사용하지 않고도 애니메이션 및 전환 효과를 만들 수 있습니다.

▌CSS 사용의 장점

- CSS의 가장 큰 장점은 HTML 문서의 내용에서 스타일과 레이아웃을 분리할 수 있다는 것입니다.
- CSS는 많은 시간을 절약합니다. CSS는 요소의 스타일 속성을 설정할 수 있는 많은 유연성을 제공합니다. CSS는 한 번 작성할 수 있습니다. 그런 다음 동일한 코드를 HTML 요소 그룹에 적용할 수 있으며 여러 HTML 페이지에서 재사용할 수도 있습니다.
- 쉬운 유지 관리 — CSS는 문서의 서식을 업데이트하고 여러 문서에서 일관성을 유지하는 쉬운 방법을 제공합니다. 하나 이상의 스타일 시트를 사용하여 전체 웹 페이지 세트의 내용을 쉽게 제어할 수 있기 때문입니다.
- 페이지 로드 속도 향상 – CSS를 사용하면 여러 페이지에서 서식 정보를 공유할 수 있으므로 문서의 구조적 내용에서 복잡성과 반복이 줄어듭니다. 파일 전송 크기를 크게 줄여 페이지 로딩 속도를 높입니다.
- HTML에 대한 뛰어난 스타일 — CSS는 HTML보다 훨씬 더 광범위한 기능을 제공하며 웹 페이지의 레이아웃을 훨씬 더 잘 제어할 수 있습니다. 따라서 HTML의 디자인적인 요소 및 속성과 비교하여 웹 페이지를 훨씬 더 잘 볼 수 있도록 도와줍니다.
- 다중 장치 호환성 — CSS를 사용하면 웹 페이지를 두 가지 유형 이상의 장치 또는 미디어에 최적화할 수도 있습니다. CSS를 사용하면 데스크톱, 휴대폰 등과 같은 다양한 렌더링 장치에 대해 동일한 HTML 문서를 다양한 보기 스타일로 표시할 수 있습니다.

02 CSS 기본 문법

02-1 CSS 기본 구조

▋ CSS의 기본 구조

CSS는 웹 브라우저에서 해석된 다음 문서의 단락, 제목 등과 같은 해당 요소에 적용되는 일련의 규칙으로 구성됩니다.

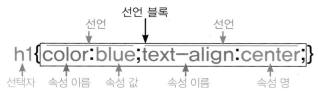

◆ CSS 기본 구조

- CSS 규칙에는 선택자와 하나 이상의 선언이라는 두 가지 주요 부분이 있습니다.
- 선택자는 CSS를 적용할 대상, 즉 적용되는 HTML 페이지의 요소를 지정합니다.
- 블록 내의 선언은 웹 페이지에서 요소의 형식이 지정되는 방식을 결정합니다.
- 각 선언은 "속성 이름:속성 값" 형식으로 쌍을 지어 선언부를 구성합니다.
- 세미콜론(;)으로 구분하여 여러 개의 선언들을 포함할 수 있습니다.
- 선언 블록은 중괄호({})로 전체를 둘러싸는 형태입니다.
- 선언 블록 내부의 마지막 선언은 세미콜론(;)의 생략이 가능하며, 교재에서는 구분을 위해 세미콜론을 모두 포함하여 사용합니다.
- 속성은 변경하려는 스타일 속성입니다. 그들은 하나의 값이 예를 컬러 속성, 폰트, 색상, 배경 등 각 속성 값을 가지고 있어야 합니다.
- CSS의 속성들이 많지 않은 경우 다음과 같이 한 줄로 작성할 수 있습니다.

```
h1 { color: blue; text-align: center; }
```

- CSS를 더 읽기 쉽게 만들기 위해 다음과 같이 각 줄에 하나의 선언을 넣을 수 있습니다.

```
h1 {
    color: blue;
    text-align: center;
}
```

앞의 예시에서 선택자는 〈h1〉 요소이며, 속성 이름 'color' 에는 속성 값 'blue', 속성 이름 'text-align' 에는 속성 값 'center'를 지정하였습니다.

만약 여러 줄의 속성이 들어가게 된다면, 가독성이 떨어지므로 위와 같이 여러 줄로 표기하는 것이 좋은 경우도 있습니다.

02-2 주석

CSS의 주석은 HTML의 주석과 같은 의미로, 보통 웹 페이지를 만드는 웹 디자이너가 스타일 시트에 대한 이해를 돕는 설명이나 메모를 남겨 놓는 것입니다.

CSS의 주석을 통해 다른 웹 디자이너가 CSS로 무엇을 하려고 했는지 이해하는 데 도움이 될 수 있고, 주석은 웹 디자이너에게 중요하지만 HTML의 주석과 마찬가지로 웹 브라우저에서 보이지 않으며, 검색 엔진이나 어디에서도 사용되지 않습니다. 하지만 스타일 시트에 삽입된 주석은 웹 브라우저의 "페이지 소스 보기" 등을 통해서 확인할 수 있습니다.

- 주석은 다음과 같이 작성되며, /*로 시작해서 */로 끝이 납니다.

형식

```
/* 주석내용 */
```

CSS 주석은 스타일을 지정하는 문서의 어느 부분에서라도 사용할 수 있습니다.

- 주석은 한 줄 또는 다음과 같이 여러 줄의 내용이 들어갈 수도 있습니다.

```
/*
주석은 스타일 시트의 어느 부분에서라도 사용할 수 있습니다.
여러 줄에 걸쳐 주석을 작성해도 주석으로 인식됩니다.
*/
```

- 주석은 웹 페이지 상에서 아무런 역할이 없기 때문에, 많은 초보자 분들이 주석을 잘 쓰지는 않습니다. 하지만, 주석은 매우 중요한 코딩 습관입니다. 특히, 같이 협업해야 하는 일이라면 주석은 필수입니다.

- 주석은 메모이기 때문에 소스 코드 상에서 요소의 시작이나 끝 등을 알려주는 용도로 많이 쓰입니다.

```
/* CSS 설명입니다. */
h1 {
    color: blue;
    text-align: center;
}
/* 이것은 두 줄 라인 CSS 설명입니다.
한 줄 이상의 선에 걸쳐 있는 형태입니다. */
p {
    font-size: 18px;
    text-transform: uppercase;
}
```

- 주석은 이러한 메모의 역할만 있는 것이 아니라, CSS 코드의 일부분을 잠시 사용하지 않을 때에도 주석 처리로 감추기도 합니다.

```css
h1 {
    color: blue;
    text-align: center;
}
/*
p {
    font-size: 18px;
    text-transform: uppercase;
}
*/
```

CSS를 처음 배우는 입장에서는 주석의 필요성을 잘 느끼지 못하지만 실무에서는 많이 사용되니 주석을 사용하는 습관을 기르는 것이 좋습니다.

03 CSS 스타일 시트 적용

HTML 문서에 CSS 내부 스타일을 적용할 때에는 다음과 같이 세 가지 방법을 사용할 수 있습니다.

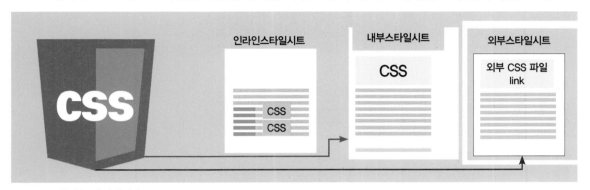

◆ CSS를 적용하는 세 가지 방법

❶ 인라인 스타일(Inline style)
❷ 내부 스타일 시트(Internal style sheet)
❸ 외부 스타일 시트(External style sheet)

각각의 스타일, 스타일 시트를 어떻게 사용하는지 방법을 알아보고 스타일을 적용하며 실습하도록 하겠습니다.

03-1 인라인 스타일

인라인 스타일은 HTML 태그 요소의 'style' 속성을 사용하는 방법으로, CSS 스타일을 HTML 요소 내부에 직접 넣어 CSS 스타일을 적용하는 방법입니다.

소스위치:/ch06/inline.html

```
<!DOCTYPE html>
<html lang="ko">
<head>
    <meta charset="utf-8">
    <title>인라인 스타일</title>
</head>
<body>
    <h1 style="color: red; font-size: 30px;">이것은 제목입니다.</h1>
    <p style="color: green; font-size: 22px;">이것은 문단입니다.</p>
    <div style="color: blue; font-size: 14px;">이것은 텍스트 컨텐츠입니다.</div>
</body>
</html>
```

이것은 제목입니다.

이것은 문단입니다.

이것은 텍스트 컨텐츠입니다.

◆ 실행 결과

| CSS inline style | CSS 인라인 스타일 |

| opening tag | 여는 태그 |
`<p style='color:blue;'>Hello World!</p>`

| attribute | 속성 |
`<p style='color:blue;'>Hello World!</p>`

| declaration | 선언 블록 |
`<p style='color:blue;'>Hello World!</p>`

| property | 속성 이름 |
`<p style='color:blue;'>Hello World!</p>`

| value | 속성 값 |
`<p style='color:blue;'>Hello World!</p>`

| 닫는 태그 |
`<p style='color:blue;'>Hello World!</p>`

◆ CSS 인라인 스타일 부분 설명

- HTML 태그의 'style' 속성은 CSS 속성 이름과 속성 값을 쌍으로 포함하고 있습니다.
- "속성 이름: 속성 값" 쌍은 세미콜론(;) 으로 구분하여 여러 스타일을 지정할 수 있습니다.
- 유의할 점은 예제와 같이 스타일 속성들은 모두 한 줄에 있어야 합니다. 즉, 세미콜론 뒤에 줄 바꿈이 없어야 합니다.
- 인라인 스타일은 해당 요소에만 스타일이 적용되는 것이 특징입니다.
- 인라인 스타일 방식은 다른 스타일 시트 방식보다 CSS 우선순위가 가장 높습니다.

- 인라인 스타일을 사용하지 마세요.
  - 인라인 스타일은 외부 스타일 시트 방식을 사용할 수 없는 상황이나 내부 스타일 시트 방식을 사용할 경우 특수한 상황에서 사용합니다.
  - 내부 스타일 시트를 사용할 경우 CSS 우선순위에 따라 충돌이 발생할 수도 있으므로 가장 우선순위가 높은 인라인 스타일 방식으로 따로 지정하여 사용합니다.
  - 웹 디자이너가 인라인 스타일을 사용하는 것은 일반적으로 나쁜 습관으로 간주됩니다.
  - 스타일 규칙이 HTML 태그 내부에 직접 포함되기 때문에 다양한 태그의 속성과 문서의 내용들이 뒤 섞이게 됩니다.
  - HTML 문서의 코드를 읽는 가독성이 떨어지기 때문에, 유지 보수 관리하기 어렵고 CSS 사용 목적을 무효화하는 것이라 할 수 있습니다.

03-2 내부 스타일 시트 〈style〉〈/style〉

내부 스타일 시트를 이용하는 방법은 HTML 문서 내의 〈head〉 태그에 〈style〉 태그를 사용하여 CSS 스타일을 적용하는 방법입니다.

■ 소스

소스위치:/ch06/internal.html

```
...중략...
<title>내부 스타일시트</title>
    <style>
        h1 { color: red; font-size: 30px;}
        p { color: green; font-size: 22px;}
        div { color: blue; font-size: 14px;}
    </style>
</head>
<body>
    <h1>이것은 제목입니다.</h1>
    <p>이것은 문단입니다.</p>
    <div>이것은 텍스트 컨텐츠입니다.</div>
</body>
</html>
```

이것은 제목입니다.

이것은 문단입니다.

이것은 텍스트 컨텐츠입니다.

◆ 실행 결과

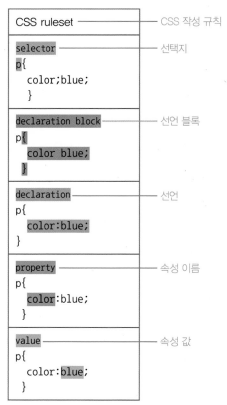

◆ CSS 작성 규칙 부분 설명

- HTML 문서에 포함된 내부 스타일 시트는 〈style〉 태그를 〈head〉 태그에 사용하여 HTML 문서의 섹션에 정의됩니다.
- HTML 문서에서 〈style〉〈/style〉 태그를 원하는 수만큼 정의할 수 있습니다.
- 〈head〉 태그가 아닌 〈body〉 태그에 〈style〉 태그를 사용할 수 있지만, 표준 방식으로 〈head〉 ~ 〈/head〉 태그 사이에 정의하는 것이 일반적인 권장방식입니다.
- 내부 스타일 시트는 해당 HTML 문서에만 스타일이 적용되는 것이 특징입니다.
- HTML 문서 하나가 고유한 CSS 스타일을 가진다고 생각될 때 사용됩니다.
- 다른 HTML 문서에서 똑같은 내용으로 스타일을 사용하고 싶다면 복사해서 사용해야하는 불편함이 있습니다.
- 내부 스타일 시트 방식을 사용할 경우 의도하지 않은 CSS 충돌로 인해 잘나오던 화면이 이상하게 변경될 수가 있습니다.
- 내부 스타일 시트 방식이 외부 스타일 시트 방식보다 CSS 우선순위가 높으므로 외부 스타일 시트로 적용되던 것이 내부 스타일 시트 방식으로 적용되어 문제가 생길 수 있습니다.
- HTML 문서 내부에 존재하므로 CSS를 수정하기 위해 HTML이 포함된 파일 자체를 수정해야 합니다. HTML은 보통 다른 웹 프로그래밍 언어와 함께 사용하기 때문에, 내부 스타일 시트의 경로를 찾기 힘들어 유지 보수 관리하기 어렵습니다.

03-3 외부 스타일 시트 〈link〉

외부 스타일 시트는 웹 사이트의 여러 페이지에 공통된 스타일을 적용할 때 사용되는 방법입니다.
〈link〉 태그를 사용하여 외부 스타일 시트를 불러오는 방법에 대해 살펴보도록 하겠습니다.

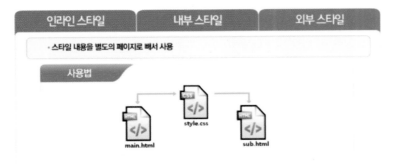

█ 소스

※ css 파일은 css 디렉터리에 생성합니다. 경로에 유의하세요.

> **소스위치:/ch06/css/external.css**

```
h1 { color: red; font-size: 30px; }
p { color: green; font-size: 22px; }
div { color: blue; font-size: 14px; }
```

█ 소스

> **소스위치:/ch06/external.html**

```
...중략...
    <title>내부 스타일시트</title>
    <link rel="stylesheet" href="./css/external.css">
</head>
<body>
    <h1>이것은 제목입니다.</h1>
    <p>이것은 문단입니다.</p>
    <div>이것은 텍스트 컨텐츠입니다.</div>
</body>
</html>
```

◆ 실행 결과

- 외부 스타일 시트 사용은 웹 디자이너가 CSS를 작성하는 가장 기본적인 방법 입니다.
- 외부 스타일 시트는 사이트의 모든 HTML 파일에서 연결할 수 있는 별도의 문서에 모든 스타일을 지정합니다.
- 외부 스타일 시트를 사용하면 하나의 파일만 변경하여 전체 웹 사이트의 디자인을 변경할 수 있기 때문에 외부 스타일 시트가 가장 유연합니다.
- 외부 스타일 시트 파일은 .css 확장자를 사용합니다.
- 스타일을 적용할 HTML 문서의 〈head〉 태그에 〈link〉 태그를 사용하여 외부 스타일 시트를 불러와 스타일을 적용하는 방식입니다.

- 외부 스타일 시트를 불러오는 모든 HTML 문서에 같은 스타일이 적용되는 것이 특징입니다.
- 모든 HTML 문서들이 모두 동일한 CSS 스타일을 가질 경우 유용합니다.
- .css 파일은 동일한 서버에 있어도 되고, 외부 url을 통해 다른 서버의 .css 파일을 불러오는 것도 가능 합니다.
- 외부 스타일 시트 방식은 내부 스타일 시트, 내부 스타일 방식보다 CSS 우선순위가 낮으므로 내부 스타일 시트와 함께 사용 시 문제가 생길 수 있습니다.
- HTML은 보통 다른 웹 프로그래밍 언어와 함께 사용하기 때문에, 외부 스타일 시트만 수정하면 되기 때문에 유지 보수 관리하기 편리합니다.

03-4 외부 스타일 시트 @import

외부 스타일 시트는 불러오는 다른 방법으로 @import를 사용하여 외부 스타일 시트를 불러오는 방법에 대해 살펴보도록 하겠습니다.

▌소스

소스위치:/ch06/external2.html

```
...중략...
    <title>내부 스타일시트</title>
    <style>
        @import url("./css/external.css"); /* 방법   */
        @import "./css/external.css"; /* 방법   */
    </style>
</head>
<body>
    <h1>이것은 제목입니다.</h1>
    <p>이것은 문단입니다.</p>
    <div>이것은 텍스트 컨텐츠입니다.</div>
</body>
</html>
```

이것은 제목입니다.

이것은 문단입니다.

이것은 텍스트 컨텐츠입니다.

◆ 실행 결과

- 스타일을 적용할 HTML 문서의 〈head〉 태그에 @import를 사용하여 외부 스타일 시트를 불러와 스타일을 적용하는 방식입니다.
- @import 방식은 〈link〉 태그를 사용하여 스타일 시트를 불러오는 방식보다 CSS 우선순위가 낮습니다. 이점에 유의해야 합니다.
- 기타 특징은 〈link〉 태그를 사용하는 방식과 같습니다.

04 CSS 스타일 적용 우선순위(캐스케이딩)

CSS는 기본적으로 선언된 순서에 따라 적용되지만 각종 선택자와 삽입 위치에 따라 우선순위가 달라질 수 있습니다. 따라서 CSS를 작업하는 웹 디자이너 입장에서는 CSS의 우선순위를 숙지하는 것이 가장 기본적인 사항이라고 할 수 있습니다.

> **알아두세요!** 캐스케이딩(Cascading)
>
> CSS에서 캐스케이딩(Cascading)은 CSS스타일이 우선순위에 따라 스타일이 적용되는 규칙을 말합니다.

04-1 스타일 시트 파일 우선순위

앞에서 배운 인라인 스타일, 내부 스타일 시트, 외부 스타일 시트 적용 방법들을 혼용하여 사용할 경우, 최종적으로 적용되는 스타일은 다음과 같은 순서에 따라 결정됩니다.

◆ 스타일 시트 적용 우선순위

CSS 스타일 시트는 인라인 스타일이 가장 높은 우선순위로 적용되고 내부 스타일시트와 외부 스타일시트는 문서상 정의된 순서에 따라 우선순위가 결정되는 형식입니다.

HTML 파일을 실행하는 기준으로는 다음과 같은 순서로 스타일 시트가 적용됩니다.

> ❶ 브라우저에서 웹 페이지를 실행합니다.
> ⬇
> ❷ 가장 먼저 브라우저에 내장된 기본 스타일이 적용됩니다.
> ⬇
> ❸ @import 방식으로 불러온 스타일 시트가 적용됩니다.
> ⬇
> ❹ HTML 문서상 정의된 순서에 따라 내부, 외부 스타일 시트를 불러와서 적용합니다.
> ⬇
> ❺ 마지막으로 HTML 태그에 사용된 인라인 스타일을 적용합니다.

예제를 통해 내부 / 외부 스타일 시트의 적용 순서에 대해 실습하도록 하겠습니다. 우선 해당 예제를 실행하기 전 간단한 HTML 파일을 생성하고 그 결과를 살펴보도록 하겠습니다.

█ 소스 ※ css 파일은 앞에서 실습한 css 파일을 그대로 사용합니다.

```
소스위치:/ch06/example.html

...중략...
    <title>내부 / 외부 스타일시트</title>
    <style>
        h1 { color: green; }
    </style>
    <link rel="stylesheet" href="./css/external.css"><!-- 외부 CSS -->
</head>
<body>
    <h1 style="color: pink;">이것은 제목입니다.</h1>
</body>
</html>
```

위 예제는 외부 스타일시트 "external.css" 파일을 불러오고 "external.css" 파일에는 다음과 같이 〈h1〉 태그에 스타일이 지정되어있습니다.

```
h1 { color: red; font-size: 30px; }
```

따라서 해당 웹 페이지가 실행되면, 〈h1〉 태그의 내용은 분홍색으로 그 결과가 나타납니다.

이것은 제목입니다.

◆ 실행 결과

이제 내부, 외부 스타일 시트의 우선순위를 확인하기 위해, 예제 코드의 〈head〉 태그 안에 내부 스타일 시트를 작성해보도록 하겠습니다.

```
<head>
    <meta charset="utf-8">
    <title>내부 / 외부 스타일시트</title>
    <!-- ❶ 외부 스타일 시트 -->
    <link rel="stylesheet" href="./css/external.css">
    <!-- ❷ 내부 스타일 시트 -->
    <style>
        h1 { color: green; }
    </style>
</head>
```

이미 외부 스타일시트 "external.css" 파일에는 〈h1〉 태그에 스타일이 지정되어있지만, 내부에 스타일 시트를 추가하여, 〈h1〉 태그의 색상을 초록색으로 지정하는 스타일을 넣었습니다.

이것은 제목입니다.

◆ 실행 결과

실행 결과는 내부 스타일 시트를 넣기 전, ⟨h1⟩ 태그의 내용이 빨강색에서 초록색으로 바뀐 것을 알 수 있습니다. 즉, 브라우저는 HTML 문서에 정의된 순서대로 외부 스타일 시트를 먼저 불러오고, 이후 내부 스타일 시트의 속성 "color: green;"이 적용된 것을 알 수 있습니다.

그렇다면 이어서 외부, 내부 스타일 시트의 정의된 위치를 바꾸어서 결과를 살펴보도록 하겠습니다. 결과는 어떻게 될까요?

```
<head>
    <meta charset="utf-8">
    <title>내부 / 외부 스타일시트</title>
    <!--  ❶ 내부 스타일 시트 -->
    <style>
        h1 { color: green; }
    </style>
    <!--  ❷ 외부 스타일 시트 -->
    <link rel="stylesheet" href="./css/external.css">
</head>
```

이것은 제목입니다.

◆ 실행 결과

앞 예제와 같이 HTML 문서에 정의된 순서대로 내부 스타일 시트를 먼저 불러오고, 이후 외부 스타일 시트를 가져오기 때문에, 가장 마지막에 불러온 외부 스타일 시트의 스타일이 적용된 것을 확인할 수 있습니다. 만약 인라인 스타일을 사용하지 않고, 내부, 외부 스타일 시트만 사용한다면 스타일 시트를 불러오는 순서에 따라 우선순위가 결정되니 이점을 반드시 숙지하고 있어야만 합니다.

이어서 인라인 스타일의 우선순위를 확인하기 위해, 예제 코드에 이어 ⟨h1⟩ 태그에 인라인 스타일을 넣어보도록 하겠습니다.

```
<head>
    <meta charset="utf-8">
    <title>내부 / 외부 스타일시트</title>
    <!--  ❶ 외부 스타일 시트 -->
    <link rel="stylesheet" href="./css/external.css">
    <!--  ❷ 내부 스타일 시트 -->
    <style>
        h1 { color: green; }
    </style>
</head>
<body>
    <!--  ❸ 인라인 스타일 -->
    <h1 style="color: pink;">이것은 제목입니다.</h1>
</body>
```

HTML 문서에는 '❶ 외부 스타일 시트', '❷ 내부 스타일 시트'가 순서대로 불러와지고 있습니다. 그리고 〈h1〉 태그의 색상을 핑크색으로 지정하는 '❸ 인라인 스타일'을 넣었습니다.

이것은 제목입니다.

◆ 실행 결과

예제의 결과처럼 인라인 스타일이 적용된 태그는 내부나 외부 스타일 시트와는 상관없이 무조건 인라인 스타일이 적용되는 것을 알 수 있습니다.

04-2 동일 스타일 시트 내에 우선순위

CSS를 사용하여 HTML 문서에 여러 스타일을 적용할 수 있습니다. 이러한 스타일은 동일한 요소에 한 번, 두 번 또는 여러 번 영향을 줄 수 있습니다.

앞에서 배운 스타일 시트를 불러오는 우선순위가 있듯이, 동일한 스타일 시트에 스타일도 해당 스타일 시트 위치 내에서 우선순위를 가집니다.

아래 샘플 코드에는 CSS 작업이 적용되지 않은 매우 기본적인 HTML 문서가 있습니다.

▌소스

소스위치:/ch06/cascading.html

```
...중략...
    <title>캐스케이딩</title>
    <link rel="stylesheet" href="./css/cascading.css">
</head>
<body>
    <h1>CSS 우선순위</h1>
    <hr>
    <p>CSS 우선순위에 대해 살펴보겠습니다.</p>
</body>
</html>
```

CSS 우선순위

CSS 우선순위에 대해 살펴보겠습니다.

◆ 실행 결과

이제 재미를 더하기 위해 HTML 문서의 〈p〉 요소에 약간의 CSS를 추가해 보겠습니다.

※ css 파일은 css 디렉터리에 생성합니다. 경로에 유의하세요.

▌소스

소스위치:/ch06/css/cascading.css

```
p {
    color: green;
    font-size: 24px;
    font-weight: bold;
}
```

CSS 우선순위

CSS 우선순위에 대해 살펴보겠습니다.

◆ 실행 결과

- -

Selector
내가 원하는 요소에 CSS를 적용하고 싶을 때

CSS에서 선택자란 요소를 선택한다는 의미입니다. 선택자로 요소를 선택하고 이를 통해 특정 요소들에 스타일을 적용할 수 있게 됩니다.

우리는 사실 앞에서 CSS의 선택자를 이미 만났습니다. CSS 선택자는 CSS 기본 문법의 첫 부분입니다. 문법 내의 CSS 속성 값을 어느 요소에 스타일을 적용할지 브라우저에 알려주는 패턴이 바로 CSS 선택자입니다.

▌선택자 종류

선택자	형식	설명
전체 선택자	*	모든 태그에 스타일 적용
태그 선택자	태그명	지정한 이름의 태그에만 스타일 적용
클래스선택자	.클래스명	지정한 클래스 속성을 갖는 태그에만 스타일 적용
아이디선택자	#아이디명	지정한 아이디 속성을 갖는 태그에만 스타일 적용

선택자는 크게 전체, 태그, 클래스, 아이디 선택자가 있습니다. 여러 가지 선택자가 어떻게 쓰이는지 하나씩 살펴보겠습니다.

01-1 전체 선택자 *

```
* = 전체 선택자
```

전체 선택자는 * 기호를 사용하는 CSS 기본 선택자입니다. 전체 선택자는 HTML의 모든 요소를 선택하는 기능입니다. 태그, 속성 이름, 속성 값, 클래스, 아이디 등 모든 요소가 선택됩니다.

또한, * 모양의 기호는 CSS 뿐만 아니라 다른 프로그래밍 언어에서도 대부분 전체를 포함한다는 의미로 사용되기 때문에 알고 있으면 유용합니다.

형식
```
* { 속성 이름: 속성 값; }
```

소스위치:/ch07/asterisk.html

```html
<!DOCTYPE html>
<html lang="ko">
<head>
    <meta charset="utf-8">
    <title>전체 선택자</title>
    <style>
    * { color: blue; } /* 전체 선택자에 스타일 적용 */
    </style>
</head>
<body>
    <h1>전체 선택자</h1>
    <h2>전체 선택자의 기호</h2>
    <p>전체 선택자는 asterisk * 기호를 사용합니다.</p>
</body>
</html>
```

전체 선택자

전체 선택자의 기호

전체 선택자는 asterisk * 기호를 사용합니다.

◆ 실행 결과

위 예제를 해석하면 다음과 같이 설명할 수 있습니다.

모든 문서의 글자 색상을 파란색으로 지정합니다.

01-2 태그 선택자 〈태그명〉

태그명 = 태그선택자

태그 선택자는 태그 이름을 선택자로 사용하여 문서 내부의 특정 태그를 선택하기 위해 사용하는 CSS 기본 선택자입니다. 같은 이름을 갖는 문서 내 모든 태그에 대해서 같은 스타일을 적용할 때 사용합니다.

형식

태그 요소 { 속성 이름: 속성 값; }

■ 소스

소스위치:/ch07/tag.html

```html
...중략...
    <title>태그 선택자</title>
    <style>
    h1{ color: #F00; } /* h1 태그 스타일 적용 */
    h2{ color: #0F0; font-size: 30px; } /* h2 태그 스타일 적용 */
    </style>
</head>
<body>
    <h1>h1태그</h1>
    <h2>h2태그</h2>
</body>
</html>
```

h1태그

h2태그

◆ 실행 결과

위 예제를 해석하면 다음과 같이 설명할 수 있습니다.

> h1 이름의 모든 태그들은 글자 색상을 #F00으로 지정하고,
> h2 이름의 모든 태그들은 글자 색상을 #0F0 글자 크기는 30px로 지정합니다.

- 하나의 스타일 속성을 여러 선택자에 함께 적용하고 싶을 경우, ',' 쉼표를 사용하여 여러 태그를 나열하여 적용할 수 있습니다.

    예를 들면, 〈h2〉,〈h3〉,〈a〉 태그에 함께 글자 색상을 red로 지정할 경우 아래와 같이 표기할 수 있습니다.

태그선택자①   태그선택자②   태그선택자③

<u>h2</u> , <u>h3</u> , <u>a</u> { color : red; }

01-3 클래스 선택자 .

> .클래스명 = 클래스 선택자

클래스 선택자는 . 기호에 클래스 이름을 붙여서 사용하는 CSS 기본 선택자입니다. 클래스 선택자는 특정 클래스 속성 값을 가지고 있는 여러 태그에 스타일을 지정하기 위해 사용합니다.

> **형식**
>
> .클래스 이름 { 속성 이름: 속성 값; }

▌소스

소스위치:/ch07/class.html

```
...중략...
    <title>클래스 선택자</title>
    <style>
        /* box 클래스명 정의 */
        .box { width: 100px; height: 100px; border: 1px solid red; }
    </style>
</head>
<body>
<div class=".box">box 클래스</div>
<div class=".box">box 클래스</div>
</body>
</html>
```

◆ 실행 결과

위 예제를 해석하면 다음과 같이 설명할 수 있습니다.

> 클래스명이 box인 요소에게 너비는 100px, 높이는 100px, 선은 1px red 실선을 지정합니다.

- **주로 다양한 태그들을 그룹화하여 동일한 속성을 적용시키는 경우 사용됩니다.**

  같은 태그라도 다른 스타일을 적용하거나 다른 태그라도 같은 스타일을 적용하고자 할 때 유용하게 사용됩니다.

▌소스

```
소스위치:/ch07/class2.html

...중략...
   <title>클래스 선택자</title>
   <style>
       /* blue 클래스명 정의 */
       .blue{ color: blue; }
   </style>
</head>
<body>
   <h2 class=".blue">box 클래스</h2>
   <p class=".blue">box 클래스</p>
</body>
</html>
```

box 클래스

box 클래스

◆ 실행 결과

위 예제를 해석하면 다음과 같이 설명할 수 있습니다.

> 클래스명이 blue인 요소에게 글자 색상을 파란색으로 지정합니다.

- '.' 기호 앞에 태그 이름을 명시하여 특정 태그에 포함된 클래스만으로 선택 범위를 제한할 수도 있습니다.

▌소스

```
소스위치:/ch07/class3.html

...중략...
   <title>클래스 선택자</title>
   <style>
       /* h2 태그에 속한 blue 클래스명 정의 */
       h2.blue{ color: blue; }
   </style>
</head>
<body>
   <h2 class="blue">box 클래스</h2>
   <p class="blue">box 클래스</p>
</body>
```

box 클래스

box 클래스

◆ 실행 결과

위 예제를 해석하면 다음과 같이 설명할 수 있습니다.

> 클래스명이 blue인 요소인 h2에게 글자 색상을 파란색으로 지정합니다.

01-4 아이디 선택자

> #아이디명 = 아이디 선택자

아이디 선택자는 # 기호에 아이디 이름을 붙여서 사용하는 CSS 기본 선택자입니다. 아이디 선택자는 고유한 id 속성 값을 가지고 있는 태그 하나만 선택합니다.

> **형식**
>
> #아이디 이름 { 속성 이름: 속성 값; }

▌소스

소스위치:/ch07/id.html

```
...중략...
    <title>아이디 선택자</title>
    <style>
        /* box 아이디명 정의 */
        #box { width: 100px; height: 100px; border: 1px solid red; }
        /* box2 아이디명 정의 */
        #box2{ width: 100px; height: 100px; border: 1px solid blue; }
    </style>
</head>
<body>
    <div id=" box ">box 아이디</div>
    <div id=" box2 ">box2 아이디</div>
</body>
</html>
```

◆ 실행 결과

- 아이디선택자와 클래스 선택자의 차이점은 아이디 선택자는 한 가지 요소만 선택, 클래스 선택자는 여러 요소를 선택할 수 있는 차이점이 있습니다.

선택자	차이점
아이디선택자 (#아이디명)	– 한 가지 요소만 선택해서 스타일을 지정하는 경우 – 한 번만 사용
클래스선택자 (.클래스명)	– 그룹으로 묶어서 여러 요소를 선택해서 스타일을 지정하는 경우 – 반복적으로 사용

- **아이디 선택자는 고유한 id 속성 값을 가지고 있는 태그 하나만 선택합니다. 주로 태그 이름이 같더라도 id명으로 구분하여 스타일을 적용할 때 사용합니다.**

  같은 클래스명이지만 다른 스타일을 주고자할 때, 클래스 선택자와 함께 많이 쓰이는 선택자입니다.

```
...중략...
    <title>클래스, 아이디 선택자</title>
    <style>
        /* blue 클래스명 정의 */
        .blue { color: blue; }
        /* bold 아이디명 정의 */
        #bold { font-weight:  900; }
    </style>
</head>
<body>
    <div class=" blue ">box 클래스</div>
    <div class=" blue " id=" bold ">box 클래스, 아이디</div>
</body>
</html>
```

box 클래스
box 클래스, 아이디

◆ 실행 결과

위 예제를 해석하면 다음과 같이 설명할 수 있습니다.

첫 번째 div 요소는 클래스명이 blue에 정의한 글자 색상을 파란색으로 지정합니다.
두 번째 div 요소는 클래스명 blue에 정의한 글자 색상을 파란색으로 지정하고, 아이디명 bold에 정의한 글자 굵기 900 (가장 굵게) 가 같이 지정됩니다.

01-5 속성 강제 적용 !important

속성 값 + !important

!important는 속성 값 뒤에 !important를 붙여서 사용하는 CSS 기본 선택자입니다. !important로 선언한 속성은 가장 먼저 우선 순위를 부여합니다.

형식

선택자 { 속성 이름: 속성 값 !important; }

■ 소스

```
...중략...
    <title>important</title>
    <style>
        /* !important 스타일 적용 */
        .box { color: red !important; }
        .box { color: blue; }
    </style>
</head>
<body>
    <div class=" box ">box 스타일</div>
    <div class=" box ">box 스타일</div>
</body>
</html>
```

box 스타일
box 스타일

◆ 실행 결과

위 예제를 해석하면 다음과 같이 설명할 수 있습니다.

> 클래스명이 box인 요소에 글자 색상을 빨간색으로 먼저 지정하고, 나중에 글자 색상을 파란색으로 지정합니다.
> 스타일 시트 우선순위에 따르면 나중에 작성된 글자 색상을 파란색으로 지정한 스타일로 적용이 되어야 하지만,
> !important를 작성한 글자 색상을 빨간색으로 지정한 스타일이 적용되는 걸 볼 수 있습니다.

- **!important는 강제로 우선순위를 적용해주는 것이기 때문에 자주 사용하는 걸 지양합니다.**
  요소에 대한 스타일을 수정 하는 과정에서 우선순위 변경 등 수정할 수 있는 부분을 수정 했는데도 스타일이 적용되지 않는 불가피한 상황이 아니라면 되도록 사용하지 않는 것이 좋습니다.

01-6 선택자 우선순위(캐스케이딩)

우리는 앞에서 CSS 스타일 시트 파일의 우선순위에 대해서 살펴보았습니다.
스타일 시트 파일과 마찬가지로 아래와 같이 선택자도 우선순위가 있습니다.

선택자 우선순위	선택자
1	속성 값 + !important
2	id 선택자 (#아이디명)
3	클래스 선택자 (.클래스명)
4	태그 선택자
5	전체 선택자(*)

아직 여러분은 선택자의 중첩에 관해서 배우지는 않았지만 간단한 설명을 통해 우선순위에 대해 예를 들어서 하나씩 살펴보겠습니다.

- **같은 순위의 선택자일 경우, 나중에 정의한 스타일이 우선순위가 높습니다.**
  이와 같은 경우 .box 선택자에 글자 색상을 위에는 빨강을, 아래에는 파랑을 주었습니다. 이런 경우, 글자는 파랑색으로 표현됩니다.

  ```
  .box { color: red; }/* 빨강색 */
  .box { color: blue; }/* 파랑색 */
  ```

- **더 많은 단계를 나타낸 후손 선택자가 적은 단계보다 우선순위가 높습니다.**
  이와 같은 경우 div.box 선택자가 더 많은 단계로 표현되었기 때문에 글씨가 빨강색으로 표현됩니다.

  ```
  div.box { color: red; }/* 우선순위 높음 */
  .box { color: blue; }/* 우선순위 낮음 */
  ```

- **id 선택자는 다른 class 선택자나, 태그 선택자 보다 우선순위가 높습니다.**
  이와 같은 경우 id 선택자의 우선순위가 더 높으므로, div#main-box 요소는 빨강색 글씨로 나타납니다.

  ```
  #main-box { color: red; }/* 우선순위 높음 */
  div { color: blue; }/* 우선순위 낮음 */
  ```

CSS의 선택자

CSS에서 선택자란 요소를 선택한다는 의미입니다. 선택자로 요소를 선택하고 이를 통해 특정 요소들에 스타일을 적용할 수 있게 됩니다. 즉, 문법 내의 CSS 속성 값을 어느 요소에 스타일을 적용할지 브라우저에 알려주는 패턴이 바로 CSS 선택자입니다.

선택자의 종류

선택자	형식	설명
전체 선택자	*	모든 태그에 스타일 적용
태그 선택자	태그명	지정한 이름의 태그에만 스타일 적용
클래스 선택자	.클래스명	지정한 클래스 속성을 갖는 태그에만 스타일 적용
아이디 선택자	#아이디명	지정한 아이디 속성을 갖는 태그에만 스타일 적용

선택자를 사용하는 방법

- 전체 선택자 * { 속성 이름: 속성 값; }

- 태그 선택자 태그 요소 { 속성 이름: 속성 값; }

- 클래스 선택자 .클래스 이름 { 속성 이름: 속성 값; }

- 아이디 선택자 #아이디 이름 { 속성 이름: 속성 값; }

속성 강제 적용 !important

속성 값 + !important

!important는 속성 값 뒤에 !important를 붙여서 사용하는 CSS 기본 선택자입니다. !important로 선언한 속성은 가장 먼저 우선 순위를 부여합니다. 하지만 요소에 대한 스타일을 수정 하는 과정에서 우선순위 변경 등 수정할 수 있는 부분을 수정 했는데도 스타일이 적용되지 않는 불가피한 상황이 아니라면 되도록 사용하지 않는 것이 좋습니다.

선택자 우선순위(캐스케이딩)

선택자 우선 순위	선택자
1	속성 값 + !important
2	id 선택자 (#아이디명)
3	클래스 선택자 (.클래스명)
4	태그 선택자
5	전체 선택자(*)

1 다음 HTML 구조에서 음영으로 표시된 태그를 선택할 수 있는 선택자를 3개 이상 만드세요.

```
<body>
    <table>
        <tr class="tr_head">
            <td class="td_item">BOOK</td>
        </tr>
        <tr>
            <td>HTML & CSS</td>
        </tr>
    </table>
</body>
```

선택한 영역

BOOK
HTML & CSS

`<img id="main_img" src="image.png">`

2 다음은 CSS를 적용하는 세 가지 방법 중, 무엇에 대한 설명입니까?

```
<img id="main_img" src="image.png">
```

❶ .main_img { ... }　　　❷ #main_img { ... }　　❸ img { ... }　　❹ main_img { ... }

3 CSS에서 어떻게 클래스 이름이 "warning"인 문단만을 선택할 수 있을까요?

```
<p class="warning">경고입니다.</p>
<p>괜찮아요.</p>
<p class="warning">할 수 없습니다.</p>
```

❶ .warning { ... }　　❷ #warning { ... }　　❸ p { ... }　　❹ .warning { ... }

4 다음 보기에서 class 선택자와 id 선택자의 설명으로 틀린 것을 고르세요.
❶ id 속성의 값은 문서 내에 유일하게 사용된다.
❷ id 속성의 값은 문서 내에 여러 번 사용될 수 있다.
❸ class 선택자의 기호는 . 이다
❹ id 선택자의 기호는 # 이다

Answer

1
방법① .td—item
—> td_item 클래스를 포함한 태그 선택

방법② td.td_item
—> td 태그 중 td_item 클래스를 포함한 태그 선택

방법③ .tr_head 〉 .td—item
—> tr_head 클래스를 포함한 태그의 후손 태그 중 td_item 클래스를 포함한 태그 선택

2 ❷　　3 ❹　　4 ❷ (id 속성의 값 유일한 속성으로 중복해서 여러 번 사용 할 수 없습니다.)

Chapter

08

텍스트 꾸미기

이번 장에는 웹 페이지에서 가장 많은 콘텐츠를 차지하는 텍스트에 대해서 자세히 살펴보겠습니다. CSS의 기능으로 텍스트에 대한 효과를 주기 위한 내용입니다. 폰트 관련 속성 및 텍스트 관련 속성, 문장 관련 속성, 목록 관련 속성에 대해서 주로 설명을 할 것이고 웹 폰트에 대해서는 특징 및 종류 그리고 구글 폰트 사용법에 대해서도 다룰 겁니다.

01 폰트(글꼴) 관련 속성

웹 페이지의 컨셉과 스타일에 어울리는 폰트를 선택하는 것은 사용자가 웹 사이트를 사용하는 데 시각적으로 큰 영향을 미칩니다. 웹 사이트의 폰트는 브랜드에 대한 강력한 아이덴티티를 만들기 때문에 읽기 쉬운 폰트를 사용하는 것이 중요합니다. 폰트는 텍스트에 가치를 더하기 때문에 이 또한 웹 디자이너의 영역 중 중요한 일부분이라할 수 있습니다.

01-1 폰트 스타일 font-style

> font 폰트 + style 스타일

font-style 속성은 글자 스타일을 정하는 속성입니다.

형식
```
font-style: normal | italic | oblique ;
```

■ 속성

속성 값	설명
normal	기본값
italic	이탤릭체 설정
oblique	– 기울임체 설정 – italic과 매우 유사하지만 지원하는 브라우저 거의 없음

■ 소스

소스위치:/ch08/font-style.html

```
<!DOCTYPE html>
<html lang="ko">
<head>
    <meta charset="utf-8">
    <title>CSS font</title>
    <style>
        .normal { font-style: normal; }
```

```
        .italic { font-style: italic; }
        .oblique { font-style: oblique; }
    </style>
</head>
<body>
    <p class="normal">normal 스타일이 적용되었습니다.</p>
    <p class="italic">italic 스타일이 적용되었습니다.</p>
    <p class="oblique">oblique 스타일이 적용되었습니다.</p>
</body>
</html>
```

normal 스타일이 적용되었습니다.

italic 스타일이 적용되었습니다.

oblique 스타일이 적용되었습니다.

◆ 실행 결과

- **italic과 oblique는 유사하지만 다른 font-style입니다.**

  italic 이탤릭체는 디자인 된 폰트를 사용하는 것이고, oblique 기울임체는 normal 상태에서 글씨를 기우려 사용하는 차이가 있습니다.

01-2 폰트 두께 font-weight

> font 폰트 + weight 두께

font-weight 속성은 폰트의 두께를 정의하는 속성입니다.

> **형식**
>
> ```
> font-weight: normal | bold | bolder | lighter | number
> ```

■ 속성

속성 값	설명
normal	– 보통 굵기 설정 – 숫자 400과 같음 – 기본값
bold	– 굵은 굵기 설정 – 숫자 700과 같음
bolder	상위 요소에서 상속된 값보다 굵은 굵기 설정
lighter	상위 요소에서 상속된 값보다 얇은 굵기 설정
number	100, 200, 300, 400, 500, 600, 700, 800, 900

```
...중략...
    <style>
        .normal { font-weight: normal; }
        .bold { font-weight: bold; }
        .number-300 { font-weight: 300; }
        .number-400 { font-weight: 400; }
        .number-500 { font-weight: 500; }
    </style>
</head>
<body>
    <p class="normal">normal 스타일이 적용되어 있습니다.</p>
    <p class="bold">bold 스타일이 적용되어 있습니다.</p>
    <p class="number-300">number 300 스타일이 적용되어 있습니다.</p>
    <p class="number-400">number 400 스타일이 적용되어 있습니다.</p>
    <p class="number-500">number 500 스타일이 적용되어 있습니다.</p>
</body>
</html>
```

> normal 스타일이 적용되어 있습니다.
>
> **bold 스타일이 적용되어 있습니다.**
>
> number 300 스타일이 적용되어 있습니다.
>
> number 400 스타일이 적용되어 있습니다.
>
> number 500 스타일이 적용되어 있습니다.

◆ 실행 결과

```
...중략...
    <style>
        .font-300 { font-weight: 300; }
        .font-600 { font-weight: 600; }
        .font-bolder { font-weight: bolder; }
        .font-lighter { font-weight: lighter; }
    </style>
</head>
<body>
    <span class="font-300">
        <p class="font-bolder">bolder 스타일이 적용되어 있습니다.</p>
        <p class="font-lighter">lighter 스타일이 적용되어 있습니다.</p>
    </span>
    <span class="font-600">
        <p class="font-bolder">bolder 스타일이 적용되어 있습니다.</p>
        <p class="font-lighter">lighter 스타일이 적용되어 있습니다.</p>
    </span>
</body>
</html>
```

> bolder 스타일이 적용되어 있습니다.
>
> lighter 스타일이 적용되어 있습니다.
>
> **bolder 스타일이 적용되어 있습니다.**
>
> lighter 스타일이 적용되어 있습니다.

◆ 실행 결과

- 100, 200, 300 등과 같이 숫자로 텍스트의 두께를 설정할 수 있습니다.

속성 값	텍스트 두께
100	Thin
200	Extra Light
300	Light
400	Normal
500	Medium
600	Semi Bold
700	Bold
800	Extra Bold
900	Black

- bolder나 lighter 속성 값은 상속된 값에 따라 다른 굵기로 나옵니다.

상속된 값	bolder	lighter
100	400	100
200	400	100
300	400	100
400	700	100
500	700	100
600	900	400
700	900	400
800	900	700
900	900	700

01-3 폰트 사이즈 font-size

font 폰트 + size 크기

font-size 속성은 폰트 사이즈 속성을 설정합니다.

형식

font-size: medium | xx-small | x-small | small | large | x-large | xx-large | smaller | larger | length ;

▌속성

속성 값	설명
medium	medium(기본 값)에 대한 상대적인 크기 설정
xx-small	
x-small	
small	
large	
x-large	
xx-large	
smaller	부모 요소의 글자 크기에 대한 상대적인 글자 크기 설정
larger	
length	px, vw, vh, em, rem 등 크기설정
percentage	% 로 크기설정

medium, xx-small, x-small, small, large, x-large, xx-large 예제

∎ 소스

```
...중략...
    <style>
        .font-xx-small { font-size: xx-small; }
        .font-x-small { font-size: x-small; }
        .font-small { font-size: small; }
        .font-medium { font-size: medium; }
        .font-large { font-size: large; }
        .font-x-large { font-size: x-large; }
        .font-xx-large { font-size: xx-large; }
    </style>
</head>
<body>
    <p class="font-xx-small">xx-small 스타일이 적용되어 있습니다.</p>
    <p class="font-x-small">x-small 스타일이 적용되어 있습니다.</p>
    <p class="font-small">small 스타일이 적용되어 있습니다.</p>
    <p class="font-medium">medium 스타일이 적용되어 있습니다.</p>
    <p class="font-large">large 스타일이 적용되어 있습니다.</p>
    <p class="font-x-large">x-large 스타일이 적용되어 있습니다.</p>
    <p class="font-xx-large">xx-large 스타일이 적용되어 있습니다.</p>
</body>
</html>
```

◆ 실행 결과

브라우저의 기본 글자 크기를 바꾸면 전체적인 글자 크기도 바뀝니다.

px, vw, vh, em, rem, % 예제

▌소스

```
...중략...
    <style>
        html { font-size: 32px; }
        .font-px { font-size: 16px; }
        .font-vw { font-size: 5vw; }
        .font-vh { font-size: 5vh; }
        .font-em { font-size: 1.5em; }
        .font-rem { font-size: 1.5rem; }
        .font-percentage { font-size: 150%; }
    </style>
</head>
<body>
    <p class="font-px">px 스타일이 적용되어 있습니다.</p>
    <p class="font-vw">vw 스타일이 적용되어 있습니다.</p>
    <p class="font-vh">vh 스타일이 적용되어 있습니다.</p>
    <p class="font-em">em 스타일이 적용되어 있습니다.</p>
    <p class="font-rem">rem 스타일이 적용되어 있습니다.</p>
    <p class="font-percentage">% 스타일이 적용되어 있습니다.</p>
</body>
</html>
```

x-small 스타일이 적용되어 있습니다.

x-small 스타일이 적용되어 있습니다.

small 스타일이 적용되어 있습니다.

medium 스타일이 적용되어 있습니다.

large 스타일이 적용되어 있습니다.

x-large 스타일이 적용되어 있습니다.

◆ 실행 결과

- **웹 브라우저 폰트 크기 기본값은 16px입니다.**

  font-size를 설정하지 않으면 폰트 크기 기본값은 16px입니다.

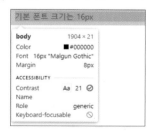

- **px은 절대적인 글자 크기입니다.**

절대적인 글자 크기는 고정된 크기이므로, 디바이스에 따라 크기를 조절할 수 없습니다.

- **%는 상대적인 글자 크기입니다.**

상대적인 글자 크기는 상대적인 크기이므로, 디바이스에 따라 크기 조절이 가능합니다. 만약 부모 요소 숫자가 커질수록 글자가 커지고, 숫자가 작아질수록 글자가 작아집니다.

- em은 부모 요소의 글자 크기에 대한 상대적인 글자 크기입니다.

```
html = 1em = 16px
body = 0.5em = 8px
div = 0.5em = 4px
p = 0.5em = 2px
```

부모 또는 상위 요소의 글자 크기 값이 변경될 경우 모든 자식과 하위 요소도 그 영향을 받기 때문에 계산하기 복잡하다는 단점이 있습니다. 이러한 단점 때문에 개발자들은 이 방법을 잘 이용하지 않습니다.

- rem은 최상위 요소, 즉 〈html〉 요소의 글자 크기에 대한 상대적인 글자 크기입니다.

```
html = 1rem = 16px
body = 0.5rem = 8px
div = 0.5rem = 8px
p = 0.5rem = 8px
```

rem은 부모가 아닌 〈html〉 요소에 기본 글꼴 크기를 지정해두면 항상 〈html〉 요소로부터 글자 크기를 상속받습니다. 그러므로 〈html〉 요소의 글자 크기를 변경하는 것만으로 모든 글꼴 크기를 변경할 수 있다는 점에서 em 속성과 차이점은 없지만 부모 요소로부터 상속을 받지 않기 때문에 모든 글꼴 크기 변화를 예측하여 계산하기 쉽습니다.

알아두세요! 반응형 웹 글자 크기는 rem 단위를 사용하면 효과적입니다.

뒤에서 배울 반응형 웹 같은 경우 디바이스에 따라 글자 크기를 조절할 필요가 있습니다. 이때, 디바이스에 따라 기본 글자 크기를 전체적으로 다르게 제어해야 합니다. 그래서 반응형 웹을 만들기 위해서 적용하는 미디어쿼리와 함께 〈html〉 요소의 글자 크기를 변경하여 요소들의 글자 크기에 rem 단위를 사용하면 효율적으로 작업할 수 있습니다.
예를 들면,
/* 디바이스 너비가 1024이하 인 경우 1rem = 15px로 적용 */
@media all and (max-width:1024px){html,body{font-size:15px;} div{font-size:1rem}}
/* 디바이스 너비가 480이하 인 경우 1rem = 14px로 적용 */
@media all and (max-width:480px){html,body{font-size:14px;} div{font-size:1rem}}
/* 디바이스 너비가 325이하 인 경우 1rem = 12px로 적용 */
@media all and (max-width:325px){html,body{font-size:12px;} div{font-size:1rem}}

- vw는 디바이스의 너비 값, vh는 디바이스의 높이 값입니다.

vw와 vh는 디바이스 크기에 영향을 받는 단위입니다.
1px = 100vw = 100vh
브라우저 높이 값이 900px일 경우, 1vh = 9px
브라우저 너비 값이 750px일 경우, 1vw = 7.5px

smaller, larger 예제

▌소스

소스위치:/ch08/font-size3.html

```
...중략...
  <style>
    .font-default-1 { font-size: 16px; } /* 부모요소 ❶ */
    .font-default-2 { font-size: 32px; } /* 부모요소 ❷ */
    .font-smaller { font-size: smaller; }
    .font-larger { font-size: larger; }
  </style>
```

```
    </head>
    <body>
        <span class="font-default-1">
            <p class="font-smaller">smaller 스타일이 적용되어 있습니다.</p>
            <p class="font-larger">larger 스타일이 적용되어 있습니다.</p>
        </span>
        <span class="font-default-2">
            <p class="font-smaller">smaller 스타일이 적용되어 있습니다.</p>
            <p class="font-larger">larger 스타일이 적용되어 있습니다.</p>
        </span>
    </body>
</html>
```

smaller 스타일이 적용되어 있습니다.

larger 스타일이 적용되어 있습니다.

smaller 스타일이 적용되어 있습니다.

larger 스타일이 적용되어 있습니다.

◆ 실행 결과

- **부모 요소의 글자 크기가 변하면 자식 요소의 글자 크기도 변합니다.**

위의 예제처럼 두 가지 부모 요소에가 다른 글자 크기를 설정하면 smaller, larger 속성을 설정했을 때 각각 다른 결과가 나오는 걸 확인할 수 있습니다. 이처럼 부모 요소에 영향을 받습니다.

부모 요소	글자 크기
.font-default-1	16px
.font-default-2	32px

01-4 폰트 종류 font-family

| font 폰트 + family 가족(≒집합) |

font-family 속성은 폰트 종류를 설정하는 속성입니다.

형식

```
font-family: family-name, generic-name ;
```

속성

속성 값	설명
family-name	특정 폰트 집합(글꼴이름) (예.Futura, Open sans 등)
generic-name	- 비슷한 모양을 가지는 기본 폰트 집합(글꼴유형) (예.Serif 등) - font-name의 대체 수단

소스

소스위치:/ch08/font-family.html

```
...중략...
    <style>
        .a { font-family: Georgia, serif; }
        .b { font-family: serif; }
        .c { font-family: sans-serif; }
        .d { font-family: monospace; }
        .e { font-family: cursive; }
        .f { font-family: fantasy; }
        .g { font-family: Georgia, "맑은 고딕", serif; }
    </style>
</head>
<body>
    <p class="a">font-family: Geogia;</p>
    <p class="b">font-family: serif;</p>
    <p class="c">font-family: sans-serif;</p>
    <p class="d">font-family: monospace;</p>
    <p class="e">font-family: cursive;</p>
    <p class="f">font-family: fantasy;</p>
    <p class="g">한글은 맑은 고딕, 나머지는 Georgia</p>
</body>
</html>
```

font-family: Geogia;

font-family: serif;

font-family: sans-serif;

font-family: monospace;

font-family: cursive;

font-family: fantasy;

한글은 맑은 고딕, 나머지는 Georgia

◆ 실행 결과

- family-name은 특정 폰트 집합 즉, 글꼴 이름입니다.

font-family: "맑은 고딕";
└─ 큰따옴표 ─┘

글꼴 이름 사이에 띄어쓰기나 한글일 경우 작은따옴표 또는 큰따옴표로 묶어서 선언합니다.

- generic-name는 비슷한 모양을 가지는 폰트 집합 즉, 글꼴 유형입니다.

글꼴 유형	설명
serif	대표적으로 글자 획에 삐침이 있는 폰트 (예 명조체)
sans-serif	획에 삐침이 없는 폰트 (예 돋움체)
monospace	폰트의 폭이 같은 글꼴(예 고정폭)
cursive	필기체
fantasy	장식체

- ',' 쉼표로 여러 개의 폰트 선언할 수 있으며, 먼저 선언된 순서대로 우선순위가 결정됩니다.

위 예제를 해석하면 다음과 같이 설명할 수 있습니다.

> 제일 먼저 Georgia 폰트를 찾습니다. 해당 폰트가 있다면 사용하고, 없다면 Times New Roman 글꼴을 사용합니다. 그 폰트도 없다면 웹 브라우저에서 설정한 명조 계열의 글꼴을 사용합니다.
> 폰트는 접속한 기기에 설치되어있는 폰트를 사용합니다. 따라서 CSS로 설정한 폰트가 없을 수도 있으므로, 마지막은 generic-name로 정해두는 것이 좋습니다.

- 영문과 한글 폰트를 같이 작성하여 선언합니다.

브라우저에 따라 폰트의 한글이름과 영문이름을 인식하지 못하는 경우를 대비하여 폰트명은 한글과 영문을 같이 작성하여 선언합니다.

```
font-family: Georgia, Dotum, "돋움", serif;
```
영문 폰트 / 한글 폰트

한글은 한글폰트로 영문은 영문폰트로 나오길 원하는 경우 영문 폰트를 앞에 작성하고, 뒤에 한글 폰트를 작성합니다.

01-5 폰트 색상 color

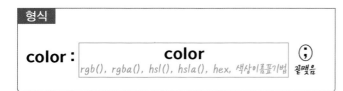

color 속성은 폰트 색을 설정하는 속성입니다.

형식

color : | **color** | rgb(), rgba(), hsl(), hsla(), hex, 색상이름표기법 | 끝맺음 |

■ 속성

속성 값	설명
color	– rgb(), rgba(), hsl(), hsla(), hex, 색상 이름 – 기본값 : 브라우저마다 다양함(브라우저 기본 색)

■ 소스

소스위치:/ch08/color.html

```
...중략...
<body>
    <h1 style="color: rgb(255, 0, 0);">rgb(255, 0, 0)</h1>
    <h1 style="color: rgb(255, 0, 0,0.5);">rgb(255, 0, 0,0.5)</h1>
    <h1 style="color: hsl(0, 100%, 50%);">hsl(0, 100%, 50%)</h1>
    <h1 style="color: hsl(0, 100%, 50%,0.5);">hsl(0, 100%, 50%,0.5)</h1>
    <h1 style="color: #ff0000;">#ff0000</h1>
    <h1 style="color: red;">red</h1>
</body>
</html>
```

rgb(255, 0, 0)

rgb(255, 0, 0,0.5)

hsl(0, 100%, 50%)

hsl(0, 100%, 50%,0.5)

#ff0000

red

◆ 실행 결과

• **font-color 속성은 존재하지 않습니다.**

폰트색을 설정하는 속성을 font + color = font-color 라고 생각할 수 있겠지만, font-color 속성은
존재하지 않습니다.

font 폰트 + color 색 = 틀림

- rgb(), rgba(), hsl(), hsla(), hex, 색상 이름으로 색상을 설정합니다.

단색을 사용하고 싶을 땐 rgb(),hsl(), hex, 색상 이름을 색상을 설정하고, 투명도와 함께 설정하고 싶을 땐 rgba(),hsla() 사용합니다.

rgb	- rgb(red, green, blue) - 0~255 범위의 각 red, green, blue 색상 값
rgba	- rgba(red, green, blue, alpha) - rgb() 속성값과 0~1사이의 투명도(Alpha) 값을 가짐
hsl	- hsl(hue, saturation, lighteness) - 0~360도 색 상환의 범위를 갖는 색조(hue)과 0~100% 값의 범위를 갖는 채도(Saturation)과 0~100% 범위를 갖는 명도(Lighteness)을 가짐
hsla	- hsla(hue, saturation, lighteness, alpha) - hsl() 속성값과 0~1사이의 투명도(Alpha) 값을 가짐
hex	16진수 색상 코드 값
색상 이름 표기법	잘 알려진 색상 이름으로 표시 - 16가지 기본 색상을 포함해 총 216가지 - red, green, blue, white, black 등

색상 값 종류에 대해서는 chapter09. 배경 넣어서 꾸미기 에서 자세하게 배워봅시다

- 자식 요소의 기본 값은 inherit으로 부모 요소의 색상을 가져옵니다.

inherit 상속

inherit 속성은 부모 요소의 해당 속성 값을 그대로 상속 받는다는 값입니다.

자식 요소의 color 기본 속성 값은 부모 요소의 속성 값을 그대로 상속 받아 부모 요소에게 적용된 폰트 색상이 그대로 자식 요소에게 적용됩니다.

02 텍스트 관련 스타일

CSS 텍스트 관련 스타일은 모두 웹 페이지의 콘텐츠들을 이루는 한 요소로 사용됩니다. 다양한 텍스트 관련 스타일을 실습하며 어떠한 스타일이 있는지 내용을 살펴보겠습니다.

02-1 텍스트 정렬 text-align

text 텍스트 + align 정렬

text-align 속성은 텍스트 정렬 방식을 지정하는 속성입니다.

형식

```
text-align: left | right | center | justify | initial | inherit;
```

속성

속성 값	설명
left	– 텍스트의 왼쪽 정렬 – 기본
right	텍스트의 오른쪽 정렬
center	텍스트의 가운데 정렬
justify	텍스트의 양쪽 정렬

소스

소스위치:/ch08/text-align.html

```
...중략...
  <style>
      .text-left { text-align: left; }
      .text-right { text-align: right; }
      .text-center { text-align: center; }
      .text-justify { text-align: justify; }
  </style>
```

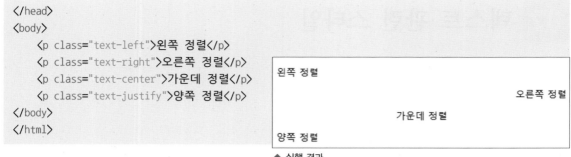

```
    </head>
    <body>
        <p class="text-left">왼쪽 정렬</p>
        <p class="text-right">오른쪽 정렬</p>
        <p class="text-center">가운데 정렬</p>
        <p class="text-justify">양쪽 정렬</p>
    </body>
</html>
```

왼쪽 정렬	
	오른쪽 정렬
가운데 정렬	
양쪽 정렬	

◆ 실행 결과

- **양쪽 정렬의 경우, 띄어쓰기 간격에 따라 조금씩 달라질 수 있습니다.**

양쪽 모두를 가지런하게 맞추기 위해서 띄어쓰기 간격이 조금씩 달라집니다. 특히 영어의 경우 단어가 길면 간격이 많이 이상할 수 있는데, 뒤에서 배울 word-break 속성으로 조절할 수 있습니다.

02-2 글자 라인 text-decoration

text 텍스트 + decoration 장식

text-decoration 속성은 선으로 텍스트를 꾸밀 수 있게 해주는 속성입니다.

형식

```
text-decoration: none | line-through | overline | underline ;
```

▍속성

속성 값	설명
none	– 선을 만들지 않음 – 기본값
line-through	글자 중간에 선 지정
overline	글자 위에 선 지정
underline	글자 아래에 선 지정

▍소스

소스위치:/ch08/text-decoration.html)

```
...중략...
    <style>
        .text-none { text-decoration: none; }
        .text-lt { text-decoration: line-through; }
        .text-ol { text-decoration: overline; }
```

```
        .text-ul { text-decoration: underline; }
        .text-ou { text-decoration: overline underline; }
        .text-oult { text-decoration: overline underline line-through; }
    </style>
</head>
<body>
    <p class="text-none">text-decoration: none;</p>
    <p class="text-lt">text-decoration: line-through;</p>
    <p class="text-ol">text-decoration: overline;</p>
    <p class="text-ul">text-decoration: underline;</p>
    <p class="text-ou">text-decoration: overline underline;</p>
    <p class="text-oult">text-decoration: overline underline line-through;</p>
</body>
</html>
```

> text-decoration: none;
>
> ~~text-decoration: line-through;~~
>
> text-decoration: overline;
>
> text-decoration: underline;
>
> text-decoration: overline underline;
>
> ~~text-decoration: overline underline line-through;~~

◆ 실행 결과

• **여러 개의 속성 값을 한 번에 지정하여 사용할 수도 있습니다.**

속성 값 사이에 띄어쓰기를 통해서 여러 개의 속성 값을 한꺼번에 지정할 수 있습니다.

속성① 속성② 속성③

text-decoration: overline underline line-through;

02-3 텍스트 그림자 text-shadow

> text 텍스트 + shadow 그림자

text-shadow 속성은 텍스트에 그림자 효과를 주는 속성입니다.

형식

text-shadow: offset-x ┆ offset-y ┆ blur-radius ┆ color ┆ none;

x-오프셋   흐림 정도

```
.class{
    text-shadow: 2px 2px 3px #FFF
};
```

y-오프셋   그림자 색상

▌ 속성

속성 값	설명
offset-x	– 그림자의 수평 거리를 설정 – 필수값
offset-y	– 그림자의 수직 거리를 설정 – 필수값
blur-radius	– 흐림 정도 설정 – 선택값 : 값을 정하지 않으면 0
color	– 색 설정 – 선택값 : 값을 정하지 않으면 브라우저 기본값
none	– 그림자 효과를 사용하지 않음 – 기본값

▌ 소스

소스위치:/ch08/text-shadow.html

```
...중략...
   <style>
        .text-1 { text-shadow: .1em .1em rgba(0, 0, 0, 0.3); }
        .text-2 { text-shadow: .1em .1em .2em rgba(0, 0, 0, 0.6); }
        .text-3 { text-shadow: 0.075em 0.08em 0.1em rgba(0, 0, 0, 1); }
        .text-4 { text-shadow: 0.2em 0.5em 0.1em #ddd, -0.3em 0.1em 0.1em #aaa, 0.4em -0.3em
0.1em #888; }
        .text-5 { text-shadow: 0·0 0.5em #87F, 0 0 0.5em #87F, 0 0 0.5em #87F; }
        .text-6 { text-shadow: -1px 0 black, 0 1px black, 1px 0 black, 0 - 1px black; }
        .text-7 { text-shadow: 0 0 .1em rgba(0, 0, 0, 0.2), 0 0 .2em rgba(0, 0, 0, 0.2); }
   </style>
</head>
<body>
   <p class="text-1">text-shadow 스타일이 적용되었습니다.</p>
   <p class="text-2">text-shadow 스타일이 적용되었습니다.</p>
   <p class="text-3">text-shadow 스타일이 적용되었습니다.</p>
   <p class="text-4">text-shadow 스타일이 적용되었습니다.</p>
   <p class="text-5">text-shadow 스타일이 적용되었습니다.</p>
   <p class="text-6">text-shadow 스타일이 적용되었습니다.</p>
   <p class="text-7">text-shadow 스타일이 적용되었습니다.</p>
</body>
</html>
```

text-shadow 스타일이 적용되었습니다.

text-shadow 스타일이 적용되었습니다.

text-shadow 스타일이 적용되었습니다.

text-shadow 스타일이 적용되었습니다.

text-shadow 스타일이 적용되었습니다.

text-shadow 스타일이 적용되었습니다.

text-shadow 스타일이 적용되었습니다.

◆ 실행 결과

- offset-x의 값을 증가시키면 그림자의 위치가 오른쪽으로 이동합니다.

- offset-y의 값을 증가시키면 그림자의 위치가 아래로 이동합니다.

- blur-radius의 값을 증가시키면 그림자가 흐려집니다.

blur는 단어 뜻 그대로 흐릿한 효과를 내는 것을 말합니다. 값이 증가할수록 그림자가 더 흐려집니다.

blur 흐릿한

- 속성 값을 ',' 쉼표로 구분하여 여러 번 쓰면 여러 개의 그림자가 생깁니다.

text-shadow①   text-shadow②   text-shadow③
text-shadow: 0.2em 0.5em 0.1em #ddd, 0.3em 0.1em 0.1em #aaa, 0.4em −0.3em 0.1em #888;

- CSS text-shadow 사이트를 활용하면 내가 원하는 각도의 그림자 까지 다양하게 표현 가능합니다.

> Home > Posts > CSS3 Text Shadow Generator
> ## CSS3 Text Shadow Generator
> Use this CSS3 text shadow generator to easily add text shadow styles into your web project.
>
> **Look Ma, No Images!**
> Look Ma, No Images!
>
> Angle: 45 deg   Distance: 45 px   Blur: 2 px   rgb: 150,150,150   Opacity: 1

◆ CSS3 Text Shadow Generator 홈페이지 화면

원하는 형태의 text shadow를 만들면 CSS 코드가 생성되어 코드를 복사해서 적용할 수 있습니다.

02-4 텍스트를 대문자나 소문자 변경 text-transform

> text 텍스트 + transform 변형

text-transform 속성은 텍스트를 대문자나 소문자로 변경하는 속성입니다.

> **형식**
> ```
> text-transform: none | capitalize | uppercase | lowercase ;
> ```

▌속성

속성 값	설명
none	− text-transform을 속성을 적용하지 않음 − 기본값
capitalize	각 단어의 첫 글자만 대문자로 변경
uppercase	텍스트를 모두 대문자로 변경
lowercase	텍스트를 모두 소문자로 변경

▌소스

소스위치:/ch08/text-transform.html

```
...중략...
    <style>
        .text-1 { text-transform: none; }
        .text-2 { text-transform: capitalize; }
        .text-3 { text-transform: uppercase; }
        .text-4 { text-transform: lowercase; }
    </style>
</head>
<body>
    <p class="text-1">abcdefg</p>
    <p class="text-2">abcdefg</p>
    <p class="text-3">abcdefg</p>
    <p class="text-4">ABCDEFG</p>
</body>
</html>
```

abcdefg

Abcdefg

ABCDEFG

abcdefg

◆ 실행 결과

- **text-transform은 영어에만 해당되는 속성입니다.**

text-transform 속성은 텍스트를 대문자나 소문자로 변경하는 속성이므로, 대문자와 소문자가 있는 영어에만 해당되는 속성입니다.

02-5 글자 사이 간격 letter-spacing

letter 문자 + spacing 간격

letter-spacing 속성은 글자 사이의 간격을 설정하는 속성입니다.

형식

```
letter-spacing: normal | length ;
```

▌속성

속성 값	설명
normal	- 문자에 공백이 들어가지 않음 - 0px과 같음 - 기본값
length	- px, vw, vh, em, rem 등 크기설정 - 음수값 가능

▌소스

소스위치:/ch08/letter-spacing.html)

```
...중략...
    <style>
        .normal { letter-spacing: normal; }
        .em-wide { letter-spacing: 0.4em; }
        .em-wider { letter-spacing: 1em; }
        .em-tight { letter-spacing: -0.05em; }
        .px-wide { letter-spacing: 6px; }
    </style>
</head>
<body>
    <p class="normal">letter-spacing 스타일이 적용되었습니다.</p>
    <p class="em-wide">letter-spacing 스타일이 적용되었습니다.</p>
    <p class="em-wider">letter-spacing 스타일이 적용되었습니다.</p>
    <p class="em-tight">letter-spacing 스타일이 적용되었습니다.</p>
    <p class="px-wide">letter-spacing 스타일이 적용되었습니다.</p>
</body>
```

letter-spacing 스타일이 적용되었습니다.

l e t t e r - s p a c i n g 스 타 일 이 적 용 되 었 습 니 다 .

l e t t e r - s p a c i n g   스 타 일 이   적 용 되 었 습 니 다 .

letter-spacing 스타일이 적용되었습니다.

l e t t e r - s p a c i n g 스 타 일 이 적 용 되 었 습 니 다 .

◆ 실행 결과

- 양수 값인 경우 값이 커지면 간격이 커지고, 음수 값인 경우 값이 커지면 간격이 좁아집니다.

양수값 ↑ **글자 사이 간격** ↑

음수값 ↑ **글자 사이 간격** ↓

- 글자 사이의 간격은 letter-spacing으로, 단어 사이의 간격은 word-spacing으로 정합니다.

letter 글자, word 단어 의미대로 letter-spacing은 글자 사이의 간격, word-spacing은 단어 사이의 간격을 말합니다. word-spacing에 대해서는 이어서 자세히 알아봅시다.

letter (글자) | 글 | 자 | 와 | 글 | 자 | 사 | 이 |

vs

word (단어) | 단어와 | 단어 | 사이 |

03 문단(문장) 관련 속성

웹 페이지의 텍스트를 포함한 내용들은 모두 문단(문장)으로 이루어져 있습니다. 이러한 내용들을 가공하여 시각적으로 잘 표현하기 위해, CSS의 다양한 문단 스타일을 사용합니다.

03-1 문장과 문장 사이의 간격 line-height

> line 라인 + height 높이 ≒ 행간

line-height 속성은 문장과 문장 사이의 간격을 설정하는 속성입니다.

형식

```
line-height: normal | number | length | percentage ;
```

■ 속성

속성 값	설명
normal	– 문장과 문장사이의 기본 간격 – 브라우저의 기본 속성 따름 – 보통 1.2 정도로 할당 – 기본값
number	– 문장과 문장사이의 간격을 숫자 배수만큼 설정 – 1, 1.2 와 같은 단위 없는 양수 값 – 음수 값 불가능 – 글자크기(font-size) 기준
length	– 문장과 문장사이의 간격을 CSS 단위로 설정 – px, pt 등 크기설정 – 음수 값 불가능 – 글자크기(font-size) 상관없음
percentage	– 문장과 문장사이의 간격을 %로 설정 – 글자크기(font-size) 기준

```
...중략...
    <style>
        .text-1 { line-height: normal; }
        .text-2 { line-height: 25px; }
        .text-3 { line-height: 1.6; }
        .text-4 { line-height: 160%; }
        .text-5 { line-height: 30%; }
    </style>
</head>
<body>
    <p class="text-1">line-height 스타일이 적용되었습니다.</p>
    <p class="text-2">line-height 스타일이 적용되었습니다.</p>
    <p class="text-3">line-height 스타일이 적용되었습니다.</p>
    <p class="text-4">line-height 스타일이 적용되었습니다.</p>
    <p class="text-5">line-height 스타일이 적용되었습니다.</p>
</body>
</html>
```

line-height 스타일이 적용되었습니다.
line-height 스타일이 적용되었습니다.
line-height 스타일이 적용되었습니다.
line-height 스타일이 적용되었습니다.
line-height 스타일이 적용되었습니다.

◆ 실행 결과

- **number는 글자크기(font-size)를 기준으로 설정한 숫자만큼 배율로 적용됩니다.**

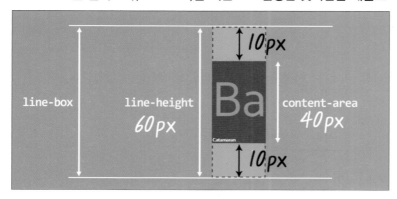

예를 들어 글자크기가 40px일 때, line-height의 값을 1.5로 하면, 줄 높이는 40의 1.5배인 60px가 됩니다. 줄 높이는 60px인데 글자 크기는 40px이므로, 글자 위와 아래에 각각 10px의 여백이 생깁니다.

- **number의 1과 percent의 100%는 다릅니다.**

number 지정과 percent 지정 모두 글자 크기를 기준이기 때문에 1이나 100%는 같다고 생각하지만 만약 line-height의 값이 자식 요소로 상속 된다면 이 두 가지 속성값의 계산 방식은 다르기 때문에 1과 100%는 다릅니다.

속성 값	설명
number	자식 기준에서 부모 요소의 글자 크기를 기준으로 새롭게 계산
percent	%에 의해 이미 계산된 px값으로 계속 상속

```
body { font-size: 30px; line-height: 2 ; }/* line-height = 60px; */
p { font-size: 20px; }/* line-height = 40px; */
body { font-size: 20px; line-height: 300%; }/* line-height = 60px; */
p { font-size: 20px; }/* line-height = 60px; */
```

- line-height:1로 지정하면 글자 크기보다 내용 영역의 크기가 더 클 수 있기 때문에 유의해서 사용해야 합니다.

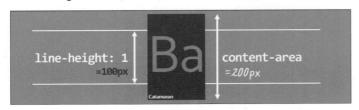

- 문장이 한 줄 이상일 때, line-height가 글자 크기보다 작으면 세로 방향으로 글자가 겹치게 됩니다.

03-2 줄 바꿈, 공백, 줄 속성 white-space

white 하얀(≒공백) + space 공간

white-space는 스페이스와 탭, 줄 바꿈, 자동 줄 바꿈을 어떻게 처리할지 정하는 속성입니다.

> **형식**
>
> white-space: normal | nowrap | pre | pre-line | pre-wrap ;

▌속성

속성 값	설명
normal	기본값
nowrap	줄 바꿈을 하지 않음
pre	– 마크업 공백과 동일하게 보여줌 – 줄바꿈을 하지 않음. – 공백 한 칸 이상을 인식함
pre-line	– 마크업 공백과 동일하게 보여줌 – 줄바꿈을 함 – 공백 한 칸 이상을 인식하지 못함
pre-wrap	– 마크업 공백과 동일하게 보여줌 – 줄바꿈을 함 – 공백 한 칸 이상을 인식함

```
...중략...
    <style>
        .text-1 { white-space: normal; }
        .text-2 { white-space: nowrap; }
        .text-3 { white-space: pre; }
        .text-4 { white-space: pre-line; }
        .text-5 { white-space: pre-wrap; }
    </style>
</head>
<body>
    <h2>normal</h2>
    <p class="text-1">
    동해물과 백두산이 마르고 닳도록
    하느님이 보우하사 우리나라 만세.
    </p>
    <h2>nowrap</h2>
    <p class="text-2">
    동해물과 백두산이 마르고 닳도록
    하느님이 보우하사 우리나라 만세.
    </p>
    <h2>pre</h2>
    <p class="text-3">
    동해물과 백두산이 마르고 닳도록
    하느님이 보우하사 우리나라 만세.
    </p>
    <h2>pre-line</h2>
    <p class="text-4">
    동해물과 백두산이 마르고 닳도록
    하느님이 보우하사 우리나라 만세.
    </p>
    <h2>pre-line</h2>
    <p class="text-4">
    동해물과 백두산이 마르고 닳도록
    하느님이 보우하사 우리나라 만세.
    </p>
    <h2>pre-wrap</h2>
    <p class="text-5">
    동해물과 백두산이 마르고 닳도록
    하느님이 보우하사 우리나라 만세.
    </p>
</body>
</html>
```

normal

동해물과 백두산이 마르고 닳도록 하느님이 보우하사 우리나라 만세 (후렴)무궁화 삼천리 화려강산 대한사람 대한으로 길이 보전하세

nowrap

동해물과 백두산이 마르고 닳도록 하느님이 보우하사 우리나라 만세 (후렴)무궁화 삼천리 화려강산 대한사람 대한으로 길이 보전하세

pre

    동해물과 백두산이 마르고 닳도록
    하느님이 보우하사 우리나라 만세
    (후렴)무궁화 삼천리 화려강산 대한사람 대한으로 길이 보전하세

pre-line

동해물과 백두산이 마르고 닳도록
하느님이 보우하사 우리나라 만세
(후렴)무궁화 삼천리 화려강산 대한사람 대한으로 길이 보전하세

pre-wrap

    동해물과 백두산이 마르고 닳도록
    하느님이 보우하사 우리나라 만세
    (후렴)무궁화 삼천리 화려강산 대한사람 대한으로 길이 보전하세

◆ 실행 결과

- 각 속성값에 대해 정리합니다.

속성 값	줄바꿈	공백	줄
normal	○	×	×
nowrap	×	×	×
pre	×	○	○
pre-line	○	×	○
pre-wrap	○	○	○

03-3 줄 바꿈 속성 word-break

> word 단어 + break 부수다(≒바꾸다)

word-break 속성은 줄 바꿈을 할 때 단어 기준으로 할 지 글자 기준으로 할 지 정하는 속성입니다.

> **형식**
>
> word-break: normal ¦ break-all ¦ keep-all ;

▌속성

속성 값	설명
normal	기본값
break-all	글자 기준으로 줄 바꿈
keep-all	단어 기준으로 줄 바꿈

▌소스

소스위치:/ch08/word-break.html

```
...중략...
    <style>
        .text-1 { word-break: normal; }
        .text-2 { word-break: break-all; }
        .text-3 { word-break: keep-all; }
    </style>
</head>
<body>
    <h2>normal</h2>
    <p class="text-1">
    동해물과 백두산이 마르고 닳도록 하느님이 보우하사 우리나라 만세.
    </p>
    <h2>break-all</h2>
    <p class="text-2">
    동해물과 백두산이 마르고 닳도록 하느님이 보우하사 우리나라 만세.
    </p>
    <h2>keep-all</h2>
```

```
    <p class="text-3">
    동해물과 백두산이 마르고 닳도록 하느님이 보우하사 우리나라 만세.
    </p>
</body>
</html>
```

◆ 실행 결과

- **영어와 한글을 사용 시 결과의 차이가 발생합니다.**

한글일 경우, 위의 예제와 같이 속성 값이 normal일 경우와 break-all일 경우 결과가 같습니다.

▌소스

소스위치:/ch08/word-break2.html

```
...중략...
    <style>
        body { font-family: sans-serif; }
        .a { word-break: normal; }
        .b { word-break: break-all; }
        .c { word-break: keep-all; }
        span { color: red; }
    </style>
</head>
<body>
    <h1>normal</h1>
    <p class="a">Lorem ipsum dolor sit amet, consectetur adipiscing elit. Aenean necmollisnulla.
<span>Phaselluslaciniatempusmauriseulaoreet.</span> Proin gravida velit dictum dui consequat malesuada.</p>

    <h1>break-all</h1>
    <p class="b">Lorem ipsum dolor sit amet, consectetur adipiscing elit. Aenean necmollisnulla.
<span>Phaselluslaciniatempusmauriseulaoreet.</span> Proin gravida velit dictum dui consequat malesuada.</p>

    <h1>keep-all</h1>
    <p class="c">Lorem ipsum dolor sit amet, consectetur adipiscing elit. Aenean necmollisnulla.
<span>Phaselluslaciniatempusmauriseulaoreet.</span> Proin gravida velit dictum dui consequat malesuada.</p>
</body>
</html>
```

영어일 경우 속성 값이 normal일 경우와
keep-all일 경우 결과가 같습니다.

◆ 실행 결과

- **반응형 웹 경우, 가로 크기가 작을 때를 대비하여 word-break의 속성 값을 break-all로 지정하는 것이 좋습니다.**

03-4 단어 사이의 간격 word-spacing

word 단어 + spacing 간격

word-spacing 속성은 개별 단어 사이의 간격을 지정하는 속성입니다.

형식

```
word-spacing: normal | length ;
```

■ 속성

속성 값	설명
normal	기본값
length	– 단어와 단어 사이의 간격을 설정 – px, em 등 지정 – 음수값 허용

■ 소스

소스위치:/ch08/word-spacing.html

```
...중략...
    <style>
        .text-1 { word-spacing: -20px; }
...중략...
    <style>
        .text-1 { word-spacing: -20px; }
        .text-2 { word-spacing: 0px; }
        .text-3 { word-spacing: 20px; }
    </style>
</head>
<body>
    <p class="text-1">그누위즈의 HTML & CSS</p>
    <p class="text-2">그누위즈의 HTML & CSS</p>
    <p class="text-3">그누위즈의 HTML & CSS</p>
</body>
</html>
```

그누위즈의HTML&CSS

그누위즈의 HTML & CSS

그누위즈의　　HTML　　&　　CSS

◆ 실행 결과

- 양수 값인 경우 값이 커지면 간격이 커지고, 음수 값인 경우 값이 커지면 간격이 좁아집니다.

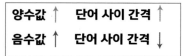

- 단어 사이의 간격을 변화시켜도 글자 사이의 간격은 변하지 않습니다.

word-spacing 속성은 단어 사이 간격을 조절하는 속성이므로 글자 사이 간격에 영향을 주지 않습니다. 글자 사이 간격은 앞에서 배운 letter-spacing 속성에 영향을 받습니다.

03-5 줄 바꿈 설정 word-wrap

> word 단어 + wrap 둘러싸다

word-wrap 속성은 띄어쓰기가 없는 긴 단어를 어떻게 처리할지 지정하는 속성입니다.

> **형식**
>
> word-wrap: normal | break-word ;

▌ 속성

속성 값(예)	설명
normal	-글자가 길어도 줄 바꿈 되지 않고 한 줄 표시 -기본값
break-word	줄 바꿈 함

▌ 소스

소스위치:/ch08/word-wrap.html

```
...중략...
  <style>
  p {
      width: 100px;
      padding: 10px;
      background-color: #dddddd;
  }
  .text-1 {
      word-break: keep-all;
      word-wrap: normal;
  }
  .text-2 {
      word-break: keep-all;
      word-wrap: break-word;
  }
  .text-3 {
      word-break: break-all;
      word-wrap: normal;
  }
  .text-4 {
      word-break: break-all;
      word-wrap: break-word;
  }
  </style>
</head>
<body>
```

```
    <h2>keep-all, normal</h2>
    <p class="text-1">ABCDEFGHIJKLMNOPQRSTUVWXYZ</p>
    <h2>keep-all, break-word</h2>
    <p class="text-2">ABCDEFGHIJKLMNOPQRSTUVWXYZ</p>
    <h2>break-all, normal</h2>
    <p class="text-3">ABCDEFGHIJKLMNOPQRSTUVWXYZ</p>
    <h2>break-all, break-word</h2>
    <p class="text-4">ABCDEFGHIJKLMNOPQRSTUVWXYZ</p>
</body>
</html>
```

◆ 실행 결과

- 영문으로 구성된 단어에만 적용되며, 한글에는 적용되지 않습니다.
- word-wrap는 단어를 어떻게 처리할지 지정하는 속성이고, word-break은 줄 바꿈에 대한 속성입니다.

word-wrap 속성은 단어 자체가 전체 줄을 차지하고 그 줄을 넘을 때 단어를 끊는 break-word 속성 값을 적용합니다. 하지만 word-break 속성은 줄바꿈에 대한 기준을 단어와 글자 기준으로 지정합니다. 그래서 일반적으로 word-wrap 속성과 word-break 속성을 같이 사용하는 경우가 많습니다.

알아두세요! 줄바꿈 정리

기준	속성
글자 기준	word-wrap: break-word; word-break: break-all;
단어 기준	word-wrap: break-word; word-break: keep-all;

04 목록 관련 속성

웹 페이지의 콘텐츠에는 다양한 목록들이 들어갈 수 있습니다. 리스트 스타일은 주로 〈ul〉, 〈ol〉 또는 〈li〉 요소에 스타일을 지정하여, 리스트의 앞에 나오는 블릿 기호 또는 숫자를 변경하는 속성입니다.

04-1 목록 스타일 list-style

> list 목록 + style 스타일

list-style 속성은 목록 스타일을 설정하는 속성입니다.

> **형식**
>
> list-style { 목록 스타일과 관련된 속성; }

■ 속성

속성 값	설명
list-style-type	목록 마커의 유형 설정
list-style-image	목록 마커의 이미지 설정
list-style-position	목록 마커의 위치 설정

목록스타일과 관련된 속성들은 모두 'list-style-'로 시작됩니다. 이 속성들을 활용해 목록 마커의 유형, 이미지, 위치를 설정합니다. 여러 가지 속성을 하나씩 살펴보겠습니다.

04-2 목록 마커의 유형 list-style-type

> list 목록 + style 스타일 + type 유형

list-style-type 속성은 목록 마커의 유형을 설정하는 속성입니다.

> **형식**
>
> list-style-type: disc | circle | square | decimal | decimal-leading-zero | lower-roman | upper-roman | lower-greek | lower-latin | upper-latin | armenian | georgian | lower-alpha | upper-alpha ;

▌ 속성

속성 값	설명
disc	●(원) (기본값)
circle	○(속이 빈 원)
square	■(채워진 사각형)
decimal	1로 시작하는 10진수
decimal-leading-zero	초기 0으로 채워진 10진수(예: 01, 02, 03, …, 98, 99).
lower-roman	소문자 로마 숫자(i, ii, iii, iv, v 등)
upper-roman	대문자 로마 숫자(I, II, III, IV, V 등)
georgian	전통적인 그루지야어 번호(an, ban, gan, …, he, tan, in, in-an, …)
armenian	전통적인 대문자 아르메니아 번호

- 위 표는 자주 사용되는 마커만 별도로 표기하였습니다. 위 속성 표 외에도 여러 종류의 마커들이 있습니다.

▌ 소스

소스위치:/ch08/list-style-type.html

```
...중략...
    <style>
        .list-1 { list-style-type: disc; }
        .list-2 { list-style-type: circle; }
        .list-3 { list-style-type: square; }
    </style>
</head>
<body>
    <h2>disc</h2>
    <ul class="list-1">
        <li>HTML</li>
        <li>CSS</li>
    </ul>
    <h2>circle</h2>
    <ul class="list-2">
        <li>HTML</li>
        <li>CSS</li>
    </ul>
    <h2>square</h2>
    <ul class="list-3">
        <li>HTML</li>
        <li>CSS</li>
    </ul>
</body>
</html>
```

disc

- HTML
- CSS

circle

○ HTML
○ CSS

square

■ HTML
■ CSS

◆ 실행 결과

- 목록 앞에 붙는 도형이나 문자를 마커(Marker)라고 하는데, 어떤 형식 또는 모양의 마커를 사용할지를 list-style-type으로 설정합니다.

04-3 목록 마커의 이미지 설정 list-style-image

> list 목록 + style 스타일 + image 이미지

list-style-image 속성은 목록 마커의 유형을 이미지로 설정하는 속성입니다.

형식

```
list-style-image: none | url ;
```

▌속성

속성 값	설명
none	– 목록 마커 이미지를 표현하지 않음 – 기본 값
url	– 목록 마커 이미지 경로 설정 – url("경로")

▌소스

소스위치:/ch08/list-style-image.html

```
...중략...
    <style>
        .list_1 {
            list-style-image: url( "http://gnuwiz.com/html/ch08/marker.svg" );
        }
        .list_2 {
            list-style-image: url( "http://gnuwiz.com/html/ch08/marker.png" );
        }
    </style>
</head>
<body>
    <ul class="list_1">
        <li>HTML</li>
        <li>CSS</li>
    </ul>
    <ul class="list_2">
        <li>HTML</li>
        <li>CSS</li>
    </ul>
</body>
</html>
```

◆ 실행 결과

- 마커의 이미지는 원본 크기 그대로 나옵니다. 따라서 글자 크기에 맞는 이미지를 만들어야 합니다.
- 이미지의 url("경로")는 경로 설정 시 절대경로, 상대경로, URL 모두 사용 가능합니다.

04-4 목록 마커의 위치 속성 list-style-position

> list 목록 + style 스타일 + position 위치

list-style-position 속성은 목록 마커의 위치를 설정하는 속성입니다.

형식

```
list-style-position : inside | outside ;
```

■ 속성

속성 값	설명
inside	목록 마커의 위치를 안쪽 설정
outside	- 목록 마커의 위치를 바깥쪽 설정 - 기본값

■ 소스

소스위치:/ch08/list-style-position.html

```
...중략...
    <style>
        .list_1 { list-style-position: outside; }
        .list_2 { list-style-position: inside; }
    </style>
</head>
<body>
    <ul class="list_1">
    <li>HTML</li>
    <li>CSS</li>
    </ul>
    <ul class="list_2">
    <li>HTML</li>
    <li>CSS</li>
    </ul>
</body>
</html>
```

- HTML
- CSS

   - HTML
   - CSS

◆ 실행 결과

• 마커가 내부에 위치해야 하는지 외부에 위치해야 하는지 정의합니다.

05 웹 폰트 사용하기

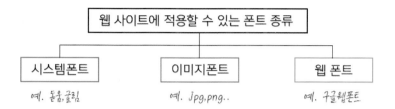

예전에는 무료로 사용할 수 있는 웹 폰트 종류가 많이 없어 컴퓨터에 기본적으로 설치된 돋움, 굴림과 같은 시스템 폰트를 사용하거나 웹 디자이너가 작업한 시안에 사용된 폰트를 이미지 그대로 저장하여 사용하는 이미지 폰트를 사용하는 경우가 많았습니다.

현재는 무료로 제공되는 웹 폰트의 종류가 다양해지면서 구글 웹 폰트와 같은 무료 웹 폰트를 쉽게 적용할 수 있습니다.

먼저 구글 웹 폰트를 사용하는 방법에 관해 설명하기에 앞서 크게 웹 사이트에 적용할 수 있는 세 가지 폰트 종류와 차이점에 대해서 알아보겠습니다.

05-1 시스템 폰트 vs 이미지 폰트 vs 웹 폰트

- 시스템 폰트

> system 시스템 + font 폰트

시스템 폰트는 컴퓨터 시스템에 설치되어있는 기본적으로 사용하는 폰트를 말합니다.

종류	윈도우 : 굴림체, 돋움체, 맑은고딕 등
	맥 : 애플고딕 등
장점	모든 디바이스에서 폰트가 동일하게 보임
단점	운영체제에 있는 폰트만 사용해야 하므로 디자인적으로 한계가 있음

시스템 폰트 종류는 크게 윈도우, 맥과 같은 운영 체제로 나눠질 수 있습니다. 컴퓨터에 기본적으로 깔려있으니 제작자가 만든 텍스트와 방문자가 보는 텍스트의 폰트가 동일하게 보이는 장점이 있지만, 운영 체제에 없는 폰트로 디자인할 수 없어 디자인적으로 한계가 있는 것이 단점입니다.

- 이미지 폰트

> image 이미지 + font 폰트

이미지 폰트는 말 그대로 폰트를 이미지로 저장한 폰트를 말하며, 시스템 폰트에 한계를 느끼고 다양한 디자인을 하고자 사용하게 되었습니다.

종류	이미지 확장자 : jpg, png 등
장점	모든 디바이스에서 다양한 폰트가 동일하게 보임
단점	디바이스에 따라 이미지가 깨져 보일 수 있음 용량이 커서 트래픽 문제가 발생 수정이 번거로워 유지 보수가 불편함

이미지로 만든 폰트이기 때문에 사용자 컴퓨터에 폰트가 설치되어 있지 않아도 제작한 그대로 다양한 폰트를 볼 수 있는 장점이 있습니다. 하지만 이미지로 저장된 폰트이므로 용량이 커져서 트래픽 문제가 발생할 수 있고, 텍스트를 수정해야 할 경우 번거로운 단점이 있습니다.

- 웹 폰트

> web 웹 + font 폰트

웹 폰트는 사용자가 폰트를 설치하지 않아도 디자이너가 원하는 폰트를 웹 페이지에 구현할 수 있는 폰트를 말합니다.

종류	무료 웹 폰트 서비스 : 구글 폰트
장점	모든 디바이스에서 다양한 폰트가 깨지지 않고 동일하게 보임
단점	용량이 커질 수 있음

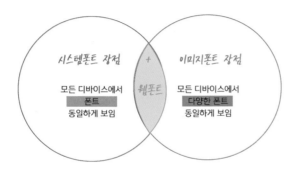

시스템 폰트와 웹 폰트의 장점을 모두 가지고 있어 모든 디바이스에서 다양한 폰트를 동일하게 보여줄 수 있습니다. 하지만 한글 폰트 같은 경우 글자 조합의 경우의 수가 많으므로 용량이 커질 수 있으므로 용량을 최대한 줄일 방법을 생각해야 합니다. 이어서 웹 폰트 사용법에 관해 설명하면서 알아보겠습니다.

현재 모바일 디바이스가 대중화되면서 모든 웹 사이트가 다양한 디바이스에서 같은 모습을 보여줘야 하는 사용자 경험(User eXperience = UX)에 관한관심이 높아지고 있습니다. 그래서 기술적인 측면을 고려할 사항이 되었으며 이러한 점들을 보완하기 위해서 웹 폰트의 사용이 확대되고 있습니다.

웹 폰트의 종류, 사용법 등에 대해서 자세하게 알아보겠습니다.

05-2 웹 폰트 특징과 종류

웹 사이트, 블로그 등 웹에서 사진과 동영상 그리고 텍스트로 구성되어 있습니다. 사진이나 동영상을 통해 정보를 얻고 텍스트를 통해 정보를 얻고 있습니다. 책이나 잡지 같은 인쇄물에서도 폰트가 중요하듯이 웹 사이트에서도 폰트는 매우 중요한 요소입니다. 이러한 점에서 웹 폰트는 사용성과 심미성을 충족시킬 수 있어야 합니다. 웹 폰트의 특징에 대해 먼저 살펴보겠습니다.

• 편리하고 용이한 사용성

특징	설명
모든 디바이스와 브라우저에 최적화	다양한 디바이스의 해상도에 유동적이므로 모든 디바이스와 브라우저에서 같은 경험을 제공
검색엔진최적화(SEO)	검색엔진에 검색했을 때 사이트가 상위에 노출
웹 접근성	모든 사람이 인터넷 공간에서 쉽게 정보를 얻을 수 있음
유지보수 관리 용이	이미지 파일을 포토샵에서 수정해서 다시 저장하는 이미지 폰트와 달리 코드에서 바로 크기, 종류, 색상 등 바로 수정 가능

- 가독성과 판독을 높이는 심미성

특징	설명
가독성	사용자가 글을 쉽게 읽어 나갈 수 있음
판독성	타이틀, 본문 등과 같이 짧은 양의 텍스트를 읽는 사용자들이 쉽게 인식할 수 있음

이러한 특징을 가지고 있는 웹 폰트는 웹 디자인을 공부하는 여러분들이 반드시 웹 폰트를 사용하는 방법에 대해 숙지를 하고 있어야만 합니다.

또한, 글자 조합의 경우의 수가 많은 한글 폰트 같은 경우 브라우저별로 지원하는 확장자가 다르므로 확장자(TTF, OTF, WOFF, WOFF 2.0 등) 폰트 파일이 모두 필요합니다.

우선 웹 폰트를 사용하는 방법을 배우기 전, 웹 폰트 파일 타입에 대해서 살펴보도록 하겠습니다. 웹 폰트에 사용되는 파일 타입은 아래에서 설명하는 것들 외에도 다양하고 그 중 몇몇은 지원되는 브라우저의 제한이 있으니 이 점에 유의해야 합니다.

▌확장자 종류별 특징

확장자	특징
TTF (TrueType Fonts)	– 가장 일반적인 글꼴 형식 – 대부분의 브라우저가 지원
OTF (OpenType Fonts)	– TTF를 기반으로 제작된 글꼴 형식 – TTF와 비슷하지만, TTF에서 지원하지 않는 최신 기능을 사용 가능
WOFF (The Web Open Font Format)	– OTF와 TTF로 이루어져 있는 압축된 글꼴 형식 – 압축되어 있어 가볍고 다운 받는 속도가 빠름 – W3C 권장 사항
WOFF 2.0(The Web Open Font Format)	– WOFF보다 더 향상된 압축을 제공하는 글꼴 형식
SVG(SVG Fonts/Shapes)	– Vector 기반의 그래픽을 사용하는 SVG로 만들어진 글꼴 형식
EOT(Embedded OpenType Fonts)	– IE에서 동작하는 글꼴 형식

▌브라우저별 확장자 지원 현황

확장자	IE9이상	IE8이하	크롬	파이어폭스	오페라	사파리
TTF / OTF	○		○	○	○	○
WOFF	○		○	○	○	○
WOFF2			○	○	○	
SVG			○		○	○
EOT		○				

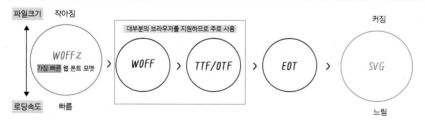

웹 폰트의 로딩 속도는 폰트 파일 크기와 연관이 있습니다. 파일이 크면 로딩 속도도 느려지게 됩니다. WOFF 파일 형식은 압축된 폰트로 TTF보다 파일 크기가 작으므로 다운로드 속도가 빠릅니다.

즉 파일 크기가 작은 포맷일수록 로딩이 빠르며, 로딩이 빠른 순서는 WOFF2 〉 WOFF 〉 TTF 〉 EOT 〉 SVG 순입니다. 가장 빠른 웹 폰트 포맷은 WOFF2 이지만 WOFF2 파일은 인터넷 익스플로러에서는 적용이 되지 않는 단점이 있습니다. 따라서 일반적으로 대부분 브라우저를 지원하는 TTF, OTF, WOFF 를 주로 사용하게 됩니다.

05-3 웹 폰트를 사용하기 위해 알아야 할 @font-face

> font 폰트 + face 얼굴(≒형태)

@font-face는 사용자가 갖고 있지 않은 폰트를 특정 경로로 연결해 다운받은 폰트의 형태를 정의할 때 사용하는 CSS 규칙을 말합니다.

▌@font-face 문법

```
@font-face{
    /* 폰트 종류 및 사용할 웹 폰트의 이름 지정 */
    font-family: <a-remote-font-name>;
    /* 폰트 파일 경로와 폰트의 형식 지정 */
    src: <source>;
    /* 폰트 두께 지정 */
    font-weight: <weight>;
    /* 폰트 스타일 지정 */
    font-style: <style>;
```

▌@font-face 속성

속성	속성 값(예)	설명
@font-face	font-family	– 속성에서 폰트 명(font face)으로 지정될 이름 설정 – 기본 글꼴도 함께 명시해주는 것이 좋음(웹 폰트 다운로드가 되지 않는 환경에 대비)
	src	– 사용자 컴퓨터에 설치된 폰트 명을 local("Font Name") 형식으로 지정 – 원격 폰트(remote font) 파일의 위치를 나타내는 URL 값을 지정하는 속성 – format에 폰트 파일의 형식을 설정
	font-style	폰트 지정
	font-weight	폰트 이름을 하나로 하고 여러 개의 스타일을 표현하고자 할 때 사용
	unicode-range	– 사용할 유니코드의 범위 정함 – 유니코드 범위 내 사용하는 문자가 없으면 웹 폰트를 내려받지 않음

▌font-family

@font-face 없는 경우	폰트 종류를 지정할 수 있는 속성
@font-face 있는 경우	직접 폰트 이름을 설정할 수 있는 속성

앞에 배웠던 font-family 속성은 폰트 종류를 지정하는 값이라고 설명했습니다.
@font-face에서 사용하는 font-family 속성의 또 다른 값은 직접 폰트 이름을 설정할 수 있는 속성을 말합니다.

font 폰트 + face 얼굴(≒형태)

이때, 주의할 점은 글꼴을 정하는 속성일 뿐, 웹 폰트가 아닙니다.
즉, 웹 폰트가 font-family 속성을 사용하는 것이지 font-family가 웹 폰트는 아니라는 의미입니다.

▌font-family 사용법

• 여러 개의 폰트 사용하는 경우
여러 개 폰트를 사용할 때 쉼표로 구분합니다.

```
body { font-family: Verdana, Arial, sans-serif; }
```

위 예제를 해석하면 다음과 같이 설명할 수 있습니다.

우선순위 1   우선순위 2   우선순위 3

body { font-family: Verdana, Arial, sans-serif; }
웹폰트   시스템폰트   시스템폰트

> Verdana 폰트가 있으면 Verdana를, 없으면 Arial을, 그것도 없다면 san-serif 계열 중 하나를 사용해주세요.

즉, 사용자 PC에 해당 폰트가 없는 경우를 대비해서 좌측에서부터 순서대로 예비 글꼴을 지정할 수 있습니다. 대부분 예비 글꼴은 시스템 폰트로 정해두는 것이 좋습니다.

• 폰트 이름이 하나 이상의 단어로 구성되어있는 경우

단어1   단어2   단어3

Times New Roman

작은따옴표로 해당 글꼴 이름들을 묶어서 사용

만약, 폰트 이름이 'Times New Roman'처럼 하나 이상의 단어로 구성되어 있다면 다음과 같이 작은따옴표로 해당 글꼴 이름을 묶어서 사용해야 합니다.

```
body { font-family: 'Times New Roman', Times, Arial, Helvetica, sans-serif; }
```

• 영어와 한글 폰트 다르게 설정
폰트를 여러 개 설정했을 때, 가장 첫 번째 순서에 있는 폰트로 표현할 수 없는 것만 다음 폰트를 사용합니다. 따라서 한글이 없는 폰트를 앞에 두고, 한글 폰트를 뒤에 두면 한글과 영어가 다른 폰트로 표현됩니다.

```
body { font-family: Arial, 'New Gulim', sans-serif; }
```

위 예제를 해석하면 다음과 같이 설명할 수 있습니다.

body { font-family: 우선순위 1 **Arial,** 우선순위 2 **'New Gulim',** sans-serif; }
영어 한글

❝ 한글은 새굴림, 나머지는 Arial로 표현됩니다.

▌@font-face의 사용법

```
@font-face {
    /* NanumSqureWeb 으로 폰트 이름 지정 */
    font-family: 'NanumSquareWeb';
    src: local(NanumSquareR),
        local(NanumSquare),
        url(NanumSquareR.eot?#iefix) format('embedded-opentype'),
        url(NanumSquareR.woff) format('woff'),
        url(NanumSquareR.ttf) format('truetype');
        font-style: normal;
        font-weight: normal;
        unicode-range: U+0-10FFFF;
}
h1 {
    /* NanumSqureWeb 으로 지정한 폰트 이름 사용 */
    font-family: 'NanumSquareWeb', sans-serif;
}
```

• font-family
```
@font-face {
    /* ❶ NanumSqureR로 폰트 이름 지정 */
    font-family: 'NanumSquareR';
     /* ❷ NanumSquareR 웹 폰트 사용 */
    src: url(NanumSquareR.woff) format('woff');
}
```

앞의 예제를 해석하면 다음과 같이 설명할 수 있습니다.

① 내가 직접 정의한 폰트명   ② 기존 웹폰트명
NanumSqureR = NanumSqureR

❝ src 속성을 통해 NanumSquareR 폰트 파일 경로를 넣고, font-family 속성을 통해 NanumSquareR 폰트 파일명을 기존 폰트명과 동일한 NanumSquareR로 정의했습니다.

font-family 속성을 이용해 내가 직접 NanumSquareR 폰트명으로 정의하였습니다.

하지만, font-family에서 내가 직접 정의한 웹 폰트 이름(①)과 사용할 웹 폰트 서체의 이름(②)이 반드시 같아야 하는 것은 아닙니다.

```
@font-face {
    /* ❶ Gnuwiz로 폰트 이름 지정 */
    font-family: 'Gnuwiz';
    /* ❷ NanumSquareR 웹 폰트 사용 */
    src: url(NanumSquareR.woff) format('woff');
}
```

앞의 예제를 해석하면 다음과 같이 설명할 수 있습니다.

① 내가 직접 정의한 폰트명   *② 기존 웹폰트명*

Gnuwiz ≠ NanumSqureR

❝ src 속성을 통해 NanumSquareR 폰트 파일 경로를 넣고, font-family 속성을 통해 NanumSquareR 폰트 파일명을 기존 폰트명과 다른 Gnuwiz로 정의했습니다.

위의 예제처럼 기존 웹 폰트 명과 내가 직접 정의한 폰트 명이 같지 않아도 상관없습니다. 하지만 편리한 유지보수를 위해 기존 웹 폰트 명과 같거나 비슷하게 이름을 설정하는 것이 좋습니다.

- **src**

@font-face 없는 경우	파일 경로를 지정하는 속성
@font-face 있는 경우	파일 경로를 지정하는 속성 – 사용자 컴퓨터에 설치된 폰트 명을 local("Font Name") 형식으로 지정하는 속성 – 원격 폰트 파일의 위치를 나타내는 URL 값을 지정하는 속성

앞에 배웠던 src 속성은 파일 경로를 지정하는 속성이라고 설명했습니다.

마찬가지로 @font-face에서 사용하는 src 속성도 경로를 지정하는 속성을 말합니다.
src는 local()과 url() 두 가지 속성을 사용합니다.

우선순위1   *우선순위2*
local 현지의 (≒내부) → url 주소 (≒외부)

먼저 local(사용자 컴퓨터 내부)에 폰트가 설치되어있는지 찾게 됩니다.
그다음 URL(사용자 컴퓨터 외부)에서 폰트를 찾게 됩니다.

URL 속성의 경우 브라우저별로 지원하는 포맷이 다르므로, 효율적으로 웹 폰트를 사용하기 위해서 특정한 순서를 지켜주는 것이 중요합니다.
예제를 통해 자세히 알아보겠습니다.

```
@font-face {
    font-family: 'NanumSquareWeb';
    src: local(NanumSquareR), /* 우선순위 ❶ */
        local(NanumSquare), /* 우선순위 ❷ */
        url(NanumSquareR.eot), /* 우선순위 ❸ */
        url(NanumSquareR.woff), /* 우선순위 ❹ */
        url(NanumSquareR.ttf); /*우선순위 ❺ */
}
```

앞의 예제를 해석하면 다음과 같이 설명할 수 있습니다.

내부
(local)
local(NanumSquareR)
우선순위1
↓
우선순위2
local(NanumSquare)

↓

외부
(url)
url(NanumSquareR.eot)
우선순위3
↓
우선순위4
url(NanumSquareR.woff)
우선순위5
↓
url(NanumSquareR.ttf)

> ❝ 먼저 local(NanumSquareR)를 읽고 방문자의 컴퓨터에 이 폰트가 설치되어있는지를 찾습니다.
> 만약 해당 폰트가 있으면 해당 폰트를 사용하고 없으면 다음으로 넘어가 local(NanumSquare)를 찾습니다.
> 이것도 없다면 url(NanumSquareR.eot) → url(NanumSquareR.woff) → url(NanumSquareR.ttf) 순으로 폰트를 찾습니다.

- font-style

@font-face 없는 경우	폰트 스타일 지정할 수 있는 속성
@font-face 있는 경우	폰트 스타일 지정할 수 있는 속성 속성값 : normal | italic|oblique

앞에 배웠던 font-style 속성은 폰트 스타일 지정하는 값이라고 설명했습니다.

마찬가지로 @font-face에서 사용하는 font-style 속성도 폰트 스타일을 지정할 수 있는 속성을 말합니다.

```
@font-face { /* ❶ */
    font-family: 'NanumSquareWeb';
    src: url(NanumSquareR.woff) format('woff');
    font-style: normal;
}
@font-face { /* ❷ */
    font-family: 'NanumSquareWeb';
    src: url(NanumSquareR.woff) format('woff');
    font-style: italic; /* 이탤릭체 */
}
@font-face { /* ❸ */
    font-family: 'NanumSquareWeb';
    src: url(NanumSquareR.woff) format('woff');
    font-style: oblique; /* 이탤릭체와 크게 다른 점은 없습니다. */
}
```

- font-weight

@font-face 없는 경우	폰트 두께 지정할 수 있는 속성
@font-face 있는 경우	폰트 두께 지정할 수 있는 속성 속성값 : normal | bold | 100 | 200 | 300 | 400 | 500 | 600 | 700 | 800 | 900

```
/* ❶ */
@font-face {
    font-family: 'NanumSquareWeb';
    src: url(NanumSquareL.woff) format('woff');
    font-weight: 300;
}
/* ❷ */
@font-face {
    font-family: 'NanumSquareWeb';
    src: url(NanumSquareR.woff) format('woff');
    font-weight: 400;
}
/* ❸ */
@font-face {
    font-family: 'NanumSquareWeb';
    src: url(NanumSquareB.woff) format('woff');
    font-weight: 700;
}
/* ❹ */
@font-face {
    font-family: 'NanumSquareWeb';
    src: url(NanumSquareEB.woff) format('woff');
    font-weight: 800;
}
```

위의 예제를 보면 font-family명은 'NanumSquareWeb'으로 같지만 다음과 같이 font-weight 속성을 이용하여 사용할 웹 폰트를 다르게 선언하고 있어 아래와 같이 적용됩니다.

구분	적용 폰트
font-weight가 300일 경우	NanumSquareL.woff
font-weight가 400일 경우	NanumSquareR.woff
font-weight가 700일 경우	NanumSquareB.woff
font-weight가 800일 경우	NanumSquareEB.woff

그렇다면, font-weight 속성값이 200이나 600일 경우에는 위 예제에서 별도의 선언은 없는데 200과 600일 경우 어떤 웹 폰트가 적용될까요?

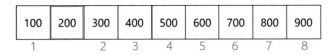

font-weight:200은 가능한 가장 작은 font-weight 중 가까운 font-weight: 300이 적용되어 'NanumSquareL' 폰트가 적용됩니다.

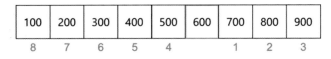

font-weight: 600은 가능한 큰 font-weight 중 가까운 font-weight: 700이 적용되어 'NanumSquareB'가 적용됩니다.

- unicode-range

사용할 유니코드의 범위를 정할 때 사용되는 속성입니다. 유니코드 범위 내 사용하는 문자가 없으면 웹 폰트를 내려받지 않습니다. 단일코드, 범위 코드, 와일드카드 형식이 있으며, 사실상 거의 사용되지 않는 속성이기 때문에 교재에서는 별도의 설명을 하지는 않도록 하겠습니다.

05-4 구글 웹 폰트 사용

Google Fonts

예전에는 웹 폰트 하나 적용하려면 지식도 많이 필요로 했고 폰트 라이선스도 구매했지만, 현재는 무료로 제공되는 웹 폰트가 많습니다. 그중에서도 구글에서 제공하는 무료 웹 폰트를 사용하면 쉽게 적용할 수 있습니다.

구글 웹 폰트 적용 방법

1 Google Fonts 웹 사이트로 이동하기

2 카테고리 중 Language에서 원하는 언어에 맞춰 선택합니다.

❸ 여러 종류의 폰트 중에서 사용하고 싶은 폰트를 선택합니다.

❹ 선택한 폰트를 확인하고 오른쪽에 표시한 "Select this style" 버튼을 누릅니다. 어떤 폰트들은 하나의 폰트 안에 여러 가지 굵기의 종류가 있을 수 있습니다. 그중에서 사용하고 싶은 굵기를 선택하면 됩니다.

❺ 선택하면 오른쪽에 추가적인 창이 뜹니다.

• 방법1. 외부 스타일 시트 〈link〉 사용하기

외부 스타일 시트 방식인 〈link〉 체크 박스를 선택하세요.

소스위치:/ch08/webfont01.html

```html
<!DOCTYPE html>
<html lang="ko">
<head>
    <meta charset="utf-8">
    <meta http-equiv="X-UA-Compatible" content="IE=edge">
    <title>웹 폰트 적용하기-방법1.link</title>
    <meta name="viewport" content="width=device-width, initial-scale=1.0">
    <link rel="stylesheet" href="webfont01.css">
    <link rel="preconnect" href="https://fonts.googleapis.com">
    <link rel="preconnect" href="https://fonts.gstatic.com" crossorigin>
    <link href="https://fonts.googleapis.com/css2?family=Nanum+Pen+Script&display=swap" rel="stylesheet">
</head>
<body>
    <h1>웹 폰트 적용하기</h1>
</body>
</html>
```

소스위치:/ch08/webfont01.css

```css
h1 {
    /* 폰트 종류 지정 */
    font-family: 'Nanum Pen Script', cursive;
}
```

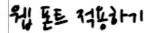

◆ 실행 결과

- 방법2. 내부 스타일 시트 @import 사용하기

@import 체크 박스를 선택하세요.

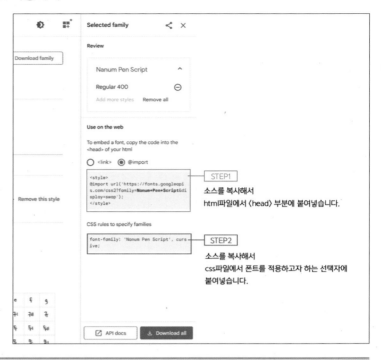

■ 소스

```
<!DOCTYPE html>
<html lang="ko">
<head>
    <meta charset="utf-8">
    <meta http-equiv="X-UA-Compatible" content="IE=edge">
    <title>웹 폰트 적용하기-방법2.@import</title>
    <meta name="viewport" content="width=device-width, initial-scale=1.0">
    <link rel="stylesheet" href="webfont02.css">
    <style>
        @import url('https://fonts.googleapis.com/css2?family=Nanum+Pen+Script&display=swap');
    </style>
</head>
<body>
    <h1>웹 폰트 적용하기</h1>
</body>
</html>
```

```
h1 {
    /* 폰트 종류 지정 */
    font-family: 'Nanum Pen Script', cursive;
}
```

웹 폰트 적용하기

◆ 실행 결과

- 방법3. 다운로드 받아서 사용하기

1 파일을 다운받습니다.

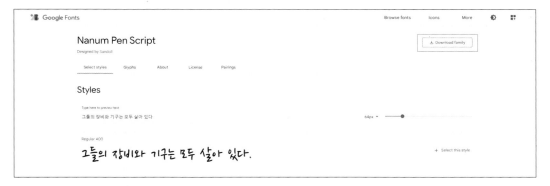

2 내가 현재 작업하는 프로젝트의 디렉토리에 font 파일을 생성하여 웹 폰트 파일을 넣어줍니다.

3 CSS 파일에서 @font-face의 속성을 이용하여 폰트 파일 경로를 기입합니다.

소스

소스위치:/ch08/webfont03/webfont03.html

```html
<!DOCTYPE html>
<html lang="ko">
<head>
    <meta charset="utf-8">
    <meta http-equiv="X-UA-Compatible" content="IE=edge">
    <title>웹 폰트 적용하기-방법3.Download</title>
    <meta name="viewport" content="width=device-width, initial-scale=1.0">
    <link rel="stylesheet" href="webfont03.css">
</head>
<body>
    <h1>웹 폰트 적용하기</h1>
</body>
</html>
```

소스위치:/ch08/webfont03/webfont03.css

```css
@font-face {
    /* 다운받은 NanumPenScript-Regular.ttf 파일 경로 지정 */
    src: url(/font/NanumPenScript-Regular);
}
```

4 font-family로 웹 폰트 명 직접 지정합니다. 이 외에 font-style, font-weight 속성을 활용하여 웹 폰트에 대한 정의를 합니다.

```css
@font-face {
    /* NanumPenR로 폰트 이름 지정 */
    font-family: 'NanumPenR';
    /* 폰트 스타일 지정 */
    font-style: normal;
    /* 폰트 두께 지정 */
    font-weight: 300;
    src: url(font/NanumPenScript-Regular.ttf) format('truetype');
}
```

5 정의한 웹 폰트를 폰트 스타일에 적용해줍니다.

```css
h1{
    font-family: 'NanumPenR'; /* 내가 직접 정의한 폰트 이름 사용 */
}
```

◆ 실행 결과

알아두세요! | **웹 폰트에 관한 법적 문제들**

웹 폰트를 사용하려면 법적인 문제도 해결해야 합니다. 소프트웨어와 마찬가지로 다양한 개인과 법인 사업자가 폰트를 만들어 판매하고 있으며, 웹 서버에 TrueType 서체를 올려서 방문자가 페이지를 볼 때 이용할 수 있도록 할 때는 누구라도 해당 서체를 내려받아 자기 웹 사이트나 워드 프로세싱 프로그램에서 활용할 수 있음을 기억해야 합니다.

대부분의 폰트 제조업체들은 웹에서 사용을 금지하는 라이선스 정책을 취하고 있으므로 Adobe로부터 구매한 폰트라 하더라도 아무런 조치 없이 웹에서 사용할 수 없습니다. 그러려면 다른 라이선스를 다른 가격에 구매해야 합니다.

컴퓨터에 설치되는 프로그램에 사용하는 것은 허용되지만, 해당 폰트를 웹 서버에 올려 웹 폰트로 사용하는 것은 허용되지 않을 수도 있습니다. 웹에서 사용하는 것이 허용되는지 모르겠다면, 사용을 포기하고 웹에서 쓸 수 있는 서체를 찾아보는 것이 좋습니다.

폰트(글꼴) 관련 속성

속성	설명
font-style	글자 스타일을 정하는 속성
font-weight	폰트의 두께를 정의하는 속성
font-size	폰트 사이즈 속성
font-family	폰트 종류를 설정하는 속성
color	폰트 색을 설정하는 속성

텍스트 관련 스타일

속성	설명
text-align	텍스트 정렬 방식을 지정하는 속성
text-decoration	선으로 텍스트를 꾸밀 수 있게 해주는 속성
text-shadow	텍스트에 그림자 효과를 주는 속성
text-transform	텍스트를 대문자나 소문자로 변경하는 속성
letter-spacing	글자 사이의 간격을 설정하는 속성

문단(문장) 관련 속성

속성	설명
line-height	문장과 문장 사이의 간격을 설정하는 속성
white-space	스페이스와 탭, 줄 바꿈, 자동 줄 바꿈을 어떻게 처리할지 정하는 속성
word-break	줄 바꿈을 할 때 단어 기준으로 할 지 글자 기준으로 할 지 정하는 속성
word-spacing	개별 단어 사이의 간격을 지정하는 속성
word-wrap	띄어쓰기가 없는 긴 단어를 어떻게 처리할지 지정하는 속성

목록 관련 속성

속성	설명
list-style	목록 스타일을 설정하는 속성
list-style-type	목록 마커의 유형을 설정하는 속성
list-list-image	목록 마커의 유형을 이미지로 설정하는 속성
list-style-position	목록 마커의 위치를 설정하는 속성

폰트 종류

"시스템 폰트"는 컴퓨터 시스템에 설치되어 있는 기본적으로 사용하는 폰트를 말합니다.

"이미지 폰트"는 말 그대로 폰트를 이미지로 저장한 폰트를 말하며, 시스템 폰트에 한계를 느끼고 다양한 디자인을 하고자 사용하게 되었습니다.

"웹 폰트"는 사용자가 폰트를 설치하지 않아도 디자이너가 원하는 폰트를 웹 페이지에 구현할 수 있는 폰트를 말합니다.

웹 폰트 특징
- 편리하고 용이한 사용성
- 가독성과 판독을 높이는 심미성

웹 폰트 종류

확장자	특징
TTF(TrueType Fonts)	− 가장 일반적인 글꼴 형식 − 대부분의 브라우저가 지원
OTF(OpenType Fonts)	− TTF를 기반으로 제작된 글꼴 형식 − TTF와 비슷하지만, TTF에서 지원하지 않는 최신 기능을 사용 가능
WOFF(The Web Open Font Format)	− OTF와 TTF로 이루어져 있는 압축된 글꼴 형식 − 압축되어 있어 가볍고 다운 받는 속도가 빠름 − W3C 권장 사항
WOFF 2.0(The Web Open Font Format)	− WOFF보다 더 향상된 압축을 제공하는 글꼴 형식
SVG(SVG Fonts/Shapes)	− Vector 기반의 그래픽을 사용하는 SVG로 만들어진 글꼴 형식
EOT(Embedded OpenType Fonts)	− IE에서 동작하는 글꼴 형식

"@font-face"는 사용자가 갖고 있지 않은 폰트를 특정 경로로 연결해 다운받은 폰트의 형태를 정의할 때 사용하는 CSS 규칙을 말합니다.

font-family 사용법
- 여러 개의 폰트 사용하는 경우, 쉼표로 구분합니다.
- 폰트 이름이 하나 이상의 단어로 구성되어 있는 경우, 작은따옴표로 해당 글꼴 이름을 묶어서 사용해야 합니다.
- 한글이 없는 폰트를 앞에 두고, 한글 폰트를 뒤에 두면 한글과 영어가 다른 폰트로 표현됩니다.

구글 웹 폰트 사용
- 방법1. 외부 스타일 시트 〈link〉 사용하기
- 방법2. 내부 스타일 시트 @import 사용하기
- 방법3. 다운로드 받아서 사용하기

1 다음 중 폰트(글꼴) 관련 속성이 아닌 것은?

❶ 폰트의 두께를 정의하는 속성 font-weight

❷ 폰트 종류를 설정하는 속성 font-family

❸ 글자 스타일을 정하는 속성 font-style

❹ 폰트 사이즈 속성 font-size

❺ 폰트 색을 설정하는 속성 font-color

2 텍스트 정렬 방식을 지정하는 속성은 ❶_____이며, 글자 사이의 간격을 설정하는 속성은 ❷_____ 입니다.

3 목록 관련 속성 중 목록 스타일을 설정하는 속성은 무엇일까요?

```
<style>
ul {
    _____ : square;
}
</style>
```

4 다음 중 폰트(글꼴) 관련 속성이 아닌 것은?

❶ 외부 스타일 시트 〈link〉 사용하기

❷ 불법다운로드 받아서 사용하기

❸ 다운로드 받아서 사용하기

❹ 내부 스타일 시트 @import 사용하기

5 목록 관련 속성 중 목록 스타일을 설정하는 속성은 무엇일까요?

```
<style>
p {
    _____ : 1.75;
}
</style>
```

Answer

1 ❺ **2** ❶ text-align ❷ letter-spacing **3** list-style **4** ❷ **5** line-height

색과 배경 넣어서 꾸미기

이번 장에는 CSS의 기능으로 색상과 배경 이미지에 관한 내용입니다. 웹 페이지를 멋지고 이쁘게 꾸미기 위해서는 색상과 배경 이미지가 상당히 중요한 부분을 차지합니다. 색상 관련 속성 및 배경 지정 관련 속성 그리고 배경 이미지 관련 속성에 대해서 살펴보도록 하겠습니다.

색상 관련 속성

01-1 색상 값 종류

rgb	– rgb(red, green, blue) – 0~255 범위의 각 red, green, blue 색상 값
rgba	– rgba(red, green, blue, alpha) – rgb() 속성값과 0~1사이의 투명도(Alpha) 값을 가짐
hsl	– hsl(hue, saturation, lighteness) – 0~360도 색 상환의 범위를 갖는 색조(hue)과 0~100% 값의 범위를 갖는 채도(Saturation)과 0~100% 범위를 갖는 명도(Lighteness)을 가짐
hsla	– hsla(hue, saturation, lighteness, alpha) – hsl() 속성값과 0~1사이의 투명도(Alpha) 값을 가짐
hex	16진수 색상 코드 값
색상 이름 표기법	– 잘 알려진 색상 이름으로 표시 – 16가지 기본 색상을 포함해 총 216가지 – red, green, blue, white, black 등

- rgb(red, green, blue)

ⓡed 빨강 + ⓖreen 초록 + ⓑlue 파랑

빨강(R), 초록(G), 파랑(B)를 0에서 255 사이의 색상 강도를 정의합니다. 0은 0%, 255는 100%와 같으며, 백분율로도 작성이 가능합니다. 주의 할 점은 정수와 백분율을 혼용하면 안됩니다.

형식

```
          red      green    blue
rgb ( 255 , 100 , 50 )
    0~255값   0~255값   0~255값
```

```
<!DOCTYPE html>
<html lang="ko">
<head>
    <meta charset="utf-8">
    <title>CSS</title>
</head>
<body>
    <h1 style="background-color: rgb(255, 0, 0);">rgb(255, 0, 0)</h1>
    <h1 style="background-color: rgb(0, 255, 0);">rgb(0, 255, 0)</h1>
    <h1 style="background-color: rgb(0, 0, 255);">rgb(0, 0, 255)</h1>
</body>
</html>
```

rgb(255, 0, 0)
rgb(0, 255, 0)
rgb(0, 0, 255)

◆ 실행 결과

• rgb(red,blue,green)

값	설명
rgb(255,0,0)	− 빨간색 − red 값을 최고 값 (255)으로 설정되고 나머지는 최저값 (0)으로 설정
rgb(0,255,0)	− 녹색 − green 값을 최고 값 (255)으로 설정되고 나머지는 최저값 (0)으로 설정
rgb(0,0,255)	− 파란색 − blue 값을 최고 값 (255)으로 설정되고 나머지는 최저값 (0)으로 설정

• 검은 색을 표현하려면 rgb(0, 0, 0)과 같이 모든 색상 값을 0으로 지정합니다.

rgb(0, 0, 0)

• 흰색을 표현하려면 rgb(255, 255, 255)와 같이 모든 색상 값을 255으로 지정합니다.

rgb(255, 255, 255)

• 회색 음영은 종종 세 가지 광원 모두에 대해 동일한 값으로 지정합니다.

rgb(60, 60, 60)
rgb(120, 120, 120)
rgb(180, 180, 180)
rgb(240, 240, 240)

• rgba (red, green, blue, alpha)

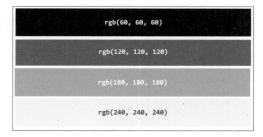

r ed빨강 + **g reen 초록** + **b lue 파랑** + **@lpha 알파채널**

rgb()속성　　　　*얼마나투명한지*

rgba 색상 값은 알파 채널을 사용하여 빨강(R), 초록(G), 파랑(B)색상 값을 확장 한 것으로 색상의 불투명도를 지정합니다.

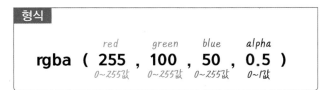

소스

소스위치:/ch09/rgba.html

```
...중략...
<body>
    <h1 style="background-color: rgba(255, 0, 0,0);">rgba(255, 0, 0,0)</h1>
    <h1 style="background-color: rgba(255, 0, 0, 0.5);">rgba(255, 0, 0, 0.5)</h1>
    <h1 style="background-color: rgba(255, 0, 0, 1);">rgba(255, 0, 0, 1)</h1>
</body>
</html>
```

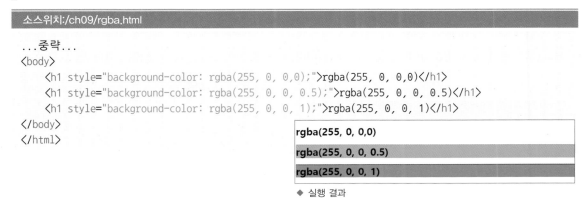

◆ 실행 결과

• alpha 매개 변수는 0.0 (완전 투명)과 1.0 (완전 불투명) 사이의 숫자입니다.

값	설명
0	요소가 완전히 투명해 보이지 않음.
0과 1 사이의 아무 〈number〉	– 요소가 반투명해 뒤의 내용을 볼 수 있음. – 소수점으로 표현이 됨
1 (기본값)	요소가 불투명함.

• hsl(hue, saturation, lightness)

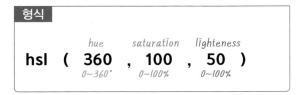

색조(H), 채도(S), 명도(L)을 사용하여 색상을 정의합니다.

```
...중략...
<body>
    <h1 style="background-color: hsl(300, 76%, 72%);">hsl(300, 76%, 72%)</h1>
    <h1 style="background-color: hsl(39, 100%, 50%);">hsl(39, 100%, 50%)</h1>
    <h1 style="background-color: hsl(248, 53%, 58%);">hsl(248, 53%, 58%)</h1>
</body>
</html>
```

hsl(300, 76%, 72%)
hsl(39, 100%, 50%)
hsl(248, 53%, 58%)

◆ 실행 결과

- Hue(색조)는 0에서 360 사이의 색상환 각도입니다. 0은 빨간색, 120은 녹색, 240은 파란색입니다.

값	설명
0	빨간색
120	녹색
240	파란색

- Saturation(채도)는 백분율 값이고 0 %는 회색 음영을 의미하고 100 %는 풀 컬러입니다.

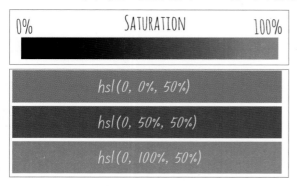

값	설명
0%	– 완전히 회색 – 더 이상 색상을 볼 수 없음
50%	– 50% 회색 – 여전히 색상을 볼 수 있음
100%	– 순수한 색상 – 회색 음영이 없음

- Lightness(밝기)는 백분율이며 0 %는 검은 색, 50 %는 밝거나 어둡지 않으며 100 %는 흰색입니다.

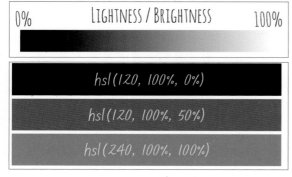

값	설명
0	– 검정색 – 빛이 없음
50%	– 밝거나 어둡지 않음
100%	– 흰색 – 완전 밝기

- hsla(hue, saturation, lightness, alpha)

(h)ue 색조 + **(s)aturation** 채도 + **(l)ightness** 명도 + **(a)lpha** 알파채널

hsl()속성   *얼마나투명한지*

hsla 색상 값은 알파 채널을 사용하여 색조(H), 채도(S), 명도(L)색상 값을 확장 한 것으로 색상의 불투명도를 지정합니다.

■ 소스

소스위치:/ch09/hsla.html

```
...중략...
<body>
    <h1 style="background-color: hsla(0, 100%, 50%, 0);">hsla(0, 100%, 50%, 0)</h1>
    <h1 style="background-color: hsla(0, 100%, 50%, 0.5);">hsla(0, 100%, 50%, 0.5)</h1>
    <h1 style="background-color: hsla(0, 100%, 50%, 1);">hsla(0, 100%, 50%, 1)</h1>
</body>
</html>
```

hsla(0, 100%, 50%, 0)
hsla(0, 100%, 50%, 0.5)
hsla(0, 100%, 50%, 1)

◆ 실행 결과

■ 문법

hue *saturation* *lightness* *alpha*

hsla (360 , 100 , 50 , 0.8)

0~360° 0~100% 0~100% 0~1 값

- alpha 매개 변수는 0.0 (완전 투명)과 1.0 (완전 불투명) 사이의 숫자입니다.

값	설명
0	요소가 완전히 투명해 보이지 않음
0과 1 사이의 아무 〈number〉	- 요소가 반투명해 뒤의 내용을 볼 수 있음 - 소수점으로 표현이 됨
1 (기본값)	요소가 불투명함

- hex (#rrggbb) (권장)

hex 16진법

HTML에서는 16진수 표기법을 사용하여 색상을 지정할 수 있습니다. 16진수 표기법을 사용했을 때 사용 가능한 색상은 #000000 ~ #FFFFFF까지 총 16,777,216가지의 색상이 표현 가능합니다. 이처럼 표현할 수 있는 색상의 양이 다양하고, 가장 보편적이기 때문에 색상을 표기할 때 hex를 권장합니다.

하지만 상황에 따라 다른 색상표기법을 사용하는 경우가 생길 수 있으므로 여러 색상 표기법에 대해 알아두어야 합니다.

형식

- #rrggbb

rr (red), gg (green) 및 bb (blue)는 00과 ff 사이의 16진수 값입니다 (10 진수 0−255와 동일합니다.)

값	설명
#ff0000	− 빨간색 − rr 값을 최고 값 (ff)으로 설정되고 나머지는 최저값 (00)으로 설정
#00ff00	− 녹색 − gg 값을 최고 값 (ff)으로 설정되고 나머지는 최저값 (00)으로 설정
#0000ff	− 파란색 − bb 값을 최고 값 (ff)으로 설정되고 나머지는 최저값 (00)으로 설정

- 대문자와 소문자 표기법에 따른 결과 값이 차이 없습니다.

- 각 두 자리가 중복될 경우에는 한 글자로 축약이 가능합니다.

- 색상 이름 표기법

말 그대로 영단어로 표현할 수 있는 red, green, blue, white, black 등의 색의 이름을 적는 방식으로 16가지 기본 색상을 포함하고 총 216가지 색상이 있습니다.

형식

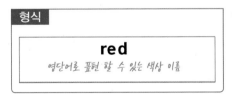

▌ 소스

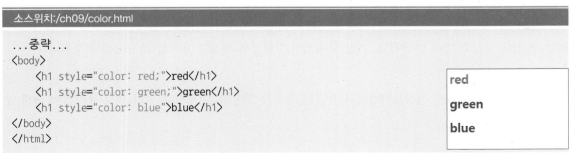

```
소스위치:/ch09/color.html

...중략...
<body>
    <h1 style="color: red;">red</h1>
    <h1 style="color: green;">green</h1>
    <h1 style="color: blue">blue</h1>
</body>
</html>
```

red

green

blue

◆ 실행 결과

- 모든 색을 단어로 표현할 수 없다는 점이 단점입니다.

색상 이름 표기법으로 표기 가능한 색상은 기본 16색 + 200색, 총 216가지입니다. 이 216가지 색상을 웹 안전 색상이라고 하며, 이 색깔들은 모든 브라우저에서 안전하게 작동하는 색상입니다.

기본16색
aqua, black, blue, fuchsia, gray, green, lime, maroon, navy, olive, purple, red, silver, teal, white, yellow

정리하자면 색상을 세밀히 조절하고 싶을 경우엔 16진수를, 투명도를 함께 조절하고 싶다면 rgba, hsla 표기법을, 간단한 원색만을 사용할 경우에는 색상 이름을 사용해 색상을 지정할 수 있습니다.

01-2 투명도 지정 opacity

opacity 불투명함

opacity 속성은 요소의 투명도를 설정하는 속성입니다.

형식

opacity : **0.5**
0 ~ 1 사이의 값

:)
끝맺음

속성

속성 값	설명
0 ~ 1 사이의 값	- 1 (기본값)

- opacity는 0~1 사이의 숫자로 표현할 수 있습니다.

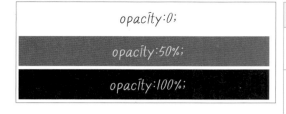

값	설명
0	- 0% - 요소가 완전히 투명해 보이지 않음.
0과 1 사이의 값 〈number〉	- 0.5 = 50% - 요소가 반투명해 뒤의 내용을 볼 수 있음. - 소수점으로 표현이 됨
1 (기본값)	- 100% - 요소가 불투명함.

02 배경 지정 관련 속성

02-1 배경 속성 background

> background 배경

background 속성은 배경 속성을 일괄적으로 설정합니다.

> **형식**
>
> background {배경과 관련된 속성; }

■ 속성

속성 값	설명
background-color	배경 색 설정
background-image	배경 이미지 설정
background-attachment	배경 이미지 고정 여부 설정
background-clip	배경 이미지 위치 기준점 설정
background-origin	배경 이미지 위치 기준점 설정
background-position	배경 이미지 위치 영역 설정
background-repeat	배경 이미지 반복 여부 설정
background-size	배경 이미지 사이즈 설정

배경 관련 속성들은 모두 'background-'으로 시작됩니다. 이 속성들을 활용해 배경 이미지, 색 지정, 기준점 등을 조절합니다. 여러 가지 속성을 하나씩 살펴보겠습니다.

02-2 배경색 지정(단색) background-color

> background 배경 + color 색

background-color 속성은 배경색을 설정하는 속성입니다. color 속성의 포맷을 사용합니다. 배경은 크게 색상과 이미지로 꾸밀 수 있으며 배경색은 단색과 그라데이션으로 다양하게 적용할 수 있습니다. 먼저 단색을 적용하는 방법에 대해서 알아보겠습니다.

background-color : | color |
rgb(), rgba(), hsl(), hsla(), hex, 색상이름표기법 | ⌣ 끝맺음

▌속성

속성 값	설명
color	− rgb(), rgba(), hsl(), hsla(), hex, 색상 이름 − 기본값 : transparent(투명함)

• background−color의 속성 값 중 transparent이 기본값이며, 적용 시 투명하게 설정합니다.

transparent 투명한

• rgb(), rgba(), hsl(), hsla(), hex, 색상 이름으로 색상을 설정합니다.

단색을 사용하고 싶을 땐 rgb(),hsl(), hex, 색상 이름을 색상을 설정하고, 투명도와 함께 설정하고 싶을 땐 rgba(), hsla()를 사용합니다.

▌소스

소스위치:/ch09/background−color.html

```
...중략...
<body>
    <h1 style="background-color: rgb(255, 0, 0);">rgb(255, 0, 0)</h1>
    <h1 style="background-color: rgb(255, 0, 0,0.5);">rgb(255, 0, 0,0.5)</h1>
    <h1 style="background-color: hsl(0, 100%, 50%);">hsl(0, 100%, 50%)</h1>
    <h1 style="background-color: hsl(0, 100%, 50%,0.5);">hsl(0, 100%, 50%,0.5)</h1>
    <h1 style="background-color: #ff0000;">#ff0000</h1>
    <h1 style="background-color: red;">red</h1>
</body>
</html>
```

rgb(255, 0, 0)
rgb(255, 0, 0,0.5)
hsl(0, 100%, 50%)
hsl(0, 100%, 50%,0.5)
#ff0000
red

◆ 실행 결과

02-3 배경 이미지 지정 background-images

background 배경 + image 이미지

background-image 속성은 배경 이미지를 설정하는 속성입니다. 주로 이미지 경로를 지정하는 방식으로 사용합니다.

형식

background-image : url(이미지 파일 경로) ⨾
끝맺음

▌ 속성

속성 값	설명
none	기본값
url()	이미지 설정

02-4 배경색 지정(선형 그라데이션)

inear-gradient 선형 그라데이션

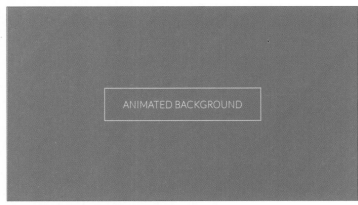

ANIMATED BACKGROUND

◆ 그라데이션 배경색을 이용한 사이트 화면 예시

단순히 단색으로도 배경을 꾸밀 수 있지만 좀 더 다채로운 그라데이션으로 배경색을 꾸밀 수 있습니다. 그라데이션 형태는 선형 그라데이션과 원형 그라데이션이 있으며, 먼저 선형 그라데이션에 대해 알아봅시다.

형식

```
background: linear-gradient (그라데이션 방향, 색상지정점1, 색상지정점2, ...);
```

• linear-gradient 속성은 다음과 같은 순서로 정의할 수 있습니다.

1 **색상의 시작점과 끝점에 해당하는 2가지 색상은 필수로 지정합니다.**

최소한 시작점과 끝점에 해당하는 2가지 색상은 필수로 지정하고, 중간 색상은 쉼표(,)를 이용해 여러 개 나열이 가능합니다. 색상은 rgb, hsl, hex, 색상 이름 표기법으로 지정할 수 있습니다.

2 **선형 그라데이션 방향을 설정합니다.**

▌ 속성

속성 값	설명
to bottom	위에서 아래로(기본값)
to top	아래에서 위로
to left	오른쪽에서 왼쪽으로
to right	왼쪽에서 오른쪽으로
ndeg	– n도의 방향으로 – 0deg ~ 360deg

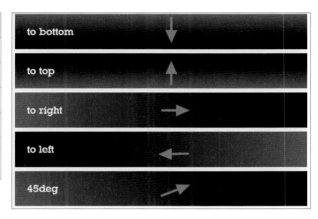

▌ 소스

소스위치:/ch09/linear-gradient.html

```
...중략...
  <style>
    div {
        width: 100%;
        height: 300px;
        margin-bottom: 5px;
    }
    .linear01 {
        background: linear-gradient( to bottom, yellow, red );
    }
    .linear02 {
        background: linear-gradient( to top, yellow, red );
    }
    .linear03 {
        background: linear-gradient( to right, yellow, red );
    }
    .linear04 {
        background: linear-gradient( to left, yellow, red );
    }
```

```
        .linear05 {
            background: linear-gradient( 45deg, yellow, red );
        }
    </style>
</head>
<body>
    <div class="linear01">to bottom</div>
    <div class="linear02">to top</div>
    <div class="linear03">to right</div>
    <div class="linear04">to left</div>
    <div class="linear05">45deg</div>
</body>
</html>
```

◆ 실행 결과

- linear-gradient을 지원하지 않는 브라우저를 위해 단색인 배경색과 함께 표기해야 합니다.

▌소스

```
body {
    background : blue ;/* 그라데이션을 지원하지 않는 브라우저용 */
    background : linear-gradient(90deg, green, blue);/* 표준 */
}
```

- linear-gradient을 사용할 땐 브라우저 별로 벤더프리픽스를 표기해야 합니다.

▌브라우저 별 지원 현황

확장자	IE10이상	크롬 -webkit-	파이어폭스 -moz-	오페라 -o-	사파리 -webkit-
linear-gradient	○	○	○	○	○

선형 그라데이션을 지원하는 주요 웹 브라우저의 버전은 다음과 같습니다.

크로스브라우징을 위해 브라우저별로 벤더 프리픽스(vendor prefix)를 사용하여야합니다.

```
...중략...
    <style>
        .linear {
            width: 100%;
            height: 200px;
            background: red; /* 그라데이션을 지원하지 않는 브라우저용 */
            background: linear-gradient(-90deg, red, yellow); /* 표준 */
            background: -webkit-linear-gradient(-90deg, red, yellow); /* Safari */
            background: -o-linear-gradient(-90deg, red, yellow); /* Opera */
            background: -moz-linear-gradient(-90deg, red, yellow); /* Firefox */
        }
    </style>
</head>
<body>
    <div class="linear">-90deg, red, yellow </div>
</body>
</html>
```

◆ 실행 결과

- **색상이 사용되는 길이를 정할 수 있습니다.**

기본적으로 색을 입력했을 때 색을 균등하게 배분하여 그라데이션을 만듭니다. 색 뒤에 백분율 또는 픽셀 등 길이를 입력하면 그 길이까지 해당 색을 사용합니다.

■ 소스

소스위치:/ch09/linear-gradient2.html

```
...중략...
    <style>
        .linear {
            width: 100%;
            height: 200px;
            background: linear-gradient( to right, red 50%, blue 60%, green );
        }
    </style>
</head>
<body>
    <div class="linear">to right, red 50%, blue 60%, green </div>
</body>
</html>
```

◆ 실행 결과

- CSS Gradient Generator 사이트를 활용하면 내가 원하는 각도의 그라데이션까지 다양하게 표현 가능합니다.

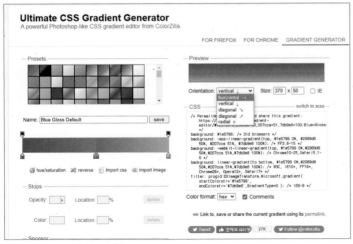

◆ colorzilla.com 홈페이지 화면

원하는 형태의 그라데이션을 만들면 CSS 코드가 생성되어 코드를 복사해서 적용할 수 있습니다.

02-5 배경색 지정(원형 그라데이션)

radial gradinent 원형 그라데이션

형식

```
background: radial-gradient(모양 크기 at 중심점, 색상지정점1, 색상지정점2, ...);
```

- radial-gradient 속성은 다음과 같은 순서로 정의할 수 있습니다.

1 색상의 시작점과 끝점에 해당하는 2가지 색상은 필수로 지정합니다.

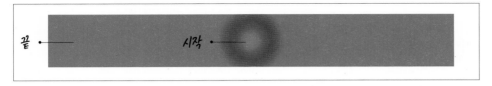

최소한 시작점과 끝점에 해당하는 2가지 색상은 필수로 지정하고, 중간 색생은 쉼표(,)를 이용해 여러 개 나열이 가능합니다. 색상은 rgb, hsl, hex, 색상 이름 표기법으로 지정할 수 있습니다.

2 원형 그라데이션 모양과 크기, 중심점을 설정합니다.

원형 그라데이션 모양과 크기 속성을 이용하여 그라데이션을 표현합니다. 두 가지 속성에 대해 이어서 살펴보겠습니다.

- 원형 그라데이션 모양 속성

원형 그라데이션 모양 속성은 ellipse(타원)과 circle(원형)이 있으며, 따로 지정하지 않으면 타원형으로 설정됩니다.

▍속성

속성 값	설명
ellipse	– 타원 – 기본값
circle	원형

▍소스

```
...중략...
    <style>
        div {
            width: 400px;
            height: 400px;
        }
        .radial01 {
            /* 타원형 그라데이션 */
            background: radial-gradient( yellow, red, brown );
        }
        .radial02 {
            /* 원형 그라데이션 */
            background: radial-gradient( circle, yellow, red, brown );
        }
    </style>
</head>
<body>
    <div class="radial01"></div>
    <div class="radial02"></div>
</body>
</html>
```

◆ 실행 결과

- **원형 그라데이션 크기 속성**

▍속성

속성 값	설명
farthest-corner	– 원형 그라데이션 크기가 가장 먼 모서리에 닿을 만큼의 크기 로 설정 – 기본값
closest-corner	원형 그라데이션 크기가 가장 가까운 모서리에 닿을 만큼의 크기로 설정
farthest-side	원형 그라데이션 크기가 가장 먼 면에 닿을 만큼의 크기로 설정
closest-side	원형 그라데이션 크기가 가장 가까운 면에 닿을 만큼의 크기로 설정

```
...중략...
    <style>
        div {
            height: 400px;
            width: 400px;
        }
        #grad_01 {
            background: red;
            background: -webkit-radial-gradient(35% 35%, closet-side, red, yellow, orange);
            background: -moz-radial-gradient(35% 35%, closet-side, red, yellow, orange);
            background: -o-radial-gradient(35% 35%, closet-side, red, yellow, orange);
            background: radial-gradient(closest-side at 35% 35%, red, yellow, orange);
        }
        #grad_02 {
            background: red;
            background: -webkit-radial-gradient(35% 35%, farthest-side, red, yellow, orange);
            background: -moz-radial-gradient(35% 35%, farthest-side, red, yellow, orange);
            background: -o-radial-gradient(35% 35%, farthest-side, red, yellow, orange);
            background: radial-gradient(farthest-side at 35% 35%, red, yellow, orange);
        }
        #grad_03 {
            background: red;
            background: -webkit-radial-gradient(35% 35%, closet-corner, red, yellow, orange);
            background: -moz-radial-gradient(35% 35%, closet-corner, red, yellow, orange);
            background: -o-radial-gradient(35% 35%, closet-corner, red, yellow, orange);
            background: radial-gradient(closest-corner at 35% 35%, red, yellow, orange);
        }
        #grad_04 {
            background: red;
            background: -webkit-radial-gradient(35% 35%, farthest-corner, red, yellow, orange);
            background: -moz-radial-gradient(35% 35%, farthest-corner, red, yellow, orange);
            background: -o-radial-gradient(35% 35%, farthest-corner, red, yellow, orange);
            background: radial-gradient(farthest-corner at 35% 35%, red, yellow, orange);
        }
    </style>
</head>
<body>
    <h3>closet-side</h3>
    <div id="grad_01"></div>
    <h3>farthest-side</h3>
    <div id="grad_02"></div>
    <h3>closet-corner</h3>
    <div id="grad_03"></div>
    <h3>farthest-corner</h3>
    <div id="grad_04"></div>
</body>
</html>
```

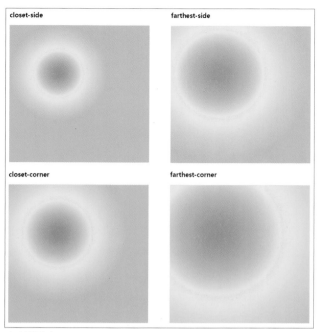

| closet-side | farthest-side |
| closet-corner | farthest-corner |

◆ 실행결과

• 색상 지정까지의 길이를 정할 수 있습니다.

기본적으로 색을 입력했을 때 색을 균등하게 배분하여 그라데이션을 만듭니다. 색 뒤에 백분율 또는 픽셀 등 길이를 입력하면 그 길이까지 해당 색을 사용합니다.

▌소스

소스위치:/ch09/radial-gradient3.html

```
...중략...
    <style>
        .radial {
            width: 100%;
            height: 200px;
            background: radial-gradient(red 5%, yellow 15%, green 60%);
        }
    </style>
</head>
<body>
    <div class="radial">red 5%, blue 15%, green 60% </div>
</body>
</html>
```

◆ 실행 결과

위 예제를 해석하면 다음과 같이 설명할 수 있습니다.

해당 요소의 중앙을 기준으로 5%까지는 빨간색, 5%초과 15%이하에는 파란색, 나머지는 초록색으로 원형 그라데이션을 만듭니다.

03 배경 이미지 관련 속성

03-1 배경 이미지 고정 여부 background-attachment

> background 배경 + attachment 붙이다(≒고정)

background-attachment 속성은 배경 이미지의 고정 여부를 설정합니다. 주로 배경 이미지의 스크롤 여부를 정하는 방식으로 사용합니다.

형식

background-attachment : | **속성값** *scroll, fixed* | (;) *끝맺음*

∎ 속성

속성 값	설명
scroll	– 화면이 스크롤되면 배경이미지도 함께 스크롤 – 기본값
fixed	화면이 스크롤되면 배경이미지는 고정

∎ 소스

소스위치:/ch09/background-attachment.html

```
...중략...
    <style>
        .background {
            height: 3000px;
        }
        .background .box {
            height: 500px;
            background-image: url("images/img.jpg");
            background-attachment: fixed;
        }
    </style>
</head>
<body>
    <div class="background">
        <div class="box"></div>
    </div>
</body>
</html>
```

◆ 실행 결과

03-2 배경 이미지 위치 기준점 background-origin

> background 배경 + origin 근원(≒기준점)

background-origin 속성은 배경이미지나 배경색을 테두리(border), 패딩(padding), 내용(content) 영역 중에서 기준점을 어디에서 시작할지 설정합니다.

형식

background-origin : **속성값**
border-box, padding-box , content-box ;끝맺음

▌속성

속성 값	설명
padding-box	- 배경의 시작 위치를 테두리를 뺀 패딩이 기준 - 기본값
border-box	배경의 시작 위치를 가장 외곽인 테두리가 기준
content-box	배경의 시작 위치를 내용 부분이 기준

알아두세요! backgroune-origin 속성과 backgorund-clip 속성 차이점

이 두 속성은 배경 이미지의 위치 기준점을 통해 설정되는 공통점을 가지고 있습니다.
이 두 속성의 차이점은
background-origin 속성은 이미지가 그대로 유지되고,
background-clip 속성은 이미지가 잘려 편집이 되는 점입니다.

03-3 배경 이미지 위치 영역 background-position

> background 배경 + position 위치

background-position 속성은 배경 이미지의 위치 영역을 설정합니다.

형식

background-position : **x위치, y위치** ;끝맺음

속성 값	설명
left	배경 이미지 위치를 왼쪽으로 설정
center	배경 이미지 위치를 가운데로 설정
right	배경 이미지의 위치를 오른쪽으로 설정
bottom	배경 이미지의 위치를 아래로 설정
top	배경 이미지의 위치를 위로 설정
percentage	배경 이미지의 위치를 퍼센트로 설정
length	− 배경 이미지의 위치를 길이로 설정 − 0% 0% (기본값) − 100% 100% (right bottom) − 단위 : px,%,rem,em 등

• x축은 left, center, right y축은 top, center, bottom 키워드로 위치 지정할 수 있습니다.

위치 키워드는 left, center, right, bottom, top가 있으며, 작성하지 않았을 때 기본값인 left top(좌측 상단)으로 정렬됩니다.

• x축과 y축을 키워드와 길이값 또는 퍼센트를 조합하여 작성할 수 있습니다.

구분	설명
x축	left, center, right + px, %
y축	top, center, bottom + px, %

■ 소스

소스위치:/ch09/background-position.htm

```
...중략...
  <style>
      .position01 {
          width: 400px;
          height: 400px;
          background: url("images/img.jpg") no-repeat;
          background-position: right 60px center;
      }
```

```
        .position02 {
            width: 400px;
            height: 400px;
            background: url("images/img.jpg") no-repeat;
            background-position: center bottom 30%;
        }
    </style>
</head>
<body>
    <div class="position01"></div>
    <div class="position02"></div>
</body>
</html>
```

◆ 실행결과

앞의 예제를 해석하면 다음과 같이 설명할 수 있습니다.

position01 클래스는 배경이미지가 x축 기준으로 오른쪽에서 60px 떨어지도록, y축 기준으로 중앙으로 지정하고,
position02 클래스는 x축 기준으로 중앙으로 지정하고, y축 기준으로 아래에 30% 떨어지도록 설정하였습니다.

03-4 배경 이미지 사용 반복 여부 background-repeat

background 배경 + repeat 반복

background-repeat 속성은 배경 이미지 반복 여부를 설정합니다.

형식

background-size : **속성값** *auto, cover, contain, px, % 등* (;) 끝맺음

█ 속성

속성 값	설명
repeat	배경 이미지가 x, y축(가로, 세로) 반복 설정
repeat-x	배경 이미지가 x축(가로) 반복 설정
repeat-y	배경 이미지가 y축(세로) 반복 설정
no-repeat	배경 이미지의 위치를 아래로 설정
top	- 배경 이미지의 반복 설정 되지 않음 - 배경 이미지가 한 번만 나옴
space	배경 이미지가 잘리지 않을 만큼 반복되며 여백이 생김
round	배경이미지가 잘리지 않을 만큼 반복되며 여백이 없음

소스위치:/ch09/background-repeat.html

```
...중략...
    <style>
        .repeat01{
            width: 100%;
            height: 200px;
            background-image: url("images/img02.jpg");
            background-repeat: repeat;
        }
    </style>
</head>
<body>
    <div class="repeat01"></div>
</body>
</html>
```

◆ 실행 결과

03-5 배경 이미지 사이즈 background-size

background 배경 + size 크기

background-size 속성은 배경 크기를 설정합니다.

형식

background-size : **속성값**
auto, cover, contain, px, % 등
끝맺음

■ 속성

속성 값	설명
auto	- 배경 이미지 원본 크기 유지 - 원본 비율 유지 - 기본값
cover	- 배경 이미지를 요소 크기에 맞게 설정 - 화면 크기에 맞게 공백 없이 설정 - 원본 비율 유지
contain	- 배경 이미지를 요소 크기에 맞게 설정 - 가로와 세로 비율은 유지되면서 설정 - 원본 비율 유지
length	- 배경 이미지의 크기를 직접 설정 - 단위 : px,%,rem,em 등 - 원본 비율에 맞지 않을 수 있음

```
...중략...
    <style>
        .size01 {
            width: 500px;
            height: 500px;
            background: url("images/sky.jpg");
            background-repeat: no-repeat;
            background-size: auto;
        }
        .size02 {
            width: 500px;
            height: 500px;
            background: url("images/sky.jpg");
            background-repeat: no-repeat;
            background-size: cover;
        }
        .size03 {
            width: 500px;
            height: 500px;
            background: url("images/sky.jpg");
            background-repeat: no-repeat;
            background-size: contain;
        }
        .size04 {
            width: 500px;
            height: 500px;
            background: url("images/sky.jpg");
            background-repeat: no-repeat;
            background-size: 500px 150px;
        }
    </style>
</head>
<body>
    <h2>background-size: auto (기본값)</h2>
    <div class="size01"></div>
    <h2>background-size: cover</h2>
    <div class="size02"></div>
    <h2>background-size: contain</h2>
    <div class="size03"></div>
    <h2>background-size: 500px 150px:</h2>
    <div class="size04"></div>
</body>
</html>
```

◆ 실행결과

색상 관련 속성

rgb	– rgb(red, green, blue) – 0~255 범위의 각 red, green, blue 색상 값
rgba	– rgba(red, green, blue, alpha) – rgb() 속성값과 0~1사이의 투명도(Alpha) 값을 가짐
hsl	– hsl(hue, saturation, lighteness) – 0~360도 색 상환의 범위를 갖는 색조(hue)과 0~100% 값의 범위를 갖는 채도(Saturation)과 0~100% 범위를 갖는 명도(Lighteness)을 가짐
hsla	– hsla(hue, saturation, lighteness, alpha) – hsl() 속성값과 0~1사이의 투명도(Alpha) 값을 가짐
hex	16진수 색상 코드 값
색상이름표기법	– 잘 알려진 색상 이름으로 표시 – 16가지 기본 색상을 포함해 총 216가지 – red, green, blue, white, black 등

"opacity 속성"은 요소의 투명도를 설정하는 속성입니다. 0~1 사이의 숫자로 표현 할 수 있습니다.

값	설명
0	– 0% – 요소가 완전히 투명해 보이지 않음.
0과 1 사이의 값 〈number	– 0.5 = 50% – 요소가 반투명해 뒤의 내용을 볼 수 있음. – 소수점으로 표현이 됨
1 (기본값)	– 100% – 요소가 불투명함.

"background 속성"은 배경 속성을 일괄적으로 설정합니다.

속성	설명
background–color	배경 색 설정
background–image	배경 이미지 설정
background–attachment	배경 이미지 고정 여부 설정
background–clip	배경 이미지 위치 기준점 설정
background–origin	배경 이미지 위치 기준점 설정
background–position	배경 이미지 위치 영역 설정
background–repeat	배경 이미지 반복 여부 설정
background–size	배경 이미지 사이즈 설정

1 색상 관련 속성 중 0~255 범위의 각 red, green, blue 색상 값은 _____라고 합니다

2 요소의 투명도를 설정하는 속성을 _____라고 합니다.

3 요소의 투명도를 설정하는 속성 값을 0.7로 표현하면 백분율 값으로 바꿨을 때 무슨 값을 의미하는 걸까요?

4 배경 색을 설정하는 속성은 ❶_____이며, 배경 이미지를 설정하는 속성은 ❷_____입니다.

레이아웃을 만들기 위한 CSS 박스 모델

이번 장에는 CSS의 기능으로 웹 페이지 화면을 구성하는 레이아웃을 만들기 위한 CSS 박스 모델 및 콘텐츠 관련 속성들, 테두리 관련 속성들 그리고 여백 관련 속성에 대해서 살펴보도록 하겠습니다.

01 CSS 박스 모델

01-1 박스 모델 개념

> box 박스≒ 사각형

모든 HTML 요소는 박스(Box) 모양으로 구성되어 있습니다. 박스(Box) 모양은 물론 사각형을 의미합니다. 이것을 박스 모델(box model)이라고 부릅니다.

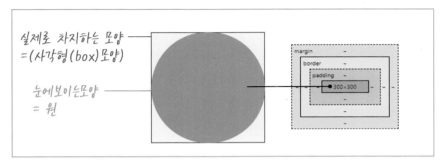

눈으로는 원 모양으로 보이는 요소도 역시 실제로는 사각형(Box) 형태로 영역을 차지하는 박스 모델입니다. 이처럼 박스 모델은 HTML요소가 웹 페이지에서 차지하는 공간을 정의한 모델이며, HTML 요소들은 각각 자신만의 영역을 갖고 있으며, 각 영역은 다시 여러 개의 작은 영역으로 나뉘게 됩니다.

이러한 박스 모델을 구성하는 요소에 대해 살펴보겠습니다.

01-2 CSS 박스 요소

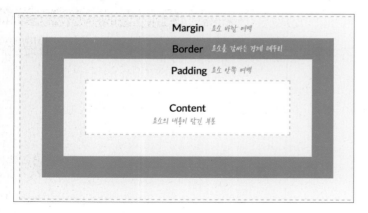

각 요소는 가운데 실제 요소의 내용이 담긴 부분 콘텐츠(Content), 요소를 감싸는 경계 테두리 (Border), Border와 Content 사이의 영역 패딩(Padding), Border 바깥 영역 마진(Margin)으로 구성 됩니다.

요소	설명
콘텐츠(Content)	– 요소의 텍스트나 이미지 등의 실제 내용이 위치하는 영역 – 속성 : width, height
패딩(Padding)	– 테두리(Border) 안쪽에 위치하는 요소의 내부 여백 영역 – 기본 배경색은 투명(transparent)이며, 배경색은 요소에 적용된 배경색으로 지정할 수 있음
테두리(Border)	– 테두리(Border) 영역
마진(Margin)	– 테두리(Border) 바깥에 위치하는 요소의 외부 여백 영역 – 기본 배경색은 투명(transparent)이며, 배경색을 지정할 수 없음

02 콘텐츠 관련 속성들

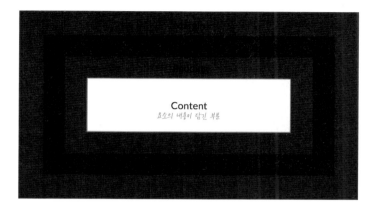

콘텐츠(Content)는 요소의 텍스트나 이미지 등의 실제 내용이 위치하는 영역입니다. 속성 값은 width, height를 가지고 있습니다.

02-1 요소 너비 width

width 너비

width 속성은 요소의 너비를 지정하기 위해 사용됩니다. 이때 지정되는 요소의 너비는 콘텐츠 (Content) 영역을 대상으로 합니다.

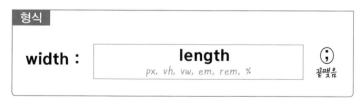

▌속성

속성 값	설명
적용	콘텐츠(Content) 영역
기본값	auto

- HTML 요소의 width 속성으로 설정된 너비는 패딩(padding), 테두리(border), 마진(margin)의 크기는 포함되지 않습니다.

CSS에서 width 속성을 설정할 때 그 크기 영역은 내용(content) 부분만을 대상이기 때문에 패딩, 테두리, 마진은 크기에 포함되지 않습니다.

█ 소스

소스위치:/ch10/width.html

```
<!DOCTYPE html>
<html lang="ko">
<head>
    <meta charset="utf-8">
    <title>CSS</title>
    <style>
        div {
            width: 400px; /* div 요소의 너비 */
            background: red;
        }
    </style>
</head>
<body>
    <div>요소 너비 width 400px</div>
</body>
</html>
```

요소 너비 width 400px

◆ 실행결과

- HTML 요소의 전체 너비 구하는 공식

width + left padding + right padding + left border + right border + left margin + right margin
너비　　　　왼쪽 안쪽 여백　　　오른쪽 안쪽 여백　　　왼쪽 테두리　　　　오른쪽 테두리　　　왼쪽 바깥 여백　　　오른쪽 바깥 여백

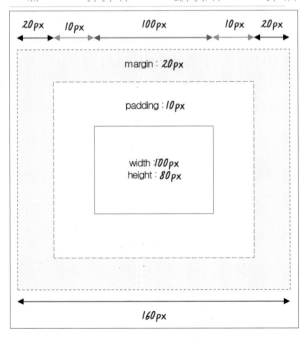

앞의 그림에서 전체 너비를 계산하면,

width(100px) + left margin(20px) + left padding(10px) + right padding(10px) + right margin(20px) = 160px

이 됩니다.

02-2 요소 높이 height

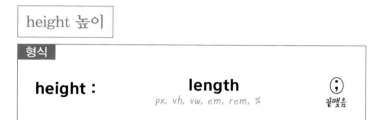

■ 속성

속성 값	설명
적용	콘텐츠(Content) 영역
기본값	auto

• HTML 요소의 height 속성으로 설정된 너비는 패딩(padding), 테두리(border), 마진(margin)의 크기는
포함되지 않습니다.

CSS에서 height 속성을 설정할 때 그 크기 영역은 내용(content) 부분만을 대상이기 때문에 패딩, 테두
리, 마진은 크기에 포함되지 않습니다.

■ 소스

소스위치:/ch10/height.html

```
...중략...
    <style>
        div {
            width: 400px;
            height: 200px; /* div 요소의 높이 */
            background: red;
        }
    </style>
</head>
<body>
    <div>요소 높이 height 200px</div>
</body>
</html>
```

요소 높이 height 200px

◆ 실행결과

- HTML 요소의 전체 너비 구하는 공식

height + top padding + bottom padding + top border + bottom border + top margin + bottom margin
높이 　　상단 안쪽 여백 　　하단 안쪽 여백 　　상단 테두리 　　하단 테두리 　　상단 바깥 여백 　　하단 바깥 여백

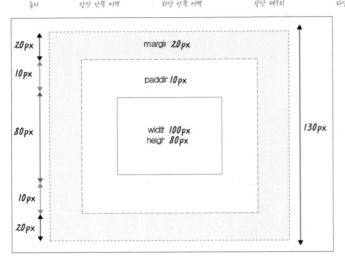

위의 그림에서 전체 높이를 계산하면,

height(100px) + top margin(20px) + top padding(10px) + bottom padding(10px) + bottom margin(20px) = 130px

이 됩니다.

03 테두리 관련 속성들

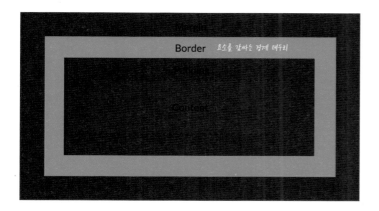

테두리(Border)는 콘텐츠(Content)와 패딩(Padding) 주변을 감싸는 영역입니다.

03-1 요소 테두리 border

border 테두리

border 속성은 테두리 속성을 일괄적으로 설정합니다.

형식

border : border-width border-style border-color ;
두께   스타일   색상   끝맺음

▌속성

속성 값	설명
border-width	테두리 두께 설정
border-style	테두리 종류 설정
border-color	테두리 색 설정
border-radius	테두리 굴곡 설정

```
...중략...
    <style>
        .border {
            border: 5px solid red;
        }
    </style>
</head>
<body>
    <div class="border">5px solid red</div>
</body>
</html>
```

5px solid red

◆ 실행결과

03-2 요소 테두리 모양 설정 border-style

border 테두리 + style 스타일 ≒ 모양

border 속성은 테두리 속성을 일괄적으로 설정합니다.

■ 속성

속성 값	설명
none	– 테두리 스타일 설정하지 않음 –기본값
hidden	테두리 스타일 숨김 설정
dotted	테두리 스타일 점선 설정
dashed	테두리 스타일 긴 점선 설정
solid	테두리 스타일 실선 설정
double	테두리 스타일 이중선 설정
groove	테두리 스타일 움푹 들어간 입체적인 선 설정
ridge	테두리 스타일 앞으로 튀어나온 입체적인 선 설정
inset	테두리 스타일 박스 전체가 움푹 들어간 입체적인 선 설정
outset	테두리 스타일 박스 전체가 앞으로 튀어나온 입체적인 선 설정

```
...중략...
    <style>
        div { padding: 6px; }
        .none { border-style: none; }
        .hidden { border-style: hidden; }
        .dotted { border-style: dotted; }
        .dashed { border-style: dashed; }
        .solid { border-style: solid; }
        .double { border-style: double; }
        .groove { border-style: groove; }
        .ridge { border-style: ridge; }
        .inset { border-style: inset; }
        .outset { border-style: outset; }
        /* .mix (top | right | bottom | left 순서) */
        .mix { border-style: dotted dashed solid double; }
    </style>
</head>
<body>
    <div class="none">none</div>
    <div class="hidden">hidden</div>
    <div class="dotted">dotted</div>
    <div class="dashed">dashed</div>
    <div class="solid">solid</div>
    <div class="double">double</div>
    <div class="groove">groove</div>
    <div class="ridge">ridge</div>
    <div class="inset">inset</div>
    <div class="outset">outset</div>
</body>
</html>
```

◆ 실행결과

- top, right, left, bottom에 대하여 별도로 설정할 수 있습니다.

■ 소스

```
...중략...
    <style>
        div {
            padding: 6px;
        }
        .border01 {
            /* top+right+left+bottom */
```

```
                border-style: solid;
        }
        .border02 {
            /* right+left | top+bottom */
            border-style: solid dashed;
        }
        .border03 {
            /* top | right+left | bottom */
            border-style: dotted solid dashed;
        }
        .border04 {
            /* top | right | bottom | left */
            border-style: solid dotted none dashed;
        }
    </style>
</head>
<body>
    <div class="border01">border-style: solid;</div>
    <div class="border02">border-style: dotted solid;</div>
    <div class="border03">border-style: hidden double dashed;</div>
    <div class="border04">border-style: none solid dotted dashed;</div>
</body>
</html>
```

| border-style: solid; |
| border-style: dotted solid; |
| border-style: hidden double dashed; |
| border-style: none solid dotted dashed; |

◆ 실행결과

03-3 요소 테두리 색상 설정 border-color

border 테두리 + color 색깔

border-color 속성은 테두리의 색을 설정합니다.

▌속성

속성 값	설명
color	테두리 색 설정
transparent	테두리 색 투명하게 설정

```
...중략...
    <style>
        div {
            padding: 6px;
            border-style: solid;
        }
        .border01 {
            border-color: red;
        }
        .border02 {
            border-color: #ff0000;
        }
    </style>
</head>
<body>
    <div class="border01">border-color: red</div>
    <div class="border02">border-color: green</div>
</body>
</html>
```

| border-color: red |
| border-color: green |

◆ 실행결과

- border-color 속성은 border-style과 함께 사용하지 않으면 적용되지 않습니다.
- top, right, left, bottom에 대하여 따로 설정할 수 있습니다.

■ 소스

```
...중략...
    <style>
        div {
            padding: 6px;
            border-style: solid;
        }
        .border {
            /* top | right | bottom | left */
            border-style: green blue red yellow;
        }
    </style>
</head>
<body>
    <div class="border">border-color: green blue red yellow</div>
</body>
</html>
```

| border-color: green blue red yellow |

◆ 실행결과

03-4 요소 테두리 두께 설정 border-width

> border 테두리 + width 너비 ≒ 두께

border-width 속성은 테두리의 두께를 설정합니다.

█ 속성

속성 값	설명
border-width-width	− 테두리 두께 설정 − 기본값 : medium
border-width-style	− 테두리 스타일 설정 − 기본값 : none
border-width-color	− 테두리 색 설정 − 기본값 : 현재색상

█ 소스

소스위치:/ch10/border-width.html

```
...중략...
   <style>
      div {
         padding: 6px;
         border-style: solid;
      }
      .border01 {
         border-width: thin; /* 1px */
      }
      .border02 {
         border-width: medium; /* 3px */
      }
      .border03 {
         border-width: thick; /* 5px */
      }
      .border04 {
         border-width: 10px;
      }
   </style>
</head>
<body>
   <div class="border01">thin= 1px</div>
   <div class="border02">medium= 3px</div>
   <div class="border03">thick= 5px</div>
   <div class="border04">10px</div>
</body>
</html>
```

```
thin= 1px

medium= 3px

thick= 5px

10px
```

◆ 실행결과

- border-width 속성은 border-style과 함께 사용하지 않으면 적용되지 않습니다.
- top, right, left, bottom에 대하여 따로 설정할 수 있습니다.

소스

소스위치:/ch10/border-width2.html

```
...중략...
    <style>
        div {
            padding: 6px;
            border-style: solid;
        }
        .border {
            /* top │ right │ bottom │ left */
            border-width: 5px 10px 15px 20px;
        }
    </style>
</head>
<body>
    <div class="border">border-width: 5px 10px 15px 20px</div>
</body>
</html>
```

border-width: 5px 10px 15px 20px

◆ 실행결과

03-5 요소 테두리 둥글게 설정 border-radius

border 테두리 + radius 반경 ≒ ╭

border-radius 속성은 모서리를 둥글게 설정합니다.

속성

속성 값	설명
border-top-left-radius	윗부분 왼쪽 모서리 둥글게 설정
border-top-right-radius	윗부분 오른쪽 모서리 둥글게 설정
border-bottom-left-radius	아랫부분 왼쪽 모서리 둥글게 설정
border-bottom-right-radius	아랫부분 오른쪽 모서리 둥글게 설정

소스

소스위치:/ch10/border-radius.html

```
...중략...
    <style>
        div {
            background: #eaeaed;
            color: #666;
```

```
                display: inline-block;
                width: 100px;
                height: 100px;
                line-height: 100px;
                margin: 0 10px;
                text-align: center;
            }
            .border01 {
                border-radius: 20px;
            }
            .border02 {
                border-radius: 50%;
            }
        </style>
    </head>
    <body>
        <div class="border01">20px</div>
        <div class="border02">50%</div>
    </body>
</html>
```

◆ 실행결과

- top, right, left, bottom 에 대하여 따로 설정할 수 있습니다.

소스위치:/ch10/border-radius2.html

```
...중략...
    <style>
        div {
            background: red;
            color: #fff;
            width: 300px;
            height: 100px;
            line-height: 100px;
            text-align: center;
        }
        .border-rounded {
            /* 각각의 모서리를 개별적으로 설정 */
            border-radius: 50px 10px 10px 50px;
        }
    </style>
</head>
<body>
    <div class="border-rounded">50px 10px 10px 50px</div>
</body>
</html>
```

◆ 실행결과

04 여백 관련 속성들

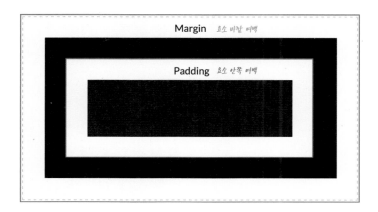

패딩은 테두리(Border) 안쪽에 위치하는 요소의 내부 여백 영역이며, 마진은 테두리(Border) 바깥에 위치하는 요소의 외부 여백 영역입니다.

패딩과 마진 둘 다 기본 배경색은 투명(transparent)입니다. 패딩은 배경색은 요소에 적용된 배경색으로 지정할 수 있는 반면 마진은 배경색을 지정할 수 없습니다.

04-1 요소 바깥 여백 margin

> margin 여백

margin 속성은 요소의 바깥 여백을 설정합니다.

형식

margin :   **length**
px, vh, vw, em, rem, %
;
끝맺음

▌속성

속성 값	설명	속성 값	설명
margin-top	요소 위쪽 바깥쪽 여백 설정	margin-bottom	요소 아래쪽 바깥쪽 여백 설정
margin-right	요소 오른쪽 바깥쪽 여백 설정	margin-left	요소 왼쪽 바깥쪽 여백 설정

```
...중략...
    <style>
        div {
            background-color: red;
            width: 200px;
            height: 200px;
        }
        .margin01 {
            margin-top: 10px;
            margin-right: 30px;
            margin-bottom: 30px;
            margin-left: 50px;
        }
        .margin02{
            /* top right bottom left */
            margin: 10px 30px 30px 50px;
        }
    </style>
</head>
<body>
    <div class="margin01"></div>
    <div class="margin02"></div>
</body>
</html>
```

◆ 실행결과

알아두세요! **마진 병합(여백 붕괴) 현상**

마진(margin)이란 요소의 네 방향 바깥 여백 영역을 설정하는 CSS 속성입니다.
여러 요소에 마진값이 넣어져 있을 때 의도치 않게 요소의 여백이 줄어들어 있거나 여백을 늘려도 늘어나지 않는 현상들을 겪을 수 있습니다.
마진이 병합되는 현상에 대한 내용을 정리해보았습니다.
마진 병합 현상은 인접하는 블록 요소의 상하단의 마진이 병합되는 현상을 말합니다.
마진의 크기는 병합되는 마진 중에서 큰 값을 가진 마진의 값으로 병합됩니다.
아래의 조건에서 마진 병합 현상이 일어납니다.

조건1	인접하는 블록 요소끼리만 일어납니다.
조건2	상단과 하단에서만 병합 현상이 일어납니다.(좌우의 여백의 병합은 일어나지 않습니다.)

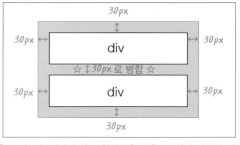

만약 두 개의 블록 요소에 각각 margin:30px;의 속성을 주었을 때.
위와 같이 첫 번째 div의 하단 마진 부분과 두 번째 div의 상단 마진 부분이
서로 겹쳐져서 마진이 총 40px이 아닌 20px이 되는 걸 볼 수 있습니다.
마진 병합 현상은 의도된 현상이기 때문에 디자인을 안정적으로 하는 데
도움을 줄 수 있습니다. 하지만 의도치 않게 요소의 여백이 줄어 있거나 여백을 늘려도 늘어나지 않는 현상들을 겪을 수 있기 때문에 마진 병합을 방지하기 위해서 다음과 같이 해결할 수 있습니다

■ **마진 병합 현상 해결 방법**
❶ 부모 요소에 padding: 1px;
❷ 부모 요소에 border:1px solid transparent;
❸ 부모 요소에 overflow hidden; (best)
❹ 자식 요소에 display:inline-block;

04-2 요소 내부 여백 padding

> padding 안쪽 여백

padding 속성은 요소의 안쪽 여백을 설정합니다.

> **형식**
>
> **padding :**   **length**   (;)
>   px, vh, vw, em, rem, %   끝맺음

▌ 속성

속성 값	설명	속성 값	설명
padding-top	요소 위쪽 안쪽 여백 설정	padding-bottom	요소 아래쪽 안쪽 여백 설정
padding-right	요소 오른쪽 안쪽 여백 설정	padding-left	요소 왼쪽 안쪽 여백 설정

▌ 소스

> **소스위치:/ch10/padding.html**

```
...중략...
    <style>
        div {
            background-color: blue;
            width: 200px;
            height: 200px;
        }
        .padding01 {
            padding-top: 30px;
            padding-right: 10px;
            padding-bottom: 10px;
            padding-left: 60px;
        }
        .padding02{
            /* top right bottom left */
            padding:30px 10px 10px 60px;
        }
    </style>
</head>
<body>
    <div class="padding01"></div>
    <div class="padding02"></div>
</body>
</html>
```

◆ 실행결과

04-3 박스 크기 기준 box-sizing

box + sizing 크기

box-sizing 속성은 요소 크기에 패딩 포함 여부를 설정합니다.

▌속성

속성 값	설명
content-box	요소에 border, padding 값이 포함되어 있지 않음
border-box	요소에 border, padding 값이 포함

• content-box

전체 너비는 콘텐츠의 내용의 너비와 패딩(Padding), 테두리(Border)의 너비를 모두 더한 합계입니다.

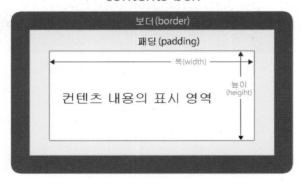

• border-box

전체 요소의 크기가 너비 값입니다. 이에 따라서 요소의 패딩(Padding)과 테두리(Border)의 폭이 요소의 너비를 늘릴 수는 없습니다.

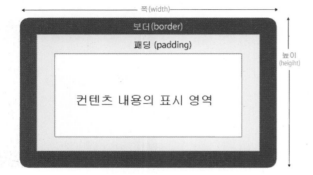

• content-box과 border-box의 차이점

너비 값이 100%인 경우 content-box는 패딩(Padding)과 테두리(Border)의 두께가 추가로 합쳐져 실제로 표시되는 너비는 100%를 초과합니다.

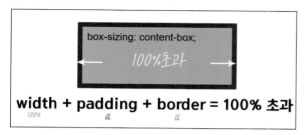

반면에, border-box는 패딩과 보더의 두께를 100%인 너비에 포함하고 있기 때문에 실제로 표시되는 너비도 100%로 유지됩니다.

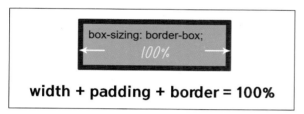

■ 소스

소스위치:/ch10/box-sizing.html

```
...중략...
  <style>
    #left{
        float: left;
        width: 60%;
        padding: 20px;
        background-color: #333;
        border: 10px solid red;
        box-sizing: border-box;
    }
    #right{
        float: left;
        width: 40%;
        padding: 10px;
        border: 20px solid blue;
        background-color: #666;
        box-sizing: border-box;
    }
  </style>
</head>
```

```
<body>
    <div id="left">left</div>
    <div id="right">right</div>
</body>
```

◆ 실행결과

왼쪽과 오른쪽 박스에 각각 다른 패딩과 보더 값을 지정해도 너비 합계가 100%를 유지하고 있는 것을 알 수 있습니다.

이처럼 박스의 패딩, 보더 값에 따라 너비 값이 달라져서 레이아웃이 무너지는 경우가 생길 수 있습니다. 이럴 때 요소의 너비와 높이를 균일하게 유지해주는 편리한 속성이 box-sizing:border-box;입니다.

CSS 박스 모델

모든 HTML 요소는 박스(Box)모양으로 구성이 되어 있습니다. 박스(Box)모양은 물론 사각형을 의미합니다. 이것을 "박스 모델(box model)"이라고 부릅니다.

CSS 박스 요소

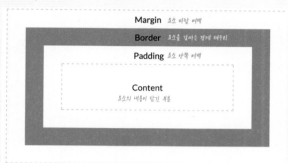

요소	설명
콘텐츠(Content)	- 요소의 텍스트나 이미지 등의 실제 내용이 위치하는 영역 - 속성 :width, height
패딩(Padding)	- 테두리(Border) 안쪽에 위치하는 요소의 내부 여백 영역 - 기본 배경색은 투명(transparent)이며, 배경색은 요소에 적용된 배경색으로 지정할 수 있음
테두리(Border)	- 테두리(Border) 영역
마진(Margin)	- 테두리(Border) 바깥에 위치하는 요소의 외부 여백 영역 - 기본 배경색은 투명(transparent)이며, 배경색을 지정할 수 없음

"콘텐츠(Content)"는 요소의 텍스트나 이미지 등의 실제 내용이 위치하는 영역입니다. 속성 값은 width,height를 가지고 있습니다.

속성값	설명
width	요소의 너비 지정
height	요소의 높이 지정

"테두리(Border)"는 콘텐츠(Content)와 패딩(Padding) 주변을 감싸는 영역입니다.

속성값	설명
border-width	테두리 두께 설정
border-style	테두리 종류 설정
border-color	테두리 색 설정
border-radius	테두리 굴곡 설정

"패딩(Padding)"은 테두리(Border) 안쪽에 위치하는 요소의 내부 여백 영역입니다.

속성값	설명
padding-top	요소 위쪽 안쪽 여백 설정
padding-right	요소 오른쪽 안쪽 여백 설정
padding-bottom	요소 아래쪽 안쪽 여백 설정
padding-left	요소 왼쪽 안쪽 여백 설정

"마진(Margin)"은 테두리(Border) 바깥에 위치하는 요소의 외부 여백 영역입니다.

속성값	설명
margin-top	요소 위쪽 바깥쪽 여백 설정
margin-right	요소 오른쪽 바깥쪽 여백 설정
margin-bottom	요소 아래쪽 바깥쪽 여백 설정
margin-left	요소 왼쪽 바깥쪽 여백 설정

"box-sizing 속성"은 요소 크기에 패딩 포함 여부를 설정합니다.

속성값	설명
content-box	요소에 border, padding 값이 포함되어 있지 않음
border-box	요소에 border, padding 값이 포함

1 모든 HTML 요소는 박스(Box)모양으로 구성이 되어 있습니다. 박스(Box)모양은 물론 사각형을 의미합니다. 이것은 무엇입니까?

2 다음 중 CSS 박스 요소가 아닌 것은?

❶ 콘텐츠(Content) ❷ 박스(Box) ❸ 패딩(Padding) ❹ 마진(Margin) ❺ 테두리(Border)

3 박스 요소에서 여백과 관련된 속성 두 가지가 있습니다. 테두리(Border)를 기준으로 요소의 내부 여백 영역은
❶_____, 요소의 외부 여백 영역은 ❷_____ 이라고 합니다.

4 다음 중 요소 크기에 패딩 포함 여부를 설정하는 box-sizing 속성 값 중 요소에 border, padding 값이 포함하는 것은 무엇일까요?

❶ padding ❷ content ❸ border-box ❹ border ❺ box

5 요소의 높이 값을 설정하기 위해서 괄호 안에 입력 해야하는 속성은 무엇일까요?

```
<style>
h1 {
    (_____): 100px;
}
</style>
```

Answer

1 박스 모델(box model) **2** ❷ **3** ❶ 패딩(Padding) ❷ 마진(Margin) **4** ❸ **5** height

내 스타일 적용을 위한 CSS 초기화

이번 장에는 CSS의 기능으로 웹 페이지 화면을 구성하기 전에 CSS 초기화에 대한 기능이 필요합니다. 테두리 초기화 및 여백 초기화, 리스트 초기화, 글자 라인 초기화에 대해서 살펴보도록 하겠습니다.

01 CSS 초기화

01-1 CSS 초기화 개념

CSS 초기화란 브라우저마다 가지고 있는 기본적인 CSS 스타일을 초기화하는 것을 말합니다.

▌CSS 초기화 작성하는 이유

- **불필요한 기본 속성 값**

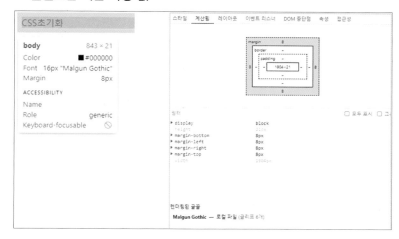

예를 들면 대부분 브라우저는 기본 폰트 크기는 16px, 폰트 색은 검은색. 〈body〉 태그에는 마진 (margin)값은 8px로 기본 속성 값으로 정해져 있습니다.

이렇게 불필요한 기본 속성 값은 내가 프로젝트 작업을 진행하는 데 불편함을 줄 수 있습니다.

- **크로스 브라우징을 지키기 위한 첫 단계 CSS 초기화**

[_____] 찾아보기...	IE8
[_____] 찾아보기...	IE9
[_____] 찾아보기...	IE11
파일 선택 선택된 파일 없음	Chrome
찾아보기... 선택한 파일이 없습니다.	Firefox

◆ 브라우저별 다른 형태

브라우저마다 코드를 해석하는 방식이 다르므로 렌더링을 하는 기본 스타일도 조금씩 차이가 있습니다.
크로스 브라우징을 지키기 위한 첫 단계가 바로 CSS 초기화입니다.

따라서, 웹 프로그래밍 시 분명히 같은 코드인데도 불구하고 브라우저에 따라 생성된 결과가 다르게 나오는 황당한 경우가 종종 발생하게 됩니다.

문제를 해결하기 위하여, 코딩하기 전 CSS 초기화를 먼저 진행해야 합니다.

이러한 CSS 초기화에 대해서 기초부터 알아보겠습니다.

01-2 CSS 초기화 기초

CSS 초기화에서 중요한 점은 모든 브라우저에서 똑같은 화면을 보여주는 크로스 브라우징을 위해 기본 값을 초기화한다는 점입니다.

▌CSS 초기화 작성 시 유의할 점

• **사용하지 않는 태그들까지 초기화할 필요는 없습니다.**

reset.css를 작성할 때는 사용하지 않는 태그들까지 굳이 초기화할 필요는 없습니다.

불필요한 초기 속성 값들을 초기화시켜서 CSS 파일에서 속성 값을 매번 수정하는 번거로움을 줄여야 합니다.

• **브라우저들이 필수적으로 기본 값을 가지고 있는 속성을 초기화시켜줍니다.**

모든 환경에서 웹페이지가 최대한 같은 모양으로 보일 수 있도록 필수적으로 브라우저들이 가지고 있는 CSS 기본 속성들인 margin, padding, font와 관련된 속성 등 초기화를 해주는 것이 좋습니다.

• **reset.css를 작성하여 외부 스타일시트로 적용합니다.**

〈link rel="stylesheet" href="reset.css"〉

좀 더 깔끔하고 관리하기 편한 CSS 환경을 위해 CSS 초기화 스타일 시트를 따로 생성하여 외부 스타일 시트로 적용합니다. 주로 파일명은 reset, default이라고 정하는 경우가 많습니다. 정해진 형태는 없으며, 교재에서는 "reset.css" 파일명으로 사용하겠습니다.

- 전체 선택자 *, 최상위 태그인 〈html〉, 〈body〉 태그에 CSS 초기화를 적용하는 것을 권장합니다.

HTML 페이지 안의 모든 태그에 적용되도록 전체 선택자 *와 최상위 태그인 〈html〉, 〈body〉 태그에 CSS 초기화를 적용하는 것을 권장합니다.

CSS 초기화 선언을 할 때 〈input〉처럼 특정 태그나 영역 하위로만 초기화할 수도 있습니다.

- reset.css 파일은 내가 작성한 css 파일보다 상위에 있어야 합니다.

앞에서 배웠듯이 CSS 스타일 적용 우선순위는 아래로 적을수록 우선순위가 높습니다. 만약 자신이 작성한 css 파일이 reset.css 보다 먼저 적용이 되면, css 우선순위에 따라 reset.css 가 나중에 적용되기 때문에, 초기화하여 적용되어야 할 css 속성들이 적용되지 않기 때문입니다.

(CSS 스타일 적용 우선순위(캐스케이딩)에 대한 내용은 CHAPTER 06를 참조합니다.)

우선순위② 〈link rel="stylesheet" href="reset.css"〉 초기화 css 파일

우선순위① 〈link rel="stylesheet" href="main.css"〉 내가 작성한 css 파일

▌CSS 초기화 방법

속성 값	초기화 값
숫자인 경우	0
영어인 경우	none

CSS 초기화 값을 설정할 때 크게 속성 값이 숫자인 경우와 영어인 경우로 나눠질 수 있습니다.

- 속성 값이 숫자인 경우

margin : ⑧px ; 초기화→ margin : 0px ;
숫자

예를 들어 margin:8px;처럼 속성 값이 8px 처럼 숫자인 경우 margin:0;으로 설정해줍니다.

- 속성 값이 영어인 경우

list-style: circle ; 초기화→ list-style:none ;
영어

예를 들어 list-style:circle;처럼 속성 값이 circle로 영어인 경우 list-style:none;으로 설정해줍니다.

이제 CSS 초기화를 위한, reset.css 파일에 필수적으로 작성해야 하는 기본 값들은 무엇이 있으며, 어떻게 활용해야 하는지 살펴보겠습니다.

CSS 초기화 기본 속성

구분	속성
여백	margin, padding, border
테두리	box—sizing
리스트	list—style
링크	text—decoration

- **여백 초기화** margin,border,padding

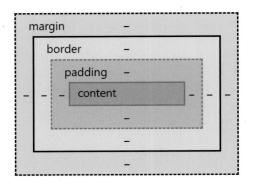

레이아웃을 계산할 때, CSS 박스 모델에 따라 각각의 요소를 사각형 박스로 표현합니다. 이때, 여백에 대한 영향을 미치는 속성인 margin, border, padding 값을 초기화시켜 줍니다.

여백 초기화 적용 전

소스위치:/ch11/before01.html

```
<!DOCTYPE html>
<html lang="ko">
<head>
    <meta charset="utf-8">
    <title>Title</title>
    <style>
        .box {
            width: 500px;
            height: 300px;
            background-color: blue;
        }
    </style>
</head>
<body>
    <div class="box"></div>
</body>
</html>
```

◆ 실행결과

결과 화면에서 위쪽과 왼쪽에 각각 원하지 않은 여백이 생깁니다.

이것은 ⟨body⟩ 태그가 기본적으로 가지고 있는 여백으로, 브라우저에서 제공하는 여백입니다. 그러므로 여백의 초기화 필요합니다.

▌ 여백 초기화 적용 후

소스위치:/ch11/after01.html

```
...중략...
    <style>
        /* 여백 초기화 */
        body {
            margin: 0;
            padding: 0;
            border: 0;
        }
        .box {
            width: 500px;
            height: 300px;
            background-color: blue;
        }
    </style>
</head>
<body>
    <div class="box"></div>
</body>
</html>
```

◆ 실행결과

⟨body⟩ 태그에 기본적으로 여백을 가지고 있으므로, ⟨body⟩ 태그에서 margin, padding 속성 값을 0으로 초기화 하였습니다.

• **테두리 초기화 box-sizing**

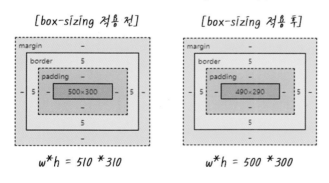

앞에서 말했듯이 레이아웃을 표현할 때 CSS 박스 모델에 따라 각각의 요소를 사각형 박스로 표현합니다. 이때, border 값에 의해서 박스 크기를 결정하는 속성인 box-sizing 값을 초기화시켜 줍니다.

▌테두리 초기화 적용 전

```
...중략...
  <style>
      .box {
          border: 5px black solid;
          width: 500px;
          height: 300px;
      }
  </style>
</head>
<body>
    <div class="box"></div>
</body>
</html>
```

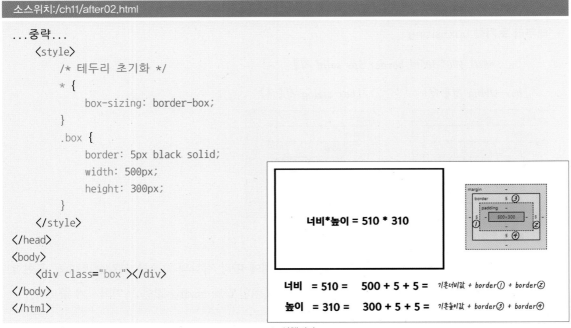

◆ 실행결과

결과 화면에서는 border 값만큼 5+5=10px씩 바깥쪽으로 크기가 커진 것을 확인할 수 있습니다. 바깥쪽으로 생겨난 10px 만큼의 border 값 때문에 마크업을 할 때 너비와 높이를 일일이 계산하여 레이아웃 구조를 짜야 하는 것에 번거롭습니다.

그러므로 박스 크기를 결정하는 방법을 지정해 주는 box-sizing 태그를 활용하여 테두리의 초기화가 필요합니다.

▌테두리 초기화 적용 후

```
...중략...
  <style>
      /* 테두리 초기화 */
      * {
          box-sizing: border-box;
      }
      .box {
          border: 5px black solid;
          width: 500px;
          height: 300px;
      }
  </style>
</head>
<body>
    <div class="box"></div>
</body>
</html>
```

너비*높이 = 510 * 310

| 너비 | = 510 = | 500 + 5 + 5 = | 기존너비값 + border① + border② |
| 높이 | = 310 = | 300 + 5 + 5 = | 기존높이값 + border③ + border④ |

◆ 실행결과

〈div〉 태그에 border 값을 가지고 있으므로, 〈div〉 태그에서 box-sizing 속성 값을 0으로 초기화해야 합니다.

하지만, 레이아웃을 짜기 위해서 수많은 〈div〉 태그를 사용하고, 다른 태그에도 border를 사용하게 됩니다. 그러므로 전체 선택자 *에 box-sizing:border-box;로 초기화하였습니다.

box-sizing: border-box;로 초기화하여 width와 height 속성이 내부 여백, 테두리 값을 모두 포함하는 것으로 계산됩니다.

- **리스트 초기화**

◆ 네이버 홈페이지 메뉴 영역 〈ul〉〈li〉 사용

실무에서는 목록 태그를 활용하여 메뉴 영역과 세 개 이상 연속으로 나열되는 레이아웃 구조를 짤 때도 사용하고 마커 부분도 디자인을 따로 해주는 경우가 대다수이기 때문에 기본 값은 거의 사용하지 않습니다. 그러므로 리스트 앞에 표시되는 마커 스타일을 변경해주는 list-style 속성 값을 초기화시켜 줍니다.

▌리스트 초기화 적용 전

소스위치:/ch11/before03.html

```
...중략...
</head>
<body>
    <ul>
        <li>메뉴1</li>
        <li>메뉴2</li>
        <li>메뉴3</li>
    </ul>
    <ol>
        <li>메뉴1</li>
        <li>메뉴2</li>
        <li>메뉴3</li>
    </ol>
</body>
</html>
```

- 메뉴1
- 메뉴2
- 메뉴3

1. 메뉴1
2. 메뉴2
3. 메뉴3

◆ 실행결과

결과 화면에서는 리스트 앞에 표시되는 마커의 기본 값인 순서가 없는 목록 〈ul〉 태그의 동그라미, 순서가 있는 목록〈ol〉 태그의 숫자로 나타납니다.

▌리스트 초기화 적용 후

소스위치:/ch11/after03.html

```
...중략...
   <style>
       /* 리스트 초기화 */
       ul,
       ol,
       li {
           list-style: none;
       }
   </style>
</head>
<body>
   <ul>
       <li>메뉴1</li>
       <li>메뉴2</li>
       <li>메뉴3</li>
   </ul>
   <ol>
       <li>메뉴1</li>
       <li>메뉴2</li>
       <li>메뉴3</li>
   </ol>
</body>
</html>
```

메뉴1
메뉴2
메뉴3

메뉴1
메뉴2
메뉴3

◆ 실행결과

• 링크 초기화

▌링크 초기화 적용 전

소스위치:/ch11/before04.html

```
...중략...
</head>
<body>
   <a href="#">링크</a>
</body>
</html>
```

링크

◆ 실행결과

결과 화면에서는 〈a〉 태그는 기본적으로 밑줄 스타일 속성인 text-decoration 속성 값이 underline; 값으로 기본 설정되어 있어 밑줄이 자동으로 들어간 형태로 보이게 됩니다.

불필요한 밑줄이 보이게 되므로 text-decoration 속성 값을 초기화시킵니다.

▌링크 초기화 적용 후

소스위치:/ch11/after04.html

```
...중략...
    <style>
        /* 링크 초기화 */
        a {
            text-decoration: none;
        }
    </style>
</head>
<body>
    <a href="#">링크</a>
</body>
</html>
```

링크

◆ 실행결과

01-3 CSS 초기화 응용

CSS 초기화 기본적으로 태그가 가지고 있는 여백, 스타일에 대한 속성을 초기화시켜 불필요한 스타일을 없앴습니다. 모든 브라우저가 가지고 있는 기본 스타일을 없애고 내가 만드는 스타일을 새롭게 추가하고 보완하여 필요에 맞게 수정해서 사용할 수 있습니다.

CSS 초기화를 응용해서 사용하는 대표적인 방법의 하나가 바로 폰트에 대한 정의입니다.

▌폰트 초기화 적용 전

소스위치:/ch11/before05.html

```
<!DOCTYPE html>
<html lang="ko">
<head>
    <meta charset="utf-8">
    <title>Title</title>
</head>
<body>
    <div>CSS초기화</div>
</body>
</html>
```

◆ 실행결과

앞에서 설명했듯이 대부분 브라우저는 기본 폰트 크기는 16px, 폰트 색은 검은색. 〈body〉 태그에는 마진(margin)값은 8px로 기본 속성 값으로 정해져 있습니다.

이때, 기본 폰트는 각각 운영체제 시스템 폰트로 윈도우 OS는 "malgun Gothic", 맥OS는 "apple Gothic"으로 설정됩니다.

▌폰트 초기화 적용 후

소스위치:/ch11/after05.html

```
...중략...
    <style>
        /* 폰트 초기화 */
        @font-face {
            font-family: 'nanummyeongjobold';
            src: url('/font//font//font/nanummyeongjo-bold-webfont.eot');
                url('/font/nanummyeongjo-bold-webfont.woff2') format('woff2'),
                url('/font/nanummyeongjo-bold-webfont.woff') format('woff'),
                url('/font/nanummyeongjo-bold-webfont.ttf') format('truetype'),
                url('/font/nanummyeongjo-bold-webfont.svg#nanummyeongjobold') format('svg');
            font-weight: normal;
            font-style: normal;
        }
        body {
            font-family: 'nanummyeongjobold', "Malgun Gothic", helvetica, sans-serif;
            font-size: 15px;
            color: #222;
        }
    </style>
</head>
<body>
    <div>CSS초기화</div>
</body>
</html>
```

◆ 실행결과

시스템 폰트는 미적 기능이 떨어지므로 내가 사용하고 싶은 웹 폰트로 초기화시킴으로써 반복적으로 CSS 파일에 웹 폰트를 설정해야 하는 번거로움을 줄일 수 있습니다.

또한, 폰트 색상, 폰트 사이즈 까지 한꺼번에 초기화하면 훨씬 더 편리하게 사용할 수 있습니다.

이렇게 CSS를 초기화할 때 기본 여백 속성 초기화 외에 글꼴, 줄 간격, 글자 두께, 그리고 글자 선명도 등 빈번한 속성값을 많이 사용하는 속성으로 미리 지정해두면 CSS 속성을 반복해서 추가하지 않아도 되는 장점이 있습니다.

01-4 외부 CSS 초기화(Reset) 코드 사용

나에게 필요한 초기화 코드를 직접 작성하여 CSS 초기화 파일을 생성하는 방법도 있고, 외부에서 CSS 초기화 파일을 저장하여 사용하는 방법도 있습니다.

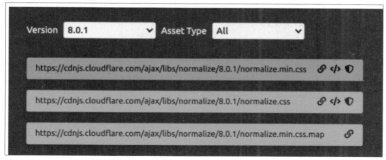

◆ normalize.css 사이트 화면

최근에는 normalize.css를 주로 사용하고 있습니다. Normalize.css는 HTML 요소의 기본 스타일을 브라우저 간 일관성을 유지하도록 돕는 CSS 파일입니다.

▌normalize.css 적용 방법

〈head〉

```
<link rel="stylesheet" href="https://cdnjs.cloudflare.com/ajax/libs/normalize/8.0.1/normalize.min.css" />
```

〈/head〉

〈head〉〈/head〉안에 스크립트를 추가하여 적용하여 사용합니다.

normalize.css 처럼 웹에서 많은 소스를 내려 받아서 사용할 수 있습니다. 하지만 결론적으로는 각 프로젝트에 맞춰서 사용해야 하며, 모두 직접 작성할 필요는 없지만, 반드시 불필요한 코드들이 너무 많이 들어가지 않도록 주의해서 사용해야 합니다.

"CSS 초기화"란 브라우저마다 가지고 있는 기본적인 CSS 스타일을 초기화하는 것을 말합니다.

CSS 초기화 작성하는 이유
❶ 불필요한 기본 속성 값을 없애기 위해서 작성합니다.
❷ 크로스 브라우징을 위해서 작성합니다.

CSS 초기화 작성 시 유의할 점
- 사용하지 않는 태그들까지 초기화할 필요는 없습니다.
- 브라우저들이 필수적으로 기본 값을 가지고 있는 속성을 초기화 시켜줍니다.
- reset.css를 작성하여 외부 스타일시트로 적용합니다.
- 전체 선택자 *, 최상위 태그인 〈html〉, 〈body〉 태그에 CSS 초기화를 적용하는 것을 권장합니다.
- reset.css 파일은 내가 작성한 css 파일보다 상위에 있어야 합니다.

CSS 초기화 방법
CSS 초기화 값을 설정할 때 크게 속성 값이 숫자인 경우와 영어인 경우로 나눠질 수 있습니다.

속성값	초기화 값
숫자인 경우	0
영어인 경우	none

CSS 초기화 기본 속성

구분	속성
여백	margin, padding, border
테두리	box—sizing
리스트	list—style
링크	text—decoration

1. _____는 브라우저마다 가지고 있는 기본적인 CSS 스타일을 초기화하는 것을 말합니다. _____는 무엇일까요?

2. 다음 중 CSS 초기화를 작성하는 두 가지 이유에 해당하는 것은 무엇일까요?
❶ 필요없는 기본 속성 값
❷ 크로스 브라우징
❸ 특별한 속성 값
❹ 크로즈 브라우싱
❺ 불필요한 기본 속성 값

3. CSS 초기화 값을 설정할 때 속성 값이 숫자인 경우은 ❶_____을 입력하고, 영어인 경우는 ❷_____을 입력하여 초기화를 설정합니다.

4. 순서가 없는 목록 〈ul〉 태그, 순서가 있는 목록〈ol〉 태그처럼 목록 태그의 list-style 속성을 초기화하기 위해서 괄호 안에 입력해야 하는 속성 값은 무엇일까요?

```
<style>
ul,
ol {
    list-style: (_____);
}
</style>
```

Answer
1 CSS 초기화   2 ❷, ❺   3 ❶ 0 ❷ none   4 ❸none

레이아웃 배치를 위한 CSS 포지셔닝

이번 장에서는 레이아웃 배치를 위한 CSS 포지셔닝을 가로로 배치하는 float과 원하는 위치에 배치하는 position 그리고 쉽게 중앙으로 배치하는 방법에 대해서 알아보고 플렉스 박스의 개념과 활용하는 배치를 배우도록 하겠습니다. 마지막에는 레이아웃 속성 활용을 응용한 예제를 함께 해 보도록 하겠습니다.

01 가로로 배치하는 float

01-1 가로 배치 속성 float

> float = 뜨다

float 속성은 '뜨다'라는 의미입니다. 여기서 뜨다(float) 의미는 블록 요소가 위에서 아래 방향으로 흐르는 기본 레이아웃 흐름에서 벗어나 요소의 모서리가 페이지의 왼쪽이나 오른쪽에 이동하는 것을 말합니다.

▌속성

속성	설명
left	요소를 왼쪽으로 정렬
right	요소를 오른쪽으로 정렬

▌float 속성 적용 방법

1 가로로 배치할 해당 요소와 형제 요소에게 float 속성을 적용합니다.

float 속성을 적용한 요소는 위로 뜬 상태로 자신의 부모 영역 안에서 배치가 됩니다. 그러므로 float 요소 뒤에 따라오는 형제 요소는 float 요소의 존재를 인지하지 못하고 무시하여 배치됩니다. 즉, 형제 요소 끼리 float 요소 의 영향을 받으므로 모든 형제 요소에게 float 속성을 적용해야 합니다.

2 부모 요소에게 clear 속성을 설정합니다.

이어서 배울 float를 해제시키는 clear 속성을 적용하여, 레이아웃이 틀어지는 현상을 막습니다.

- **기본적인 용도는 이미지와 텍스트가 있을 때, 이미지 주위를 텍스트로 감싸기 위해 만들어진 것입니다.**

- **float를 적용하지 않으면 블록 요소는 세로 정렬됩니다.**

```html
<!DOCTYPE html>
<html lang="ko">
<head>
    <meta charset="utf-8">
    <title>Title</title>
    <style>
        #box1, #box2, #box3 {
            height: 100px;
            width: 150px;
        }
        #box1 { background-color: red; }
        #box2 { background-color: yellow; }
        #box3 { background-color: blue; }
    </style>
</head>
<body>
    <!-- <div>는 블록 요소 -->
    <div id="box1">box1</div>
    <div id="box2">box2</div>
    <div id="box3">box3</div>
</body>
</html>
```

◆ 실행결과

• **width 값이 100%인 경우 float 속성이 적용되지 않습니다.**

블록 요소에 width 값을 지정하지 않으면 100%이므로 가로 폭을 꽉 채우기 때문에 왼쪽 또는 오른쪽으로 배치할 수 없습니다.

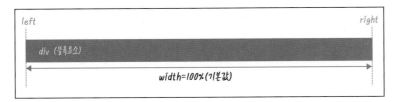

01-2 가로 왼쪽 정렬 속성 left

left = 왼쪽

해당 요소를 왼쪽으로 정렬하는 속성입니다.

형식

```
float: left;
```

```
...중략...
    <style>
        #box1, #box2, #box3 {
            height: 100px;
            width: 150px;
            float: left; /* 왼쪽 정렬 */
        }
        #box1 { background-color: red; }
        #box2 { background-color: yellow; }
        #box3 { background-color: blue; }
    </style>
</head>
<body>
    <!-- <div>는 블록 요소 -->
    <div id="box1">box1</div>
    <div id="box2">box2</div>
    <div id="box3">box3</div>
</body>
</html>
```

◆ 실행결과

위 예제를 해석하면 다음과 같이 설명할 수 있습니다.

#box1, #box2, #box3을 순서대로 왼쪽 가로 정렬로 배치합니다.

01-3 가로 오른쪽 정렬 속성 right

right = 오른쪽

해당 요소를 오른쪽으로 정렬하는 속성입니다.

형식

float: right;

• **요소의 순서가 역순이 됩니다.**

먼저 정의된 요소가 가장 오른쪽에 출력되므로 출력 순서가 역순이 된다는 점을 주의해야 합니다.

■ 소스

```
...중략...
    <style>
        #box1, #box2, #box3 {
            height: 100px;
            width: 150px;
```

```
            float: right; /* 오른쪽 정렬 */
        }
        #box1 { background-color: red; }
        #box2 { background-color: yellow; }
        #box3 { background-color: blue; }
    </style>
</head>
<body>
    <!-- <div>는 블록 요소 -->
    <div id="box1">box1</div>
    <div id="box2">box2</div>
    <div id="box3">box3</div>
</body>
</html>
```

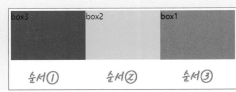

◆ 실행결과

위 예제를 해석하면 다음과 같이 설명할 수 있습니다.

#box1, #box2, #box3을 역순으로 오른쪽 가로 정렬로 배치합니다.

01–4 float 해제 속성 clear

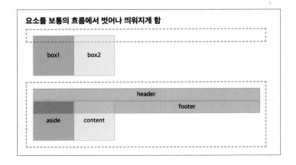

float 속성은 레이아웃의 기본적인 흐름에서 벗어난 상태이기 때문에 위와 같이 레이아웃을 무너뜨리게 되는 현상을 볼 수 있습니다. 이러한 문제를 해결하기 위해서 float 속성을 해제해야 합니다.

clear = 치우다(≒해제하다)

float 속성 값을 해제하는 속성입니다.

형식

```
clear: none | left | right | both;
```

▌속성

속성	설명
none	적용하지 않음
left	왼쪽 요소에 성질 차단
right	오른쪽 요소에 성질 차단
both	양쪽 요소에 성질 차단

- **빈 요소에 clear: both;를 넣어 해제합니다.**

float 속성을 적용한 요소 밑에 빈 요소를 만들어 clear: both;를 줍니다. 하지만 마크업의 흐름을 깨기 때문에 권장하지 않습니다.

▌소스

```
...중략...
    <style>
        .box1, .box2 { float: left; }
        .clear { clear: both; } /* 양쪽 요소 float속성 차단 */
    </style>
</head>
<body>
    <div class="box1"></div>
    <div class="box2"></div>
    <div class="clear"></div> <!-- 임의의 빈 요소인 .clear 생성 -->
</body>
</html>
```

- **가상요소 ::after를 사용합니다.**

가장 많이 사용하는 방법이며, 부모 요소에게 ::after를 사용하며 가상요소를 만들어 줍니다.
뒤에서 배울 가상 요소는 눈에 보이지 않는 요소를 말하며, 부모 뒤에 보이지 않는 가상요소를 만들어 뒤에 요소가 위로 따라 올라가지 않게 해줍니다.

▌소스

```
...중략...
    <style>
        .box1, .box2 { float: left; }
        .clearfix::after { display: block; content:""; clear: both; }
        /*
        display: block 요소를 적용하여 width값 100%로 만든 다음,
        빈 콘텐츠를 넣어주고 clear 속성을 적용합니다.
        */
    </style>
</head>
<body>
    <div class="clearfix"> <!-- 부모 요소에게 적용합니다. -->
        <div class="box1"></div>
        <div class="box2"></div>
    </div>
</body>
</html>
```

원하는 위치에 배치하는 position

이어서 배울 position 속성은 좌표 속성인 top, bottom, left, right와 같이 사용하므로 position 속성을 배우기 전에 브라우저 좌표에 대해 이해가 필요합니다.

02-1 브라우저 좌표

모든 객체의 기준점은 좌측 상단이 시작점(0,0)이며, 수평축을 X, 수직축을 Y로 둡니다.

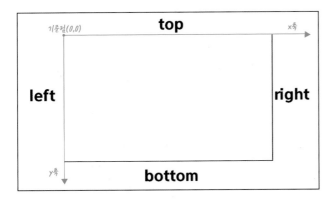

▌ 속성

속성	설명
top	기준으로 설정된 요소에서 상단 좌표 거리
bottom	기준으로 설정된 요소에서 하단 좌표 거리
left	기준으로 설정된 요소에서 좌측 좌표 거리
right	기준으로 설정된 요소에서 우측 좌표 거리

• 해당 좌표 속성에 멀어질수록 양수 값을 가지며, 해당 좌표 속성에 가까워질수록 음수 값을 가집니다

좌표 속성은 양수 또는 음수 값으로 설정할 수 있습니다. 해당 좌표 속성에 멀어질수록 양수 값을 가지며, 해당 좌표 속성에 가까워질수록 음수 값을 가집니다.

양수 값(+)	멀어지는 방향
음수 값(−)	가까워지는 방향

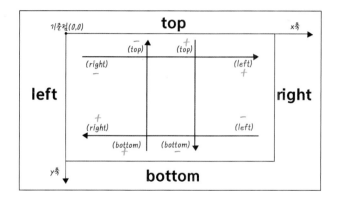

예를 들어 left 좌표 기준으로 좌표값은 왼쪽(left)으로 가까워질수록 음수 값, 오른쪽(right)으로 멀어질수록 양수 값을 가지게 됩니다.

02-2 원하는 위치에 배치하는 속성 position

position = 위치

position 속성은 요소의 위치를 설정합니다.

> **형식**
>
> position : relative | absolute | fixed | sticky;

■ 속성

속성	설명
relative	– 요소의 위치를 절대 값으로 설정 – 자기 자신 기준
absolute	– 요소의 위치를 상대적인 위치 값으로 설정 – 부모 기준
fixed	– 페이지 전체 영역에서 고정 설정 – 브라우저 기준
sticky	– 부모 영역 안에서만 고정 – 부모 기준
static	– 문서 흐름에 따른 기본 위치(기본값) – 좌표 속성인 top, right, bottom, left 값이 무시됨

- position 속성은 다음과 같은 순서로 정의할 수 있습니다.

1 position 속성을 통해 요소 기준을 정합니다.

position 속성은 지정한 요소들을 원하는 위치에 배치할 수 있는 속성이므로 가장 먼저 어디를 기준으로 위치시킬 것인지 기준 대상을 정해야 합니다.

2 top, right, bottom, left 속성을 통해 요소의 최종 위치를 설정합니다.

position속성은 top, right, bottom, left 속성과 함께 사용됩니다.

단, position:static 일 때, 함께 사용된 top, right, bottom, left 속성이 무시됩니다.

- absolute, fixed를 적용할 경우, 해당 선택자에게 크기 값을 직접 지정해 주어야 합니다.

02-3 자기 자신 기준 relative

> relative = 상대적인 ↔ 절대적인

relative 속성은 "상대적인" 의미와 반대로 요소의 위치를 절대값으로 설정합니다.
즉, 자기 자신의 원래 위치를 기준으로 배치합니다.

형식
```
position: relative;
```

- relative 값을 적용하면 기존 위치가 그대로 유지되며, 좌표 값을 적용할 수 있습니다.

원래 position의 기본 값은 static 값이지만, relative 값을 적용하면 해당 요소가 현재 기존 위치에서 떠 있는 상태가 됩니다. 즉, relative 값은 자기 자신이 있던 자리를 기준으로 top, left, bottom, right 좌표 값으로 움직일 수 있습니다.

소스

소스위치:/ch12/example4.html

```
...중략...
  <style>
      /* position 속성의 기본 값 static left, bottom 좌표 값 적용 */
      .static {
          width: 200px;
          height: 200px;
          background: red;
          position: static;
          left: 50px;
          bottom: 20px;
```

```
            }

        /* position 속성 값 relative left, bottom 좌표 값 적용 */
        .relative {
            width: 200px;
            height: 200px;
            background: blue;
            position: relative;
            left: 50px;
            bottom: 20px;
        }
    </style>
</head>
<body>
    <div class="static">static</div>
    <div class="relative">relative</div>
</body>
</html>
```

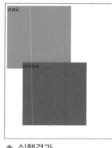

◆ 실행결과

- **위치를 이동하면서 다른 요소에 영향을 주지 않습니다.**

relative는 자기 자신을 기준으로 top, right, bottom, left 값만큼 이동되므로 다른 요소에 영향을 주지 않습니다.

- **relative 값은 margin과 float 속성을 인식합니다.**

02-4 부모 기준 absolute

> absolute = 절대적인 ↔ 상대적인

absolute 속성은 "절대적인" 의미와 반대로 요소의 위치를 상대적인 위치 값으로 설정합니다. 즉, 부모 기준으로 배치합니다.

> **형식**
>
> ```
> position : absolute;
> ```

- **absolute 값을 적용하면 원래 위치 값을 잃어버립니다.**

absolute 값은 부모 요소의 위치를 기준으로 top, right, bottom값만큼 이동됩니다.

그러므로 absolute 값을 적용하면 부모 요소의 영역 내에서 가장 왼쪽 상단에 위치하게 됩니다.

- position:absolute;는 다음과 같은 순서로 정의할 수 있습니다.

1 부모 기준으로 배치할 해당 선택자에게 position:absolute; 값을 설정합니다.

absolute 값은 부모 기준으로 위치에 배치할 수 있는 속성이므로 가장 먼저 어디를 기준으로 위치시킬건지 기준 대상을 정해야 합니다.

2

- 부모 요소에 position 값이 있어야 하며, 대부분 position:relative;을 적용합니다.

단, position의 기본 값인 static은 제외됩니다.

- 부모 요소에 position 값이 없다면 최상위 요소인 〈body〉를 기준으로 인식합니다.

02-5 브라우저 기준 fixed

fixed = 고정된

fixed 속성은 브라우저를 기준점으로 고정된 상태를 말합니다.

형식

position : fixed;

- 브라우저 기준이므로 브라우저의 크기 값을 인식합니다.

fixed 값은 자기 자신이나 부모 요소의 원래 위치가 기준이 되는 게 아니라 브라우저 기준이 되는 속성 입니다. 기본적으로 브라우저의 왼쪽 상단에 고정되며, 스크롤 하여도 위치가 변하지 않습니다.

- 주로 퀵 메뉴나 탑 버튼을 구현할 때 사용합니다.

fixed 값은 적용 시, 스크롤 하여도 위치가 변하지 않으므로 홈페이지에서 고정적으로 위치해야 할 퀵 메뉴나 탑 버튼을 구현할 때 주로 사용하게 됩니다.

02–6 스크롤 영역 기준 sticky

> sticky = 달라붙는

sticky 속성은 부모 요소를 기준점으로 고정된 상태를 말합니다.

형식

```
position : sticky;
```

• **sticky 속성을 적용하기 위해 두 가지 조건을 지켜야 합니다.**

조건1	top, right, bottom, left 위치 값 여부 확인 top, right, bottom, left 위치 값을 적용해야 합니다.
조건2	부모 요소에 해당하는 모든 요소의 overflow:hidden; 값 여부 확인 부모 요소에 해당하는 모든 요소의 overflow:hidden; 값이 있는 경우 동작하지 않습니다.

소스

소스위치:/ch12/example5.html

```html
...중략...
   <style>
        .wrap {
            height: 500px;
            overflow: hidden;
            overflow-y: scroll;
        }
        .inner {
            height:200px;
            background: skyblue;
        }
        .box {
            position: sticky;
            top: 20px;
            left: 20px;
            width: 50px;
            height: 50px;
            background: #000;
        }
    </style>
</head>
<body>
    <div class="wrap">
        <div class="inner"><!-- 부모 요소 inner (기준) -->
            <div class="box"></div><!-- 자식 요소 box (고정될 요소) -->
        </div>
    </div>
</body>
</html>
```

◆ 실행결과

위 예제를 해석하면 다음과 같이 설명할 수 있습니다.

.box 요소는 스크롤 시 부모인 .inner 요소를 영역 안에서 고정되며, .inner 요소의 영역을 벗어나면 다시 일반적인 흐름 즉, 고정되지 않습니다.

알아두세요! fixed 속성과 sticky 속성 차이점

이 두 가지 속성은 고정된다는 의미가 비슷해 헷갈릴 수 있지만 동작에 대한 차이는 뚜렷합니다.

구분	fixed	sticky
기준점	브라우저	scroll 박스(부모 요소)
스크롤 시 고정	스크롤 위치 상관없이 고정	스크롤 위치가 scroll 박스를 벗어나면 다시 일반적인 흐름을 따름

02-7 요소의 순서를 제어하는 속성 z-index

z-index = z축(3차원적)+인덱스(≒순서)

해당 요소의 순서를 제어하는 속성입니다.

형식

```
z-index : auto | number;
```

속성

속성	설명
auto	- 기본값
number	- 숫자가 높을수록 위로 배치 - 양수,음수 설정 가능

z-index를 적용하지 않은 경우, css 우선순위에 따라 나중에 설정된 속성이 앞(위) 쪽으로 위치합니다.

소스

소스위치:/ch12/example6.html

```
...중략...
   <style>
      .box01 {
          position: relative;
          width: 200px;
          height: 200px;
          background-color: red;
      }
      .box02 {
          position: relative;
          left: 10px;
```

```
                top: -70px;
                width: 200px;
                height: 200px;
                background-color: blue;
            }
        </style>
    </head>
    <body>
        <div class="box01">box01</div>
        <div class="box02">box02</div>
    </body>
</html>
```

◆ 실행결과

- **숫자가 가장 크게 지정된 요소가 제일 앞(위) 쪽에 위치합니다.**

숫자가 낮을수록 아래로 배치되며 숫자가 높을수록 위로 배치하게 됩니다.

▌ 소스

소스위치:/ch12/example7.html

```
...중략...
    <style>
        .box01 {
            position: relative;
            width: 200px;
            height: 200px;
            background-color: red;
            z-index: 2;
        }
        .box02 {
            position: relative;
            left: 10px;
            top: -70px;
            width: 200px;
            height: 200px;
            background-color: blue;
            z-index: 1;
        }
    </style>
    </head>
    <body>
        <div class="box01">box01</div>
        <div class="box02">box02</div>
    </body>
</html>
```

◆ 실행결과

- **반드시 position 속성값(단, static값 제외)이 적용된 요소에서만 z-index를 사용할 수 있습니다.**

중앙으로 배치하는 쉬운 방법

CSS로 웹 사이트의 레이아웃을 잡을 때, 요소를 중앙으로 배치해야 할 경우가 자주 있습니다. 인라인 요소와 블록 요소별로 쉽게 중앙으로 배치할 수 있는 방법을 알아보겠습니다.

03-1 text-align / line-height 사용 (텍스트)

형식

```
line-height : 요소의 높이 값 ; 텍스트 세로 가운데 정렬
text-align : center ; 텍스트 가로 가운데 정렬
```

■ 소스

소스위치:/ch12/example8.html

```
...중략...
    <style>
        .box {
            width: 250px;
            height: 250px;
            line-height: 250px; /* 세로 가운데 정렬 (line-height 값 = 높이값) */
            text-align: center; /* 가로 가운데 정렬 */
            background: yellow;
            margin: 30px;
            display: inline-block;
        }
    </style>
</head>
<body>
    <div class="box box1">
        텍스트가운데
    </div>
    <div class="box box2">
        텍스트가운데<br>
        텍스트가운데
    </div>
</body>
</html>
```

◆ 실행결과

다음과 같이 설명할 수 있습니다.

> .box 안에 텍스트 정렬은 가운데 정렬, 행간은 .box 높이 값인 250px로 정렬합니다.

• **텍스트가 2줄 이상일 경우, 내용이 부모 요소의 바깥에 표시되는 문제가 있습니다.**

짧은 텍스트를 수직으로 가운데 정렬할 때만 제한적으로 사용 가능합니다.

03-2 vertical-align 사용 (인라인 요소)

형식

```
vertical : middle ;
```

■ 소스

소스위치:/ch12/example9.html

```
...중략...
    <style>
        img {
            vertical-align: middle; /* 가운데 정렬 (인라인요소) */
        }
    </style>
</head>
<body>
    <p>
        <img src="images/sqpurple.gif" width="10" height="10">
        vertical-align 사용하여 인라인요소 가운데 정렬
    </p>
</body>
</html>
```

> ■vertical-align 사용하여 인라인요소 가운데 정렬

◆ 실행결과

• **블록 요소는 적용되지 않으며, 인라인 요소에만 적용됩니다.**

⟨div⟩, ⟨p⟩와 같은 블록 요소는 display 속성이 변하지 않으면 vertical 속성이 적용되지 않습니다.

구분	적용유부
display:inline; (인라인)	○
display:inline-block ; (인라인 + 블록)	○
display:block; (블록)	×

03-3 margin 사용 (블록 요소)

형식

```
margin : 0 auto ; top+bottom left+right
```

```
소스위치:/ch12/example10.html
...중략...
    <style>
        div {
            width: 300px;
            height: 300px;
            background: red;
            margin: 0 auto; /* 가운데 정렬 (블록 요소) */
        }
    </style>
</head>
<body>
    <div>margin 사용하여 블록요소 가운데 정렬</div>
</body>
</html>
```

◆ 실행결과

- **정렬하려는 해당 요소에게 width 값을 반드시 지정합니다.**

블록 요소는 크기 값을 지정하지 않을 경우 width 값이 100%가 됩니다. width 값이 100%일 경우 가로 가운데 정렬을 할 수 없으므로 정렬하려는 요소에게 width 값을 반드시 지정해야 합니다.

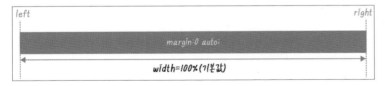

- **인라인 요소는 적용되지 않으며, 블록 요소에만 적용됩니다.**

〈a〉, 〈span〉과 같은 인라인 요소는 display 속성이 변하지 않으면 margin:0 auto가 적용되지 않습니다.

구분	적용유부
display:inline (인라인)	×
display:inline—block (인라인 + 블록)	○
display:block (블록)	○

03-4 position / margin 사용 (블록 요소)

형식

```
position: absolute;
top: 50%;
left: 50%;
margin-top: - (자기 자신의 높이 값 / 2);
margin-left: - (자기 자신의 너비 값 / 2);
```

• position / margin-top / margin-left를 사용하여 다음과 같은 순서로 적용합니다.

1 **정렬하려는 해당 요소 부모에게 position 값을 적용하고, 자신에게 position:absolute ; 값을 적용합니다.**

absolute 값은 부모 기준으로 배치하므로 해당 요소 부모에게 position 값, 자신에게 absolute 값을 적용하면 위치는 부모의 왼쪽 상단에 배치됩니다.

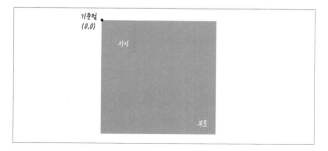

2 **top, left에 50%씩 처리하여 가운데로 밀어 넣습니다.**

top, left를 50% 적용하면 가운데 쪽으로 오긴 하지만 기준점 기준으로 중앙정렬이 된 것을 볼 수 있습니다.

3 **margin-top에 – (자기 자신의 높이 값 / 2) 값을 적용합니다.**

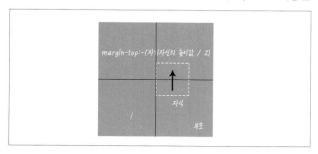

4 **margin-left에 – (자기 자신의 너비 값 / 2) 값을 적용합니다.**

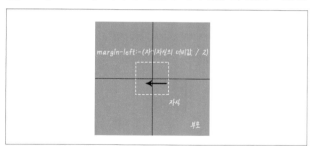

03-5 position / transform 사용 (블록 요소)

형식

```
position: absolute;
top: 50%;
left: 50%;
transform: translate(-50%, -50%); translate(X, Y);
```

- position / transform을 사용하여 다음과 같은 순서로 적용합니다.

1 정렬하려는 해당 요소 부모에게 position 값을 적용하고, 자신에게 position:absolute; 값을 적용합니다.

absolute 값은 부모 기준으로 배치하므로 해당 요소 부모에게 position 값, 자신에게 absolute 값을 적용하면 위치는 부모의 왼쪽 상단에 배치됩니다.

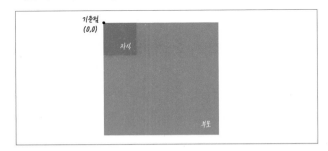

2 top, left에 50%씩 처리하여 가운데로 밀어 넣습니다.

top, left를 50% 적용하면 가운데쪽으로 오긴 하지만 기준점 기준으로 중앙정렬이 된 것을 볼 수 있습니다.

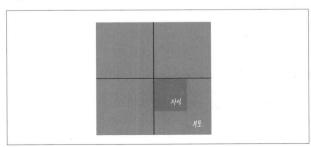

3 transform에 translate(X, Y) 값에 −50%,−50% 값을 적용합니다.

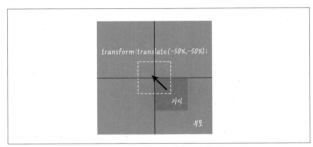

04 플렉스 박스

04-1 배치 속성 flex

> flex = 유연한

flex는 정렬, 방향, 크기, 순서를 모두 css만으로 유연하게 조절할 수 있기 때문에 다양한 레이아웃을 보다 쉽게 구현할 수 있습니다. 이 책에서는 flex를 이용하여 가로 배치를 유용하게할 수 있는 방법에 대해 집중적으로 알아보겠습니다.

> **형식**
>
> ```
> display : flex;
> ```

▌구성

구분	역할
flex container	부모 요소
flex item	자식 요소

flexbox는 상위 부모 요소인 flex container와, 자식 요소인 flex item으로 구성됩니다.

▌속성

구분	속성	설명
flex container (부모 요소)	display	flex item(자식 요소)를 flex로 정의
	flex-direction	flex item(자식 요소)의 배치 방향 설정
	justify-content	flex item(자식 요소)의 정렬 방식 설정
	flex-wrap	flex item(자식 요소)을 줄바꿈 설정
flex item(자식 요소)	order	flex item(자식 요소)의 순서 설정

flex container(부모 요소)에 전체적인 정렬과 관련된 속성을 정의하고, flex item(자식요소)에 자식 요소의 크기나 순서를 정의합니다.

```
...중략...
    <style>
        /* flex container(부모 요소)에 display:flex 선언 */
        .container { display: flex; }
        .item {
            width: 200px;
            height: 200px;
        }
        .item01 { background: red; }
        .item02 { background: blue; }
        .item03 { background: green; }
    </style>
</head>
<body>
    <!-- flex container (부모 요소) -->
    <div class="container">
        <!-- flex item ❶ (자식 요소) -->
        <div class="item item01"> 1</div>
        <!-- flex item ❷ (자식 요소) -->
        <div class="item item02"> 2 </div>
        <!-- flex item ❸ (자식 요소) -->
        <div class="item item03"> 3 </div>
    </div>
</body>
</html>
```

◆ 실행결과

위 예제를 해석하면 다음과 같이 설명할 수 있습니다.

> .container 안에 있는 .item들은 display:flex; 값을 적용받아 가로 배치를 할 수 있습니다.

04-2 플렉스 박스 속성

• 플렉스 컨테이너 지정하는 속성 display

display 속성은 flex item(자식 요소)를 flex로 정의할지 설정합니다.

■ 속성

구분	설명
flex	flex item(자식 요소)를 인라인 요소로 정의
inline-flex	flex item(자식 요소)를 인라인 요소로 정의

• 플렉스 배치 방향을 설정하는 속성 flex-direction

flex-direction 속성은 flex item(자식 요소)의 배치 방향을 설정합니다.

속성

구분	설명
row	– 세로 지정 – 왼쪽에서 오른쪽으로 배치
row–inverse	– 세로 지정 – 오른쪽에서 왼쪽으로 배치
column	– 가로 지정 – 위쪽에서 아래쪽으로 배치
column–inverse	– 가로 지정 – 아래쪽에서 위쪽으로 배치

소스

소스위치:/ch12/example12.html

```
...중략...
  <style>
      .flexbox {
          background-color: yellow;
          width: 500px;
          height: 200px;
          display: -webkit-flex;
          display: flex;
      }
      #row_reverse {
          -webkit-flex-direction: row-reverse;
          flex-direction: row-reverse;
      }
      .item {
          background-color: red;
          width: 100px;
          height: 100px;
          margin: 10px;
          color:#fff;
          font-size: 20px;
          text-align: center;
          line-height: 100px;
      }
  </style>
</head>
<body>
  <h3>flex-direction의 속성값이 row</h3>
  <div id="row" class="flexbox">
      <div class="item">1</div>
      <div class="item">2</div>
      <div class="item">3</div>
  </div>
  <h3>flex-direction의 속성값이 row-reverse</h3>
```

```
    <div id="row_reverse" class="flexbox">
        <div class="item">1</div>
        <div class="item">2</div>
        <div class="item">3</div>
    </div>
</body>
</html>
```

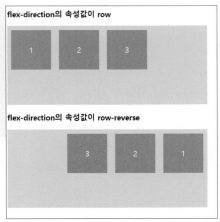

◆ 실행결과

• 플렉스 정렬 방식을 설정하는 속성 justify-content

justify-content 속성은 flex item(자식 요소)의 정렬 방식을 설정합니다.

▌속성

구분	설명
flex-start	항목이 컨테이너의 왼쪽에서 시작 (기본값)
flex-end	항목이 컨테이너의 오른쪽에서 시작
center	항목이 중앙에 배치
space-between	좌우 여백 없이 사이 여백 균등하게 배치
space-around	좌우 여백 있는 상태에서 사이 여백 균등하게 배치

• 플렉스 요소를 줄바꿈 설정하는 속성 flex-wrap

flex-wrap 속성은 flex container(부모 요소) 안에 flex item(자식 요소)의 공간이 넘칠 때, flex item(자식 요소)들을 한 줄 또는 여러 줄로 배치할지 설정합니다.

▌속성

구분	설명
no-wrap	플렉스 요소들을 한 줄에 표시
wrap	플렉스 요소들을 여러 줄에 표시
wrap-reverse	플렉스 요소을 여러 줄에 표시하되 기존 방향과 반대로 배치

- 플렉스 요소 순서를 설정하는 속성 order

order 속성은 요소들의 순서를 설정합니다.

▌속성

구분	설명
0	기본값
숫자	숫자 순서에 따라 배치

04-3 flex를 활용하여 가로 배치

- display:flex;는 다음과 같은 순서로 정의할 수 있습니다.

1 부모(컨테이너) 요소에게 display:flex;를 설정합니다.

기존에 부모(컨테이너) 안에 있는 블록 요소인 자식(아이템)들은 세로로 나열이 되지만 flex를 추가하면 부모(컨테이너) 안에 있는 자식(아이템)들이 가로로 나열됩니다.

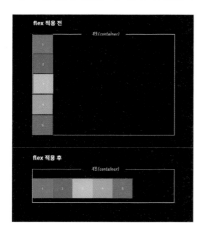

2 부모 요소에게 justify-content로 정렬을 설정합니다.

앞에서 배운 justify-content 속성을 적용하여, 자식 요소들의 정렬 방식을 설정합니다.

05 레이아웃 속성 활용해보기

레이아웃 배치를 위한 float, position, flex 속성을 활용하여 다양한 레이아웃을 만들어봅시다. 먼저 예제를 풀기에 앞서 브라우저마다 가지고 있는 기본적인 CSS 스타일을 초기화시키기 위해서 미리 작성해 둔 reset.css를 불러오도록 하겠습니다.

※ reset.css 파일은 작성해야할 내용이 많기 때문에 "https://github.com/gnuwiz/HTML_CSS_Book" 링크의 해당 챕터에서 다운로드하여, "ch12/reset.css" 경로로 파일을 업로드 해주도록 합니다.

▌기본적인 준비

```
<!DOCTYPE html>
<html lang="ko">
<head>
    <meta charset="utf-8">
    <meta http-equiv="X-UA-Compatible" content="IE=edge">
    <meta name="viewport" content="width=device-width, initial-scale=1.0">
    <link rel="stylesheet" href="reset.css"> <!-- 초기화css -->
    <title>Title</title>
</head>
<body>
</body>
</html>
```

위 코드와 같이 기본적인 준비가 완료되었다면, 예제에 코드를 더해가며 하나씩 이어가 보도록 하겠습니다.

다음의 예제 10개 설명과 코드는 부록 PDF로 제공하도록 하겠습니다.

예제 1

예제 2

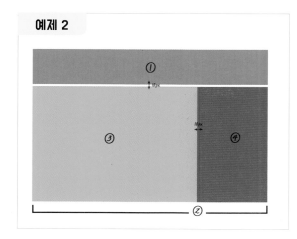

예제 3

예제 4

예제 5

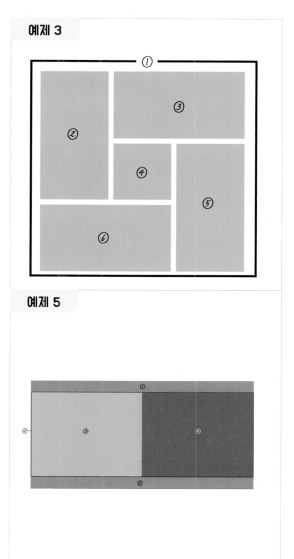

예제 6

예제 7

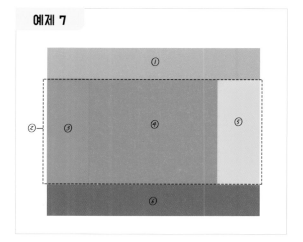

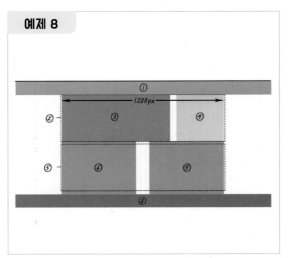

예제 8

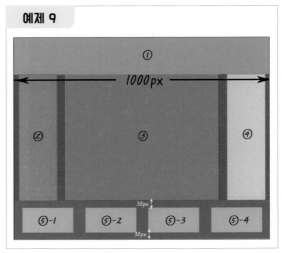

예제 9

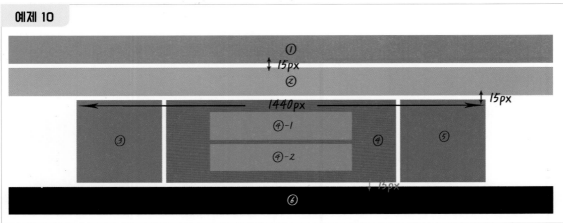

예제 10

가로 배치 속성 float

"float 속성"은 '뜨다' 라는 의미를 가지고 있습니다. 여기서 뜨다(float)라는 의미는 블록 요소가 위에서 아래 방향으로 흐르는 기본 레이아웃 흐름에서 벗어나 요소의 모서리가 페이지의 왼쪽이나 오른쪽에 이동하는 것을 말합니다.

속성	설명
left	요소를 왼쪽으로 정렬
right	요소를 오른쪽으로 정렬

"clear 속성"은 float 속성 값을 해제하는 속성입니다.

속성	설명
none	적용하지 않음
left	왼쪽 요소에 성질 차단
right	오른쪽 요소에 성질 차단
both	양쪽 요소에 성질 차단

원하는 위치에 배치하는 position

"position 속성"은 요소의 위치를 설정합니다.

속성	설명
relative	– 요소의 위치를 절대 값으로 설정 – 자기 자신 기준
absolute	– 요소의 위치를 상대적인 위치 값으로 설정 – 부모 기준
fixed	– 페이지 전체 영역에서 고정 설정 – 브라우저 기준
sticky	– 부모 영역 안에서만 고정 – 부모 기준
static	– 문서 흐름에 따른 기본 위치(기본값) – 좌표 속성인 top, right, bottom, left 값이 무시됨

"z-index 속성"은 해당 요소의 순서를 제어하는 속성입니다.

속성	설명
auto	– 기본값
number	– 숫자가 높을수록 위로 배치 – 양수.음수 설정 가능

쉽게 중앙으로 배치하는 방법

❶ vertical-align 사용 (인라인요소)

```
vertical : middle ;
```

❷ margin 사용 (블록요소)

```
margin : 0 auto ;
```

❸ position / transform 사용 (블록요소)

```
position: absolute;
top: 50%;
left: 50%;
transform: translate(-50%, -50%);
```

가로 배치 속성 flex

"flex"는 정렬, 방향, 크기, 순서를 모두 css만으로 유연하게 조절할 수 있기 때문에 다양한 레이아웃을 보다 쉽게 구현할 수 있습니다.

상위 부모요소인 "flex container"와, 자식 요소인 "flex item"으로 구성됩니다.

속성	설명
display	플렉스 컨테이너 지정하는 속성
flex-direction	플렉스 배치 방향을 설정하는 속성
justify-content	플렉스 정렬 방식을 설정하는 속성
flex-wrap	플렉스 요소를 줄바꿈 설정하는 속성
order	플렉스 요소 순서를 설정하는 속성

1️⃣ _____ '뜨다' 라는 의미를 가지고 있습니다. 여기서 '뜨다'라는 의미는 블록 요소가 위에서 아래 방향으로 흐르는 기본 레이아웃 흐름에서 벗어나 요소의 모서리가 페이지의 왼쪽이나 오른쪽에 이동하는 것을 말합니다.

2️⃣ 요소의 위치를 설정하는 position 속성 값은 크게 세 가지로 나뉘게 됩니다. 자기 자신 기준으로 설정하는 속성 값인 ❶_____, 부모 기준으로 설정하는 속성 값인 ❷_____, 브라우저 기준으로 설정하는 속성 값인 ❸_____ 입니다.

3️⃣ 쉽게 중앙으로 배치하는 방법 중 하나로 괄호 안에 들어가는 두 가지 속성은 무엇일까요?

```
❶_____ : absolute;
top: 50%;
left: 50%;
❷_____ : translate(-50%, -50%);
```

4️⃣ _____는 정렬, 방향, 크기, 순서를 모두 css만으로 유연하게 조절할 수 있기 때문에 다양한 레이아웃을 보다 쉽게 구현할 수 있습니다.
상위 부모요소인 "flex container"와, 자식 요소인 "flex item"으로 구성됩니다.

5️⃣ 다음은 flex 속성 중 어떤 속성에 대한 설명입니까?

> flex container(부모 요소) 안에 flex item(자식 요소)의 공간이 넘칠 때, flex item(자식 요소)들을 한 줄 또는 여러 줄로 배치할지 설정합니다.

❶ flex-wrap　　❷ order　　❸ display　　❹ flex-direction　　❺ justify-content

Answer

1️⃣ float　　2️⃣ ❶ relative ❷ absolute ❸ fixed　　3️⃣ ❶ position ❷transform　　4️⃣ flex　　5️⃣ ❶

03

HTML&CSS
한 걸음 나아가기

이번 파트는 HTML과 CSS를 함께 적용하여 HTML 시멘틱 태그, CSS 상속, CSS 고급 선택자 그리고 반응형 웹과 미디어 쿼리 설명을 위한 파트입니다.

HTML 시멘틱 태그

이번 장에서는 의미에 맞게 태그를 작성하여 브라우저나 개발자가 그 태그의 사용의미를 잘 받아들일 수 있도록 코딩하는 것이 중요합니다. 앞에는 대부분 〈div〉 태그로 구조를 짰습니다.

이번 장에서 HTML에서 의미에 맞게 태그를 작성하는 시맨틱 태그에 대한 개념을 이해해보겠습니다.

01 문서 구조화를 위한 시맨틱 태그란?

01-1 시맨틱 태그 개념

태그의 종류는 크게 의미가 없는 태그(non-semantic)와 의미를 가진 태그(semantic)가 있습니다.

non-semantic	의미가 없는 태그	⟨div⟩, ⟨span⟩ 등
semantic	의미를 가지는 태그	⟨header⟩, ⟨nav⟩, ⟨article⟩, ⟨section⟩, ⟨main⟩, ⟨aside⟩, ⟨footer⟩ 등

그중 시맨틱(Semantic)은 "의미의, 의미론적인"이라는 뜻, 즉 시맨틱 태그란 의미를 가지는 태그이며, 의미에 맞게 태그를 작성하는 것을 의미합니다.

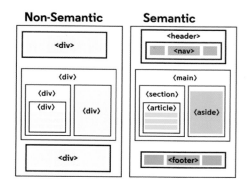

앞서 레이아웃 속성 활용해 보기 예제를 실습하면서도 일반적으로 레이아웃을 짤 때 의미가 없는 태그 인 ⟨div⟩ 태그를 대부분 사용합니다.

웹 문서에 레이아웃을 만들 때, 시맨틱 태그를 사용하지 않더라도 ⟨div id="header"⟩⟨div class="nav"⟩⟨div id="footer"⟩이런 형태로 ⟨div⟩ 태그에 클래스나 아이디명을 생성하여 웹 문서를 만들 수 있습니다.

시맨틱 태그를 사용하거나 사용하지 않거나 웹 브라우저에 나타나는 모습은 똑같습니다.
하지만 ⟨div⟩ 태그가 너무 많아지다 보면 ⟨div⟩ 태그가 무슨 역할을 하는지 알아보기 힘들어 문서 구조 를 한눈에 파악하기 어렵습니다.

그 점을 보완하기 위해서 출력되는 형태는 ⟨div⟩ 태그와 같지만 의미에 맞게 시맨틱 태그를 자기 스스로 브라 우저와 개발자 모두에게 자신이 사용된 의미를 명확히 전달하므로 한눈에 문서 구조를 파악하기 쉽습니다.

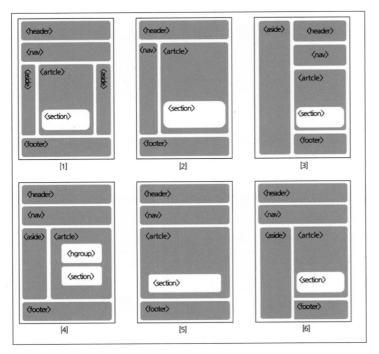

웹 문서는 다양한 레이아웃을 가질 수 있습니다. 이때, 시맨틱 태그를 사용했을 경우 어느 부분이 제목인지 메뉴인지 등 어떤 역할을 하는지 쉽게 알 수 있습니다.

또한, 태그에 대한 역할이 명확하게 정해졌기 때문에 어떤 디바이스에서든 문서를 똑같이 해석할 수 있습니다.
이와 같이 시맨틱 태그를 사용해야 하는 이유를 살펴보겠습니다.

01-2 시맨틱 태그를 사용해야 하는 이유

- **검색엔진 최적화 (SEO)**

구글이나 네이버 같은 큰 검색 사이트에서는 각자의 검색엔진을 통해 웹 사이트의 정보를 수집합니다. 이러한 검색엔진이 검색을 수행할 때 html 내에 있는 태그들을 분석합니다.

이때 그 태그들의 의미가 분명한 시맨틱 태그를 사용한다면 검색엔진 입장에서는 이게 데이터인지 아닌지 구분하기가 쉬워집니다.

• 웹 접근성

◆ 네이버 널리 전맹 시각 장애인 체험 화면

시각 장애인들은 화면을 눈으로 볼 수 없기 때문에 음성과 점자가 출력되는 웹 환경이 필요합니다. 그래서 웹 사이트를 이용할 때 웹에 보이는 모든 글씨를 음성으로 읽어주는 스크린 리더 프로그램을 사용하게 됩니다.

이때 시맨틱 태그를 사용하는 것이 어느 부분이 제목인지, 내용인지 구별하여 정확하게 전달할 수 있기 때문에 스크린 리더 활용에 좋아 웹 접근성을 높일 수 있습니다.

• 코드 가독성

```html
<html lang="en">
  <head>
    <title>Document</title>
  </head>
  <body>
    <div id="header">
      <div className="header__left"><img src="" alt="logo" /></div>
      <div className="header__right">
        <div className="header__right--item menu">menu1</div>
      </div>
    </div>

    <div className="main">
      <div className="section">
        <div>section content 1</div>
      </div>
      <div className="section">
        <div>section content 2</div>
      </div>
      <div className="section">
        <div>section content 3</div>
      </div>
    </div>

    <div className="footer">
      footer
    </div>
  </body>
</html>
```

```html
<html lang="en">
  <head>
    <title>Document</title>
  </head>

  <body>
    <header>
      <div className="header__left"><img src="" alt="logo" /></div>
      <div className="header__right">
        <ul>
          <li className="header__right--item menu">menu1</li>
        </ul>
      </div>
    </header>

    <main>
      <section>
        <div>section content 1</div>
      </section>
      <section>
        <div>section content 2</div>
      </section>
      <section>
        <div>section content 3</div>
      </section>
    </main>

    <footer>
      footer
    </footer>
  </body>
</html>
```

만약 모든 태그들이 〈div〉 태그로 되어있다면 한눈에 헤더인지 푸터인지 내비게이션인지 구분하기 힘듭니다.

시맨틱 태그를 사용함으로써 한눈에 특정 부분이 어떤 의미를 가진 부분인지 알아볼 수 있다면 유지 보수할 때도 편하고 코드를 읽을 때도 편합니다.

시맨틱 태그 종류

〈header〉	페이지 상단에 위치한 머리말 요소
〈nav〉	메인 메뉴 부분을 나타내는 요소
〈main〉	페이지 전체의 주요 콘텐츠를 나타내는 요소
〈section〉	주제별로 나눌 수 있는 요소
〈article〉	개별 콘텐츠를 나타내는 요소
〈aside〉	페이지 좌우 측에 위치하는 부가적인 정보를 나타내는 요소
〈footer〉	페이지 하단에 위치한 꼬리말 요소

시맨틱 태그는 여러 종류와 태그의 사용법에 대해 알아보겠습니다.

02-1 페이지 상단에 위치한 머리말 요소 〈header〉

header 헤더, 머리말

〈header〉 요소는 로고, 페이지 제목, 내비게이션 메뉴 등 머리말 부분입니다.

특징	설명
요소	블록 요소(Block Element)
닫는 태그	닫는 태그 사용(〈header〉 ~ 〈/header〉)
포함 정보	회사명, 로고, 메뉴, 검색창 등

• 〈header〉 태그는 주로 상단에 위치합니다.

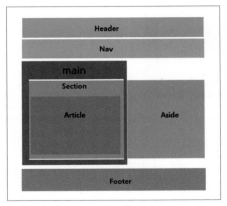

〈header〉 태그는 헤더, 머리말을 가리키는 의미처럼 구조상 주로 상단에 위치합니다.

- ⟨html⟩ 태그 바로 밑에 쓰이는 ⟨head⟩ 태그와 ⟨body⟩ 태그 안에 있는 ⟨header⟩ 태그는 전혀 다릅니다.

```
<html>
  <head> </head>
  <body>
    <header></header>
  </body>
</html>
```

⟨html⟩ 태그 바로 밑에 쓰이는 ⟨head⟩ 태그 영역에는 인코딩 타입이 들어가는 ⟨meta⟩, 문서의 제목을 나타내는 ⟨title⟩, 외부 스타일 시트 ⟨link⟩, 내부 스타일 시트 ⟨style⟩등 태그가 들어갑니다.
그러므로 ⟨body⟩ 영역 안에 위치는 ⟨header⟩와는 전혀 다릅니다.

- **⟨h1⟩ ~ ⟨h6⟩ 태그 사이의 하나의 제목을 포함할 수 있습니다.**

```
⟨header⟩
    ⟨h1⟩로고⟨/h1⟩
⟨/header⟩
```

웹 페이지에 가장 중요한 부분인 로고를 ⟨h1⟩ 태그로 작성하기 때문에 사이트는 대부분 제목을 가지고 있습니다.

- **메뉴에 해당하는 내비게이션 태그인 ⟨nav⟩ 태그를 포함할 수 있습니다.**

◆ 네이버

```
⟨header⟩
    ⟨nav⟩메뉴 영역⟨/nav⟩
⟨/header⟩
```

평소에 많이 보는 네이버를 예를 들어 설명하면 위와 같은 영역을 '헤더'라고 말합니다.
⟨header⟩ 태그는 머리말 역할도 있지만 내비게이션의 지원하는 역할도 하기 때문에 바로 뒤에 설명할 ⟨nav⟩ 태그를 포함합니다.

- **하나의 문서에 여러 개의 ⟨header⟩ 태그도 사용 가능합니다.**

```
⟨div⟩
    ⟨header⟩
        ⟨h3⟩날씨 정보⟨/h3⟩
        ⟨h4⟩9월 19일⟨/h4⟩
        ⟨p⟩기상청제공⟨/p⟩
    ⟨/header⟩
⟨/div⟩
```

⟨header⟩ 태그는 웹 페이지 머리말 영역이기도 하지만 문서나 섹션의 머리말 부분을 지칭할 때도 사용하므로 여러 개의 ⟨header⟩ 태그를 사용할 수 있습니다.

• **⟨header⟩ 태그 안에 ⟨header⟩ 태그와 ⟨footer⟩ 태그를 둘 수 없습니다.**

02-2 메인 메뉴 부분을 나타내는 요소 ⟨nav⟩

> navigation 길을 찾다

⟨nav⟩ 태그는 동일한 사이트 안의 문서나 다른 사이트의 문서로 연결하는 링크를 제공하는 메뉴 영역입니다.

특징	설명
요소	블록 요소(Block Element)
닫는 태그	닫는 태그 사용(⟨nav⟩ ~ ⟨/nav⟩)
포함 정보	주요 메뉴

• **⟨nav⟩ 태그 위치는 자유롭게 정할 수 있습니다.**

• **사이트의 모든 링크가 ⟨nav⟩ 태그에 포함할 수 없지만, 핵심 탐색 링크에는 ⟨nav⟩ 태그를 사용합니다.**
탐색 링크는 서로 다른 페이지로 이동할 수 있는 링크를 말합니다. 그래서 주로 메인 메뉴에 사용하기를 권장하며, 모든 목록 형태의 ⟨a href="#"⟩⟨/a⟩ 태그인 하이퍼링크 콘텐츠에 ⟨nav⟩ 태그를 사용하는 것은 바람직하지 않습니다.

• **⟨nav⟩ 태그 영역 안에 주로 순서가 없는 목록 태그 ⟨ul⟩⟨li⟩를 많이 사용합니다.**

```
⟨nav⟩
    ⟨ul⟩
        ⟨li⟩⟨a href="#"⟩메뉴1⟨/a⟩⟨/li⟩
        ⟨li⟩⟨a href="#"⟩메뉴2⟨/a⟩⟨/li⟩
        ⟨li⟩⟨a href="#"⟩메뉴3⟨/a⟩⟨/li⟩
    ⟨/ul⟩
⟨/nav⟩
```

목록을 만드는 태그 ⟨ul⟩ 태그와 ⟨ol⟩ 태그를 단순히 리스트 나열뿐만 아니라 메뉴 등을 만들 때도 사용합니다. 그 중 순서 있는 목록인 ⟨ol⟩ 태그보다 순서 없는 목록 ⟨ul⟩ 태그를 주로 사용합니다. 대메뉴 안에 소메뉴를 만들 때에도 ⟨ul⟩ 이나 ⟨ol⟩ 하위에 다시 ⟨ul⟩ 이나 ⟨ol⟩ 태그를 사용하면 됩니다.

• **⟨footer⟩ 태그 영역에서는 주로 사이트 링크 모음 부분에 사용하는 것을 권장하지 않습니다.**
메인 메뉴에 포함되지 않는 관련 사이트 등과 같은 링크 항목은 뒤에서 배울 ⟨footer⟩ 태그에 포함된 링크 목록을 들 수 있습니다. 이러한 링크 목록 콘텐츠의 경우에는 사이트의 메인 메뉴라 보기 어려우므로 ⟨nav⟩ 태그를 사용하지 않는 것이 적절합니다.

02-3 페이지 전체의 주요 콘텐츠를 나타내는 요소 〈main〉

> main 가장 큰, 주된

〈main〉 태그는 문서의 주요 콘텐츠를 정의하며, 몸통 영역입니다.

특징	설명
요소	블록 요소(Block Element)
닫는 태그	닫는 태그 사용(〈main〉 ~ 〈/main〉)
포함 정보	주요 콘텐츠

• 〈main〉 태그는 한 페이지에 한 번만 사용할 수 있습니다.

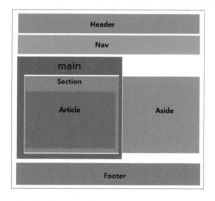

한 페이지에 한 번만 사용 가능하므로 한 문서에 둘 이상의 〈main〉이 있어서는 안 됩니다.

• **사이드 메뉴, 내비게이션 링크, 로고 영역, 검색 영역 등 반복되는 영역은 포함할 수 없습니다.**
〈header〉 태그, 〈nav〉 태그, 〈aside〉 태그, 〈footer〉 태그를 제외한 나머지 전체 영역을 대부분 〈main〉 태그로 설정합니다. 그래서 〈header〉 태그 안에 포함된 로고 및 검색 영역, 〈nav〉 태그 안에 포함된 내비게이션 링크, 이어서 배우게 될 〈aside〉 태그에 포함된 사이드 메뉴는 포함할 수 없습니다.

02-4 주제별로 나눌 수 있는 요소 〈section〉

> section 구역, 영역

〈section〉 태그는 하나의 주제로 관련된 콘텐츠를 그룹으로 묶어 영역을 구분할 때 사용합니다.

특징	설명
요소	블록 요소(Block Element)
닫는 태그	닫는 태그 사용(〈section〉 ~ 〈/section〉)
포함 정보	제목이 있는 주제별 콘텐츠 그룹

- 하나의 〈h1〉 ~ 〈h6〉 태그와 함께 사용합니다.

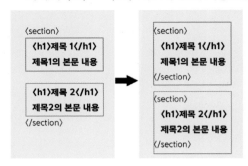

〈section〉 태그는 일반적으로 하나의 주제를 가지고 있으므로 제목을 표현하는 〈h1〉 ~ 〈h6〉 태그와 함께 사용하는 것을 권장하며, 이때 〈h1〉 ~ 〈h6〉 태그가 하나만 사용해야 합니다.

- 〈section〉 태그 안에 또 다른 〈section〉 태그를 넣을 수 있습니다.

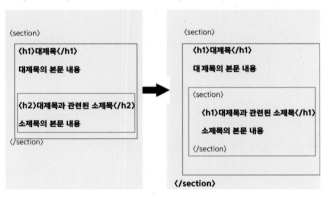

주제별로 나눌 경우 하나의 주제 안에 또 다른 세부 주제가 있을 경우에는 〈section〉 요소 안에 〈section〉 요소를 넣을 수 있습니다.

02-5 개별 콘텐츠를 나타내는 요소 〈article〉

article 글, 기사

〈article〉 태그는 독립적인 개별 콘텐츠를 담는 요소입니다. 즉, 〈article〉 태그는 그 자체로 의미가 있어야 하며, 웹 사이트와는 독립적으로 내용에 의미가 있는 것을 묶을 때 사용합니다. 〈article〉 태그를 적용한 부분을 떼어 독립적으로 배포하거나 재사용해도 완전한 하나의 콘텐츠가 된다면 사용 가능합니다.

특징	설명
요소	블록 요소(Block Element)
닫는 태그	닫는 태그 사용(〈article〉 ~ 〈/article〉)
포함 정보	개별 콘텐츠

- 포럼 게시물, 신문기사, 블로그 포스트 등 주로 독립적인 개별 콘텐츠 항목을 나타냅니다.

```
<article>
    신문기사, 포럼게시물, 블로그포스트 등
</article>
```

- 〈article〉 태그는 독립적인 콘텐츠 내용이 명시적으로 나열되고, 각각의 콘텐츠에는 제목을 나타내는 〈h1〉~〈h6〉 태그가 표시되어야 합니다.

```
<!-- 첫번째 독립적인 콘텐츠 -->
<article>
    <h4>기사제목</h4>
</article>
<!-- 두번째 독립적인 콘텐츠 -->
<article>
    <h4>기사제목</h4>
</article>
```

- 〈section〉 태그 안에 〈article〉 태그를 쓸 수 있으며, 〈article〉 태그 안에도 〈section〉 태그를 쓸 수 있습니다.

〈section〉 태그 안에 〈article〉 태그가 포함되는 것이 일반적이지만 맥락에 따라 〈article〉 태그 안에 〈section〉 태그가 포함될 수도 있습니다.

이와 같이 〈section〉 태그와 〈article〉 태그는 별다른 차이점을 발견할 수 없습니다. 그래서 두 태그의 차이점에 대하여 다음 "알아두세요"에서 살펴보겠습니다.

알아두세요! 〈section〉 태그와 〈article〉 태그 차이점

이 두 태그는 별다른 차이점을 발견할 수 없습니다. 대체로 〈section〉 태그는 서로 관계있는 콘텐츠를 주제별로 분류한다면 〈article〉 태그는 실질적인 내용을 넣습니다.
이 두 태그를 뉴스로 예를 들면 정치/ 연예/ 사회의 대분류는 〈section〉 태그에 해당하고, 정치 기사 내용과 연예 기사 내용들을 〈article〉 태그로 나눌 수 있습니다.

■ 총정리
❶ 〈section〉 태그는 서로 관련있는 내용
❷ 〈article〉 태그는 서로 독립적인 내용
❸ 〈article〉 태그를 〈section〉 태그로 나눌 수 있고, 반대로도 가능

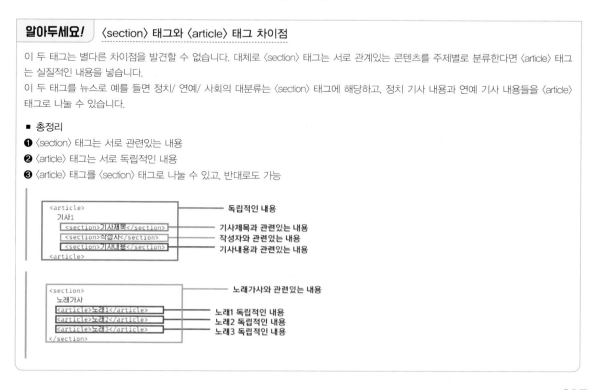

02-6 주요 콘텐츠가 아닌 부가적인 정보를 나타내는 요소 〈aside〉

aside ~외에

〈aside〉 요소는 꼭 필요하진 않지만 주요 콘텐츠 외 부가적인 정보 섹션을 설정합니다.
부가적인 요소에 해당하므로 필수 요소가 아닙니다.

특징	설명
요소	블록 요소(Block Element)
닫는 태그	닫는 태그 사용(〈aside〉 ~ 〈/aside〉)
포함 정보	주요 콘텐츠 외 부가적인 정보

• 〈aside〉 태그는 주로 웹 페이지 왼쪽이나 오른쪽에 위치합니다.

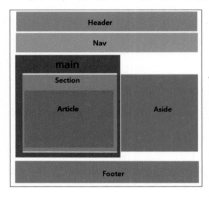

주로 왼쪽이나 오른쪽 사이드에 위치하는 경우가 많아 '사이드 바'라고 불립니다. 경우에 따라 하단에 위치할 수도 있습니다.

• 〈aside〉 태그는 〈section〉 태그, 〈article〉 태그와 함께 주로 사용됩니다.
〈aside〉 태그는 페이지의 다른 콘텐츠들과 약간의 연관성을 가지고 있지만, 해당 콘텐츠들로부터 분리시킬 수 있는 콘텐츠로 구성된 페이지 영역을 정의할 때에도 사용합니다. 그러므로 주로 콘텐츠 영역을 묶을 때 사용하는 〈section〉 태그와 〈article〉 태그와 함께 주로 사용됩니다.

• 부가적인 내용을 나타내는 영역으로 퀵 메뉴나 광고 영역으로 많이 사용됩니다.
필수 요소가 아닌 광고나 링크 모음 등 문서의 메인 내용에 영향을 미치지 않는 내용을 넣을 때만 사용합니다.

02-7 페이지 하단에 위치한 꼬리말 요소 〈footer〉

> footer 푸터, 꼬리말

〈footer〉 태그는 사이트 관련 정보 및 관련 링크 콘텐츠의 꼬리말 부분을 설정합니다.

특징	설명
요소	블록 요소(Block Element)
닫는 태그	닫는 태그 사용(〈footer〉 ~ 〈/footer〉)
포함 정보	저작권, 이용약관, 연락처 정보 등

- 〈footer〉 요소는 주로 웹 페이지 하단에 위치합니다.

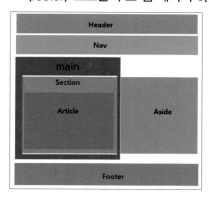

- 〈footer〉 태그는 회사소개, 약관, 저작권, 제작 정보, 연락처, 사이트 맵 등을 제공합니다.

```
<footer>
    <p>회사소개</p>
    <p>약관</p>
    <p>저작권</p>
    <p>제작 정보</p>
</footer>
```

- 〈footer〉 태그에 연락처 정보를 설정하는 〈address〉 태그가 포함될 수 있습니다.

```
<footer>
    <address>연락처</address>
</footer>
```

- 하나의 문서에 여러 개의 〈footer〉 태그도 사용 가능합니다.

```
<article>
    <h3>제목</h3>
    <p>내용</p>
    <footer>
        <article>태그의 꼬리말</article>
    </footer>
</article>
```

〈footer〉 태그는 문서의 꼬리말, 〈main〉 태그의 꼬리말, 〈section〉 태그의 꼬리말, 〈aside〉 태그의 꼬리말, 〈article〉 태그의 꼬리말로 사용 가능하므로 하나의 문서에 여러 개의 〈footer〉 태그가 사용 가능합니다.

• 〈footer〉 태그 안에 〈header〉 태그와 〈footer〉 태그를 둘 수 없습니다.

02-8 의미를 가지지 않는 블록 요소를 만드는 〈div〉

> division 분할

〈div〉 태그는 문서의 영역을 나누거나 그룹화를 설정할 때 시용하며 레이아웃을 나누는데 주로 사용하는 굉장히 유용한 태그이자 가장 많이 사용하는 태그입니다.

특징	설명
요소	블록 요소(Block Element)
닫는 태그	닫는 태그 사용(〈div〉 ~ 〈/div〉)

• 〈div〉 태그는 아무런 의미를 갖지 않습니다.

```
<div id="header">헤더영역 </div>
<div id="main">
    <div class="section">내용영역 </div>
</div>
<div id="footer">푸터영역 </div>
```

〈div〉 태그는 대표적인 의미가 없는 태그(non-semantic)입니다. 그래서 각 태그를 구별해주기 위해서 클래스나 아이디명을 넣어줍니다.

• 〈div〉 태그는 시맨틱 태그 활용이 적절하지 않은 경우에 사용합니다.

시맨틴 태그는 그 자체로 의미를 갖는 요소 즉, 자신이 사용된 의미를 명확히 전달해주는 요소를 의미합니다. 시맨틱 태그 활용이 적절하지 않은 경우 아무런 의미를 갖지 않는 〈div〉 태그를 사용하여 레이아웃을 설계하는 데 쓰는 것이 적절합니다.

• 〈div〉 태그는 레이아웃을 설계하는 데 사용합니다.

```
<div>구역 1</div>
<div>구역 2</div>
```

• 〈div〉 태그 안에 여러 〈div〉 태그를 둘 수 있습니다.

```
<div>
    <div>
        <div>
            <div>
                <div></div>
                <div></div>
                <div></div>
                <div></div>
            </div>
        </div>
    </div>
</div>
```

02-9 의미를 가지지 않는 인라인 요소를 만드는 〈span〉

〈span〉 태그는 적절한 의미에 맞는 요소가 없거나 그룹화할 때 사용하며 블록 요소인 〈div〉 태그와 비교가 됩니다. 〈span〉 태그 인라인 요소 그룹화를 정의할 때 사용됩니다.

특징	설명
요소	인라인 요소(Inline Element)
닫는 태그	닫는 태그 사용(〈span〉 ~ 〈/span〉)

• 〈span〉 태그는 아무런 의미를 가지지 않습니다.

```
<p>
    <span>주변 요소와 구별하거나 적절한 태그가 없는 경우 </span>
</p>
```

〈span〉 태그는 대표적인 의미가 없는 태그(non-semantic)입니다. 〈span〉 태그는 주변 요소와 구별하기 위하거나 다른 적절한 태그가 없는 경우에 사용합니다

• 〈span〉 태그는 주로 CSS 스타일링 사용을 위해 설정하는 경우가 많습니다.

```
<p>
    이 문장에서 <span style="background-color: yellow;">노란색 글씨</span>가 나타납니다.
</p>
```

이 문장에서 **노란색 글씨**가 나타납니다.

◆ 실행결과

시맨틱 태그 개념

태그의 종류는 크게 의미가 없는 태그(non-semantic)와 의미를 가진 태그(semantic)가 있습니다. 그중 시맨틱(Semantic)은 "의미의, 의미론적인"이라는 뜻, 즉 "시맨틱 태그"란 의미를 가지는 태그이며, 의미에 맞게 태그를 작성하는 것을 의미합니다.

non-semantic	의미가 없는 태그	〈div〉,〈span〉 등
semantic	의미를 가지는 태그	〈header〉,〈nav〉, 〈article〉, 〈section〉, 〈main〉, 〈aside〉, 〈footer〉 등

시맨틱 태그를 사용해야 하는 이유

- 검색엔진 최적화 (SEO)
- 웹 접근성
- 코드 가독성

시맨틱 태그 종류

〈header〉	페이지 상단에 위치한 머리말 요소
〈nav〉	메인 메뉴 부분을 나타내는 요소
〈main〉	페이지 전체의 주요 콘텐츠를 나타내는 요소
〈section〉	주제별로 나눌 수 있는 요소
〈article〉	개별 콘텐츠를 나타내는 요소
〈aside〉	페이지 좌우 측에 위치하는 부가적인 정보를 나타내는 요소
〈footer〉	페이지 하단에 위치한 꼬리말 요소

"〈div〉태그"는 문서의 영역을 나누거나 그룹화를 설정할 때 시용하며 레이아웃을 나누는데 주로 사용하는 굉장히 유용한 태그이자 가장 많이 사용하는 태그입니다.

"〈span〉태그"는 적절한 의미에 맞는 요소가 없거나 그룹화할 때 사용하며 블록 요소인 〈div〉 태그와 비교가 됩니다. 〈span〉 태그 인라인 요소 그룹화를 정의할 때 사용됩니다.

1️⃣ _____은 "의미의, 의미론적인"이라는 뜻, 즉 _____ 태그란 의미를 가지는 태그이며, 의미에 맞게 태그를 작성하는 것을 의미합니다.

2️⃣ 시맨틱 태그를 사용해야 하는 이유가 아닌 것은?
❶ 검색엔진 최적화   (SEO) ❷   웹 비접근성   ❸ 웹 접근성   ❹ 코드 가독성

3️⃣ 시맨틱 태그 종류가 아닌 것은 무엇일까요?
❶ 페이지 상단에 위치한 머리말 요소 〈header〉
❷ 메인 메뉴 부분을 나타내는 요소 〈nav〉
❸ 주제별로 나눌 수 없는 요소 〈sec〉
❹ 페이지 하단에 위치한 꼬리말 요소 〈footer〉
❺ 개별 콘텐츠를 나타내는 요소 〈article〉

4️⃣ 문서의 영역을 나누거나 그룹화를 설정할 때 시용하며 레이아웃을 나누는데 주로 사용하는 굉장히 유용한 태그이자 가장 많이 사용하는 태그는 ❶_____. 적절한 의미에 맞는 요소가 없거나 그룹화할 때 사용하며 블록 요소인 ❶_____태그와 비교가 됩니다. ❷_____ 태그 인라인 요소 그룹화를 정의할 때 사용되는 태그는 ❷_____ 이라고 합니다.

Answer

1️⃣ 시맨틱(Semantic)   2️⃣ ❷   3️⃣ ❸   4️⃣ ❶ div ❷ span

CSS 스타일 상속

이번 장에서는 CSS 스타일 상속에 대해서 간단하게 알아보겠습니다. 상속 가능한 속성과 상속 불가능한 속성들 그리고 강제 상속 가능한 속성들을 알아보겠습니다.

01 CSS 스타일 상속

상속이란 상위(부모, 조상) 요소에 적용된 속성을 하위(자식, 자손) 요소가 물려받는 것을 의미합니다. 만약 이러한 상속 기능이 없다면 각 요소의 스타일 속성을 매번 각각 지정해서 사용해야만 합니다.

하지만 모든 속성이 상속되는 것은 아닙니다. 속성 중에는 상속이 되는 것과 상속되지 않는 것이 있습니다.

특징	상속 가능 여부
width/height	×
margin	×
padding	×
border	×
box-sizing	×
display	×
visibility	○
opacity	○
background	×
font	○
color	○

특징	상속 가능 여부
line-height	○
text-align	○
vertical-align	×
text-decoration	×
white-space	○
position	×
top/right/bottom/left	×
z-index	×
overflow	×
float	×

◆ 상속 가능한 CSS 속성

위 표와 같이 CSS 속성은 상속 가능한 속성과 상속되지 않는 속성이 있습니다. 상속 가능한 속성은 자식 요소에 영향을 미칩니다. 하지만 상속하지 않는 속성은 자식 요소에 영향을 미치지 않습니다.

01-1 상속 가능한 속성

상속은 하위 요소에서 어떤 CSS 속성을 명시하지 않은 경우, 기본적으로 상위 요소에 적용된 스타일이 하위 요소에도 적용되는 것을 뜻합니다.

상속의 예를 살펴보기 위해, 다음과 같은 간단한 HTML 코드를 예로 들어보겠습니다.

```
<section>
    인사말
    <p><strong>홍길동</strong>님, 안녕하세요!</p>
</section>
```

여기서 〈section〉 태그의 color 속성을 설정해주는 스타일을 적용하면 어떻게 될까요?

```
<style>
    section { color: blue;}
</style>
```

인사말

홍길동님, 안녕하세요!

◆ 실행결과

위 예제의 결과와 같이 파란 글자색이 〈section〉 요소뿐만 아니라 그 내부의 〈p〉 속성 그리고 또 그 내부의 〈strong〉 요소까지 적용된 것을 볼 수 있습니다.

만약에 color 속성이 상위 요소로 부터 하위 요소에 자동으로 상속이 되지 않았다면 어땠을까요?
다음과 같이 일일이 모든 하위 요소에 동일한 스타일을 적용해줘야 했을 것입니다.

```
<style>
    section { color: blue; }
    p { color: blue; }
    strong { color: blue; }
</style>
```

01-2 상속이 되지 않는 속성

조금 전 실습한 color 속성처럼 CSS에서 모든 속성이 상위 요소로 부터 하위 요소에 자동으로 상속이 되는 것은 아닙니다.

상속이 되지 않는 예를 살펴보기 위해, 〈section〉 태그의 border 속성을 설정해보겠습니다.

```
<style>
    section { border: 1px blue solid; }
</style>
<section>
    인사말
    <p><strong>홍길동 </strong>님, 안녕하세요!</p>
</section>
```

인사말
홍길동님, 안녕하세요!

◆ 실행결과

위 예제의 결과와 같이 파란색의 경계선이 〈section〉 요소에만 적용된 것을 볼 수 있습니다. 만약에 동일한 border 속성이 〈section〉 요소뿐만 아니라, 〈p〉 요소와 〈strong〉 요소에도 상속되었다면 어땠을까요?

다음과 같이 unset 키워드를 사용하여 일일이 모든 하위 요소에 적용된 스타일을 초기화해줘야 했을 것입니다.

```
<style>
    section { border: 1px blue solid; }
    p { border: unset;}
    strong { border: unset;}
</style>
```

01-3 강제 상속 (inherit 키워드)

CSS를 사용하다 보면 상속받지 않은 스타일 규칙을 강제로 상위 컴포넌트로 부터 상속되도록 하고 싶을 때가 있습니다.

예를 들면, <a> 태그 요소의 글자색을 주변 요소의 글자색과 동일하게 설정하고 싶을 때 사용할 수 있습니다. <a> 요소에는 브라우저의 내장 스타일이 적용되어 보통 방문 전에는 파란색, 방문 후에는 보라색 글자로 링크의 텍스트가 표시됩니다.

이러한 브라우저의 내장 스타일은 실제 웹사이트에서 그대로 사용하기에는 디자인이 너무 투박하고 도드라져 보입니다. 이런 경우, 다음과 같이 <a> 태그의 color 속성을 inherit 키워드로 설정해주면 됩니다.

```
<style>
    a { color: inherit; }
</style>
<section>
    인사말
    <p><a href="#">홍길동</a>님, 안녕하세요!</p>
</section>
```

> 인사말
>
> <u>홍길동</u>님, 안녕하세요!

◆ 실행결과

이어서 inherit 키워드를 사용하는 다른 예제를 살펴보도록 하겠습니다.

```
<!DOCTYPE html>
<html lang="ko">
<head>
    <meta charset="utf-8">
    <title>Title</title>
    <style>
        .text-red {
            color: red;
            border: 1px solid #bcbcbc;
            padding: 10px;
        }
    </style>
</head>
<body>
    <div class="text-red">
        <h1>제목</h1>
        <p><strong>홍길동</strong>님, 안녕하세요!</p>
        <button>버튼</button>
    </div>
</body>
</html>
```

> # 제목
>
> 홍길동님, 안녕하세요!
>
> 버튼

◆ 실행결과

color는 상속되는 요소로서 자식 요소는 물론 자손 요소까지 적용되고, border, padding은 상속되지 않는 요소로 하위 요소에 적용되지 않습니다. 하지만 〈button〉 요소처럼 요소에 따라 상속 받지 않는 경우도 존재합니다.

마찬가지로 상속되지 않는 경우, inherit 키워드를 사용하여 명시적으로 〈button〉 요소에 상속을 받게 할 수 있습니다.

```html
<style>
    .text-red {
        color: red;
        border: 1px solid #bcbcbc;
        padding: 10px;
    }
    .text-red button {
        color: inherit;
    }
    .text-red p {
        border: inherit;
        padding: inherit;
    }
</style>
</head>
<body>
    <div class="text-red">
        <h1>제목</h1>
        <p><strong>홍길동</strong>님, 안녕하세요!</p>
        <button>버튼</button>
    </div>
</body>
</html>
```

◆ 실행결과

우리는 수많은 CSS 속성 중에서 어떤 것이 자동으로 상속되고 어떤 것이 자동으로 상속이 되지 않는지를 일일이 기억하려고 애쓸 필요는 없습니다. 하지만 color 속성이 자동 상속되고, border 속성이 자동 상속이 되지 않는 것은 어찌 보면 웹 디자이너 입장에서는 상당히 합리적인 CSS의 기본 기능이라고 할 수 있습니다.

대부분의 경우, CSS 속성의 자동 상속 여부는 기본적으로 웹 디자이너 스스로가 CSS를 작성하기 편하도록 고려되어 설계되어 있기 때문에 시간이 지나면 자연스럽게 습득하게 될 것입니다.

CSS 스타일 상속

"상속"이란 상위(부모, 조상) 요소에 적용된 속성을 하위(자식, 자손) 요소가 물려받는 것을 의미합니다. 만약 이러한 상속 기능이 없다면 각 요소의 스타일 속성을 매번 각각 지정해서 사용해야만 합니다. 하지만 모든 속성이 상속되는 것은 아닙니다. 속성 중에는 상속이 되는 것과 상속되지 않는 것이 있습니다.

속성	상속 가능여부
width/height	X
margin	X
padding	X
border	X
box-sizing	X
display	X
visibility	O
opacity	O
background	X
font	O
color	O
line-height	O
text-align	O
vertical-align	X
text-decoration	X
white-space	O
position	X
top/right/bottom/left	X
z-index	X
overflow	X
float	X

위 표와 같이 CSS 속성은 상속 가능한 속성과 상속되지 않는 속성이 있습니다. 상속 가능한 속성은 자식 요소에 영향을 미칩니다. 하지만 상속하지 않는 속성은 자식 요소에 영향을 미치지 않습니다.

CSS 고급 선택자

이번 장에서는 Chapter07에서 기본적으로 자주 사용되는 선택자 외에도 CSS의 고급 선택자에 대해 자세히 살펴보겠습니다.

01 그룹 선택자(,)

그룹 선택자는 선택자 결합이라고도 부르며, 여러 선택자를 연속해서 지정하여 그룹으로 묶는 기능입니다. 여러 선택자를 일괄적으로 스타일링 해줄 때 사용합니다.

> **형식**
>
> 선택자, 선택자{ 속성 이름: 속성 값; }

그룹 선택자는 여러 선택자를 쉼표(,)로 구분하여 연결합니다. 이러한 그룹 선택자는 코드를 중복해서 작성하지 않도록 하여 코드를 간결하게 만들어 주기 때문에 실무에서 자주 사용되는 선택자 중 하나입니다.

■ 소스

소스위치:/ch15/group.html

```html
<!DOCTYPE html>
<html lang="ko">
<head>
    <meta charset="utf-8">
    <title>Title</title>
    <style>
        h1, div, p { color: red; }
    </style>
</head>
<body>
    <h1>h1태그</h1>
    <div>div태그</div>
    <p>p태그</p>
</body>
</html>
```

◆ 실행결과

- 그룹 선택자는 콤마(,)를 사용하여 그룹으로 한 번에 선언하여 동일한 스타일이 적용할 수 있습니다.

콤마(,) = and

예를 들어서 h1와 div, p 요소와 같이 모든 요소에 스타일을 주고 싶다고 한다면, 우리가 앞에서 배운 방법으로 다음과 같이 스타일을 지정할 수 있습니다.

```
<style>
    h1 { color: red ; }
    div { color: red ; }
    p { color: red ; }
</style>
```

위 방법은 같은 CSS 스타일을 중복해서 작성해야 되기 때문에 상당히 비효율적인 CSS 사용법이라 할 수 있습니다. 이런 경우 CSS의 그룹 선택자를 사용하면 묶어서 한 번에 스타일을 줄 수 있습니다. 그룹 선택자는 다음과 같이 작성합니다.

```
<style>
    /* h1, div, p 태그 요소를 동시에 선택합니다. */
    h1, div, p { color: red; }
</style>
```

• 그룹 선택자는 태그 선택자, 클래스 선택자(.선택자), 아이디 선택자(#선택자) 뒤에서 배울 하위, 자식, 형제 선택자 등 여러 선택자들을 사용할 수 있습니다.

02 하위 선택자

앞서 살펴본 선택자들은 단일한 선택자들입니다. 하지만, 여러분이 웹 페이지를 만들다 보면 무수히 중첩된 요소들에 스타일을 주는 데는 앞선 선택자만으로는 부족합니다.

하위 선택자는 해당 요소의 하위 요소 중에서 특정 타입의 요소를 모두 선택합니다.

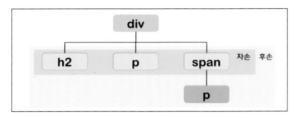

위 그림과 같이 하위 선택자는 가계도를 생각해 보면 됩니다. 자신의 1 level 상위에 속하는 요소를 부모 요소, 1 level 하위에 속하는 요소를 자식(자손) 요소라 합니다. 자신보다 n level 하위에 속하는 요소는 하위(후손) 요소라 합니다.

> **형식**
>
> 선택자(상위) 선택자(하위) { 속성 이름: 속성 값; }

하위 선택자는 선택자와 선택자를 사이에 공백을 사용하여 선언하며, 부모와 자식 요소 사이에 공백을 삽입하면 뒤에 있는 요소가 하위 선택자로 선택되는 방법입니다.

▎소스

소스위치:/ch15/descendant.html

```
...중략...
<body>
    <div id="group-box">
        <div class="box1">
            <span class="name">홍길동</span>
            <span class="age">20세</span>
        </div>
        <div class="box2">
            <span class="name">임꺽정</span>
            <span class="age">30세</span>
        </div>
    </div>
</body>
</html>
```

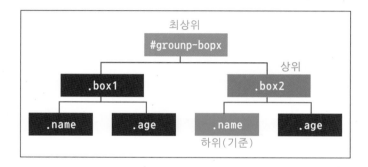

예제에서 클래스 명이 box2 인 〈div〉 요소 안에 class 속성 값이 name인 요소를 선택하고 싶다면 어떻게 해야 할까요?

- 가장 기본이 되는 하위 선택자를 이용하여 선택할 수 있습니다.

```
<style>
    /* .box2(상위) 안에 있는 .name(하위) 선택합니다. */
    .box2 .name { color: red; }
</style>
```

- 요소 선택자나 클래스, 아이디 선택자 모두 동일하며, 띄어쓰기를 추가하여 더 많은 단계를 나타낼 수도 있습니다.

```
<style>
    /* #group-box(최상위) .box2(상위) 안에 있는 span(하위) 선택합니다. */
    #group-box .box2 span { color: red; }
</style>
```

- 하위 선택자 역시 콤마(,)를 추가하여 그룹 선택자로 묶을 수 있습니다.

```
<style>
    .box1 .name, .box2 .name { color: red; }
</style>
```

03 자식 선택자(>)

자식 선택자는 해당 요소의 바로 밑에 존재하는 하위 요소 중에서 특정 타입의 요소를 모두 선택하는 선택자입니다.

> **형식**
>
> 선택자(부모) > 선택자(자식){ 속성 이름: 속성 값; }

부모 선택자와 자식 선택자는 ">"로 구분하여 선언합니다.

▌소스

소스위치:/ch15/child.html

```html
<body>
    <div class="contry">
        <span>한국</span>
        <ul class="city">
            <li><span>서울</span></li>
            <li><span>부산</span></li>
        </ul>
        <span>미국</span>
        <ul class="city">
            <li><span>뉴욕</span></li>
            <li><span>로스엔젤레스</span></li>
        </ul>
    </div>
</body>
</html>
```

위 마크업에서 div.contry와 ul.city안에 모두 span 요소가 있음을 알 수 있습니다. 여기서 만약 div.contry의 자식 span 요소에 스타일을 주고 싶다면, 다음과 같이 선택자를 사용할 수 있을 것입니다.

```html
<style>
    /* .contry(상위) 안에 있는 모든 span(하위) 선택합니다. */
    .contry span { color: red; }
</style>
```

하지만 이렇게 되면, ul.city 밑의 span 요소까지 동일한 스타일이 적용됩니다.

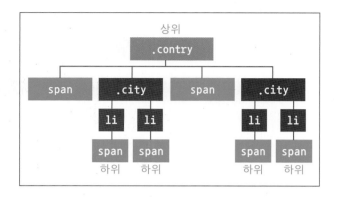

만약 이것을 원치 않는다면, ul.city 밑의 span 요소에 스타일을 다시 지정하여 해당 스타일을 덮어 씌어야 합니다.

이런 경우 자식 선택자 〉를 사용하면 간단하게 해결할 수 있습니다.

```
<style>
    /* .contry(부모1) 안에 있는 span(자식) 선택합니다. */
    .contry > span { color: red; }
</style>
```

위와 같이 자식 선택자를 사용하면 ul.contry의 바로 아래에 있는 자식요소 span 만 선택됩니다. 그래서 ul.city 밑의 span 요소에는 스타일이 적용되지 않습니다.

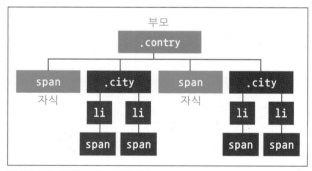

◆ 실행결과

이처럼 자식 선택자는 해당 요소의 바로 아래에 존재하는 자식 요소만 선택 되므로 이 점에 유의해야 합니다.

04 인접 형제 선택자(+)

형제 관계란 HTML 요소의 계층 구조에서 같은 부모 요소를 가지고 있는 요소들을 의미합니다. 이러한 형제 관계에 있는 요소들을 형제 요소라고 합니다.

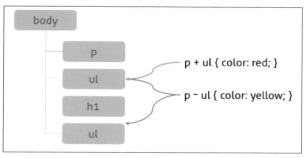

형식

선택자(형제) + 선택자(형제){ 속성 이름: 속성 값; }

인접 형제 선택자는 해당 요소와 형제 관계에 있으며, 해당 요소의 바로 뒤에 존재하는 특정 타입의 요소를 모두 선택합니다. 이때 인접 형제 선택자는 선행 선택자와 후행 선택자를 "+"로 구분하여 선언합니다.

소스

소스위치:/ch15/adjacent.html

```
...중략...
    <style>
        /* p 요소의 형제 요소 중 p 요소 바로 뒤에 위치하는 ul 요소를 선택합니다. */
        p + ul { color: red; }
    </style>
</head>
<body>
    <div>한국</div>
    <ul>
        <li>서울</li>
        <li>부산</li>
    </ul>
    <p>미국</p>
    <ul>
        <li>뉴욕</li>
        <li>로스엔젤레스</li>
```

```
        </ul>
        <h2>일본</h2>
        <ul>
            <li>도쿄</li>
            <li>오사카</li>
        </ul>
</body>
</html>
```

"<h2>일본</h2>" 요소의 경우 "<p>미국</p>" 요소의 바로 뒤에 오는 형제가 아니기 때문에 "<p>미국</p>"요소의 바로 뒤에 오는 형제 요소 "<ul>...</ul>"가 선택자로 선택되었고, 이후 "<h2>일본</h2>" 요소가 나타나기 때문에 해당 요소부터는 인접 형제 선택자가 적용되지 않습니다.

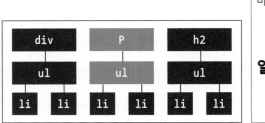
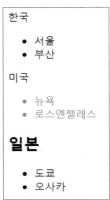

◆ 실행결과

- **중간에 다른 요소가 존재하면 요소가 선택되지 않습니다.**

```
<style>
    p + ul { color: red; }
</style>
<p>미국</p>
<span>도시</span>
<ul>
    <li>뉴욕</li>
    <li>로스엔젤레스</li>
</ul>
```

앞에서 봤던 예제의 결과와는 다르게 "<p>미국</p>" 요소 바로 뒤에 <ul>...</ul>가 위치하고 있지 않기 때문에 <ul> 요소는 선택이 되지 않습니다.

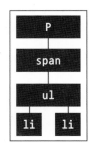

그러므로 인접 형제 선택자는 해당 요소와 형제 관계에 있으며, 해당 요소의 바로 뒤에 존재하는 특정 타입의 요소를 모두 선택하므로 사용 시 이 점을 주의해야 합니다.

05 일반 형제 선택자(~)

일반 형제 선택자는 해당 요소와 형제 관계에 있으며, 해당 요소보다 뒤에 존재하는 특정 타입의 요소를 모두 선택하는 선택자입니다.

> **형식**
>
> 선택자(형제) ~ 선택자(형제){ 속성 이름: 속성 값; }

일반 형제 선택자는 선행 선택자와 후행 선택자를 "~"로 구분하여 선언합니다.

▌소스

소스위치:/ch15/sibling.html

```
...중략...
    <style>
        /* p 요소의 형제 요소 중 p 요소 뒤에 위치하는 ul 요소를 모두 선택합니다.*/
        p ~ ul { color: red; }
    </style>
</head>
<body>
    <div>한국</div>
    <ul>
        <li>서울</li>
        <li>부산</li>
    </ul>
    <p>미국</p>
    <ul>
        <li>뉴욕</li>
        <li>로스엔젤레스</li>
    </ul>
    <h2>일본</h2>
    <ul>
        <li>도쿄</li>
        <li>오사카</li>
    </ul>
</body>
</html>
```

위 예제를 해석한다면 "<p>미국</p>" 요소의 바로 뒤에 오는 형제 요소 "<ul>...</ul>"가 선택자로 선택되었고, 이후 "<h2>일본</h2>" 요소는 <p> 요소와 형제관계는 맞지만, 우리가 찾는 <ul> 요소가 아니기 때문에 우선 무시되고, 다음으로 "<h2>일본</h2>" 뒤에 오는 형제 요소 "<ul>...</ul>"가 선택자로 선택됩니다.

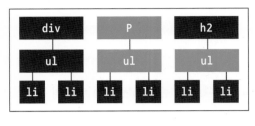

◆ 실행결과

- **인접 형제 선택자와 일반 형제 선택자 차이점은 일반 형제 선택자는 해당 요소 뒤에 나오는 어떤 형제든지 이를 대상으로할 수 있습니다.**

일반 형제 선택자는 앞서 살펴본 인접 형제 선택자와 비슷합니다. 이 요소 역시 처음에 지정하는 해당 요소와 형제 관계인 요소를 선택합니다. 다만 차이점이 있다면 인접 형제 선택자처럼 인접하지 않더라도, 형제 관계라면 선택이 된다는 것입니다.

소스

소스위치:/ch15/sibling2.html

```
...중략...
   <style>
       /* h3요소의 형제 요소 중 p 요소를 모두 선택합니다. */
       h3 ~ p { background-color: green; }
       /* h4요소의 형제 요소 중 바로 뒤에 위치하는 p 요소를 선택합니다. */
       h4 + p { color: blue; }
   </style>
</head>
<body>
   <h3>한국</h3>
   <p>서울</p>
   <p>부산</p>
   <h3>미국</h3>
   <div>
       <p>뉴욕</p>
       <p>로스엔젤레스</p>
   </div>
   <h4>일본</h4>
   <p>도쿄</p>
   <p>오사카</p>
</body>
</html>
```

◆ 실행결과

위 예제를 해석한다면 일반 형제 선택자(~)를 사용하여 "〈h3〉한국〈/h3〉" 요소의 바로 뒤에 오는 형제
요소 "〈p〉〈/p〉"가 선택자로 선택되어 모두 배경색이 초록색으로 적용됩니다.

인접 형제 선택자(+)를 사용하여 바로 뒤에 오는 〈p〉〈/p〉 요소만 글자색이 파란색으로 표시됩니다.

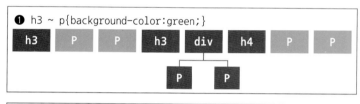

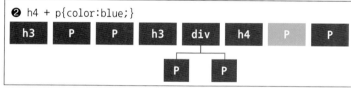

06 속성 선택자

속성 선택자는 특정 속성을 가지고 있거나 특정 속성이 특정 값 등을 가지고 있는 HTML 요소를 선택할 수 있습니다.

먼저 기본 속성 선택자에 대해 알아보겠습니다.

▌기본 속성 선택자

구분	
1	[속성 이름] 선택자
2	[속성 이름="속성 값"] 선택자

▌[속성 이름] 선택자 문법

```
[속성 이름]
```

[속성이름] 선택자는 특정 속성을 가지고 있는 요소를 모두 선택합니다.

```
<style>
    [title]{ background: black; color: yellow; }
</style>
```

▌[속성 이름="속성 값"] 선택자 문법

```
[속성 이름="속성 값"]
```

[속성 이름="속성 값"] 선택자는 특정 속성을 가지고 있으며, 해당 속성의 속성 값까지 일치하는 요소를 모두 선택합니다.

```
<style>
    [title ="first h2"]{ background: black; color: yellow; }
</style>
```

CSS는 기본 속성 선택자 이외에도 문자열 속성 선택자를 제공합니다.

문자열 속성 선택자에 대해 알아보도록 하겠습니다.

▌문자열 속성 선택자

구분	
1	[속성 이름~="속성 값"] 선택자
2	[속성 이름|="속성 값"] 선택자
3	[속성 이름^="속성 값"] 선택자
4	[속성 이름$="속성 값"] 선택자
5	[속성 이름*="속성 값"] 선택자

▌[속성 이름~="속성 값"] 선택자 문법

```
[속성 이름~="속성 값"]
```

[속성 이름~="속성 값"] 선택자는 특정 속성의 속성 값에 특정 문자열로 이루어진 하나의 단어를 포함하는 요소를 모두 선택합니다.

```
<style>
    [title~="first"]{ background: black; color: yellow; }
</style>
```

위의 예제에서는 title 속성 값이 "first h2"인 요소와 "first p"등 특정 문자열 "first"로 이루어진 하나의 단어를 포함하는 요소가 선택됩니다.

만약 title 속성 값이 "first-p"인 요소는 문자열 "first"와 "p" 사이에 "-" 특수문자가 포함되기 때문에 조건이 맞지 않아 선택되지 않습니다.
이처럼 [속성 이름~="속성 값"] 선택자는 title 속성 값이 정확히 "first"인 요소나 띄어쓰기를 기준으로 인식되는 단어에 "first"를 포함한 요소만을 선택합니다.

[속성 이름~="속성 값"] 선택자는 띄어쓰기를 기준으로 단어를 인식합니다. 따라서 예제처럼 하이픈(-)으로 연결된 단어는 전부 하나의 단어로 인식하며, 각각 별도의 단어로 인식하지 않는다.

▌[속성 이름\|="속성 값"] 선택자 문법

```
[속성 이름|="속성 값"]
```

[속성 이름|="속성 값"] 선택자는 특정 속성의 속성 값이 특정 문자열로 이루어진 하나의 단어로 시작하는 요소를 모두 선택합니다.

```
<style>
    [title^="first"]{ background: black; color: yellow; }
</style>
```

앞의 예제에서는 title 속성 값이 "first-p"인 요소만 선택됩니다. title 속성 값이 "first h2"나 "first p"인 요소들은 선택되지 않습니다.

이처럼 [속성 이름|="속성 값"] 선택자는 title 속성 값이 정확히 "first"인 요소나 "first" 바로 다음에 하이픈(-)으로 시작하는 요소만을 선택합니다.

■ [속성 이름^="속성 값"] 선택자 문법

```
[속성 이름^="속성 값"]
```

[속성 이름^="속성 값"] 선택자는 특정 속성의 속성 값이 특정 문자열로 시작하는 요소를 모두 선택합니다.

```
<style>
    [title$="first"]{ background: black; color: yellow; }
</style>
```

이 선택자는 [속성 이름|="속성 값"] 선택자와는 달리 속성 값이 특정 문자열로 시작하면 모두 선택됩니다. 따라서 위의 예제에서는 title 속성 값이 "first"로 시작되는 요소가 모두 선택됩니다.

■ [속성 이름$="속성 값"] 선택자 문법

```
[속성 이름$="속성 값"]
```

[속성 이름$="속성 값"] 선택자는 특정 속성의 속성 값이 특정 문자열로 끝나는 요소를 모두 선택합니다.

```
<style>
    [title$="first"]{ background: black; color: yellow; }
</style>
```

이 선택자는 특정 속성의 속성 값이 특정 문자열로 끝나기만 하면 모두 선택됩니다. 따라서 위의 예제에서는 title 속성 값이 "first"로 끝나는 요소가 모두 선택됩니다.

■ [속성 이름*="속성 값"] 선택자 문법

```
[속성 이름*="속성 값"]
```

[속성 이름*="속성 값"] 선택자는 특정 속성의 속성 값에 특정 문자열를 포함하는 요소를 모두 선택합니다.

```
<style>
    [title*="first"]{ background: black; color: yellow;}
</style>
```

이 선택자는 특정 속성의 속성 값이 특정 문자열를 포함하기만 하면 모두 선택됩니다. 따라서 위의 예제에서는 title 속성 값에 "first"를 포함하는 요소가 모두 선택됩니다.

▌속성 선택자의 활용

위에서 설명한 속성 선택자들을 활용하면 클래스나 아이디의 지정 없이도 스타일을 적용할 HTML 요소를 손쉽게 선택할 수 있습니다.

```
<div id="anywayId"></div>
div[id] { font-size: m14px; color: #000; }

<p class="note"></p>
p[class="note"] { position: absolute; left: 100px; }

<img src="love.jpg" alt="love-you">
|(파이프) 기호를 사용하면 -(대쉬)를 구분하여 대상을 찾음
img[alt|="love"] { border: 2px solid blue; }

<a href="https://naver.com"></a>
a[href^="https://"] { background-color: yellow; }

<a href="../gnuwiz.psd"></a>
a[href$=".psd"] { float: left; }

<a href="#" target="_blank" title="htmlcssjavascript"></a>
a[title*="css"] { display: block; }
```

07 반응 선택자

반응 선택자는 마우스의 반응에 따른 속성을 설정할 수 있습니다. 링크와 관련된 〈a〉 태그를 비롯해 모든 태그에 적용이 가능합니다.

> **형식**
>
> ```
> :hover | :active | :link |: visited /* :(콜론) = 태그의 상태 */
> ```

▌반응 선택자 종류

유형	특징
:hover	마우스를 올린 상태
:active	마우스를 누르고 있는 상태
:link	방문하지 않은 링크
:visited	방문한 링크

▌소스

소스위치:/ch15/reaction.html

```
...중략...
    <style>
        li.list01:hover { color: red; }
        li.list02:active { color: blue; }
        li.list03:link { color: green; }
        li.list04:visited { color: green; }
    </style>
</head>
<body>
    <ul>
        <li class="list01">마우스를 올린 상태</li>
        <li class="list02">마우스를 누르고 있는 상태</li>
        <li class="list03"><a href="#">방문하지 않은 링크</a></li>
        <li class="list04"><a href="#">방문한 링크</a></li>
    </ul>
</body>
</html>
```

> - 마우스를 올린 상태
> - 마우스를 누르고 있는 상태
> - 방문하지 않은 링크
> - 방문한 링크

◆ 실행결과

08 상태 선택자

상태 선택자는 상태에 따른 속성을 변경할 수 있습니다. 보통 〈form〉 요소에서 〈input〉 태그의 특정한 상태에 대해 css 속성을 지정할 때 사용됩니다.

> **형식**
>
> :focus | :enabled | :disabled /* :(콜론) = 태그의 상태 */

▌ 상태 선택자 종류

유형	특징
:focus	〈input〉 태그에 초점을 맞출 때
:enabled	〈input〉 태그가 사용 가능 할 때
:disabled	〈input〉 태그가 사용 불가능 할 때

▌ 소스

소스위치:/ch15/state.html

```
...중략...
    <style>
        input:enabled { background: red; } /* input 태그가 사용 가능할 때*/
        input:disabled { background: yellow; } /* input 태그가 사용 불가능할 때*/
        input:focus { background: green; } /* input 태그에 초점을 맞출 때*/
    </style>
</head>
<body>
    <h2>사용 가능</h2><input>
    <h2>사용 불가능</h2><input disabled="disabled">
</body>
</html>
```

◆ 실행결과

09 구조 선택자

구조 선택자는 구조에 따라 특정한 위치에 속하는 태그를 선택할 수 있습니다. css의 선택자 중에서 자주 사용되며 아주 편리한 선택자입니다.

형식
```
:nth-child(n) | :nth-last-child(n) | :first-child | :last-child
/* :(콜론) = 태그의 상태 , n : n(0~무한대) 번째 */
```

▋구조 선택자 종류

유형	특징
:nth-child(n)	앞에서 n번째 요소를 선택
:nth-last-child(n)	뒤에서 n번째 요소를 선택
:first-child	첫 번째 요소를 선택
:last-child	마지막 요소를 선택

▋소스

소스위치:/ch15/structure.html

```
...중략...
    <style>
        li { width: 150px; height: 20px; list-style: none; }
        li:nth-child(2n) { background-color: red; }
        li:nth-child(2n+1) { background-color: green; }
        li:first-child { color: green; }
        li:last-child { color: red; }
    </style>
</head>
<body>
    <ul>
        <li>첫번째 (홀수)</li>
        <li>두번째 (짝수)</li>
        <li>세번째 (홀수)</li>
        <li>네번째 (짝수)</li>
        <li>다섯번째 (홀수)</li>
    </ul>
</body>
</html>
```

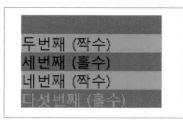

◆ 실행 결과

- nth-child(2n) : 짝수 / nth-child(2n+1) : 홀수를 의미합니다.

2n은 2에서 0부터 숫자 1씩 곱해나가는 것을 의미합니다.

2n = 2*0, 2*1, 2*2, 2*3, 2*4.... = 0,2,4,6,8... = 짝수

2n+1 = (2*0) + 1, (2*1) + 1, (2*2) + 1... = 1,3,5... = 홀수

10 형태 구조 선택자

형태 구조 선택자는 구조 선택자와 비슷하지만 태그 형태를 구분하여 선택할 수 있습니다. 구조 선택자만큼 자주 사용되며 아주 편리한 선택자입니다.

> **형식**
>
> ```
> :nth-of-type(n) | :nth-last-of-type(n) | :first-of-type | :last-of-type
> /* :(콜론) = 태그의 상태 , n : n(0~무한대) 번째 */
> ```

▌형태 구조 선택자 종류

유형	특징
:nth-of-type(n)	앞에서 n번째 특정한 태그를 선택
:nth-last-of-type(n)	뒤에서 n번째 특정한 태그를 선택
:first-of-type	첫 번째 특정한 태그를 선택
:last-of-type	마지막 특정한 태그를 선택

▌소스

> **소스위치:/ch15/shape.html**

```
...중략...
    <style>
        p:nth-of-type(2) { color: red; } /* 앞에서 2번째 p태그 선택 */
        a:nth-last-of-type(2) { color: blue; } /* 뒤에서 2번째 a태그 선택 */
        div:first-of-type { color: green; } /* 첫 번째 div태그 선택 */
        div:last-of-type { color: blue; } /* 마지막 div태그 선택 */
    </style>
</head>
<body>
    <p>p태그 첫번째</p>
    <div>div태그 첫번째</div>
    <div>div태그 두번째</div>
    <a href="#">a태그 첫번째</a>
    <p>p태그 두번째</p>
    <div>div태그 세번째</div>
    <div>div태그 네번째</div>
    <a href="#">a태그 두번째</a>
</body>
</html>
```

```
p태그 첫번째

div태그 첫번째
div태그 두번째
a태그 첫번째

p태그 두번째

div태그 세번째
div태그 네번째
a태그 두번째
```

◆ 실행 결과

알아두세요! 구조 선택자 vs 형태 구조 선택자 비교

구분	특징
E:nth-child(n)	– E 아닌 형제 요소 순서가 계산에 포함 – n번째 자식인 요소에 적용
E:nth-of-type(n)	– E 요소 순서만 계산에 포함 – 특정 태그 n번째 요소에 적용

예
```
<style>
  h2:first-child{ color: red; } // 형제 요소 ❶번째 선택 ∴ 적용안됨
  h2:first-of-type{ color: green;} // h2 요소 중 ❷번째 선택 ∴ 적용됨
</style>
<h1>header 01</h1> 형제 요소 ❶번째
<h2>header 02</h2> 형제 요소 ❷번째 / h2 요소 ❶번째
<h3>header 03</h3> 형제 요소 ❸번째
<h2>header 04</h2> 형제 요소 ❹번째 / h2 요소 ❷번째
<h3>header 05</h3> 형제 요소 ❺번째
```

11 가상 선택자

지금까지는 그룹 선택자부터 형태 구조 선택자까지 존재하는 선택자에 대해 설명했다면, 이어서 선택자들이 존재하지 않은 즉, 가상의 클래스와 요소를 선택하는 방법에 대해 알아보겠습니다.

> **형식**
>
> ::before | ::after

가상 선택자 종류

유형	특징
::before	선택한 요소 앞에 가상 콘텐츠 삽입
::after	선택한 요소 뒤에 가상 콘텐츠 삽입

소스

소스위치:/ch15/virtual.html

```
...중략...
   <style>
       .before::before {
           content: "before";
           color: red;
       }
       .after::after {
           content: "after";
           color: green;
       }
   </style>
</head>
<body>
   <div class="before">
       선택한 요소 앞에 가상 콘텐츠 삽입
   </div>
   <div class="after">
       선택한 요소 뒤에 가상 콘텐츠 삽입
   </div>
</body>
</html>
```

before 선택한 요소 앞에 가상 콘텐츠 삽입
선택한 요소 뒤에 가상 콘텐츠 삽입 after

◆ 실행 결과

- GNB에 구분 bar 넣을 때 사용합니다.

▌ 소스

```html
...중략...
    <style>
        .menu li {
            display: inline-block;
            margin-left: 20px;
            list-style: none;

        }
        .menu li::before {
            content: "|";
            padding-right: 10px;
        }
        .menu li:first-child::before {
            display: none;
        }
    </style>
</head>
<body>
    <div id="gnb">
        <ul class="menu">
            <li><a href="#">menu01</a></li>
            <li><a href="#">menu02</a></li>
            <li><a href="#">menu03</a></li>
        </ul>
    </div>
</body>
</html>
```

menu01 | menu02 | menu03

◆ 실행 결과

- 목록에 bullet 스타일을 꾸밀 때 사용합니다.

■ 소스

소스위치:/ch15/virtual3.html

```
...중략...
    <style>
        .menu li {
            list-style: none;
            margin: 6px;
        }
        .menu li a::before {
            content: "";
            display: inline-block;
            width: 5px;
            height: 5px;
            border-radius: 100%;
            background-color: green;
            margin-right: 5px;
            vertical-align: middle;
        }
        .menu a {
            text-decoration: none;
        }
    </style>
</head>
<body>
    <ul class="menu">
        <li><a href="#">menu01</a></li>
        <li><a href="#">menu02</a></li>
        <li><a href="#">menu03</a></li>
    </ul>
</body>
</html>
```

●menu01
●menu02
●menu03

◆ 실행 결과

그룹 선택자 (,)

그룹 선택자는 선택자 결합이라고도 부르며, 여러 선택자를 연속해서 지정하여 그룹으로 묶는 기능입니다. 여러 선택자를 일괄적으로 스타일링 해줄 때 사용합니다. 여러 선택자를 쉼표(,)로 구분하여 연결합니다.

    선택자, 선택자{ 속성 이름: 속성 값; }

하위 선택자

하위 선택자는 해당 요소의 하위 요소 중에서 특정 타입의 요소를 모두 선택합니다. 자신의 1 level 상위에 속하는 요소를 부모 요소, 1 level 하위에 속하는 요소를 자식(자손) 요소라 합니다. 자신보다 n level 하위에 속하는 요소는 하위(후손) 요소라 합니다.

    선택자(상위) 선택자(하위) { 속성 이름: 속성 값; }

자식 선택자 (>)

자식 선택자는 해당 요소의 바로 밑에 존재하는 하위 요소 중에서 특정 타입의 요소를 모두 선택하는 선택자입니다. 부모 선택자와 자식 선택자는 ">"로 구분하여 선언합니다.

    선택자(부모) > 선택자(자식){ 속성 이름: 속성 값; }

인접 형제 선택자 (+)

형제 관계란 HTML 요소의 계층 구조에서 같은 부모 요소를 가지고 있는 요소들을 의미합니다. 이러한 형제 관계에 있는 요소들을 형제 요소라고 합니다. 인접 형제 선택자는 선행 선택자와 후행 선택자를 "+"로 구분하여 선언합니다.

    선택자(형제) + 선택자(형제){ 속성 이름: 속성 값; }

일반 형제 선택자 (~)

일반 형제 선택자는 해당 요소와 형제 관계에 있으며, 해당 요소보다 뒤에 존재하는 특정 타입의 요소를 모두 선택하는 선택자입니다. 선행 선택자와 후행 선택자를 "~"로 구분하여 선언합니다.

    선택자(형제) ~선택자(형제){ 속성 이름: 속성 값; }

속성 선택자

속성 선택자는 특정 속성을 가지고 있거나 특정 속성이 특정 값 등을 가지고 있는 HTML 요소를 선택할 수 있습니다.

구분	
1	[속성 이름] 선택자
2	[속성 이름="속성 값"] 선택자

반응 선택자

반응 선택자는 마우스의 반응에 따른 속성을 설정할 수 있습니다. 링크와 관련된 〈a〉태그를 비롯해 모든 태그에 적용이 가능합니다.

유형	특징
:hover	마우스를 올린 상태
:active	마우스를 누르고 있는 상태

유형	특징
:link	방문하지 않은 링크
:visited	방문한 링크

상태 선택자

상태 선택자는 상태에 따른 속성을 변경할 수 있습니다. 보통 〈form〉 요소에서 〈input〉 태그의 특정한 상태에 대해 css 속성을 지정할 때 사용됩니다.

유형	특징
:focus	〈input〉 태그에 초점을 맞출 때
:enabled	〈input〉 태그가 사용 가능 할 때
:disabled	〈input〉 태그가 사용 불가능 할 때

구조 선택자

구조 선택자는 구조에 따라 특정한 위치에 속하는 태그를 선택할 수 있습니다. css의 선택자 중에서 자주 사용되며 아주 편리한 선택자입니다.

유형	특징
:nth-child(n)	앞에서 n번째 요소를 선택
:nth-last-child(n)	뒤에서 n번째 요소를 선택

유형	특징
:first-child	첫 번째 요소를 선택
:last-child	마지막 요소를 선택

형태 구조 선택자

형태 구조 선택자는 구조 선택자와 비슷하지만 태그 형태를 구분하여 선택할 수 있습니다. 구조 선택자만큼 자주 사용되며 아주 편리한 선택자입니다.

유형	특징
:nth-of-type(n)	앞에서 n번째 특정한 태그를 선택
:nth-last-of-type(n)	뒤에서 n번째 특정한 태그를 선택

유형	특징
:first-of-type	첫 번째 특정한 태그를 선택
:last-of-type	마지막 특정한 태그를 선택

가상 선택자

선택자들이 존재하지 않은 즉, 가상의 클래스와 요소를 선택할 수 있습니다.

유형	특징
::before	선택한 요소 앞에 가상 콘텐츠 삽입
::after	선택한 요소 뒤에 가상 콘텐츠 삽입

1 다음의 설명을 보고 빈 칸에 채우세요..

_____ 선택자는 선택자 결합이라고도 부르며, 여러 선택자를 연속해서 지정하여 그룹으로 묶는 기능입니다. 여러 선택자를 일괄적으로 스타일링 해줄 때 사용합니다. 여러 선택자를 쉼표(,)로 구분하여 연결합니다.

2 다음 중 선택자를 선언하는 방법이 아닌 것은?

❶ 자식 선택자 (〉)   ❷ 일반 형제 선택자 (~)   ❸ 인접 형제 선택자 (+)   ❹ 가상 선택자(=)   ❺ 그룹 선택자 (,)

3 마우스의 반응에 따른 속성을 설정할 수 있는 반응 선택자 중 마우스 올린 상태를 나타내는 반응 선택자는 무엇일까요?

```
<style>
a:_____ {
    background : red;
}
</style>
```

4 첫 번째 요소를 선택하는 구조 선택자는 ❶_____, 마지막 요소를 선택하는 구조 선택자는 ❷_____ 이라고 합니다.

5 마우스의 반응에 따른 속성을 설정할 수 있는 반응 선택자 중 마우스 올린 상태를 나타내는 반응 선택자는 무엇일까요?

```
<style>
div_____ {
    content: "";
    color: red;
}
</style>
```

Answer

1 그룹   **2** ❹   **3** hover   **4** ❶ :first-child   ❷ :last-child   **5** ::before

반응형 웹과 미디어 쿼리

이번 장에서는 반응형 웹과 적응형 웹의 특징과 장단점을 알아보고 모바일 퍼스트 디자인과 미디어 쿼리 기술에 대해서 살펴보도록 하겠습니다.

01 반응형 웹과 적응형 웹

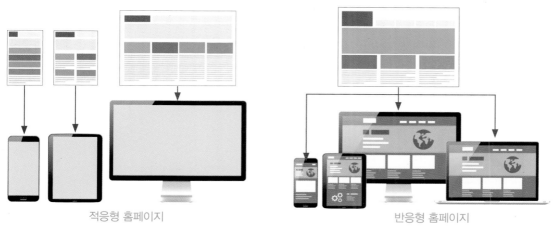

적응형 홈페이지   반응형 홈페이지

◆ CSS3

과거 데스크톱 환경에서 스마트폰의 등장으로 인해 모바일 환경으로 사용자들이 이동하면서 반응형 웹과 적응형 웹에 대한 관심이 뜨겁습니다. 반응형 웹과 적응형 웹의 목표는 다음과 같습니다. "모바일부터 데크스톱까지, 화면의 사이즈가 제각각인 다양한 기기에서 어떻게 일정한 사용자 경험을 제공할 것인가."

모바일 기기에서 데크스톱 버전으로 만들어진 웹 페이지를 보는 것은 극악의 사용자 경험을 제공합니다. 이에 대응하기 위해 모바일에서는 모바일에 최적화된 웹 페이지를 보여주는 것이 웹의 표준이 되었는데, 이를 구현할 수 있도록 하는 것이 바로 반응형 웹과 적응형 웹의 개념입니다.

간단하게 반응형 웹과 적응형 웹은 웹 사이트가 데스크톱 환경 및 모바일 환경에서 다양한 화면 크기와 원활한 정보를 제공하여 더 나은 사용자 경험을 제공하기 위한 방법입니다.

그러나, 반응형 웹과 적응형 웹은 웹 사이트 설계부터 구동까지 많은 차이가 있습니다. 반응형 웹과 적응형 웹에 대해서 하나하나 살펴보도록 하겠습니다.

01-1 반응형 웹(Responsive Web)

responsive 즉각 반응하는 + web 웹

반응형 웹 디자인(Responsive Web Design)은 홈페이지 제작, 웹 애플리케이션 제작과 관련된 기술로 CSS의 미디어 쿼리를 사용하여, PC, 모바일, 태블릿 등 각각의 기기별로 디바이스의 크기에 구애받지 않고, 홈페이지의 페이지가 최적화된 크기로 보여지는 기능입니다.

화면이 작은 기기에서 반응형 웹으로 제작된 웹사이트를 접속했을 때는 웹 사이트의 구조를 작은 화면에 최적화된 구조로 변경하여 보여주고, 큰 화면을 가진 기기에서는 웹 사이트의 구조를 큰 화면에 최적화된 구조로 변경하여 보여줍니다. 이처럼 사용자의 디바이스 기기의 화면이나 환경에 맞게 자유자재로 변하는 것이 반응형 웹입니다.

◆ 반응형 웹(Responsive web)

▌반응형 웹의 장점

• 간편한 유지보수

모바일 버전과 데스크톱 버전같이 두 개의 웹 사이트를 만들게 되면 웹 사이트에 새로운 내용이 추가되거나 수정이 필요할 때 각각의 웹 사이트 소스에서 개별적으로 추가 및 수정이 필요합니다.

그렇게 되면 손도 많이 갈 뿐만 아니라 비용과 시간이 추가됩니다. 하지만 반응형 웹은 모바일, 태블릿, 데스크톱 등 모든 디자인을 하나의 HTML 파일과 CSS 파일에서 작업하기 때문에 유지 보수가 훨씬 쉽고 간편합니다.

• 유리한 마케팅

마케팅은 회사의 제품이나 서비스를 많은 사람에게 알리기 위한 활동입니다. 마케팅 활동 중 최적의 활동은 당연 '웹'입니다. 쉽게 접근할 수 있는 점과 다양한 활동을 자유롭게 펼칠 수 있다는 점 때문입니다.

하지만 웹사이트를 데스크톱 버전으로만 만들면 스마트 기기 시대인 지금 작은 화면의 스마트 기기에서는 화면이 작게 보이게 되어 전달하고자 하는 정보들이 제대로 전달되지 않습니다.

이때 반응형 웹이라는 기술을 이용하여 웹사이트를 개발하면 환경이나 기기에 따라 최적화된 구조로 웹사이트를 변경하여 보여줄 수 있기 때문입니다. 언제, 어디서, 어떻게든 접근이 용이해야 하는 중요한 웹 마케팅에서 가장 효과적인 방법이 바로 반응형 웹이라는 기술입니다.

- **최적화된 검색엔진**

자신의 웹사이트를 최대한 많은 사람에게 많이 알리고 싶다면 어떻게 해야 할까요? 누구나 알다시피 정답은 바로 검색 시 노출을 최대화시키는 것입니다. 이것을 바로 검색엔진 최적화 작업이라고 합니다.

검색엔진 최적화 (SEO – Search Engine Optimize) 작업은 포털사이트 또는 검색 사이트에서 사용자가 특정 키워드로 검색을 했을 때 나오는 웹사이트 검색 결과에서 상위권에 나타나도록 하는 관리 작업을 말합니다.

예를 들면 모바일 버전과 데스크톱 버전 각각의 홈페이지를 가지고 있는 커피 회사의 경우 "m.커피회사.com" / "커피회사.com" 두 개의 웹 주소가 있을 것입니다.

하지만 반응형 웹으로 만들어진 홈페이지의 경우 하나의 주소와 하나의 파일로만 이루어져 하나의 웹 주소만을 갖고 있습니다.

검색엔진에서는 어떠한 주소의 정보가 정확한 정보인지 확인하기 힘들어 검색 결과에서 제외하거나, 검색 결과 상위권에 배치하는 것이 상대적으로 불리해집니다.

광고 비용 또한 상위권에 노출시키고자 하는 웹 사이트가 두 개이기에 두 배의 비용이 들어갑니다. 하지만 반응형 홈페이지는 하나의 주소로 검색 결과에 좀 더 노출이 잘 될 수 있고, 광고효과도 톡톡히 볼 수 있습니다.

- **미래 지향적 기술**

휘어지는 화면을 탑재한 스마트 기기, TV, 냉장고는 SF 영화에서만 볼 수 있었던, 상상만 했던 일들이었으나 이제는 모두 현실화되어 가고 있습니다. 휘어지는 건물 벽면에 광고를 했다고 가정해봅시다. 건물 벽면 크기에 따라 광고되고 있는 상품들의 이미지 크기를 변화시켜야 할 것입니다.

하지만 반응형 웹으로 개발된 웹사이트라면 구조를 환경에 따라 최적화되도록 바꾸어서 보일 것입니다. 지금처럼 다양한 기기가 출시되고 앞으로 어떤 크기의 기기가 나올지 모르는 상황에서 반응형 웹은 웹 기술 중 가장 미래 지향적이고, 미래를 준비하는 바람직한 대안이라고 말할 수 있습니다.

01-2 적응형 웹(Adaptive Web)

> Adaptive 적응할 수 있는 + web 웹

적응형 웹은 서버나 클라이언트에서 웹에 접근한 기기를 체크해 그 기기에 맞는 템플릿을 제공하는 개념입니다. 모바일의 경우 모바일용 템플릿을, 데스크톱의 경우 데스크톱용 템플릿을 제공하는 식입니다. 따라서 기기별로 다른 템플릿을 제작해야 할 필요가 있습니다.

기존에 이미 데스크톱용 템플릿을 작성했다면, 바닥부터 재구축할 필요 없이 다른 기기용 템플릿만 따로 만들면 되기 때문에 편리하고, 사용자의 기기에 맞는 템플릿 및 CSS만 다운로드 하므로 데이터 낭비가 적고 로딩 속도가 빠릅니다. 다만, 각 기기별로 별로의 템플릿을 작성해야 하므로 개발이 다소 복잡해지는 단점이 있습니다.

◆ 적응형 웹(Adaptive web)

일반 홈페이지의 경우 기업 업무시스템이나 쇼핑몰, 포털사이트 등에 비해 포함하고 있는 콘텐츠 양이 적은 편이라, 전달하려는 내용을 한 페이지에 표현하기 수월합니다. 따라서 해상도 변경에 따라 화면의 레이아웃을 조절하는 반응형 웹을 적용하기 어렵지 않습니다.

반면, 앞서 말한 복잡한 기업 업무시스템이나 콘텐츠 내용이 많은 쇼핑몰, 포털사이트 등은 어떻게 구현하는 것이 좋을까요? 국내 대표적인 포털사이트 '네이버'와 '다음'을 살펴보면, 두 포털사이트는 PC와 모바일에서의 접속 URL이 다릅니다. 이는 적응형 웹으로 만들어져 있기 때문에 PC와 모바일의 HTML 화면 자체가 다르다고 보면 됩니다.

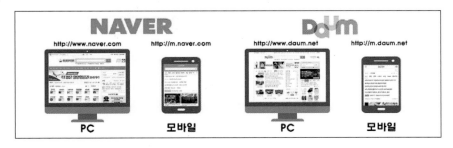

두 포털사이트의 데스크톱 버전의 첫 화면을 보면, 깔끔하게 잘 정리돼있지만, 일반 홈페이지와는 비교할 수 없을 정도로 한 화면에 담고 있는 콘텐츠가 많습니다. 이러한 데스크톱 버전 페이지와 사이즈만 다를 뿐 동일한 구성의 화면으로 모바일 페이지를 구현해주는 반응형 웹 방식에 대해, 두 포털 사이트는 사용자에게 불편함을 줘 사이트 경쟁력에 도움이 되지 않는다고 판단했던 것 같습니다.

기술을 잘 모르는 사람이 보더라도 PC 화면을 가득 채울 만큼의 많은 내용을 작은 화면인 모바일에 크기만 조정해 보여주는 것은 합리적이지 않을 것입니다. 상상만 해도 눈에 피로가 몰려오는 것 같지 않나요? 사용자의 높은 이용 빈도가 곧 경쟁력인 두 포털사이트는 데스크톱보다 더 많은 접속률을 보이는 모바일의 화면을 구현하기 위해 기획 단계부터 심혈을 기울인 듯합니다. 이들이 모바일 화면을 구현하며 택한 방식이 바로 적응형 웹입니다.

▌적응형 웹의 장점

• 디자인의 자유로움

단순한 웹 페이지나 홈페이지의 경우는 그나마 콘텐츠가 단순하나, 소셜커머스나 기업 업무시스템들은 콘텐츠의 양이 많고 복잡한 화면들이 대부분입니다. 따라서 미디어 쿼리 등을 이용한 단순 레이아웃 변경 방식인 반응형 웹으로 콘텐츠의 배치와 배열을 정리하기란 쉽지 않은 일일 것입니다. 반면, 적응형 웹은 기획 첫 단계부터 기기에 알맞은 해상도를 고려합니다. 화면에 담길 콘텐츠의 양을 조절하고 기기에 최적화된 디자인을 함으로써 가독성을 높이는데 상대적으로 자유롭습니다.

• 반응형 웹보다 빠른 로딩 속도

반응형 웹은 기기별 CSS스타일과 개발 소스들을 전부 로딩하기 때문에 시스템 로딩 속도나 성능에 영향을 주는데 비해, 적응형 웹은 제작한 기기에 해당하는 CSS 스타일과 개발 소스만 로드하기 때문에 상대적으로 성능 이슈가 적습니다.

이처럼 적응형 웹은 기기별 맞춤형 기획을 진행하고 및 개발하는 방식을 택해 반응형 웹의 아쉬운 부분들을 보완합니다. 이에 앞서 언급한 대형 포털사이트 네이버나 다음 역시 PC와 모바일 페이지의 URL 주소를 별개로 두고(즉, 기기별 페이지를 분리함으로써) 기기에 따라 높은 만족도의 사용자 경험을 제공하고 있는 것입니다.

• 표나 그리드 형태의 데이터 표현이 빈번한 경우

반응형 웹은 그리드(Grid) 형태로 데이터를 표현하는 것이 쉽지 않습니다. 행(Row)과 열(Column)을 표현하는 그리드에서 행의 개수는 비교적 익숙하게 사용하는 상하 스크롤로 표현한다지만, 해상도에 따라 열의 데이터가 안 보이는 경우도 발생하고 가로축으로도 스크롤이 생겨서 정보를 확인하는 데 불편함을 야기합니다. 하지만 적응형 웹은 디바이스 화면 사이즈에 맞는 열의 개수를 감안해 디자인할 수 있으므로 상하좌우로 스크롤바가 생기는 불편함을 없앨 수 있습니다.

• 웹 사이트 재설계 또는 개선에 적합

적응형 디자인은 종종 웹 사이트 재설계 또는 개선에 가장 적합합니다. 예를 들어 클라이언트가 디자인을 변경할 의도가 없는 기존 웹 사이트의 모바일 레이아웃이 필요한 경우 적응형 디자인이 최선의 선택일 수 있습니다.

알아두세요! 반응형 웹과 적응형 웹 차이점

구분	반응형 웹	적응형 웹
주소	하나의 주소	기기마다 다른 주소
콘텐츠	모든 콘텐츠 다운로드 필요	기기에 맞는 콘텐츠만 다운로드
로딩 속도	로딩 속도 느림	로딩 속도 빠름

01-3 모바일 퍼스트 디자인(Mobile First Design)

> Mobile 모바일 + First 먼저

모바일 퍼스트 디자인이란, 처음 웹 어플리케이션을 구축하는 단계에서부터 모바일 중심으로 구축하는
것을 의미합니다. 모바일을 먼저 구축한 후, 데스크톱이나 타 기기를 위해서는 그에 맞는 반응형 또는
적응형 웹을 제공하는 방식을 말합니다.

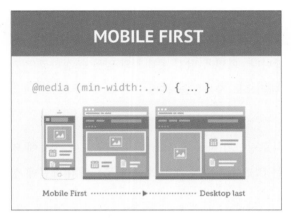

```
/* Mobile Responsive */

/* Desktop */
@media (min-width: 10em) {
...
}
```

앞의 CSS 코드처럼 모바일을 기본으로 삼아 코드를 구현한 후, 다른 기기에 맞는 CSS 코드를 추가하는
방식입니다.

그렇다면 왜 굳이 모바일 퍼스트 디자인일까요?

답은 간단합니다. 모바일 웹을 데스크톱으로 확장하는 것은 쉽지만, 데스크톱 웹을 모바일로 간추리는 것
은 어렵습니다. 모바일은 특성상 데스크톱에 비해 제공할 수 있는 정보의 양이 훨씬 적습니다. 데스크톱
을 기준으로 빽빽하게 작성된 웹 페이지는 모바일로 옮기는 것이 사실상 불가능하다고 할 수 있습니다. 반
대로, 모바일 기준으로 느슨하게 작성된 웹 페이지는 데스크톱으로 충분히 쉽게 옮길 수 있습니다.

최근 웹 애플리케이션의 트렌드는 미니멀리즘입니다. 사용자는 단순하고 미니멀한 것을 요구합니다. 이
러한 이유가 더더욱 모바일 퍼스트 디자인이 필요한 이유라고 할 수 있습니다. 이제는 더 이상 데스크톱
을 기준으로 코드를 짜고, 모바일을 위해 신음할 필요가 없습니다. 처음부터 모바일 중심으로 짜고 데스
크톱에 맞게 웹 페이지를 확장하며 디자인을 하면 되기 때문입니다. 이로 인해 많은 웹의 디자인들이 심
플화, 단순화되고 있다고 할 수 있습니다.

02 브라우저 크기에 따라 변하는 가변 그리드와 요소

그리드는 크게 화면의 너비를 특정 값으로 고정한 고정 그리드와 화면에 따라 비율에 맞게 자동으로 레이아웃이 변형되는 가변 그리드가 있습니다.

고정 그리드	화면 너비를 특정 값으로 고정	px (절대값)
가변 그리드	화면 너비를 %와 같은 가변 값으로 지정	% (상대값)

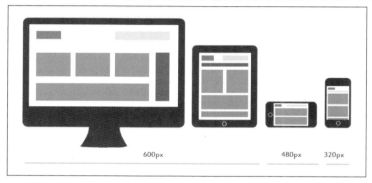

고정 그리드는 너비가 항상 일정하게 표시되기 때문에 원하는 레이아웃을 만들기가 쉽습니다. PC 사이트만 제작한다면 이 방법이 편리합니다. 하지만 브라우저 창의 너비가 작은 디바이스에서 접속했을 때 사이트 일부가 가려져서 스크롤 막대를 사용하여 화면을 옮기면서 봐야하는 불편함이 있습니다. 반면에 px단위의 절대값이 아닌 %의 상대 값을 주어서 변하는 형태인 가변 그리드는 다양한 디바이스에서도 특성에 맞게 사이트를 볼 수 있습니다.

그래서 절대 값을 상대값으로 계산하여 가변 그리드를 만드는 공식에 대해서 알아봅시다.

▌공식

(요소의 너비/적용할 요소를 감싸는 요소의 너비) * 100

```
<header>
    <div id="box"></div>
</header>
```

```
header(부모) = 1280px / 1920px = 0.66667 * 100 = 66.667%
box(자식) = box너비 / header너비 = 450px / 1280px = 0.3515 * 100 = 35.15%
```

- 적용 범위는 부모 요소일 때, 최대 소수 3~4자리까지 자식 요소일 때, 부모 전체 100% 넘지 않게 계산 해야 합니다.

> 자식 요소 + 자식 요소 + 자식 요소... = 100% = 부모 전체 크기 값

- 크기 값, margin, padding 값 모두 같은 공식으로 사용합니다.

반응형 웹은 모든 요소가 가변적이어야 합니다. 요소의 크기 값뿐만 아니라 여백 값인 margin과 padding을 가변 값으로 설정해줘야 합니다.

margin	(가변 margin을 적용할 margin 값/적용할 요소를 감싸는 요소의 너비) * 100
padding	(가변 padding을 적용할 padding 값/적용할 요소를 감싸는 요소의 너비) * 100

- 100% = 요소의 크기 값 + 여백 값

디바이스 너비를 줄이면 고정 그리드는 margin과 padding 값은 줄어들지만, 가변 그리드는 margin과 padding 값이 유지됩니다.

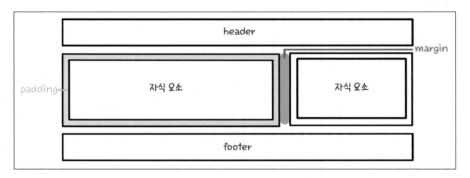

- 가변 요소 중 하나인 font는 가변 그리드 단위를 사용합니다.

단위	설명	비고
em	부모의 font-size 상속 받습니다.	16px=1rem
rem	부모의 font-size를 상속받지 않고 최상위(html)의 font-size를 기준으로 합니다.	
vw	웹 너비를 100을 기준으로 크기를 결정합니다.	(글자크기 값 x 브라우저 너비 값) / 100
vh	웹 높이를 100을 기준으로 크기를 결정합니다.ㅁ	(글자크기 값 x 브라우저 높이 값) / 100
vmin	높이와 너비 중 작은 값을 100을 기준으로 크기를 결정합니다.	
vmax	높이와 너비 중 큰 값을 100을 기준으로 크기를 결정합니다.	

03 미디어 쿼리란?

미디어 쿼리는 오래전 미디어 타입이라는 이름으로 등장했었습니다. 미디어 타입은 말 그대로 미디어의 종류만 감지했기 때문에 세부적인 사항까지는 알지 못했습니다. 또, 옛날에는 기기의 종류가 많지도 않아 사용성에 의구심을 갖는 사람들이 많아 거의 사용하지 않았던 기술입니다.

하지만, CSS3가 등장하면서 이 미디어 타입이라는 기술이 '미디어 쿼리'라는 이름과 함께 기기의 종류 뿐 아니라 해상도, 비트 수, 가로, 세로 여부 등 세부사항까지 감지할 수 있는 기술로 탈바꿈을 하게 됩니다. 기기의 세밀한 부분까지 감지할 수 있어서 반응형 웹의 시작과 함께 웹 개발의 새로운 지평을 열었다는 찬사도 받습니다.

미디어 쿼리는 화면 해상도, 기기 방향 등의 조건으로 HTML에 적용하는 스타일을 전환할 수 있는 CSS3의 속성 중 하나입니다. 반응형 웹 디자인에서는 미디어 쿼리를 사용해 적용하는 스타일을 기기마다(화면 크기마다) 전환할 수 있습니다.

> **알아두세요!** 미디어 쿼리?
>
> 미디어 쿼리는 반응형 웹을 구현하는 데 필요한 CSS의 속성 중 하나입니다. 화면의 특정 조건을 만족할 때만 미디어 쿼리의 코드를 동작 시킵니다. 가령 화면 크기가 800px 보다 클 때, 800px 보다 작을 때의 디자인을 미디어 쿼리를 통해 다르게 만들 수 있습니다.

- -

@media 속성을 사용하여 특정한 디바이스에서 어떤 CSS를 적용할 것인지 지정해 줍니다.

> **형식**
>
> ```
> @media screen and (min-width: px) and (max-width: px){
>     선택자 { css속 : 속성 값; }
> }
> ```

▌ 속성

종류	설명
max-width	뷰 영역에서의 최대 넓이
min-width	뷰 영역에서의 최소 넓이

▌ 미디어 타입

종류	설명
all	전부
screen	스크린 화면
print	프린트
tv	tv

▌ 소스

```
<style>
    div { font-size: 16px; }
    @media screen and (min-width: 786px) and (max-width: 1280px){
    div { font-size: 24px; }
    }
</style>
```

위 예제를 해석하면 다음과 같이 설명할 수 있습니다.

> 기본적으로 div 폰트 사이즈는 16px이고, 786px에서 1280px까지는 폰트 사이즈 24px이 적용됩니다.

■ 미디어 쿼리 범위

미디어 쿼리는 화면 크기 및 해상도에 따라 적용될 지점 즉, 범위를 결정해야 합니다.

이때, 시중에 사용되고 있는 다양한 디바이스 크기를 일일이 설정하는 건 현실적으로 불가능한 일입니다. 경우에 따라 달라질 수 있겠지만, 보편적으로 사용하는 범위에 대해서 정리하겠습니다.

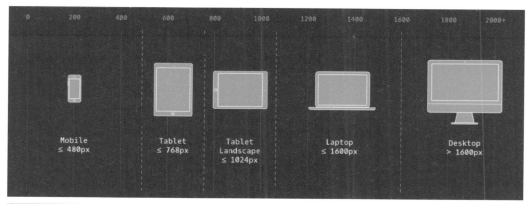

구분	너비
desktop	1920px 이하 1600px 이상
laptop	1600px 이하 1280px 이상
tablet(가로)	1024px 이하
tablet(세로)	768px 이하
mobile	480px 이하

```
@media all and (max-width: 1440px){}
@media all and (max-width: 1280px){}
@media all and (max-width: 1024px){}
@media all and (max-width: 768px){}
@media all and (max-width: 480px){}
@media all and (max-width: 425px){}
@media all and (max-width: 325px){}
```

■ 적용 방법

• 외부 스타일 시트 작성 〈link〉

```
<link rel ="stylesheet" href ="mediaqueries.css">
```

외부 스타일 시트 작성 방식은 외부 CSS 파일에 미디어 쿼리를 작성해서 〈link〉〈/link〉 태그로 외부 스타일 시트를 연결하여 적용합니다. 이 방식은 HTML 파일과 CSS 파일을 별도로 관리하므로 불러오는 속도도 빠르고 관리 면에서 효율적입니다.

• 내부 스타일 시트 작성 〈style〉

```
<style>
    @media screen and (min-width: 1280px){}
</style>
```

내부 스타일 시트 작성 방식은 〈style〉 태그에 직접 미디어의 종류와 조건문 등을 작성하는 방식입니다. 이 방식은 HTML 문서 내에 작성하게 되면 문서의 용량이 커지고, 커진 용량으로 인하여 속도가 느려집니다.

- **and 구문 뒤에는 항상 한 칸 띄어쓰기해야 합니다.**

```
@media screen and (min-width: 1280px){}/* 올바르게 띄어쓰기 한 구문 */
@media screen and(min-width: 1280px){}/* 올바르지 않게 띄어쓰기 한 구문 */
```

and 구문 뒤에는 항상 한 칸 띄어쓰기해야 합니다. 만약, 한 칸 띄어쓰기하지 않고 미디어 쿼리를 작성한다면, 해당 미디어 쿼리는 정상적으로 작동하지 않습니다.

- **min을 사용할 때 반드시 크기가 작은 순으로, max를 사용할 때 반드시 크기가 큰 순으로 작성해야 합니다.**

```
@media all and (min-width: 320px){}
@media all and (min-width: 768px){}
@media all and (min-width: 1024px){}
```

min을 사용할 때 크기(width)가 작은 순으로 작성해야 하는 이유는 min은 최소 또는 그 이상이라는 뜻으로, 점차 커지는 것을 의미하기 때문에 반드시 작은 순서부터 큰 순서로 작성해야 합니다. 반대로 max는 최대 또는 그 이하라는 뜻으로, 점차 작아지는 것을 의미하기 때문에 max를 사용할 때는 반드시 큰 순으로 작성해야 합니다.

- **미디어 쿼리를 적용하기 위해서 〈head〉 태그 안에 viewport 지정 필수입니다.**

viewport는 모바일 화면을 위해 꼭 필요한 태그입니다. 그래서 반응형 웹을 만들기 위해서 viewport 지정은 필수입니다. 설정 방법은 〈meta〉 태그를 〈head〉 태그 안에 넣어주면 설정 완료됩니다.

width=device-width	페이지의 너비를 기기의 스크린 너비로 설정
initial-scale=1.0	− 처음 페이지 로딩 시 확대/축소가 되지 않은 원래 크기를 사용하도록 설정 − 0~10사이의 값

```
<head>
    <meta name="viewport" content="width=device-width, initial-scale=1.0">
</head>
```

위 메타 태그를 해석하면 다음과 같이 설명할 수 있습니다.

> 모바일 기기 화면 너비에 맞추고 초기 화면 비율을 1로 지정해서 줌을 하지 않도록 설정합니다.

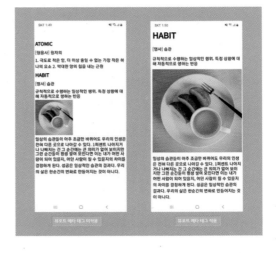

반응형 웹(Responsive Web)

반응형 웹 디자인(Responsive Web Design)은 사용자의 디바이스 기기의 화면이나 환경에 맞게 자유자재로 변하는 것이 반응형 웹입니다.

반응형 웹의 장점

- 간편한 유지보수
- 유리한 마케팅
- 최적화된 검색엔진
- 미래 지향적 기술

적응형 웹(Adaptive Web)

적응형 웹은 서버나 클라이언트에서 웹에 접근한 기기를 체크해 그 기기에 맞는 템플릿을 제공하는 개념입니다.

적응형 웹의 장점

- 디자인의 자유로움
- 반응형 웹보다 빠른 로딩 속도
- 표나 그리드 형태의 데이터 표현이 빈번한 경우
- 웹 사이트 재설계 또는 개선에 적합

모바일 퍼스트 디자인(Mobile First Design)

모바일 퍼스트 디자인이란, 처음 웹 어플리케이션을 구축하는 단계에서부터 모바일 중심으로 구축하는 것을 의미합니다. 모바일을 먼저 구축한 후, 데스크톱이나 타 기기를 위해서는 그에 맞는 반응형 또는 적응형 웹을 제공하는 방식을 말합니다.

브라우저 크기에 따라 변하는 가변 그리드와 요소

그리드는 크게 화면의 너비를 특정 값으로 고정한 고정 그리드와 화면에 따라 비율에 맞게 자동으로 레이아웃이 변형되는 가변 그리드가 있습니다.

고정그리드	화면 너비를 특정 값으로 고정	px (절대값)
가변그리드	화면 너비를 %와 같은 가변 값으로 지정	% (상대값)

미디어 쿼리

미디어 쿼리는 화면 해상도, 기기 방향 등의 조건으로 HTML에 적용하는 스타일을 전환할 수 있는 CSS3의 속성 중 하나입니다. 반응형 웹 디자인에서는 미디어 쿼리를 사용해 적용하는 스타일을 기기마다(화면 크기마다) 전환할 수 있습니다. @media 속성을 사용하여 특정한 디바이스에서 어떤 CSS를 적용할 것인지 지정해줍니다.

```
@media screen and (min-width :px) and (max-width :px){
    선택자 { css속성 : 속성 값; }
}
```

- 미디어 쿼리 속성

종류	설명
max—width	뷰 영역에서의 최대 넓이
min—width	뷰 영역에서의 최소 넓이

- 미디어 쿼리 범위

구분	너비
desktop	1920px 이하 1600px이상
laptop	1600px이하 1280px이상
tablet(가로)	1024px 이하
tablet(세로)	768px 이하
mobile	480px 이하

1 ❶_____은 사용자의 디바이스 기기의 화면이나 환경에 맞게 자유자재로 변하는 것이 ❶_____이며, ❷_____은 서버나 클라이언트에서 웹에 접근한 기기를 체크해 그 기기에 맞는 템플릿을 제공하는 개념입니다.

2 다음 중 반응형 웹(Responsive Web) 에 대한 장점이 아닌 것은?

❶ 유리한 마케팅

❷ 웹 사이트 재설계 또는 개선에 적합

❸ 최적화된 검색엔진

❹ 미래 지향적 기술

❺ 간편한 유지보수

3 _____이란, 처음 웹 어플리케이션을 구축하는 단계에서부터 모바일 중심으로 구축하는 것을 의미합니다. 모바일을 먼저 구축한 후, 데스크톱이나 타 기기를 위해서는 그에 맞는 반응형 또는 적응형 웹을 제공하는 방식을 말합니다.

4 스타일을 기기마다(화면 크기마다) 전환할 수 있는 반응형 웹 디자인을 만들기 위해서 필요한 속성은 무엇일까요?

```
_____ screen and (min-width :px) and (max-width :px){
    선택자 { css속성 : 속성 값 ;}
}
```

Answer

1 ❶ 반응형 웹(Responsive Web) ❷ 적응형 웹(Adaptive Web) 2 ❷
3 모바일 퍼스트 디자인(Mobile First Design) 4 @media

04

실전 웹 디자인

이번 파트는 앞 장에서 배웠든 HTML&CSS을 바탕으로 실전에서도 사용 가능한 예제 세로 스크롤형 사이트, 풀페이지형 사이트, 가로 스크롤형 사이트 그리고 반응형 사이트 만들기를 위한 파트입니다.

※ part 4에 필요한 이미지는 다운로드 소스 안에 있습니다.

세로 스크롤형 사이트 만들기

이번 예제에서는 HTML과 CSS를 이용하여 사이트의 기본적인 레이아웃 형태이자 활용도가 높은 세로 스크롤형 사이트입니다. 앞에서 배운 내용을 차근차근 복습해나가며 하나씩 완성해 보도록 하겠습니다.

예제를 풀다가 필수 태그 및 속성이 생각나지 않는다면 해당 페이지에서 내용을 다시 확인하며, 작업 순서에 맞춰 하나씩 진행합니다.

▌ 필수 태그 및 속성

챕터	구분	설명
ch02	display: inline-block;	인라인-블록 요소 정의
ch03	⟨a⟩	하이퍼링크 태그
ch08	font-size	폰트 사이즈 속성
ch08	text-align: center;	인라인 요소 또는 인라인-블록 요소를 쉽게 중앙으로 배치하는 방법
ch08	line-height	문장과 문장 사이 간격
ch09	background	배경 속성
ch10	width	요소 너비 속성
ch10	height	요소 높이 속성
ch10	border	요소 테두리 속성
ch10	margin	요소 바깥 여백 속성
ch10	padding	요소 내부 여백 속성
ch10	box-sizing	박스 크기 기준 속성
ch12	position	원하는 위치에 배치하는 속성
ch12	flex	배치 속성

▌ 작업 순서

1️⃣ 레이아웃 구조 파악

2️⃣ 기본적인 준비 (소스 폴더 : ch17)

3️⃣ 헤더 영역 만들기

4️⃣ 콘텐츠 영역 만들기

5️⃣ 전체 코드 확인하기

01 레이아웃 구조 파악

만약에 눈에 보이는 형태가 원일 경우에도 모든 HTML 요소는 박스(Box) 모양으로 구성이 되어있는 박스 모델(box model)입니다. 그러므로 레이아웃 구조를 파악할 때에도 박스 즉, 사각형 모양으로 생각하면 구조 파악이 쉽습니다.

▌필수 태그 및 속성

챕터	구분	설명
ch10	CSS 박스 모델	레이아웃을 만들기 위한 CSS 박스 모델

이번 예제 작업을 위한 폴더 구성을 살펴보겠습니다. 예제 1번에 해당하는 폴더 안에는 아래와 같이 구성되어 있습니다.

구분	설명
index.html	웹 문서를 만들기 위한 HTML 파일
css/reset.css	브라우저마다 가지고 있는 기본적인 CSS 스타일 초기화하는 CSS 파일
css/main.css	자기 자신이 작성한 CSS 파일
images 폴더	이미지 소스

index.html

• 필수 태그 및 속성

챕터	구분	설명
ch06	〈link〉	외부 스타일시트 적용

▌소스

```
<!DOCTYPE html>
<html lang="ko">
<head>
    <meta charset="utf-8">
    <title>example01</title>
    <!-- 초기화 css 파일 -->
    <link rel="stylesheet" href="css/reset.css">
    <!-- 내가 작성한 css 파일 -->
    <link rel="stylesheet" href="css/main.css">
</head>
<body>
</body>
</html>
```

css 파일은 〈link〉 태그를 사용하는 외부 스타일 시트를 불러오는 방식을 사용하였습니다. 〈link rel="stylesheet" href="css/reset.css"〉는 브라우저마다 가지고 있는 기본적인 CSS 스타일 초기화하기 위한 외부 CSS 파일이며, 〈link rel="stylesheet" href="css/main.css"〉는 자기 자신이 작성한 외부 CSS 파일입니다. reset.css 파일부터 살펴보겠습니다.

reset.css

- **필수 태그 및 속성**

챕터	구분	설명
ch06	@import (내부CSS)	구글 웹 폰트 사용
ch10	margin: 0;	여백 초기화① 요소 바깥 여백
ch10	padding :0;	여백 초기화① 요소 내부 여백
ch10	border: 0;	테두리 초기화
ch10	box-sizing	박스 크기 기준
ch07	list-style: none;	리스트 초기화
ch08	text-decoration: none;	글자 라인 초기화

▌소스

```
/* 구글 웹 폰트 */
@import url('https://fonts.googleapis.com/css2?family=Noto+Sans+KR:wght@700&display=swap');
* {
    margin: 0; /* 여백 초기화① 요소 바깥 여백 */
    padding: 0; /* 여백 초기화① 요소 내부 여백 */
    border: 0; /* 테두리 초기화 */
    box-sizing: border-box;
}
body {
    font-family: 'Noto Sans KR', sans-serif; /* 폰트 초기화① 폰트 종류 */
    font-size: 16px; /* 폰트 초기화② 폰트 사이즈 */
}
/* 리스트 초기화 */
ol,ul {
    list-style: none;
}
/* 링크 초기화 */
a {
    color: inherit;
    text-decoration: none;
}
```

CSS 파일 문서 상단에 구글 웹 폰트를 @import 방식을 사용하여 연결했습니다.

이번 예제에서 타이틀 부분에 사용할 웹 폰트는 'Noto Sans Korean'입니다. body에 'Noto Sans KR' 폰트 종류와 16px 폰트 사이즈를 설정하여 브라우저 기본 폰트 스타일을 초기화 하였습니다.

main.css

• 필수 태그 및 속성

챕터	구분	설명
ch06	CSS 우선순위	CSS 스타일 적용 우선순위

소스

```css
/* 공통 */

/* 타이틀 */

/* 헤더 영역 */

/* 로고 */

/* 주 메뉴 */

/* 탑 메뉴 */

/* 전체 콘텐츠 영역 */

/* 콘텐츠 영역① */

/* 콘텐츠 영역② */

/* 콘텐츠 영역③ */

/* 콘텐츠 영역④ */

/* 푸터 영역 */
```

앞으로 내가 적용할 스타일에 대해서 main.css에 작성하겠습니다. 이때, CSS 파일에 적용된 스타일 코드는 계단식으로 내려갑니다. 그러므로 HTML 문서에 작성된 구조 순서에 맞춰 스타일을 작성하는 것이 좋습니다.

03 헤더 영역 만들기

헤더 전체 영역

❶ 태그명: header / 너비: 1600px / 높이: 자식 높이 값

❷ 클래스명: menu / 너비 및 높이: 이미지 사이즈

❸ 태그명: nav / 너비: 1400px / 높이: 99px

- **필수 태그 및 속성**

챕터	구분	설명
ch02	display: block;	블록 요소
ch03	〈a〉	하이퍼링크 태그
ch03	〈img〉	이미지 삽입 태그
ch10	width	요소 너비 속성
ch10	height	요소 높이 속성
ch10	flex	블록 요소 가운데 정렬
ch12	margin: 0 auto;	배치 속성

HTML

```
<!-- 헤더 영역 -->
<header>
    <!-- 햄버거 메뉴 -->
    <div class="menu">
        <a href="#">
            <img src="images/header/menu.jpg" alt="">
        </a>
    </div>
    <!-- 네비게이션 -->
    <nav></nav>
    <!-- 검색 버튼 -->
    <div class="search">
        <a href="#">
            <img src="images/header/search.jpg" alt="">
        </a>
    </div>
</header>
```

```
/* 헤더 영역 */
header {
    width: 1600px; /* 너비 1600px */
    display: flex; /* flex container(부모요소)에 display: flex; 선언 */
    margin: 0 auto; /* 블록 요소 가운데 정렬 */
    font-size: 0; /* 인라인 혹은 인라인-블록요소 속성으로 인한 공백 없애기 */
}
/* 헤더 영역 a링크 */
header > div > a {
    width: 100%; /* 너비 100% */
    height: 100%; /* 높이 100% */
    display: block; /* 인라인 요소를 블록요소로 변경 */
}
/* 네비게이션 */
nav {
    width: 1400px; /* 너비 1400px */
    height: 99px; /* 높이 99px */
    padding: 0 40px; /* 좌우 내부 여백 40px */
}
```

위 코드를 해석하면 다음과 같이 설명할 수 있습니다.

① 가장 큰 영역인 ⟨header⟩ 태그의 영역을 지정합니다.

헤더 영역에서 가장 큰 영역인 ⟨header⟩ 태그의 width 값을 지정하고, 높이 값은 자식에게 상속받으므로 지정하지 않습니다. 전체 영역에서 가운데 정렬이므로 margin: 0 auto; 속성 값을 설정합니다.

② menu, search ⟨img⟩ 태그를 사용하여 크기 지정을 따로 할 필요 없으며, 블록 요소이므로 세로로 배치됩니다.

⟨img⟩ 태그는 기본적으로 불러오는 이미지의 크기를 기본으로 합니다. 그러므로 menu, search에는 따로 크기를 지정하는 속성인 width와 height 값을 지정할 필요가 없습니다.

그리고 menu, search는 ⟨div⟩, ⟨nav⟩는 블록 요소이므로 세로로 배치됩니다.

3 menu, ⟨nav⟩, search 가로 배치하기 위해서 flex container(부모 요소)인 ⟨header⟩에 display: flex; 선언합니다. display: flex;를 사용해서 flex container(부모 요소)에게만 설정하면 안에 들어 있는 flex item (자식 요소)들이 가로로 배치합니다.

4 인라인 혹은 인라인-블록 요소 속성으로 인한 공백을 없애기 위해서 font-size: 0; 선언합니다. ⟨img⟩ 태그와 같이 인라인-블록 요소 혹은 인라인 요소를 사용하는 경우 좌우 또는 상하에 살짝 여백이 생기게 됩니다. 그 여백으로 인하여 레이아웃이 틀어지기도 합니다. 여백을 없애기 위해서 font-size: 0;을 선언합니다.

네비게이션 전체 영역

❶ 클래스명: logo
❷ 클래스명: gnb / 너비: 380px
❸ 클래스명: topmenu

- **필수 태그 및 속성**

챕터	구분	설명
ch03	⟨h1⟩ ~ ⟨h6⟩	제목 태그
ch03	⟨ul⟩⟨li⟩	순서 없는 목록 태그
ch10	width	요소 너비 속성
ch10	padding	요소 내부 여백 속성

HTML

```
<!-- 네비게이션 -->
<nav>
    <!-- 로고 -->
    <h1 class="logo">
    </h1>
    <!-- 주 메뉴 -->
    <ul class="gnb">
        <li></li>
        <li></li>
        <li></li>
        <li></li>
        <li></li>
        <li></li>
    </ul>
    <!-- 탑 메뉴 -->
    <ul class="topmenu">
        <li></li>
        <li></li>
        <li></li>
    </ul>
</nav>
```

CSS

```
/* 주 메뉴 */
nav .gnb {
    width: 380px; /*너비 380px*/
    margin: 0 auto; /*블록 요소 가운데 정렬*/
}
```

위 코드를 다음과 같이 설명할 수 있습니다.

> .gnb에 width 값을 지정하고, 높이 값은 자식에게 상속 받으므로 지정하지 않습니다. <nav> 전체 영역에서 가운데 정렬이
> 므로 margin: 0 auto; 속성 값을 설정합니다.

네비게이션❶ 로고

• 필수 태그 및 속성

챕터	구분	설명
ch03	<h1> ~ <h6>	제목 태그
ch03	<img>	이미지 삽입 태그
ch12	vertical-align: middle;	인라인 또는 인라인-블록 요소 세로 중앙 정렬

▌HTML

```HTML
<!-- 로고 -->
<h1 class="logo">
    <img src="images/header/logo.png" alt="">
</h1>
```

▌CSS

```CSS
/* 로고 */
.logo > img {
    vertical-align: middle; /* 인라인 또는 인라인-블록 요소 세로 중앙 정렬 */
}
```

위 코드를 해석하면 다음과 같이 설명할 수 있습니다.

1 〈nav〉영역에서 .logo를 세로 중앙 정렬로 배치하기 위해서 vertical-align: middle;을 선언합니다.

.logo는 자식으로 인라인-블록 요소인 〈img〉 태그를 사용하였습니다.〈nav〉영역에서 .logo를 세로 중앙 정렬로 배치하기 위해서 인라인 또는 인라인-블록 요소를 세로 중앙 정렬 시켜주는 vertical-align: middle;을 지정합니다.

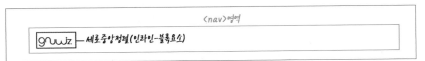

네비게이션❷ gnb

- **필수 태그 및 속성**

챕터	구분	설명
ch08	font-size	폰트 사이즈 속성
ch08	color	폰트 색상 속성
ch10	width	요소 너비 속성
ch12	flex	배치 속성
ch12	margin: 0 auto;	블록 요소 가운데 정렬

HTML

```html
<!-- 주 메뉴 -->
<ul class="gnb">
    <li>
        <a href="#">MEN</a>
    </li>
    <li>
        <a href="#">WOMEN</a>
    </li>
    <li>
        <a href="#">KIDS</a>
    </li>
    <li>
        <a href="#">SHOES</a>
    </li>
    <li>
        <a href="#">BAG</a>
    </li>
    <li>
        <a href="#">ACC</a>
    </li>
</ul>
```

CSS

```css
/* 주 메뉴 */
nav .gnb {
width: 380px; /* 너비 380px */
display: flex; /* flex container(부모요소)에 display: flex; 선언 */
justify-content: space-between;
/* flex container(부모 요소)에 justify-content정렬 방식 설정 */
/* space-between 좌우 여백 없이 사이 여백 균등하게 배치 */
margin: 0 auto;/* 블록 요소 가운데 정렬 */
}
nav .gnb > li > a {
font-size: 16px; /* 폰트 사이즈 16px */
color: #333333; /* 폰트 색상 #333 */
}
```

04 콘텐츠 영역 만들기

전체 콘텐츠 영역

❶ 아이디명: wrap / 너비: 1600px

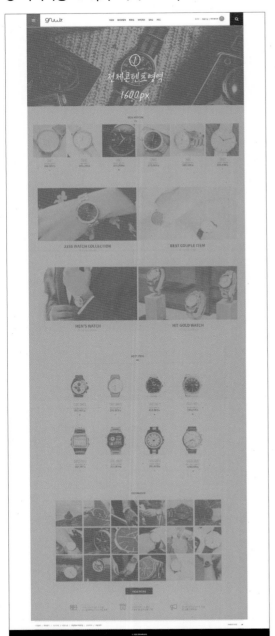

- 필수 태그 및 속성

챕터	구분	설명
ch10	width	요소 너비 속성
ch12	margin: 0 auto;	블록 요소 가운데 정렬
ch14	CSS 상속	CSS 스타일 상속

█ HTML

```
<!-- 전체 콘텐츠 영역 -->
<div id="wrapper">
</div>
```

█ CSS

```
/* 전체 콘텐츠 영역 */
#wrapper {
    width: 1600px; /* 너비 1600px */
    margin: 0 auto; /* 블록 요소 가운데 정렬 */
}
```

위 코드를 다음과 같이 설명할 수 있습니다.

> section01 자식으로 인라인-블록 요소인 〈img〉 태그를 사용하였습니다. 〈img〉 태그를 사용하여 크기 지정을 따로 할 필요 없으므로 width, height 값을 생략할 수 있습니다.

콘텐츠 영역❶

❶ 아이디명: section01 / 너비 및 높이: 이미지 사이즈

- 필수 태그 및 속성

챕터	구분	설명
ch03	⟨img⟩	요소 너비 속성
ch10	margin	요소 바깥 여백 속성

▌HTML

```html
<!-- 전체 콘텐츠 영역 -->
<div id="wrapper">
    <!-- 콘텐츠 영역① -->
    <section id="section01">
        <img src="images/section01/main.jpg" alt="">
    </section>
</div>
```

▌CSS

```css
/* 콘텐츠 영역① */
#section01 {
    margin-bottom: 80px; /* 아래 바깥 여백 80px */
}
```

위 코드를 다음과 같이 설명할 수 있습니다.

> **눈에 보이지 않는 가장 큰 영역 즉, 전체 콘텐츠 영역에 대한 구조를 지정해 줍니다. 이때, 높이 값은 자식에게 상속받으므로 높이 값은 지정하지 않습니다.**
>
> 콘텐츠 영역에 대한 레이아웃에 대한 구조를 작업 하기 전에 먼저 눈에 보이지 않는 가장 큰 영역 즉, 전체 콘텐츠 영역에 대한 구조를 먼저 지정해 줍니다.
>
> 전체 콘텐츠 영역을 먼저 잡아주게 되면 레이아웃이 무너지는 현상에 대한 확률을 낮출 수 있습니다. 그래서 레이아웃 구조를 만들 때 눈에 보이지 않는 가장 큰 영역을 잡아주는 것이 중요합니다.

타이틀 영역

콘텐츠❷ 코드 보기 전, 콘텐츠❷ ~ ❹에 공통 스타일로 사용되는 타이틀 영역부터 살펴보도록 하겠습니다.

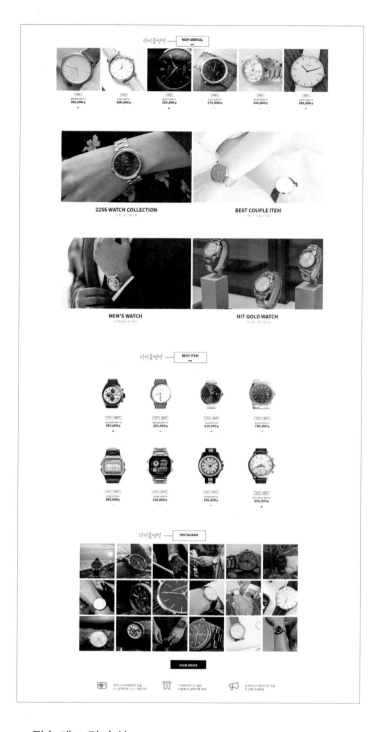

필수 태그 및 속성

챕터	구분	설명
ch03	클래스 선택자	지정한 클래스 속성을 갖는 태그에만 스타일 적용
ch07	⟨div⟩	의미를 가지지 않는 블록 요소를 만드는 태그
ch13	⟨h1⟩~⟨h6⟩	제목 태그

▌타이틀 영역 HTML

```html
<!-- 콘텐츠 영역② -->
<section id="section02">
    <!-- 타이틀 -->
    <h2 class="title">NEW ARRIVAL</h2>
    <div class="line"></div>
</section>
```

▌타이틀 영역 CSS

```css
/* 공통 */
/* 타이틀 */
.title {
    font-size: 18px; /* 폰트사이즈 18px */
    text-align: center; /* 텍스트 중앙 정렬 */
    margin-bottom: 20px; /* 바깥 아래 여백 20px */
}
/* 라인 */
.line {
    background: #000; /* 배경색 #000 */
    width: 20px; /* 너비 20px */
    height: 4px; /* 높이 4px */
    margin: 0 auto 20px auto; /* 바깥 여백 : top right bottom left */
}
```

위 코드를 다음과 같이 설명할 수 있습니다.

> **타이틀 영역은 콘텐츠 영역 ❷ ~ ❹까지 공통 스타일이므로 클래스로 정의합니다.**
>
> . 기호에 클래스 이름을 붙여서 사용하는 클래스 선택자를 사용하여 특정 클래스 속성 값을 가지고 있는 여러 태그에 스타일을 지정하여 사용할 수 있습니다. 그래서 공통된 스타일은 주로 클래스 선택자로 정의하여 사용합니다.

콘텐츠 영역❷

❶ 클래스명: products / 너비: 1552px / 높이: 자식 높이 값

❷ 클래스명: promotions / 너비: 1468px / 높이: 자식 높이 값

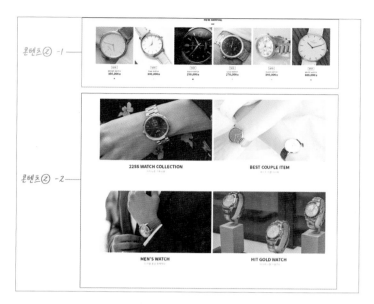

콘텐츠 영역❷는 위의 그림과 같이 크게 콘텐츠❷-1과 콘텐츠❷-2 두 가지 영역으로 나눠서 작업하도록 하겠습니다. 두 가지 영역 모두 〈ul〉, 〈li〉 태그를 활용하여 같은 구조로 잡기 때문에 어려움 없이 따라할 수 있습니다.

- **필수 태그 및 속성**

챕터	구분	설명
ch03	〈ul〉, 〈li〉	순서 없는 목록
ch03	〈img〉	이미지 삽입 태그
ch03	〈a〉	하이퍼링크 태그
ch12	flex	배치 속성

█ 콘텐츠 영역❷-1 HTML

```
<!-- 콘텐츠 영역② -->
<section id="section02">
    <!-- 타이틀 -->
    <h2 class="title">NEW ARRIVAL</h2>
    <div class="line"></div>
    <!-- 콘텐츠 영역②-1 -->
    <ul class="products">
        <li>
            <a href="#">
                <img src="images/section02/img01.jpg" alt="">
            </a>
        </li>
        <li>
            <a href="#">
```

```
                <img src="images/section02/img02.jpg" alt="">
            </a>
        </li>
        <li>
            <a href="#">
                <img src="images/section02/img03.jpg" alt="">
            </a>
        </li>
        <li>
            <a href="#">
                <img src="images/section02/img04.jpg" alt="">
            </a>
        </li>
        <li>
            <a href="#">
                <img src="images/section02/img05.jpg" alt="">
            </a>
        </li>
        <li>
            <a href="#">
                <img src="images/section02/img06.jpg" alt="">
            </a>
        </li>
    </ul>
</section>
```

▌콘텐츠 영역❷-1 CSS

```
/* 콘텐츠 영역②-1 */
#section02 .products {
    width: 1522px; /* 너비 1522px */
    display: flex; /* flex container(부모 요소)에 display: flex; 선언 */
    justify-content: space-between;
    /* flex container(부모 요소)에 justify-content정렬 방식 설정 */
    /* space-between 좌우 여백 없이 사이 여백 균등하게 배치 */
    margin: 0 auto 130px auto; /* 바깥 여백 : top right bottom left */
}
#section02 .products > li > a {
    width: 100%; /* 너비 100% */
    height: 100%; /* 높이 100% */
    display: block; /* 인라인 요소를 블록요소로 변경 */
}
```

위 코드를 해석하면 다음과 같이 설명할 수 있습니다.

1 자식이 세 개 이상일 경우, ⟨ul⟩,⟨li⟩를 사용합니다.

.products의 자식의 개수가 6개이므로 ⟨ul⟩,⟨li⟩를 사용하여 구조를 잡아줍니다. 각각 제품 상세페이지로 이동되므로 ⟨a⟩ 태그를 사용하여 이동할 페이지 주소를 넣어줍니다. 현재는 이동할 페이지 주소가 없기 때문에 ⟨a href="#"⟩⟨/a⟩인 새로고침으로 작성합니다.

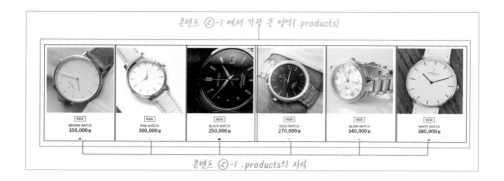

콘텐츠 ②-1 에서 가장 큰 영역(.products)

콘텐츠 ②-1 .products의 자식

2 **먼저 콘텐츠❷ −1에서 가장 큰 영역인 .products의 스타일을 지정해 줍니다.**

레이아웃이 무너지는 현상이 생기는 확률을 낮춰주기 위해서 눈에 보이지 않는 가장 큰 영역을 먼저 잡아줍니다. 그러므로 콘텐츠❷−1에서 가장 큰 영역인 .proucts 크기 값과 margin을 이용한 가운데 중앙정렬로 배치합니다. (자식에게 높이 값은 상속되므로 height 값은 생략합니다.)

콘텐츠②-1 전체 영역
1522px

3 **.products의 자식들은 블록 요소이므로 세로로 배치됩니다.**

.products 자식들은 〈li〉 요소 즉, 블록 요소이므로 세로로 배치됩니다.

4 .products 자식들을 가로 배치하기 위해서 flex container(부모 요소)인 .products에 display: flex; 선언합니다. flex container(부모 요소)인 .products를 설정하면 안에 들어 있는 flex item (자식 요소)인 ⟨li⟩ 요소들이 가로로 나열됩니다.

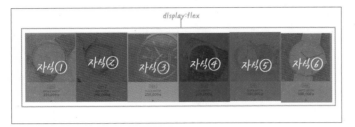

▌ 콘텐츠 영역❷-2 HTML

```
/!-- 콘텐츠 영역②-2 --/
<ul class="promotions">
    <li>
        <a href="#">
            <img src="images/section02/promotion01.jpg" alt="">
        </a>
    </li>
    <li>
        <a href="#">
            <img src="images/section02/promotion02.jpg" alt="">
        </a>
    </li>
    <li>
        <a href="#">
            <img src="images/section02/promotion03.jpg" alt="">
        </a>
    </li>
    <li>
        <a href="#">
            <img src="images/section02/promotion04.jpg" alt="">
        </a>
    </li>
</ul>
```

▌ 콘텐츠 영역❷-2 CSS

```
/* 콘텐츠 영역②-2 */
#section02 .promotions {
    width: 1468px; /* 너비 1468px */
    display: flex; /* flex container(부모 요소)에 display: flex; 선언 */
    justify-content: space-between;
    /* flex container(부모 요소)에 justify-content정렬 방식 설정 */
    /* space-between 좌우 여백 없이 사이 여백 균등하게 배치 */
    flex-wrap: wrap; /* flex item(자식 요소)을 줄바꿈 설정 */
```

```
        margin: 0 auto 58px auto; /* 바깥 여백 : top right bottom left */
}
#section02 .promotions > li {
    margin-bottom: 80px; /* 바깥 아래 여백 80px */
}
#section02 .promotions > li > a {
    width: 100%; /* 너비 100% */
    height: 100%; /* 높이 100% */
    display: block; /* 인라인 요소를 블록요소로 변경 */
}
```

위 코드를 해석하면 콘텐츠❷-1 영역과 같은 맥락입니다.

콘텐츠 영역❸

❶ **클래스명: items / 너비: 1100px / 높이: 자식 높이 값**

콘텐츠 영역❸는 위에서 설명한 콘텐츠❸-1과 콘텐츠❸-2 영역과 같이 〈ul〉, 〈li〉 태그를 활용하여 같은 구조로 잡기 때문에 크게 어려움 없이 따라할 수 있습니다.

• **필수 태그 및 속성**

챕터	구분	설명
ch03	〈h1〉~〈h6〉	제목 태그
ch03	〈ul〉,〈li〉	순서 없는 목록
ch03	〈img〉	이미지 삽입 태그
ch03	〈a〉	하이퍼링크 태그
ch07	클래스 선택자	지정한 클래스 속성을 갖는 태그에만 스타일 적용
ch10	border	요소 테두리 속성
ch10	margin	요소 바깥 여백 속성
ch12	flex	배치 속성
ch12	〈div〉	의미를 가지지 않는 블록 요소를 만드는 태그

타이틀 영역 HTML

```html
<!--콘텐츠 영역②-->
<section id="section02">
    <!--타이틀-->
    <h2 class="title">BEST ITEM</h2>
    <div class="line"></div>
</section>
```

타이틀 영역 CSS

```css
/* 공통 */
html, body {
    overflow-x: hidden; /* x축 스크롤 숨기기 */
}
/* 타이틀 */
.title {
    font-size: 18px; /* 폰트사이즈 18px */
    text-align: center; /* 텍스트 중앙 정렬 */
    margin-bottom: 20px; /* 바깥 아래 여백 20px */
}
/* 라인 */
.line {
    background: #000; /* 배경색 #000 */
    width: 20px; /* 너비 20px */
    height: 4px; /* 높이 4px */
    margin: 0 auto 20px auto; /* 바깥 여백 : top right bottom left */
}
```

콘텐츠❸ 코드부터 살펴보기 전, 타이틀 영역에 대한 위 코드를 다음과 같이 설명할 수 있습니다.

> 앞에서 타이틀 영역은 콘텐츠 영역❷ ~ ❹ 까지 공통 스타일 이므로 클래스로 정의했습니다. 그러므로 콘텐츠 영역❸도 콘텐츠 영역❸와 같은 클래스를 사용하여 스타일을 지정합니다.

콘텐츠 영역❸ HTML

```html
<!-- 콘텐츠 영역③ -->
<section id="section03">
    <h2 class="title">BEST ITEM</h2>
    <div class="line"></div>
    <ul class="items">
        <li>
            <a href="#">
                <img src="images/section03/item01.jpg" alt="">
            </a>
        </li>
```

```html
                <li>
                    <a href="#">
                        <img src="images/section03/item02.jpg" alt="">
                    </a>
                </li>
                <li>
                    <a href="#">
                        <img src="images/section03/item03.jpg" alt="">
                    </a>
                </li>
                <li>
                    <a href="#">
                        <img src="images/section03/item04.jpg" alt="">
                    </a>
                </li>
                <li>
                    <a href="#">
                        <img src="images/section03/item05.jpg" alt="">
                    </a>
                </li>
                <li>
                    <a href="#">
                        <img src="images/section03/item06.jpg" alt="">
                    </a>
                </li>
                <li>
                    <a href="#">
                        <img src="images/section03/item07.jpg" alt="">
                    </a>
                </li>
                <li>
                    <a href="#">
                        <img src="images/section03/item08.jpg" alt="">
                    </a>
                </li>
        </ul>
</section>
```

```css
/* 콘텐츠 영역③ */
#section03 .items {
    width: 1100px; /* 너비 1100px */
    display: flex; /* flex container(부모 요소)에 display: flex; 선언 */
    flex-wrap: wrap; /* flex item(자식 요소)을 줄바꿈 설정 */
    padding-top: 80px; /* 안쪽 상단 여백 80px */
    margin: 0 auto 70px auto; /* 바깥 여백 : top right bottom left */
    border-top: 4px solid #dcdcdc; /* 상단 라인 4px 실선 #dcdcdc */
}
```

```
#section03 .items > li {
    margin-bottom: 90px; /* 바깥 아래 여백 90px */
}
#section03 .items > li > a {
    width: 100%; /* 너비 100% */
    height: 100%; /* 높이 100% */
    display: block; /* 인라인 요소를 블록요소로 변경 */
}
```

위 코드를 해석하면 다음과 같이 설명할 수 있습니다.

1 자식이 세 개 이상일 경우, ⟨ul⟩,⟨li⟩를 사용합니다.

.items의 자식의 개수가 8개이므로 ⟨ul⟩,⟨li⟩를 사용하여 구조를 잡아줍니다. 각각 제품 상세페이지로 이동되므로 ⟨a⟩ 태그를 사용하여 이동할 페이지 주소를 넣어줍니다. 현재는 이동할 페이지 주소가 없기 때문에 ⟨a href="#"⟩⟨/a⟩인 새로고침으로 작성합니다.

2 먼저 콘텐츠❸에서 가장 큰 영역인 .items의 스타일을 지정해 줍니다.

레이아웃이 무너지는 현상이 생기는 확률을 낮춰주기 위해서 눈에 보이지 않는 가장 큰 영역을 먼저 잡아줍니다. 그러므로 콘텐츠❸에서 가장 큰 영역인 .items 크기 값과 margin을 이용한 가운데 중앙정렬로 배치합니다. (자식에게 높이 값은 상속되므로 height 값은 생략합니다.)

3 .items의 자식들은 블록 요소이므로 세로로 배치됩니다.

.items 자식들은 〈li〉 요소 즉, 블록 요소이므로 세로로 배치됩니다.

4 .itemts 자식들을 가로 배치하기 위해서 flex container(부모 요소)인 .products에 display: flex; 선언합니다.

flex container(부모 요소)인 .items를 설정하면 안에 들어 있는 flex item (자식 요소)인 〈li〉 요소들이 가로로 나열됩니다. 이때, 자식⑥부터 잘려서 자식⑦, 자식⑧이 보이지 않습니다.

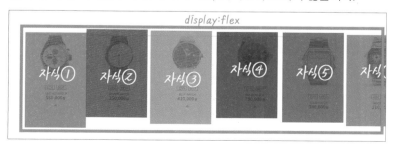

5 .itemts 자식들이 두 줄로 배치하기 위해서 flex container(부모 요소)인 .items에 flex-wrap: wrap;를 선언합니다.

flex container(부모 요소)인 items 안에 flex item(자식 요소)인 〈li〉 요소의 공간이 넘칠 때, flex item(자식 요소)들을 한 줄 또는 여러 줄로 배치할지 설정합니다. 여러 줄로 배치하기 위해서 flex-wrap: wrap;를 선언합니다.

콘텐츠 영역 ④

❶ 클래스명: sns / 너비: 1220px / 높이: 자식 높이 값
❷ 클래스명: banner / 너비: 1220px / 높이: 자식 높이 값

콘텐츠 영역❹는 위의 그림과 같이 크게 콘텐츠❹-1과 콘텐츠❹-2 두 가지 영역으로 나눠서 작업하도록 하겠습니다. 두 가지 영역 모두 〈ul〉, 〈li〉 태그를 활용하여 같은 구조로 잡기 때문에 크게 어려움 없이 따라할 수 있습니다.

- **필수 태그 및 속성**

챕터	구분	설명
ch03	〈ul〉,〈li〉	순서 없는 목록
ch03	〈img〉	이미지 삽입 태그
ch03	〈a〉	하이퍼링크 태그
ch03	〈h1〉~〈h6〉	제목 태그
ch07	CSS 기본 선택자	선택자 우선순위(캐스케이딩)
ch07	클래스 선택자	지정한 클래스 속성을 갖는 태그에만 스타일 적용
ch10	border	요소 테두리 속성
ch10	margin	요소 바깥 여백 속성
ch12	flex	flex
ch12	text-align:center	인라인 요소 또는 인라인-블록 요소를 쉽게 중앙으로 배치하는 방법
ch13	〈div〉	의미를 가지지 않는 블록 요소를 만드는 태그

▌타이틀 영역 HTML

```
<!-- 콘텐츠 영역④ -->
<section id="section04">
    <h2 class="title">ISTAGRAM</h2>
</section>
```

▌타이틀 영역 CSS

```
/* 공통 */
/* 타이틀 */
.title {
    font-size: 18px; /* 폰트사이즈 18px */
    text-align: center; /* 텍스트 중앙 정렬 */
    margin-bottom: 20px; /* 바깥 아래 여백 20px */
}
/* 콘텐츠 영역④ */
#section04 .title {
    margin-bottom: 45px; /* 바깥 아래 여백 45px */
}
```

콘텐츠❹ 코드부터 살펴보기 전, 타이틀 영역에 대한 위 코드를 다음과 같이 설명할 수 있습니다.

앞에서 타이틀 영역은 콘텐츠 영역❷ ~ ❹ 까지 공통 스타일이므로 클래스로 정의했습니다. 그러므로 콘텐츠 영역❹도 콘텐츠 영역❷, ❸와 같은 클래스를 사용하여 스타일을 지정합니다.

하지만 콘텐츠 영역❹에서 타이틀은 바깥 아래 여백에 대한 스타일이 다르므로 선택자 우선순위를 활용하여 타이틀 공통 스타일 클래스인 .title 앞에서 id 선택자 #section04 작성하여 콘텐츠 영역❹ 타이틀 영역에만 바깥 아래 여백 값을 주었습니다.

공통 스타일을 정의할 경우	클래스 선택자 (예 콘텐츠❷ ~ ❹ 타이틀 스타일 .title)
공통 스타일을 다른 스타일로 정의할 경우	아이디 선택자 + 클래스 선택자 (예 콘텐츠❹ 타이틀 스타일 #section04 .title)

이처럼 공통 스타일을 클래스 선택자로 정의한 뒤, 콘텐츠 영역마다 가장 큰 section에게 id 선택자를 주어 공통 스타일을 콘텐츠 영역에서 다른 스타일로 정의할 경우 아이디 선택자 + 클래스 선택자 형식으로 작성하여 코드를 효율적으로 사용할 수 있습니다.

▌콘텐츠 영역❹-1 HTML

```
<!-- 콘텐츠 영역④-1 -->
<ul class="sns">
    <li>
        <a href="#">
            <img src="images/section04/sns01.jpg" alt="">
```

```
            </a>
        </li>
        <li>
            <a href="#">
                <img src="images/section04/sns02.jpg" alt="">
            </a>
        </li>
        <li>
            <a href="#">
                <img src="images/section04/sns03.jpg" alt="">
            </a>
        </li>
        <li>
            <a href="#">
                <img src="images/section04/sns04.jpg" alt="">
            </a>
        </li>
        <li>
            <a href="#">
                <img src="images/section04/sns05.jpg" alt="">
            </a>
        </li>
        <li>
            <a href="#">
                <img src="images/section04/sns06.jpg" alt="">
            </a>
        </li>
        <li>
            <a href="#">
                <img src="images/section04/sns07.jpg" alt="">
            </a>
        </li>
        <li>
            <a href="#">
                <img src="images/section04/sns08.jpg" alt="">
            </a>
        </li>
        <li>
            <a href="#">
                <img src="images/section04/sns09.jpg" alt="">
            </a>
        </li>
        <li>
            <a href="#">
                <img src="images/section04/sns10.jpg" alt="">
            </a>
        </li>
```

```html
            <li>
                <a href="#">
                    <img src="images/section04/sns11.jpg" alt="">
                </a>
            </li>
            <li>
                <a href="#">
                    <img src="images/section04/sns12.jpg" alt="">
                </a>
            </li>
            <li>
                <a href="#">
                    <img src="images/section04/sns13.jpg" alt="">
                </a>
            </li>
            <li>
                <a href="#">
                    <img src="images/section04/sns14.jpg" alt="">
                </a>
            </li>
            <li>
                <a href="#">
                    <img src="images/section04/sns15.jpg" alt="">
                </a>
            </li>
            <li>
                <a href="#">
                    <img src="images/section04/sns16.jpg" alt="">
                </a>
            </li>
            <li>
                <a href="#">
                    <img src="images/section04/sns17.jpg" alt="">
                </a>
            </li>
            <li>
                <a href="#">
                    <img src="images/section04/sns18.jpg" alt="">
                </a>
            </li>
        </ul>
        <a class="btn" href="#">
            <img src="images/section04/btn.jpg" alt="">
        </a>
```

```
/* 콘텐츠 영역④-1 */
#section04 .sns {
    width: 1220px; /* 너비 1220px */
    display: flex; /* flex container(부모 요소)에 display: flex; 선언 */
    justify-content: space-between;
    /* flex container(부모 요소)에 justify-content정렬 방식 설정 */
    /* space-between 좌우 여백 없이 사이 여백 균등하게 배치 */
    flex-wrap: wrap; /* flex item(자식 요소)을 줄바꿈 설정 */
    margin: 0 auto 50px auto; /* 바깥 여백 : top right bottom left */
}
#section04 .sns > li > a {
    width: 100%; /* 너비 100% */
    height: 100%; /* 높이 100% */
    display: block; /* 인라인 요소를 블록요소로 변경 */
}
#section04 .btn {
    display: inline-block; /* 블록 요소를 인라인-블록요소로 변경 */
    width: 100%; /* 너비 100% */
    height: 100%; /* 높이 100% */
    text-align: center; /* 인라인 요소 혹은 인라인-블록요소 가운데 정렬 */
    margin-bottom: 46px; /* 바깥 아래 여백 46px */
}
```

위 코드를 해석하면 다음과 같이 설명할 수 있습니다.

1 **콘텐츠❹-1 영역 안에서 첫 번째 자식인 .sns와 두 번째 자식인 .btn 으로 나누어 구조를 잡습니다.**

.sns는 자식이 세 개 이상이므로 〈ul〉,〈li〉 태그 〈ul〉 태그에 flex 속성을 사용하여 가로 배치 해야하는 구조이지만, .btn은 버튼 영역은 가로 배치가 아닌 가운데 정렬이 되어야 하는 구조입니다. 다른 구조로 배치가 되어야 하기 때문에 콘텐츠❹-1 영역 안에서 첫 번째 자식 .sns와 두 번째 자식인 .btn으로 나누어 구조를 잡습니다.

2 먼저 콘텐츠**❹**-1 첫 번째 자식에서 가장 큰 영역인 .sns의 스타일을 지정해 줍니다.

레이아웃이 무너지는 현상이 생기는 확률을 낮춰주기 위해서 눈에 보이지 않는 가장 큰 영역을 먼저 잡아줍니다. 그러므로 콘텐츠**❸**에서 가장 큰 영역인 .sns 크기 값과 margin을 이용한 가운데 중앙정렬로 배치합니다. (자식에게 높이 값은 상속되므로 height 값은 생략합니다)

3 .sns의 자식들은 블록 요소이므로 세로로 배치됩니다.

.sns 자식들은 〈li〉 요소 즉, 블록 요소이므로 세로로 배치됩니다.

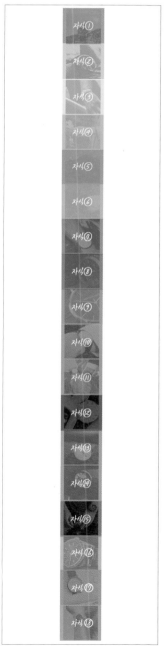

④ .sns 자식들을 가로 배치하기 위해서 flex container(부모 요소)인 .sns에 display: flex; 선언합니다.

flex container(부모 요소)인 .sns를 설정하면 안에 들어 있는 flex item (자식 요소)인 〈li〉 요소들이 가로로 나열됩니다. 이때, 자식❽부터 잘려서 자식❾~자식⓮까지 보이지 않습니다.

⑤ .sns 자식들이 두 줄로 배치하기 위해서 flex container(부모 요소)인 .sns에 flex-wrap: wrap;를 선언합니다. flex container(부모 요소)인 .sns 안에 flex item(자식 요소)인 〈li〉 요소의 공간이 넘칠 때, flex item(자식 요소)들을 한 줄 또는 여러 줄로 배치할지 설정합니다.

여러 줄로 배치하기 위해서 flex-wrap: wrap;를 선언합니다.

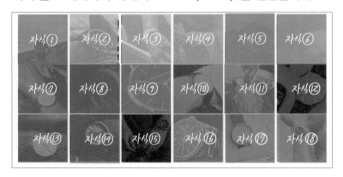

⑥ 콘텐츠❹-1 두 번째 자식인 .btn에 가운데 정렬로 배치시키기 위해 text-align: center;를 선언합니다. 콘텐츠❹-1 두 번째 자식인 .btn는 〈a〉 태그 즉, 인라인 요소입니다. 인라인 요소는 크기 값을 가지지 않기 때문에 가운데 정렬해야 하는 영역을 인식하지 못해 text-align: center; 속성을 추가하여도 가운데 정렬이 되지 않습니다.

가운데 정렬해야하는 영역

⑦ 콘텐츠❹-1 두 번째 자식인 .btn를 display: inline-block;을 선언하여, 인라인 요소에서 인라인-블록 요소로 변경합니다.

step06 에서의 문제점을 해결하기 위해서 display: inline-block; 속성으로 인라인 요소를 인라인-블록 요소로 변경하면 블록 요소의 특징인 width: 100%, height: 100%인 크기 값을 가지고, 인라인 요소의 특징인 text-align: center;로 가운데 정렬을 할 수 있습니다.

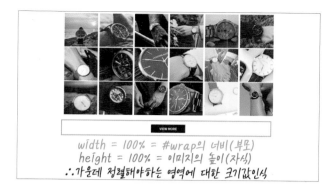

콘텐츠 영역❹-2 HTML

```html
<!-- 콘텐츠 영역④-2 -->
<ul class="banner">
    <li>
        <a href="#">
            <img src="images/section04/banner01.jpg" alt="">
        </a>
    </li>
    <li>
        <a href="#">
            <img src="images/section04/banner02.jpg" alt="">
        </a>
    </li>
    <li>
        <a href="#">
            <img src="images/section04/banner03.jpg" alt="">
        </a>
    </li>
</ul>
```

콘텐츠 영역❹-2 CSS

```css
/* 콘텐츠 영역④-2 */
#section04 .banner {
    width: 1220px; /* 너비 1220px */
    display: flex; /* flex container(부모 요소)에 display: flex; 선언 */
    justify-content: space-between;
    /* flex container(부모 요소)에 justify-content정렬 방식 설정 */
    /* space-between 좌우 여백 없이 사이 여백 균등하게 배치 */
    margin: 0 auto; /* 블록 요소 가운데 정렬 */
}
#section04 .banner > li {
    border-right: 1px solid #e5e5e5; /* 오른쪽 라인 1px 실선 #e5e5e5 */
}
/* #section04 .banner li 자식 중 마지막 자식 선택 */
#section04 .banner > li:last-child {
    border-right: none; /* 오른쪽 라인 없음 */
```

```
}
#section04 .banner > li > a {
    width: 100%; /* 너비 100% */
    height: 100%; /* 높이 100% */
    display: block; /* 인라인 요소를 블록요소로 변경 */
}
```

1 **자식이 세 개 이상일 경우, 〈ul〉, 〈li〉를 사용합니다.**

.banner의 자식 개수가 3개이므로 〈ul〉, 〈li〉를 사용하여 구조를 잡아줍니다. 각각 제품 상세페이지로 이동되
므로 〈a〉 태그를 사용하여 이동할 페이지 주소를 넣어줍니다. 현재는 이동할 페이지 주소가 없기 때문에 〈a
href="#"〉〈/a〉인 새로고침으로 작성합니다.

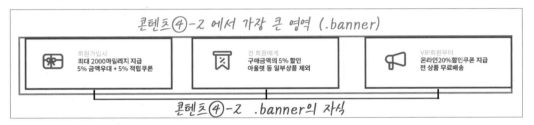

2 **먼저 콘텐츠❹-2 첫 번째 자식에서 가장 큰 영역인 .banner의 스타일을 지정해 줍니다.**

레이아웃이 무너지는 현상이 생기는 확률을 낮춰주기 위해서 눈에 보이지 않는 가장 큰 영역을 먼저 잡아줍니
다. 그러므로 콘텐츠❸에서 가장 큰 영역인 .banner 크기 값과 margin을 이용한 가운데 중앙정렬로 배치합니다.
(자식에게 높이 값은 상속되므로 height 값은 생략합니다)

3 **.banner의 자식들은 블록 요소이므로 세로로 배치됩니다.**

.banner 자식들은 〈li〉 요소 즉, 블록 요소이므로 세로로 배치됩니다.

4 .sns 자식들을 가로 배치하기 위해서 flex container(부모 요소)인 .banner에 display: flex; 선언합니다.

display: flex;를 사용해서 flex container(부모 요소)에게만 설정하면 안에 들어 있는 flex item (자식 요소)들이 가로로 배치합니다.

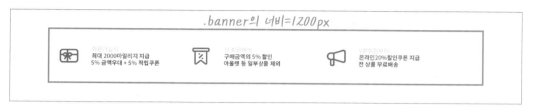

5 .sns 자식들을 가로 배치하기 위해서 flex container(부모 요소)인 .banner에 justify-content: space-between; 선언합니다.

justify-content 속성은 flex container(부모 요소)에게 정렬 방식을 설정하면 안에 들어 있는 flex item (자식 요소)들이 좌우 여백없이 사이 여백 균등하게 배치됩니다.

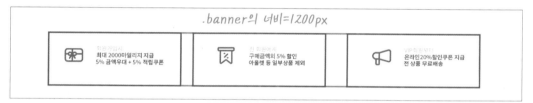

푸터 영역

• 필수 태그 및 속성

챕터	구분	설명
ch03	〈img〉	이미지 삽입 태그

▌푸터 영역 HTML

```
<!-- 푸터 영역 -->
<footer>
<div class="nav">
    <img src="images/footer/nav.jpg" alt="">
</div>
<div class="copyright">
    <img src="images/footer/copyright.jpg" alt="">
</div>
</footer>
```

▌푸터 영역 CSS

```
/* 푸터 영역 */
footer > div {
    font-size: 0; /* 인라인 혹은 인라인-블록요소 속성으로 인한 공백 없애기 */
}
```

위 코드를 해석하면 다음과 같이 설명할 수 있습니다.

footer 자식으로 인라인–블록 요소인 〈img〉 태그를 사용하였습니다. 〈img〉 태그를 사용하여 크기 지정을 따로 할 필요 없으므로 width, height 값을 생략할 수 있습니다.

인라인 혹은 인라인–블록 요소 속성으로 인한 공백을 없애기 위해서 font–size: 0; 선언합니다. 〈img〉 태그와 같이 인라인–블록 요소 혹은 인라인 요소를 사용하는 경우 좌우 또는 상하에 살짝 여백이 생기게 됩니다. 그 여백으로 인하여 레이아웃이 틀어지기도 합니다. 여백을 없애기 위해서 font–size: 0;을 선언합니다.

html, body

홈페이지 코딩을 하다 보면 불필요한 x축 스크롤이 생기는 경우가 있습니다.
이런 경우, 해결할 수 있는 방법에 대해서 알아봅시다.

• 필수 태그 및 속성

챕터	구분	설명
ch08	overflow	내용이 넘칠 때 어떻게 보여줄지 설정하는 속성

```
/* 공통 */
html, body {
    overflow-x: hidden; /* x축 스크롤 숨기기 */
}
/
```

위 코드를 해석하면 다음과 같이 설명할 수 있습니다.

html, body에 대한 x축 스크롤을 숨기는 것을 정의합니다.

풀페이지형 사이트 만들기

이번 예제에서는 HTML과 CSS를 이용하여 사이트의 width 값이 100%, height 값이 100%인 풀페이지형 사이트입니다. 앞에서 배운 내용을 차근차근 복습해나가며 하나씩 완성해 보도록 하겠습니다.

예제를 풀다가 필수 태그 및 속성이 생각나지 않는다면 해당 페이지에서 내용을 다시 확인하며, 작업 순서에 맞춰 하나씩 따라합니다.

- **필수 태그 및 속성**

챕터	구분	설명
ch02	display: inline-block;	인라인-블록 요소 정의
ch03	〈a〉	하이퍼링크 태그
ch08	font-weight	폰트 두께 속성
ch08	font-family	폰트 종류 속성
ch08	font-size	폰트 사이트 속성
ch08	color	폰트 색상 속성
ch08	line-height	문장과 문장 사이 간격
ch08	background	배경 속성
ch10	width	요소 너비 속성
ch10	height	요소 높이 속성
ch10	border	요소 테두리 속성
ch10	margin	요소 바깥 여백 속성
ch10	padding	요소 내부 여백 속성
ch10	box-sizing	박스 크기 기준 속성
ch12	position	원하는 위치에 배치하는 속성
ch12	text-align: center;	인라인 요소 또는 인라인-블록 요소를 쉽게 중앙으로 배치하는 방법
ch12	position / transform	블록 요소를 쉽게 중앙으로 배치하는 방법
ch12	flex	배치 속성
부록 2	transition	전환 속성

▌작업 순서

1️⃣ 레이아웃 구조 파악

2️⃣ 기본적인 준비 (소스 폴더 : ch18)

3️⃣ 헤더 영역 만들기

4️⃣ 콘텐츠 영역 만들기

5️⃣ 푸터 영역 만들기

6️⃣ 전체 코드 확인하기

01 레이아웃 구조 파악

큰 구조는 브라우저 창 width 값 100%, height 값 100% 인 풀 페이지 형으로 구성되어 있습니다. 텍스트를 포함한 모든 HTML 요소는 박스(Box) 모양으로 구성이 되어있는 박스 모델(box model)입니다. 그러므로 텍스트 영역도 박스 즉, 사각형 모양으로 생각하면 구조 파악이 쉽습니다.

• 필수 태그 및 속성

챕터	구분	설명
ch10	CSS 박스 모델	레이아웃을 만들기 위한 CSS 박스 모델

02 기본적인 준비(소스 폴더 : ch18)

이번 예제 작업을 위한 폴더 구성을 살펴보겠습니다. 예제 2번에 해당하는 폴더 안에는 아래와 같이 구성되어 있습니다.

구분	설명
index.html	웹 문서를 만들기 위한 HTML 파일
css/reset.css	브라우저마다 가지고 있는 기본적인 CSS 스타일 초기화하는 CSS 파일
css/main.css	자기 자신이 작성한 CSS 파일
images 폴더	이미지 소스

index.html

• 필수 태그 및 속성

챕터	구분	설명
ch06	〈link〉	외부 스타일시트 적용
ch06	〈link〉(외부CSS)	구글 웹 폰트 사용

▌소스

```
<!DOCTYPE html>
<html lang="ko">
<head>
    <meta charset="utf-8">
    <title01>example02</title01>
    <!-- 초기화 css 파일 -->
    <link rel="stylesheet" href="css/reset.css">
    <!-- 외부 css 파일 -->
    <link href="https://fonts.googleapis.com/css2?family=Noto+Sans+KR&display=swap" rel="stylesheet">
    <!-- 내가 작성한 css 파일 -->
    <link rel="stylesheet" href="css/main.css">
</head>
<body>
</body>
</html>
```

css 파일은 〈link〉 태그를 사용하는 외부 스타일 시트를 불러오는 방식을 사용하였습니다. 〈link rel="stylesheet" href="css/reset.css"〉는 브라우저마다 가지고 있는 기본적인 CSS 스타일 초기화하기 위한 외부 CSS 파일이며, 〈link rel="stylesheet" href="css/main.css"〉는 자기 자신이 작성한 외부 CSS 파일입니다. 구글 웹 폰트를 〈link〉 방식을 사용하여 연결했습니다. 먼저 reset.css 파일부터 살펴보겠습니다.

reset.css

- **필수 태그 및 속성**

챕터	구분	설명
ch10	box-sizing	박스크기 기준
ch11	margin: 0;	여백 초기화① 요소 바깥 여백
ch11	pacding: 0;	여백 초기화① 요소 내부 여백
ch11	border: 0;	테두리 초기화
ch11	list-style: none;	리스트 초기화
ch11	text-decoration: none;	글자 라인 초기화

소스

```
* {
    margin: 0; /* 여백 초기화① 요소 바깥 여백 */
    padding: 0; /* 여백 초기화① 요소 내부 여백 */
    border: 0; /* 테두리 초기화 */
    box-sizing: border-box;
}
body {
    font-family: 'Noto Sans KR', sans-serif; /* 폰트 초기화① 폰트 종류 */
    font-size: 16px; /* 폰트 초기화② 폰트 사이즈 */
}
/* 리스트 초기화 */
ol,ul {
    list-style: none;
}
/* 링크 초기화 */
a {
    color: inherit;
    text-decoration: none;
}
```

이번 예제에서 텍스트에 사용할 웹 폰트는 'Noto Sans Korean'입니다. body에 'Noto Sans KR' 폰트 종류와 16px 폰트 사이즈를 설정하여 브라우저 기본 폰트 스타일을 초기화 하였습니다.

main.css

- **필수 태그 및 속성**

챕터	구분	설명
ch06	CSS 우선순위	CSS 스타일 적용 우선순위

▌ 소스

```css
/* 공통 */

/* 헤더 영역 */

/* 전체 콘텐츠 영역 */

/* 콘텐츠 영역① */

/* 콘텐츠 영역② */

/* 콘텐츠 영역③ */

/* 콘텐츠 영역④ */

/* 콘텐츠 영역⑤ */

/* 푸터 영역 */
```

앞으로 내가 적용할 스타일에 대해서 main.css에 작성하겠습니다. 이때, CSS 파일에 적용된 스타일 코드는 계단식으로 내려갑니다. 그러므로 HTML 문서에 작성된 구조 순서에 맞춰 스타일을 작성하는 것이 좋습니다.

03 헤더 영역 만들기

헤더 영역

❶ 태그명: header / 너비 및 높이: 이미지 사이즈

- **필수 태그 및 속성**

챕터	구분	설명
ch03	⟨img⟩	이미지 삽입 태그
ch12	position: fixed;	브라우저 기준으로 배치하는 속성

▌HTML

```
<!-- 헤더 영역 -->
<header>
    <img src="images/header/header.jpg" alt="">
</header>
```

▌CSS

```
/* 헤더 영역 */
header {
    font-size: 0; /* 인라인 혹은 인라인-블록요소 속성으로 인한 공백 없애기 */
    position: fixed; /* 브라우저를 기준점으로 고정된 상태 */
    left: 0; /* 좌측 좌표값 */
    top: 0; /* 상단 좌표값 */
    z-index: 100; /* 요소의 순서를 제어하는 속성 */
}
```

위 코드를 해석하면 다음과 같이 설명할 수 있습니다.

> header 자식으로 인라인-블록 요소인 ⟨img⟩ 태그를 사용하였습니다. ⟨img⟩ 태그를 사용하여 크기 지정을 따로 할 필요 없으므로 width, height 값을 생략할 수 있습니다.
>
> 인라인 혹은 인라인-블록 요소 속성으로 인한 공백을 없애기 위해서 font-size: 0; 선언합니다.
>
> ⟨img⟩ 태그와 같이 인라인-블록 요소 혹은 인라인 요소를 사용하는 경우 좌우 또는 상하에 살짝 여백이 생기게 됩니다. 그 여백으로 인하여 레이아웃이 틀어지기도 합니다. 여백을 없애기 위해서 font-size: 0;을 선언합니다.

04 콘텐츠 영역 만들기

전체 콘텐츠 영역

❶ 아이디명: wrapper / 너비: 100% / 높이: 100%

❷ 아이디명: section01 / 너비: 100% / 높이: 100%

❸ 아이디명: section02 / 너비: 100% / 높이: 100%

❹ 아이디명: section03 / 너비: 100% / 높이: 100%

❺ 아이디명: section04 / 너비: 100% / 높이: 100%

❻ 아이디명: section05 / 너비: 100% / 높이: 100%

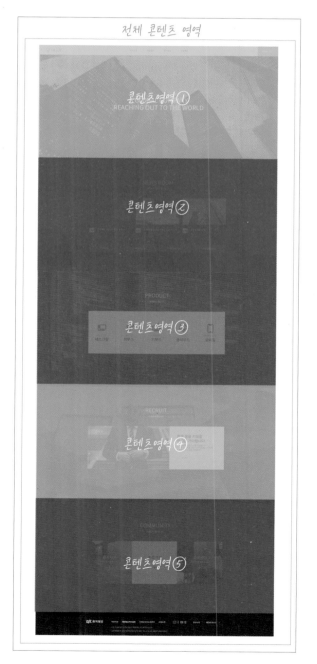

전체 콘텐츠 영역

- **필수 태그 및 속성**

챕터	구분	설명
ch03	HTML 요소 관계	부모 요소, 자식 요소, 형제 요소
ch03	블록 요소	HTML 요소
ch10	height	요소 높이 속성
ch14	CSS 상속	CSS 스타일 상속

HTML

```html
<!-- 전체 콘텐츠 영역 -->
<div id="wrapper">
    <!-- 콘텐츠 영역① -->
    <section id="section01">

    </section>
    <!-- 콘텐츠 영역② -->
    <section id="section02">

    </section>
    <!-- 콘텐츠 영역③ -->
    <section id="section03">

    </section>
    <!-- 콘텐츠 영역④ -->
    <section id="section04">

    </section>
    <!-- 콘텐츠 영역⑤ -->
    <section id="section05">

    </section>
</div>
```

CSS

```css
/* 전체 콘텐츠 영역 */
#wrapper {
    height: 100%; /* 높이 100% */
}
#wrapper > section {
    height: 100%; /* 높이 100% */
}
/* 콘텐츠 영역① */
#section01 {
    background: url("../images/section01/bg.jpg") no-repeat; /* 배경 지정 */
}
```

```
/* 콘텐츠 영역② */
#section02 {
    background: url("../images/section02/bg.jpg") no-repeat; /* 배경 지정 */
}
/* 콘텐츠 영역③ */
#section03 {
    background: url("../images/section03/bg.jpg") no-repeat; /* 배경 지정 */
}
/* 콘텐츠 영역④ */
#section04 {
    background: url("../images/section04/bg.jpg") no-repeat; /* 배경 지정 */
}
/* 콘텐츠 영역⑤ */
#section05 {
    background: url("../images/section05/bg.jpg") no-repeat; /* 배경 지정 */
}
```

위 코드를 다음과 같이 설명할 수 있습니다.

1 콘텐츠에서 가장 큰 영역인 #wrapper를 지정합니다.

레이아웃 구조를 작업할 땐 전체 콘텐츠 영역에 대한 구조를 먼저 지정해 줍니다. 전체 콘텐츠 영역을 먼저 잡아주게 되면 레이아웃이 무너지는 현상에 대한 확률을 낮출 수 있으므로 눈에 보이지 않는 가장 큰 영역을 잡아주는 것이 중요합니다.

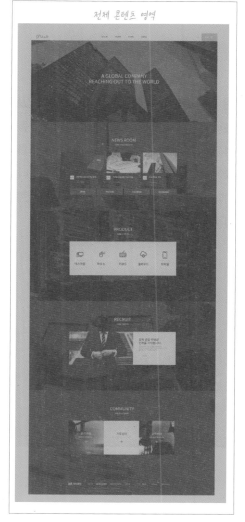

2 각 콘텐츠 영역인 #section01 ~ #section05 높이 값을 100%로 지정해 줍니다.

각 콘텐츠 영역에 대해 너비 값 100%, 높이 값 100%로 크기 값을 지정해야 합니다. #section01 ~ #section05 까지 모두 같은 스타일을 가지고 있으므로 친자식선택자(>)를 사용하여 정의해줍니다. (블록 요소인 〈section〉 태그를 사용하였으므로 너비 기본값이 100%이므로 너비는 생략할 수 있습니다.)

이때, 높이 값을 100%로 지정하였지만 콘텐츠 영역이 나타나지 않는 걸 확인할 수 있습니다.

◆ 크롬에서 검사를 통해 확인해 본 결과 높이 값=0

3 전체 콘텐츠 영역인 #wrapper 높이 값을 100%로 지정해 줍니다.

전체 콘텐츠 영역에 대해 너비 값 100%, 높이 값 100%로 크기 값을 지정해야 합니다. (블록 요소인 〈div〉 태그를 사용하였으므로 너비 기본값이 100%이므로 너비는 생략할 수 있습니다.)

이때, 높이 값을 100%로 지정하였지만 콘텐츠 영역이 나타나지 않는 걸 확인할 수 있습니다.

◆ 크롬에서 검사를 통해 확인해 본 결과 높이 값=0

4 **최상위 요소인 〈html〉, 〈body〉 높이 값을 100%로 지정해 줍니다.**

〈html〉,〈body〉에게 너비 값 100%, 높이 값 100%로 크기 값을 지정해야 합니다. 〈html〉과 〈body〉는 같은 스타일을 가지고 있으므로 다중선택자(,)를 사용하여 정의해줍니다.

안 보이던 콘텐츠 영역이 나타나는 것을 확인할 수 있습니다.

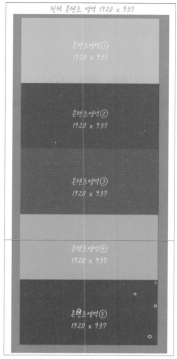

◆ 롬에서 검사를 통해 확인해 본 결과
높이 값=937 (100%)

위와 같은 결과 값이 나타난 이유에 대해서 각 step 별로 해석하면 다음과 같이 설명할 수 있습니다.

2 **각 콘텐츠 영역인 #section01 ～ #section05 높이 값을 100%로 지정해 줍니다.**

#wrapper와 〈section〉 (#section01 ～ #section05)는 부모-자식 관계를 이루고 있으며, 자식 높이 값의 100%는 부모 높이 값입니다. 이때, #wrapper의 높이 값은 0이므로 〈section〉 (#section01 ～ #section05) 높이 값도 0을 가지게 됩니다.

③ 전체 콘텐츠 영역인 #wrapper 높이 값을 100%로
지정해 줍니다.
〈body〉와 #wrapper는 부모–자식 관계를 이루고 있으
며, 자식 높이 값의 100%는 부모 높이 값입니다. 이때,
〈body〉의 높이 값은 0이므로 #wrapper 높이 값도 0을
가지게 됩니다.

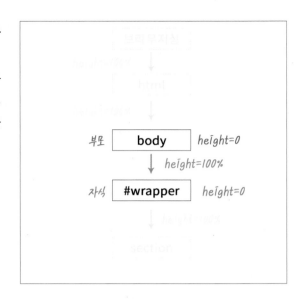

④ 최상위 요소인 〈html〉, 〈body〉 높이 값을 100%로
지정해 줍니다.
최상위 요소인 〈html〉의 높이 값 100%는 브라우저 높
이 값입니다. 〈html〉과 〈body〉는 부모–자식 관계를 이루
고 있으며, 자식 높이 값의 100%는 부모 높이 값이므로
〈body〉의 높이 값도 브라우저 높이 값이 됩니다.

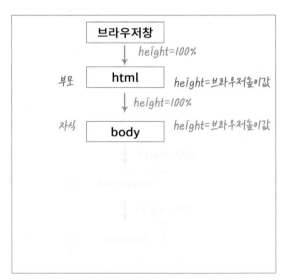

〈body〉와 부모–자식 관계를 이루고 있는 #wrapper 높
이 값은 브라우저 높이 값을 가지게 됩니다. #wrapper
와 부모–자식 관계를 이루고 있는 〈section〉 높이 값도
브라우저 높이 값을 가지게 됩니다.

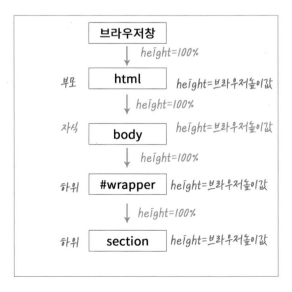

이처럼 부모-자식 관계를 이루는 경우 자식 높이 값의 100%는 부모 높이 값인 것을 알아두어야 합니다.

자식 높이 값 100% = **부모 높이 값**

콘텐츠 영역 안 전체 콘텐츠 영역

❶ 클래스명: wrap / 너비: 1100px / 높이: 자식 높이 값

• 필수 태그 및 속성

챕터	구분	설명
ch05	HTML 요소 관계	부모 요소, 자식 요소, 형제 요소
ch10	width	요소 너비 속성
ch12	position / transform	블록 요소를 쉽게 중앙으로 배치하는 방법

▌HTML

```html
<!-- 전체 콘텐츠 영역 -->
<div id="wrapper">
    <!-- 콘텐츠 영역① -->
    <section id="section01">
        <!-- 콘텐츠 영역① 안 전체 콘텐트 영역 -->
        <div class="wrap">
        </div>
    </section>
    <!-- 콘텐츠 영역② -->
    <section id="section02">
        <!-- 콘텐츠 영역② 안 전체 콘텐트 영역 -->
        <div class="wrap">
        </div>
    </section>
    <!-- 콘텐츠 영역③ -->
    <section id="section03">
        <!-- 콘텐츠 영역③ 안 전체 콘텐트 영역 -->
        <div class="wrap">
        </div>
    </section>
    <!-- 콘텐츠 영역④ -->
    <section id="section04">
        <!-- 콘텐츠 영역④ 안 전체 콘텐트 영역 -->
        <div class="wrap">
        </div>
    </section>
    <!-- 콘텐츠 영역⑤ -->
    <section id="section05">
        <!-- 콘텐츠 영역⑤ 안 전체 콘텐트 영역 -->
        <div class="wrap">
        </div>
    </section>
</div>
```

```
#wrapper > section {
    height: 100%; /* 높이 100% */
    position: relative; /* 자기자신을 기준점 */
}
#wrapper > section .wrap {
    width: 1100px; /* 너비 1100px */
    position: absolute; /* 부모(상위)를 기준점으로 고정된 상태 */
    left: 50%; /* 좌측 좌표값 */
    top: 50%; /* 상단 좌표값 */
    transform: translate(-50%,-50%); /* transform : translate(X,Y); */
    /* background: #000; *//* 배경색 : 영역확인용 */
    /* height: 100%; */ /* 높이 : 영역확인용 */
}
```

위 코드를 다음과 같이 설명할 수 있습니다.

1 먼저 콘텐츠 영역에서 가장 큰 영역인 .wrap 스타일을 지정해 줍니다.

레이아웃이 무너지는 현상을 막기 위해서 눈에 보이지 않는 가장 큰 영역을 먼저 잡아줍니다. 그러므로 콘텐츠에서 가장 큰 영역인 .wrap 스타일을 지정합니다.

.wrap 스타일은 #section01~#section05까지 같은 스타일을 가지고 있으므로 친자식 선택자(>)를 사용하여 정의해줍니다.

(배경색과 높이 값은 영역 확인용이므로 콘텐츠 영역 안에 레이아웃 구조를 잡을 때는 위와 같이 주석 처리 후, 진행하면 됩니다.)

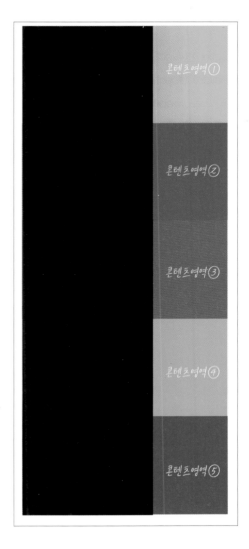

1 .wrap 는 position/transform을 활용하여
〈section〉(#section01 ~ #section05)(부모) 기준
으로 X, Y축으로 중앙정렬로 배치합니다.

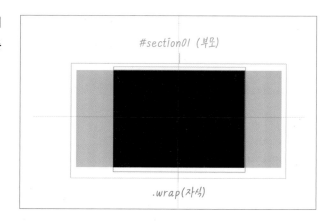

- **필수 문법**

```
position: absolute;
top: 50%;
left: 50%;
transform: translate(-50%, -50%); translate(X, Y);
```

〈section〉(#section01 ~ #section05) .wrap는 부모-자식 관계를 이루고 있으며, .wrap는
〈section〉(#section01 ~ #section05) 안에 X, Y축으로 중앙정렬로 위치되어있습니다.

그러므로 .wrap에게 position:absolute 부모 기준으로 배치하는 속성을 정의하고, transform 사용하여 X, Y축으로 중앙정렬로 배치합니다.

이때, #section01에만 .wrap 영역이 나타나게 됩니다.

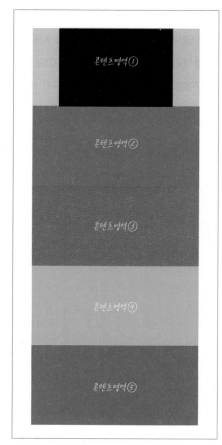

2 각자 부모 기준으로 배치할 수 있도록 〈section〉(#section01 ~ #section05)에게 position: relative; 값을 정의합니다.

현재 부모에게 position 값이 없으므로 상위요소인 〈body〉을 기준으로 인식하고 있습니다.

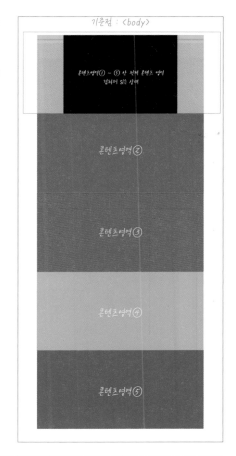

absolute 값은 부모 기준으로 배치하므로 해당 요소 부모(#section01 ~ #section05)에게 position 값이 있어야 합니다. 대부분 position: relative;를 적용합니다.

적용 한 후, 해당 요소 부모(#section01 ~ #section05) 기준으로 배치됩니다.

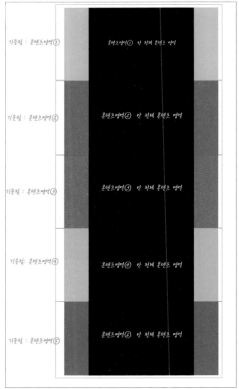

타이틀 영역

- **필수 태그 및 속성**

챕터	구분	설명
ch03	클래스 선택자	지정한 클래스 속성을 갖는 태그에만 스타일 적용
ch07	〈h1〉~〈h6〉	〈h1〉~〈h6〉
ch08	font-size	폰트 크기 속성
ch08	font-weight	폰트 두께 속성
ch08	color	폰트 색상 속성
ch08	text-align	텍스트 정렬 속성
ch10	margin	요소 바깥 여백 속성

▍타이틀 영역 HTML

```html
<!-- 전체 콘텐츠 영역 -->
<div id="wrapper">
    <!-- 콘텐츠 영역① -->
    <section id="section01">
        <!-- 콘텐츠 영역① 안 전체 콘텐트 영역 -->
        <div class="wrap">
            <!-- 타이틀 영역 -->
            <h2 class="title01">
            </h2>
        </div>
    </section>
    <!-- 콘텐츠 영역② -->
    <section id="section02">
        <!-- 콘텐츠 영역② 안 전체 콘텐트 영역 -->
        <div class="wrap">
            <!-- 타이틀 영역 -->
            <h2 class="title01">
            </h2>
        </div>
    </section>
    <!-- 콘텐츠 영역③ -->
    <section id="section03">
        <!-- 콘텐츠 영역③ 안 전체 콘텐트 영역 -->
        <div class="wrap">
            <!-- 타이틀 영역 -->
            <h2 class="title01">
            </h2>
        </div>
    </section>
    <!-- 콘텐츠 영역④ -->
    <section id="section04">
        <!-- 콘텐츠 영역④ 안 전체 콘텐트 영역 -->
        <div class="wrap">
            <!-- 타이틀 영역 -->
```

```
            <h2 class="title01">
            </h2>
        </div>
    </section>
    <!-- 콘텐츠 영역⑤ -->
    <section id="section05">
        <!-- 콘텐츠 영역⑤ 안 전체 콘텐츠 영역 -->
        <div class="wrap">
            <!-- 타이틀 영역 -->
            <h2 class="title01">
            </h2>
        </div>
    </section>
</div>
```

▌타이틀 영역 CSS

```
/* 공통 */
/* 타이틀 영역 */
.title01 {
    font-size: 42px; /* 폰트 사이즈 42px */
    font-weight: 700; /* 폰트 두께 700 */
    color: #fff; /* 폰트 색상 #fff */
    text-align: center; /* 텍스트 중앙 정렬 */
    margin-bottom: 25px; /* 바깥 아래 여백 25px */
}
```

타이틀 영역에 대한 위 코드를 다음과 같이 설명할 수 있습니다.

> **타이틀 영역은 콘텐츠 영역❶ ~ ❺ 까지 공통 스타일이므로 클래스로 정의합니다.**
> . 기호에 클래스 이름을 붙여서 사용하는 클래스 선택자를 사용하여 특정 클래스 속성 값을 가지고 있는 여러 태그에 스타일을 지정하여 사용할 수 있습니다. 그래서 공통된 스타일은 주로 클래스 선택자로 정의하여 사용합니다.

텍스트 영역

• 필수 태그 및 속성

챕터	구분	설명
ch03	클래스 선택자	지정한 클래스 속성을 갖는 태그에만 스타일 적용
ch07	〈p〉	문단 태그
ch08	font-size	폰트 크기 속성
ch08	font-weight	폰트 두께 속성
ch08	color	폰트 색상 속성
ch08	text-align	텍스트 정렬 속성
ch10	margin	요소 바깥 여백 속성

```html
<!-- 전체 콘텐츠 영역 -->
<div id="wrapper">
    <!-- 콘텐츠 영역① -->
    <section id="section01">
        <!-- 콘텐츠 영역① 안 전체 콘텐트 영역 -->
        <div class="wrap">
            <!-- 타이틀 영역 -->
            <h2 class="title01">
                A GLOBAL COMPANY<br>
                REACHING OUT TO THE WORLD
            </h2>
        </div>
    </section>
    <!-- 콘텐츠 영역② -->
    <section id="section02">
        <!-- 콘텐츠 영역② 안 전체 콘텐트 영역 -->
        <div class="wrap">
            <!-- 타이틀 영역 -->
            <h2 class="title01">NEWS ROOM</h2>
            <!-- 텍스트 영역 -->
            <p class="text01">다양한 소식을 전해드립니다</p>
        </div>
    </section>
    <!-- 콘텐츠 영역③ -->
    <section id="section03">
        <!-- 콘텐츠 영역③ 안 전체 콘텐트 영역 -->
        <div class="wrap">
            <!-- 타이틀 영역 -->
            <h2 class="title01">PRODUCT</h2>
            <!-- 텍스트 영역 -->
            <p class="text01">제품을 소개합니다</p>
        </div>
    </section>
    <!-- 콘텐츠 영역④ -->
    <section id="section04">
        <!-- 콘텐츠 영역④ 안 전체 콘텐트 영역 -->
        <div class="wrap">
            <!-- 타이틀 영역 -->
            <h2 class="title01">RECRUIT</h2>
            <!-- 텍스트 영역 -->
            <p class="text01">인재를 채용합니다</p>
        </div>
    </section>
    <!-- 콘텐츠 영역⑤ -->
    <section id="section05">
        <!-- 콘텐츠 영역⑤ 안 전체 콘텐트 영역 -->
```

```
                    <!-- 콘텐츠 영역⑤ 안 전체 콘텐츠 영역 -->
            <div class="wrap">
                <!-- 타이틀 영역 -->
                <h2 class="title01">COMMUNITY</h2>
                <!-- 텍스트 영역 -->
                <p class="text01">커뮤니티 공간입니다</p>
            </div>
        </section>
    </div>
```

■ 텍스트 영역 CSS

```
/* 공통 */
/* 텍스트 영역 */
.text01 {
    color: #fff;/* 폰트 색상 #fff */
    text-align: center;/* 텍스트 중앙 정렬 */
    margin-bottom: 40px;/* 바깥 아래 여백 40px */
}
```

텍스트 영역에 대한 위 코드를 다음과 같이 설명할 수 있습니다.

> **텍스트 영역은 콘텐츠 영역❶ ~ ❺ 까지 공통 스타일 이므로 클래스로 정의합니다.**
>
> . 기호에 클래스 이름을 붙여서 사용하는 클래스 선택자를 사용하여 특정 클래스 속성 값을 가지고 있는 여러 태그들에 스타일을 지정하여 사용할 수 있습니다. 그래서 공통된 스타일은 주로 클래스 선택자로 정의하여 사용합니다.

버튼 영역

■ 버튼 영역 HTML

```
<!-- 버튼 영역 -->
<a class="btn" href="#">MORE</a>
```

■ 버튼 영역 CSS

```
/* 공통 */
/* .btn에 마우스 올리기 전 */
.btn {
    display: inline-block; /* 블록 요소를 인라인-블록요소로 변경 */
    width: 130px; /* 너비 130px */
    height: 50px; /* 높이 50px */
    color: #666; /* 폰트 색상 #666 */
    line-height: 50px; /* 인라인 요소 세로 중앙 정렬 */
    text-align: center; /* 텍스트 중앙 정렬 */
```

```
        border: 1px solid #ddd; /* 라인 1px 실선 #ddd */
        margin: 0 auto; /* 블록 요소 가운데 정렬 */
    }
    /* .btn에 마우스 올리기 후 */
    .btn:hover {
        background: #fff; /* 배경색 #fff */
        color: #222; /* 폰트 색상 #222 */
        border: 1px solid #fff; /* 라인 1px 실선 #ddd */
        transition: all .5s; /* 모든 속성이 0.5초 동안 전환 */
    }
```

위 코드를 다음과 같이 설명할 수 있습니다.

> **버튼 영역은 콘텐츠 영역❷, 콘텐츠 영역❹에 공통 스타일이므로 클래스로 정의합니다.**
>
> . 기호에 클래스 이름을 붙여서 사용하는 클래스 선택자를 사용하여 특정 클래스 속성 값을 가지고 있는 여러 태그에 스타일을 지정하여 사용할 수 있습니다. 그래서 공통된 스타일은 주로 클래스 선택자로 정의하여 사용합니다.

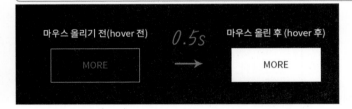

콘텐츠 영역❶

콘텐츠 영역❶은 위의 그림과 같이 크게 타이틀 영역과 버튼 영역 두 가지 영역으로 나눠서 작업하도록 하겠습니다.

- **필수 태그 및 속성**

페이지	구분	설명
	클래스 선택자	지정한 클래스 속성을 갖는 태그에만 스타일 적용
	display:inline-block	인라인-블록 요소
	〈a〉	하이퍼링크 태그
	CSS 기본 선택자	선택자 우선순위(캐스케이딩)
	〈h1〉~〈h6〉	제목 태그
	font-size	폰트 크기 속성
	color	폰트 색상 속성
	text-align	텍스트 정렬 속성
	line-height	문장과 문장 사이 간격
	background	배경 속성
	border	요소 테두리 속성
	margin	요소 바깥 여백 속성
	transition	전환 속성

타이틀 영역 HTML

```html
<!-- 콘텐츠 영역① -->
<section id="section01">
    <!-- 콘텐츠 영역① 안 전체 콘텐트 영역 -->
    <div class="wrap">
        <h2 class="title01">
            A GLOBAL COMPANY<br>
            REACHING OUT TO THE WORLD
        </h2>
    </div>
</section>
```

타이틀 영역 CSS

```css
/* 공통 */
/* 타이틀 영역 */
.title01 {
    font-size: 42px; /* 폰트 사이즈 42px */
    font-weight: 700; /* 폰트 두께 700 */
    color: #fff; /* 폰트 색상 #fff */
    text-align: center; /* 텍스트 중앙 정렬 */
    margin-bottom: 25px; /* 바깥 아래 여백 25px */
}
/* 콘텐츠 영역① */
/* 콘텐츠 영역① 타이틀 영역*/
#section01 .title01 {
    font-size: 50px; /* 폰트 사이즈 50px */
    margin-bottom: 75px; /* 바깥 아래 여백 75px */
}
```

타이틀 영역에 대한 위 코드를 다음과 같이 설명할 수 있습니다.

앞에서 타이틀 영역은 콘텐츠 영역❶ ~ ❺ 까지 공통 스타일이므로 클래스로 정의했습니다. 그러므로 콘텐츠 영역❶ .title 클래스를 사용하여 스타일을 지정합니다.

하지만 콘텐츠 영역❶에서 타이틀은 폰트 크기와 바깥 아래 여백에 대한 스타일이 다르므로 선택자 우선순위를 활용하여 타이틀 공통 스타일 클래스인 .title 앞에서 id 선택자 #section01 작성하여 콘텐츠 영역❶ 타이틀 영역에만 폰트 크기 50px과 바깥 아래 여백 값을 주었습니다.

공통 스타일을 정의할 경우	클래스 선택자 (예 콘텐츠❶ ~ ❺ 타이틀 스타일 .title)
공통 스타일을 다른 스타일로 정의할 경우	아이디 선택자 + 클래스 선택자 (예 콘텐츠❶ 타이틀 스타일 #section01 .title)

이처럼 공통 스타일을 클래스 선택자로 정의한 뒤, 콘텐츠 영역마다 가장 큰 section에게 id 선택자를 주어 공통 스타일을 콘텐츠 영역에서 다른 스타일로 정의할 경우 아이디 선택자 + 클래스 선택자 형식으로 작성하여 코드를 효율적으로 사용할 수 있습니다.

콘텐츠 영역❷

콘텐츠 영역❷는 위의 그림과 같이 크게 콘텐츠❷-1과 콘텐츠❷-2 두 가지 영역으로 나눠서 작업하도록 하겠습니다. 두 가지 영역 모두 〈ul〉, 〈li〉 태그를 활용하여 같은 구조로 잡기 때문에 크게 어려움 없이 따라할 수 있습니다.

• 필수 태그 및 속성

챕터	구분	설명
ch02	display: inline-block;	인라인-블록 요소
ch03	〈a〉	하이퍼링크 태그
ch08	font-size	폰트 크기 속성
ch08	color	폰트 색상 속성
ch08	text-align	텍스트 정렬 속성
ch08	line-height	문장과 문장 사이 간격
ch09	background	배경 속성
부록 2	transition	전환 속성

▌콘텐츠 영역 ❷-1 HTML

```html
<!-- 콘텐츠 영역②-1 -->
<ul class="news">
    <li>
        <a href="#">
            <img src="images/section02/news01.png" alt="">
        </a>
    </li>
    <li>
        <a href="#">
            <img src="images/section02/news02.png" alt="">
        </a>
    </li>
    <li>
        <a href="#">
            <img src="images/section02/news03.png" alt="">
        </a>
    </li>
</ul>
```

▌콘텐츠 영역 ❷-1 CSS

```css
/* 콘텐츠 영역②-1 */
#section02 .news {
    display: flex; /* flex container(부모 요소)에 display: flex; 선언 */
    justify-content: space-between;
    /* flex container(부모 요소)에 justify-content정렬 방식 설정 */
    /* space-between 좌우 여백 없이 사이 여백 균등하게 배치 */
    padding-top: 30px; /* 안쪽 상단 여백 30px */
    margin-bottom: 60px; /* 바깥 아래 여백 60px */
    border-top: 1px solid #737373; /* 상단 라인 1px 실선 #7373 */
}
#section02 .wrap > button {
    background: transparent; /* 기본 배경색 초기화 */
    position: absolute; /* 부모(상위)를 기준점으로 고정된 상태 */
    top: 50%; /* 상단 좌표값 */
    transform: translateY(-50%); /* transform : translateY; */
}
#section02 .news > li > a {
    width: 100%; /* 너비 100% */
    height: 100%; /* 높이 100% */
    display: block; /* 인라인 요소를 블록요소로 변경 */
}
#section02 .wrap .prev {
    left: -75px; /* 좌측 좌표값 */
}
#section02 .wrap .next {
    right: -75px; /* 우측 좌표값 */
}
```

위 코드를 해석하면 다음과 같이 설명할 수 있습니다.

1 자식이 세 개 이상일 경우, 〈ul〉,〈li〉를 사용합니다.

.news의 자식의 개수가 3개이므로 〈ul〉,〈li〉를 사용하여 구조를 잡아줍니다. 각각 뉴스 상세페이지로 이동되므로 〈a〉 태그를 사용하여 이동할 페이지 주소를 넣어줍니다. 현재는 이동할 페이지 주소가 없기 때문에 〈a href="#"〉〈/a〉인 새로고침으로 작성합니다.

2 먼저 콘텐츠❷ −1에서 가장 큰 영역인 .news의 스타일을 지정해 줍니다.

레이아웃이 무너지는 현상이 생기는 확률을 낮춰주기 위해서 눈에 보이지 않는 가장 큰 영역을 먼저 잡아줍니다. 앞에서 콘텐츠 영역❷ 안 전체 콘텐츠 영역인 .wrap에 대한 크기 값과 position / transform을 사용하여 X, Y축 중앙정렬로 배치하였습니다. 이때, .wrap와 .news는 부모−자식 관계이므로 크기 값과 배치 속성을 .wrap 부모에게 상속받습니다. (자식에게 높이 값은 상속되므로 height 값은 생략합니다.)

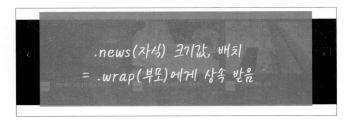

3 .news의 자식들은 블록 요소이므로 세로로 배치됩니다.

.news 자식들은 〈li〉 요소 즉, 블록 요소이므로 세로로 배치됩니다.

4️⃣ .news 자식들을 가로 배치하기 위해서 flex container(부모 요소)인 .news에 display: flex; 선언합니다.

flex container(부모 요소)인 .news를 설정하면 안에 들어 있는 flex item (자식 요소)인 〈li〉 요소들이 가로로 나열됩니다

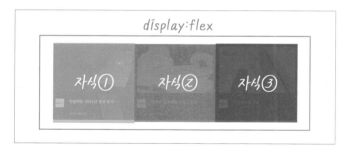

5️⃣ .prev, .next(자식)는 .wrap(부모) 기준으로 Y축 중앙정렬로 배치합니다.

필수 문법

```
position: absolute;
top: 50%;
transform: translateY(-50%); translateY();
```

.wrap와 .prev, .next는 부모-자식 관계를 이루고 있으며, .wrap는 .prev, .next 안에 Y축으로 중앙정렬로 위치되어있습니다.

그러므로 .prev, .next에게 position: absolute; 부모 기준으로 배치하는 속성을 정의하고, transform 사용하여 Y축으로 중앙정렬로 배치합니다.

(앞에서 .wrap (부모) 에게 position 값을 설정하였습니다. 항상 자식에게 position: absolute; 값을 정의하면 부모에게 position 값이 설정되어있는지 확인해야 합니다.) 이때, .prev, .next 좌측 또는 우측 좌표 값을 설정하지 않아 left: 0;에 위치합니다.

5️⃣ .prev, .next(자식)는 좌측 또는 우측 좌표 값을 설정하여 원하는 위치에 배치합니다.

필수 문법

양수 값(+)	멀어지는 방향
음수 값(−)	가까워지는 방향

.prev는 left (좌측 좌표값)에서 −75 멀어지는 방향, .next는 right (우측 좌표값)에서 −75 멀어지는 방향에 위치하였습니다.

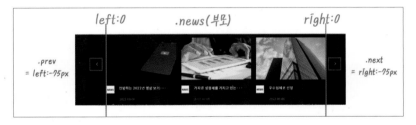

콘텐츠 영역 ❷-2 HTML

```html
<!-- 콘텐츠 영역②-2 -->
<ul class="sns">
    <li class="blog">
        <a href="#">BLOG</a>
    </li>
    <li class="youtube">
        <a href="#">YOUTUBE</a>
    </li>
    <li class="facebook">
        <a href="#">FACEBOOK</a>
    </li>
    <li class="instagram">
        <a href="#">INSTAGRAM</a>
    </li>
</ul>
```

콘텐츠 영역 ❷-2 CSS

```css
/* 콘텐츠 영역②-2 */
#section02 .sns {
    display: flex; /* flex container(부모 요소)에 display: flex; 선언 */
    justify-content: space-between;
    /* flex container(부모 요소)에 justify-content정렬 방식 설정 */
    /* space-between 좌우 여백 없이 사이 여백 균등하게 배치 */
}
#section02 .sns > li {
    background: #3f4043; /* 배경색 #3f4043 */
    width: 265px; /* 너비 265px */
    height: 66px; /* 높이 66px */
}
/* 마우스 올리기 전 */
#section02 .sns > li > a {
    display: inline-block; /* 블록 요소를 인라인-블록요소로 변경 */
```

```
        width: 265px; /* 너비 265px */
        height: 66px; /* 높이 66px */
    }
    /* 마우스 올리기 전 */
    #section02 .sns > li > a {
        display: inline-block; /* 블록 요소를 인라인-블록요소로 변경 */
        width: 100%; /* 너비 100% */
        height: 66px; /* 높이 66px */
    }
    /* 마우스 올리기 전 */
    #section02 .sns > li > a {
        display: inline-block; /* 블록 요소를 인라인-블록요소로 변경 */
        width: 100%; /* 너비 100% */
        height: 100%; /* 높이 100% */
        font-size: 18px; /* 폰트 사이즈 18px */
        color: #fff; /* 폰트 색상 #fff */
        line-height: 66px; /* 인라인 요소 세로 중앙 정렬 */
        text-align: center; /* 텍스트 중앙 정렬 */
        transition: all .5s; /* 모든 속성이 0.5초 동안 전환 */
    }
    /* 마우스 올리기 후 */
    #section02 .sns .blog > a:hover {
        background: #19CE60;
    }
    #section02 .sns .youtube > a:hover {
        background: #FF0000;
    }
    #section02 .sns .facebook > a:hover {
        background: #1877F2;
    }
    #section02 .sns .instagram > a:hover {
        background: #6428C5;
    }
```

위 코드를 해석하면 다음과 같이 설명할 수 있습니다.

1 자식이 세 개 이상일 경우, 〈ul〉,〈li〉를 사용합니다.

.sns의 자식의 개수가 3개이므로 〈ul〉,〈li〉를 사용하여 구조를 잡아줍니다. 각각 주소로 이동되므로 〈a〉 태그를 사용하여 이동할 페이지 주소를 넣어줍니다. 현재는 이동할 페이지 주소가 없기 때문에 〈a href="#"〉〈/a〉인 새로 고침으로 작성합니다.

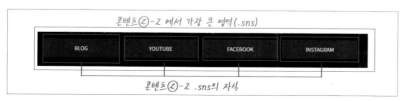

2️⃣ 먼저 콘텐츠❷ −2에서 가장 큰 영역인 .sns의 스타일을 지정해 줍니다.

레이아웃이 무너지는 현상이 생기는 확률을 낮춰주기 위해서 눈에 보이지 않는 가장 큰 영역을 먼저 잡아줍니다. 앞에서 콘텐츠 영역❷ 안 전체 콘텐츠 영역인 .wrap에 대한 크기 값과 position / transform을 사용하여 X, Y 축 중앙정렬로 배치하였습니다. 이때, .wrap와 .sns는 부모−자식 관계이므로 크기 값과 배치 속성을 .wrap 부모에게 상속받습니다.(자식에게 높이 값은 상속되므로 height 값은 생략합니다.)

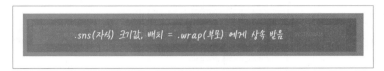

3️⃣ .sns의 자식들은 블록 요소이므로 세로로 배치됩니다.

.sns 자식들은 〈li〉 요소 즉, 블록 요소이므로 세로로 배치됩니다.

4️⃣ .sns 자식들을 가로 배치하기 위해서 flex container(부모 요소)인 .sns에 display: flex;와 정렬 방식 justify-content를 선언합니다.

flex container(부모 요소)인 .sns를 설정하면 안에 들어 있는 flex item (자식 요소)인 〈li〉 요소들이 좌우 여백 없이 사이 여백 균등하게 가로로 나열됩니다.

5️⃣ .sns 자식들을 마우스 올렸을 때 전환되는 배경색을 지정합니다.

:hover를 사용하여 마우스 올리기 전과 후 배경색을 다르게 지정하고, transition 속성를 설정하여 0.5초 동안 부드럽게 전환됩니다.

콘텐츠 영역❸

• 필수 태그 및 속성

챕터	구분	설명
ch03	클래스 선택자	지정한 클래스 속성을 갖는 태그에만 스타일 적용
ch03	구조 선택자	구조에 따라 특정한 위치에 속하는 태그를 선택
ch03	⟨ul⟩,⟨li⟩	순서 없는 목록
ch07	⟨img⟩	이미지 삽입 태그
ch10	⟨h1⟩~⟨h6⟩	제목 태그
ch10	flex	배치 속성
ch12	border	요소 테두리 속성
ch15	margin	요소 바깥 여백 속성

▌콘텐츠 영역 ❸ HTML

```
<!-- 콘텐츠 영역③ -->
<section id="section03">
    <!-- 콘텐츠 영역③ 안 전체 콘텐츠 영역 -->
    <div class="wrap">
        <!-- 타이틀 영역 -->
        <h2 class="title01">PRODUCT</h2>
        <!-- 텍스트 영역 -->
        <p class="text01">제품을 소개합니다</p>
        <ul class="products">
            <li>
                <img src="images/section03/product01.jpg" alt="">
            </li>
            <li>
                <img src="images/section03/product02.jpg" alt="">
            </li>
            <li>
```

```
                <img src="images/section03/product03.jpg" alt="">
            </li>
            <li>
                <img src="images/section03/product04.jpg" alt="">
            </li>
            <li>
                <img src="images/section03/product05.jpg" alt="">
            </li>
        </ul>
    </div>
</section>
```

▌콘텐츠 영역 ❸ CSS

```css
/* 콘텐츠 영역③ */
#section03 {
    background: url("../images/section03/bg.jpg") no-repeat; /* 배경 지정 */
}
#section03 .products {
    display: flex; /* flex container(부모 요소)에 display: flex; 선언 */
}
#section03 .products > li {
    font-size: 0; /* 인라인 혹은 인라인-블록요소 속성으로 인한 공백 없애기 */
    border-right: 1px solid #ddd; /* 오른쪽 라인 1px 실선 #ddd */
}
#section03 .news > li > a {
    width: 100%; /* 너비 100% */
    height: 100%; /* 높이 100% */
    display: block; /* 인라인 요소를 블록요소로 변경 */
}
/* #section03 .products li 자식 중 마지막 자식 선택 */
#section03 .products > li:last-child {
    border-right: none; /* 오른쪽 라인 없음 */
```

위 코드를 해석하면 다음과 같이 설명할 수 있습니다.

1 자식이 세 개 이상일 경우, ⟨ul⟩,⟨li⟩를 사용합니다.

.products의 자식의 개수가 3개이므로 ⟨ul⟩,⟨li⟩를 사용하여 구조를 잡아줍니다. 각각 주소로 이동되므로 ⟨a⟩ 태

그를 사용하여 이동할 페이지 주소를 넣어줍니
다. 현재는 이동할 페이지 주소가 없기 때문에
⟨a href="#"⟩⟨/a⟩인 새로고침으로 작성합니다.

2 먼저 콘텐츠❸에서 가장 큰 영역인 .products의 스타일을 지정해 줍니다.

레이아웃이 무너지는 현상이 생기는 확률을 낮춰주기 위해서 눈에 보이지 않는 가장 큰 영역을 먼저 잡아줍니다. 앞에서 콘텐츠 영역❸ 안 전체 콘텐츠 영역인 .wrap에 대한 크기 값과 position / transform을 사용하여 X, Y 축 중앙정렬로 배치하였습니다. 이때, .wrap와 .products는 부모–자식 관계이므로 크기 값과 배치 속성을 .wrap 부모에게 상속받습니다. (자식에게 높이 값은 상속되므로 height 값은 생략합니다.)

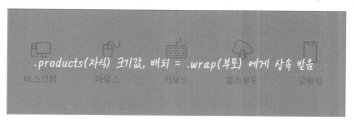

3 .products의 자식들은 블록 요소이므로 세로로 배치됩니다.

.products 자식들은 〈li〉 요소 즉, 블록 요소이므로 세로로 배치됩니다.

4 .sns 자식들을 가로 배치하기 위해서 flex container(부모 요소)인 .sns에 display: flex;를 선언합니다.

flex container(부모 요소)인 .sns를 설정하면 안에 들어 있는 flex item (자식 요소)인 ⟨li⟩ 요소들이 가로로 나열됩니다.

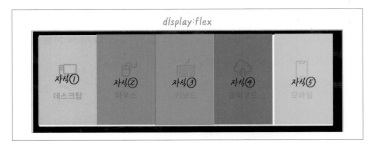

5 .products 자식으로 인라인-블록 요소인 ⟨img⟩에 대한 공백을 없애기 위해 font-size: 0;을 선언합니다.

.product 자식으로 인라인-블록 요소인 ⟨img⟩ 태그를 사용하였습니다. ⟨img⟩ 태그를 사용하여 크기 지정을 따로 할 필요 없으므로 width, height 값을 생략할 수 있습니다.

인라인 혹은 인라인-블록 요소 속성으로 인한 공백을 없애기 위해서 font-size: 0; 선언합니다. ⟨img⟩ 태그와 같이 인라인-블록 요소 혹은 인라인 요소를 사용하는 경우 좌우 또는 상하에 살짝 여백이 생기게 됩니다. 그 여백으로 인하여 레이아웃이 틀어지기도 합니다. 여백을 없애기 위해서 font-size: 0;을 선언합니다.

콘텐츠 영역❹

- **필수 태그 및 속성**

챕터	구분	설명
ch03	클래스 선택자	지정한 클래스 속성을 갖는 태그에만 스타일 적용
ch03	〈img〉	이미지 삽입 태그
ch07	font-size	폰트 사이즈 속성
ch08	font-weight	폰트 두께 속성
ch08	color	폰트 색상 속성
ch08	line-height	문장과 문장 사이 간격 속성
ch08	〈h1〉~〈h6〉	제목 태그
ch10	flex	배치 속성
ch12	padding	요소 내부 여백 속성

▌콘텐츠 영역 ❹ HTML

```html
<!-- 콘텐츠 영역④ -->
<section id="section04">
    <!-- 콘텐츠 영역④ 안 전체 콘텐트 영역 -->
    <div class="wrap">
        <!-- 타이틀 영역 -->
        <h2 class="title01">RECRUIT</h2>
        <!-- 텍스트 영역 -->
        <p class="text01">인재를 채용합니다</p>
        <div class="box">
            <div class="img">
                <img src="images/section04/img01.jpg" alt="">
            </div>
            <div class="content">
                <h3 class="title02">
                    함께 꿈을 키워갈<br>
                    인재를 기다립니다.
                </h3>
                <p class="text02">
                    함께 성장해 나갈 인재를 모집합니다.<br>
                    다양한 교육프로그램과 인사제도를 실시하며,<br>
                    특성에 맞는 인재를 채용합니다.
                </p>
                <a class="btn" href="#">MORE</a>
            </div>
        </div>
    </div>
</section>
```

```
/* 콘텐츠 영역④ */
#section04 {
    background: url("../images/section04/bg.jpg") no-repeat; /* 배경 지정 */
}
#section04 .box {
    display: flex; /* flex container(부모 요소)에 display: flex; 선언 */
}
#section04 .content {
    padding: 70px 60px; /* 상하 내부 여백 70px 좌우 내부 여백 60px */
    background: #fff; /* 배경색 #fff */
}
#section04 .content .title02 {
    font-size: 30px; /* 폰트 사이즈 50px */
    font-weight: 700; /* 폰트 두께 700 */
    line-height: 1.25; /* 문장과 문장 사이의 간격 */
    margin-bottom: 15px; /* 바깥 아래 여백 7=15px */
}
#section04 .content .text02 {
    color: #666; /* 폰트 색상 #666 */
    margin-bottom: 30px; /* 바깥 아래 여백 30px */
}
```

위 코드를 다음과 같이 설명할 수 있습니다.

.box의 자식들은 〈div〉 요소 즉, 블록 요소이므로 세로로 배치됩니다.
.box 자식들을 가로 배치하기 위해서 flex container(부모 요소)인 .box에게 display: flex;를 선언하여 가로 배치합니다.

콘텐츠 영역 ❺

• 필수 태그 및 속성

챕터	구분	설명
ch03	클래스 선택자	지정한 클래스 속성을 갖는 태그에만 스타일 적용
ch03	⟨img⟩	이미지 삽입 태그
ch07	⟨h1⟩~⟨h6⟩	제목 태그
ch12	flex	배치 속성

▌콘텐츠 영역 ❺ HTML

```html
<!-- 콘텐츠 영역⑤ -->
<section id="section05">
    <!-- 콘텐츠 영역⑤ 안 전체 콘텐트 영역 -->
    <div class="wrap">
        <!-- 타이틀 영역 -->
        <h2 class="title01">COMMUNITY</h2>
        <!-- 텍스트 영역 -->
        <p class="text01">커뮤니티 공간입니다</p>
        <ul class="community">
            <li>
                <img src="images/section05/community01.jpg" alt="">
            </li>
            <li>
                <img src="images/section05/community02.jpg" alt="">
            </li>
            <li>
                <img src="images/section05/community03.jpg" alt="">
            </li>
        </ul>
    </div>
</section>
```

▌콘텐츠 영역 ❺ CSS

```css
#section05 {
    background: url("../images/section05/bg.jpg") no-repeat; /* 배경 지정 */
}
#section05 .community {
    display: flex; /* flex container(부모 요소)에 display: flex; 선언 */
}
```

위 코드를 다음과 같이 설명할 수 있습니다.

> .community의 자식들은 〈li〉 요소 즉, 블록 요소이므로 세로로 배치됩니다.
>
> .community 자식들을 가로 배치하기 위해서 flex container(부모 요소)인 .community에게 display: flex;를 선언하여 가로 배치합니다.

푸터 영역

- **필수 태그 및 속성**

챕터	구분	설명
ch03	〈img〉	이미지 삽입 태그

▌ 푸터 영역 HTML

```
<!-- 푸터 영역 -->
<footer>
    <img src="images/footer/footer.jpg" alt="">
</footer>
```


▌ 푸터 영역 CSS

```
/* 푸터 영역 */
footer {
    font-size: 0; /* 인라인 혹은 인라인-블록요소 속성으로 인한 공백 없애기 */
}
```

위 코드를 해석하면 다음과 같이 설명할 수 있습니다.

> footer 자식으로 인라인-블록 요소인 〈img〉 태그를 사용하였습니다. 〈img〉 태그를 사용하여 크기 지정을 따로 할 필요 없으므로 width, height 값을 생략할 수 있습니다.
>
> 인라인 혹은 인라인-블록 요소 속성으로 인한 공백을 없애기 위해서 font-size: 0; 선언합니다. 〈img〉 태그와 같이 인라인-블록 요소 혹은 인라인 요소를 사용하는 경우 좌우 또는 상하에 살짝 여백이 생기게 됩니다. 그 여백으로 인하여 레이아웃이 틀어지기도 합니다. 여백을 없애기 위해서 font-size: 0;을 선언합니다.

html, body

- **필수 태그 및 속성**

챕터	구분	설명
ch08	overflow	내용이 넘칠 때 어떻게 보여줄지 설정하는 속성

html, body CSS

```
/* 공통 */
html, body {
    height: 100%; /* 높이 100% */
    overflow-x: hidden; /* x축 스크롤 숨기기 */
}
```

위 코드를 해석하면 다음과 같이 설명할 수 있습니다.

x축 스크롤이 생기지 않을 경우에도 오류를 대비하여 html, body에 대한 x축 스크롤을 숨기는 것을 정의합니다.

가로 스크롤형 사이트 만들기

이번 예제에서는 HTML과 CSS를 이용하여 사이트는 기본 세로 스크롤형이 아닌 세로 스크롤이 없는 브라우저 창 height 값 100% 인 가로 스크롤형 사이트입니다. 또한, 마우스 올리기 전과 후 상태 변화에 대해 반응 선택자인 :hover를 활용해볼 예정입니다. 앞에서 배운 내용을 차근차근 복습해나가며 하나씩 완성해 보도록 하겠습니다.

예제를 풀다가 필수 태그 및 속성이 생각나지 않는다면 해당 페이지에서 내용을 다시 확인하며, 작업 순서에 맞춰 하나씩 따라합니다.

- **필수 태그 및 속성**

페이지	구분	설명
ch02	display: inline-block;	인라인-블록 요소 정의
ch03	〈a〉	하이퍼링크 태그
ch09	opacity	투명도 지정
ch09	background	배경 속성
ch10	width	요소 너비 속성
ch10	height	요소 높이 속성
ch10	margin	요소 바깥 여백 속성
ch10	padding	요소 내부 여백 속성
ch12	position	원하는 위치에 배치하는 속성
ch12	z-index	요소의 순서를 제어하는 속성
ch12	position / transform	블록 요소를 쉽게 중앙으로 배치하는 방법
ch12	flex	배치 속성
ch15	:hover	마우스를 올린 상태 (반응 선택자)
부록 2	transition	전환 속성

▌ 작업 순서

1️⃣ 레이아웃 구조 파악

2️⃣ 기본적인 준비 (소스 폴더 : ch19)

3️⃣ 콘텐츠 영역 만들기

4️⃣ 전체 코드 확인하기

01 레이아웃 구조 파악

큰 구조는 세로 스크롤이 없는 브라우저 창 height 값 100% 즉,100vh인 가로 스크롤 형으로 구성되어 있습니다. 텍스트를 포함한 모든 HTML 요소는 박스(Box) 모양으로 구성이 되어있는 박스 모델(box model)입니다. 그러므로 텍스트 영역도 박스 즉, 사각형 모양으로 생각하면 구조 파악이 쉽습니다.

• **필수 태그 및 속성**

챕터	구분	설명
ch10	CSS 박스 모델	레이아웃을 만들기 위한 CSS 박스 모델

기본적인 준비(소스 폴더 : ch19)

이번 예제 작업을 위한 폴더 구성을 살펴보겠습니다. 예제 3번에 해당하는 폴더 안에는 아래와 같이 구성되어 있습니다.

구분	설명
index.html	웹 문서를 만들기 위한 HTML 파일
css/reset.css	브라우저마다 가지고 있는 기본적인 CSS 스타일 초기화하는 CSS 파일
css/main.css	자기 자신이 작성한 CSS 파일
images 폴더	이미지 소스

index.html

• 필수 태그 및 속성

챕터	구분	설명
ch06	〈link〉	외부 스타일시트 적용

▌소스

```
<!DOCTYPE html>
<html lang="ko">
<head>
    <meta charset="utf-8">
    <title>example03</title>
    <!-- 초기화 css 파일 -->
    <link rel="stylesheet" href="css/reset.css">
    <!-- 내가 작성한 css 파일 -->
    <link rel="stylesheet" href="css/main.css">
</head>
<body>
</body>
</html>
```

css 파일은 〈link〉 태그를 사용하는 외부 스타일 시트를 불러오는 방식을 사용하였습니다. 〈link rel="stylesheet" href="css/reset.css"〉는 브라우저마다 가지고 있는 기본적인 CSS 스타일 초기화하기 위한 외부 CSS 파일이며, 〈link rel="stylesheet" href="css/main.css"〉는 자기 자신이 작성한 외부 CSS 파일입니다. 먼저 reset.css 파일부터 살펴보겠습니다.

reset.css

• 필수 태그 및 속성

챕터	구분	설명
ch10	margin: 0;	여백 초기화① 요소 바깥 여백
ch11	padding: 0;	여백 초기화① 요소 내부 여백
ch11	border: 0;	테두리 초기화
ch11	box-sizing	박스 크기 기준
ch11	list-style: none;	리스트 초기화
ch11	text-decoration: none;	글자 라인 초기화

▌소스

```
* {
    margin: 0;/* 여백 초기화① 요소 바깥 여백 */
    padding: 0;/* 여백 초기화① 요소 내부 여백 */
    border: 0;/* 테두리 초기화 */
    box-sizing: border-box;
}
/* 리스트 초기화 */
ol, ul {
    list-style: none;
}
/* 링크 초기화 */
a {
    color: inherit;
    text-decoration: none;
}
```

이번 예제에서 텍스트를 사용하지 않고 이미지를 사용하여 작업하므로 따로 폰트 종류와 폰트 사이즈를 설정하여 브라우저 기본 폰트 스타일을 초기화하지 않았습니다. 이처럼 상황에 맞게끔 reset.css 작성하시기 바랍니다.

main.css

• 필수 태그 및 속성

챕터	구분	설명
ch06	CSS 우선순위	CSS 스타일 적용 우선순위

```
/* 공통 */

/* 전체 콘텐츠 영역 */

/* 콘텐츠 영역① */

/* 콘텐츠 영역② */

/* 콘텐츠 영역③ */

/* 콘텐츠 영역④ */
```

앞으로 내가 적용할 스타일에 대해서 main.css에 작성하겠습니다. 이때, CSS 파일에 적용된 스타일 코드는 계단식으로 내려갑니다. 그러므로 HTML 문서에 작성된 구조 순서에 맞춰 스타일을 작성하는 것이 좋습니다.

03 콘텐츠 영역 만들기

▌콘텐츠 영역

❶ 아이디명: wrapper / 너비: 9723px / 높이: 100vh

❷ 아이디명: section01 / 너비: 100vw / 높이: 100vh

❷ 아이디명: section02 / 너비: 3853px / 높이: 100vh

❷ 아이디명: section03 / 너비: 1378px / 높이: 100vh

❷ 아이디명: section04 / 너비: 2571px / 높이: 100vh

• 필수 태그 및 속성

챕터	구분	설명
ch02	HTML 요소 관	부모 요소, 자식 요소, 형제 요소
ch05	블록 요소	HTML 요소
ch08	background	배경 속성
ch08	width	요소 너비 속성
ch09	height	요소 높이 속성
ch10	CSS 상속	CSS 스타일 상속
ch10	vw	디바이스의 너비 값
ch12	vh	디바이스의 높이 값
ch14	flex	배치 속성

▌HTML

```html
<!-- 전체 콘텐츠 영역 -->
<div id="wrapper">
    <!-- 콘텐츠 영역① -->
    <section id="section01">
    </section>
    <!-- 콘텐츠 영역② -->
    <section id="section02">
    </section>
    <!-- 콘텐츠 영역③ -->
    <section id="section03">
    </section>
    <!-- 콘텐츠 영역④ -->
    <section id="section04">
    </section>
</div>
```

▌CSS

```css
/* 전체 콘텐츠 영역 */
#wrapper {
    width: 9723px; /* 너비 9723px */
    height: 100vh; /* 높이 100vh = 브라우저 높이 100% */
    display: flex; /* flex container(부모 요소)에 display: flex; 선언 */
}
#wrapper > section {
    height: 100vh; /* 높이 100vh = 브라우저 높이 100% */
    position: relative; /*  자기자신을 기준점  */
}
/* 콘텐츠 영역① */
#section01 {
    width: 100vw; /* 너비 100vw = 브라우저 너비 100% */
}
/* 콘텐츠 영역② */
#section02 {
    width: 3853px; /* 너비 3853px */
}
/* 콘텐츠 영역③ */
#section03 {
    width: 1378px; /* 너비 1378px */
  · background: #222; /*  배경색지정 */
}
/* 콘텐츠 영역④ */
#section04 {
    width: 2571px; /* 너비 2571px */
}
```

위 코드를 다음과 같이 설명할 수 있습니다.

① **콘텐츠에서 가장 큰 영역인 #wrapper를 지정합니다.**

레이아웃 구조를 작업할 땐 전체 콘텐츠 영역에 대한 구조를 먼저 지정해 줍니다. 전체 콘텐츠 영역을 먼저 잡아주게 되면 레이아웃이 무너지는 현상에 대한 확률을 낮출 수 있으므로 눈에 보이지 않는 가장 큰 영역을 잡아주는 것이 중요합니다.

② **각 콘텐츠 영역인 #section01 ~ #section04 높이 값을 100vh로 지정해 줍니다.**

각 콘텐츠 영역에 대해 너비 값을 따로 지정하고, 높이 값은 100vh으로 크기 값을 지정해야 합니다. #section01 ~ #section04 까지 모두 같은 스타일을 가지고 있으므로 친자식선택자(>)를 사용하여 정의해줍니다.

③ **#section01 ~ #section04들은 블록 요소이므로 세로로 배치됩니다.**

#section01 ~ #section04 들은 〈section〉 요소 즉, 블록 요소이므로 세로로 배치됩니다.

④ **#section01 ~ #section04 들을 가로 배치하기 위해서 flex container(부모 요소)인 #wrapper에 display: flex; 선언합니다.**

flex container(부모 요소)인 #wrapper를 설정하면 안에 들어 있는 flex item (자식 요소)인 〈section〉 요소들이 가로로 나열됩니다.

버튼 영역

- **필수 태그 및 속성**

챕터	구분	설명
ch02	클래스 선택자	지정한 클래스 속성을 갖는 태그에만 스타일 적용
ch03	display:inline-block	인라인-블록 요소 정의
ch03	〈a〉	하이퍼링크 태그
ch07	〈img〉	이미지 삽입 태그
ch15	가상선택자	선택자들이 존재하지 않은 즉, 가상 선택자로 선택한 요소에 대해 스타일 적용
부록 2	transition	전환 속성

▌버튼 영역 HTML

```
<!-- 버튼 영역 -->
<a href="#" class="btn">
    <img src="images/section01/btn_text.png" alt="">
</a>
```

▌버튼 영역 CSS

```
/* 버튼 */
.btn:after {
    content: ""; /* 선택한 요소 뒤에 콘텐츠 삽입 */
    display: inline-block; /* 블록 요소를 인라인-블록요소로 변경 */
    margin-left: 12px; /* 바깥 왼쪽 여백 12px */
    width: 38px; /* 너비 38px */
    height: 38px; /* 높이 38px */
    transition: all 0.3s; /* 모든 속성이 0.3초 동안 전환 */
}
```

위 코드를 다음과 같이 설명할 수 있습니다.

> **버튼 영역은 콘텐츠 영역❶, 콘텐츠 영역❷, 콘텐츠 영역❸에 공통 스타일이므로 클래스로 정의하며, 가상선택자로 스타일을 지정합니다.**
>
> . 기호에 클래스 이름을 붙여서 사용하는 클래스 선택자를 사용하여 특정 클래스 속성 값을 가지고 있는 여러 태그에 스타일을 지정하여 사용할 수 있습니다. 그래서 공통된 스타일은 주로 클래스 선택자로 정의하여 사용합니다.
>
> .btn 클래스 선택자 요소 뒤에 가상 콘텐츠를 삽입하여 스타일을 지정합니다.

콘텐츠 영역❶

콘텐츠 영역❶은 위의 그림과 같이 크게 헤더 영역과 텍스트 영역, sns 영역 세 가지 영역으로 나눠서 작업하도록 하겠습니다. 그 전에 레이아웃이 무너지는 현상이 생기는 확률을 낮추기 위해서 눈에 보이지 않는 가장 큰 영역을 먼저 잡아줍니다.

- **필수 태그 및 속성**

챕터	구분	설명
ch02	display: inline-block;	인라인-블록 요소
ch03	⟨a⟩	하이퍼링크 태그
ch09	background	배경 속성
ch10	border	요소 테두리 속성
ch10	margin	요소 바깥 여백 속성
ch10	position	원하는 위치에 배치하는 속성
ch12	position / transform	블록 요소를 쉽게 중앙으로 배치하는 방법
ch12	flex	배치 속성
–	calc()	괄호 안의 식을 계산한 결과를 속성값으로 사용하게 해주는 속성

▌HTML

```
<!-- 콘텐츠 영역① -->
<section id="section01">
    <!-- 콘텐츠 영역① 안 전체 콘텐트 영역 -->
    <div class="wrap">

    </div>
</section>
```

▌CSS

```css
/* 콘텐츠 영역① */
#section01 {
    width: 100vw; /* 너비 100vw = 브라우저 너비 100% */
    background: url("../images/section01/bg.jpg") no-repeat; /* 배경 지정 */
    background-size: cover; /* 배경 크기 지정 */
}
#section01 .wrap {
    width: 1770px; /* 너비 1770px */
    /* calc()는 괄호 안의 식을 계산한 결과를 속성값으로 사용하게 해주는 속성 */
    height: calc(100vh - 140px); /* 높이 100vh - 140px */
    position: absolute; /* 부모(상위)를 기준점으로 고정된 상태 */
    left: 50%; /* 좌측 좌표값 */
    top: 50%; /* 상단 좌표값 */
    transform: translate(-50%,-50%); /* transform: translate(X,Y) */
}
```

위 코드를 해석하면 다음과 같이 설명할 수 있습니다.

> **먼저 #section01에서 가장 큰 영역인 .wrap의 스타일을 지정해 줍니다.**
>
> 레이아웃이 무너지는 현상이 생기는 확률을 낮춰주기 위해서 눈에 보이지 않는 가장 큰 영역을 먼저 잡아줍니다. 콘텐츠 영역❶ 안 전체 콘텐츠 영역인 .wrap에 대한 크기 값과 position / transform을 사용하여 X, Y축 중앙정렬로 배치하였습니다.
>
> 이때, 괄호 안의 식을 계산한 결과를 속성 값으로 사용하게 해주는 calc() 속성을 사용합니다. 브라우저 높이 100%에서 상하단 바깥 여백값인 70px + 70px = 140px을 뺀 값을 적용시켜줍니다.

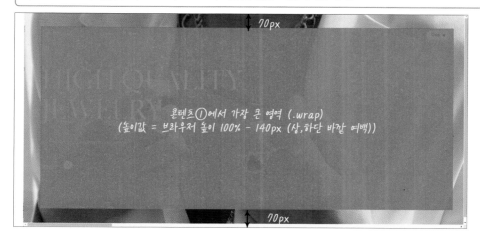

▌헤더 영역 HTML

```html
<!-- 헤더 영역 -->
<div class="header">
    <img src="images/header/gnb.png" alt="">
</div>
```

위 코드를 다음과 같이 설명할 수 있습니다.

> header 자식으로 인라인-블록 요소인 〈img〉 태그를 사용하였습니다. 〈img〉 태그를 사용하여 크기 지정을 따로 할 필요 없으므로 width, height 값을 생략할 수 있습니다.

▌콘텐츠 영역❶-1 HTML

```html
<!-- 콘텐츠 영역①-1 -->
<div class="text_container">
    <div class="title">
        <img src="images/section01/title.png" alt="">
    </div>
    <div class="text">
        <img src="images/section01/text.png" alt="">
    </div>
    <a href="#" class="btn">
        <img src="images/section01/btn_text.png" alt="">
    </a>
</div>
```

▌콘텐츠 영역❶-1 CSS

```css
/* 콘텐츠 영역①-1 */
#section01 .text_container {
    position: absolute; /* 부모(상위)를 기준점으로 고정된 상태 */
    left: 0; /* 좌측 좌표값 */
    top: 50%; /* 상단 좌표값 */
    transform: translateY(-50%); /* transform: translateY; */
}
#section01 .title {
    margin-bottom: 60px; /* 바깥 아래 여백 60px */
}
#section01 .text {
    margin-bottom: 60px; /* 바깥 아래 여백 60px */
}
/* 마우스 올리기 전 */
#section01 .btn:after {
    background: url("../images/section01/btn_arrow_off.png") no-repeat; /* 배경 지정 */
    background-size: cover; /* 배경 크기 지정 */
}
/* 마우스 올리기 후 */
#section01 .btn:hover:after {
    background: url("../images/section01/btn_arrow_on.png") no-repeat; /* 배경 지정 */
}
```

버튼 영역에 대한 위 코드를 다음과 같이 설명할 수 있습니다.

> **가상선택자인 :after에게도 :hover 즉, 마우스를 올린 상태를 정의할 수 있습니다.**
>
> :hover를 사용하여 마우스 올리기 전과 후 배경을 다르게 지정하고, 앞에서 .btn 클래스 선택자에 지정한 transition 속성으로 0.3초 동안 부드럽게 전환됩니다.

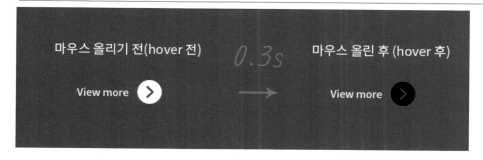

▮ 콘텐츠 영역❶-2 HTML

```
<!-- 콘텐츠 영역①-2 -->
<ul class="sns">
    <li>
        <a href="#">
            <img src="images/section01/sns01.png" alt="">
        </a>
    </li>
    <li>
        <a href="#">
            <img src="images/section01/sns02.png" alt="">
        </a>
    </li>
    <li>
        <a href="#">
            <img src="images/section01/sns03.png" alt="">
        </a>
    </li>
    <li>
        <a href="#">
            <img src="images/section01/sns04.png" alt=".">
        </a>
    </li>
</ul>
```

▌콘텐츠 영역❶-2 CSS

```
/* 콘텐츠 영역①-2 */
#section01 .sns {
    position: absolute; /* 부모(상위)를 기준점으로 고정된 상태 */
    bottom: 0; /* 하단 좌표값 */
    left: 0; /* 좌측 좌표값 */
    display: flex; /* flex container(부모 요소)에 display: flex; 선언 */
}
#section01 .sns > li {
    margin-right: 60px; /* 바깥 오른쪽 여백 12px */
}
```

위 코드를 해석하면 다음과 같이 설명할 수 있습니다.

1 자식이 세 개 이상일 경우, 〈ul〉,〈li〉를 사용합니다.

.sns의 자식의 개수가 4개이므로 〈ul〉,〈li〉를 사용하여 구조를 잡아줍니다. 각각 제품 상세페이지로 이동되므로 〈a〉 태그를 사용하여 이동할 페이지 주소를 넣어줍니다. 현재는 이동할 페이지 주소가 없기 때문에 〈a href="#"〉〈/a〉인 새로고침으로 작성합니다.

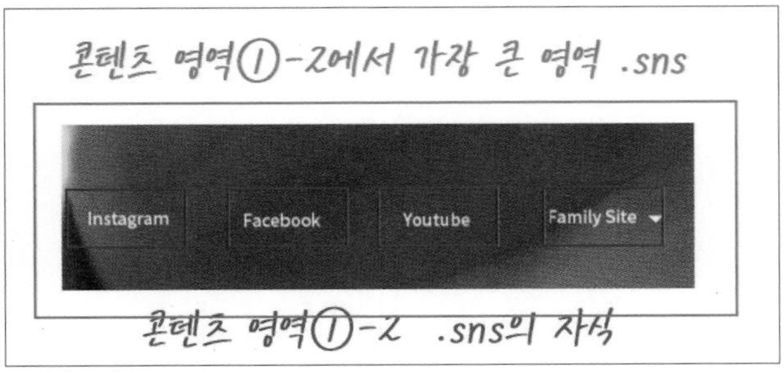

2 먼저 콘텐츠❶에서 가장 큰 영역인 .sns의 스타일을 지정해 줍니다.

레이아웃이 무너지는 현상이 생기는 확률을 낮춰주기 위해서 눈에 보이지 않는 가장 큰 영역을 먼저 잡아줍니다. 그러므로 콘텐츠❶에서 가장 큰 영역인 .sns position을 이용하여 부모(상위) 기준으로 배치합니다. (header 자식으로 인라인-블록 요소인 〈img〉 태그를 사용하여 크기 지정을 따로 할 필요 없으므로 width, height 값을 생략할 수 있습니다.)

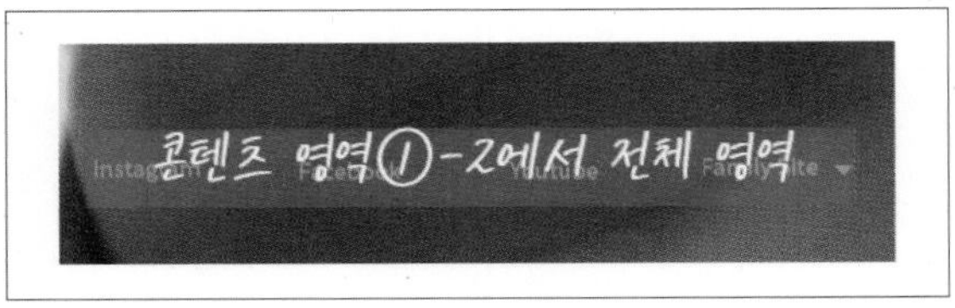

③ .sns의 자식들은 블록 요소이므로 세로로 배치됩니다.

.sns 자식들은 〈li〉 요소 즉, 블록 요소이므로 세로로 배치됩니다.

④ .sns 자식들을 가로 배치하기 위해서 flex container(부모 요소)인 .sns에 display:flex 선언합니다.

flex container(부모 요소)인 .sns를 설정하면 안에 들어 있는 flex item (자식 요소)인 〈li〉 요소들이 가로로 나열됩니다.

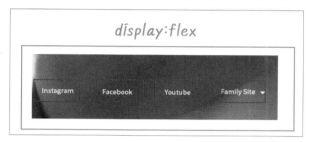

콘텐츠 영역❷

콘텐츠 영역❷는 위의 그림과 같이 크게 콘텐츠❷-1과 콘텐츠❷-2, 콘텐츠❸-3 세 가지 영역으로 나눠서 작업하도록 하겠습니다. 세 가지 영역 모두 자유롭게 배치되어 있으므로 position: absolute; 속성을 활용하여 구조를 잡겠습니다.

- **필수 태그 및 속성**

챕터	구분	설명
ch09	background	배경 속성
ch12	position	원하는 위치에 배치하는 속성
ch12	z-index	요소의 순서를 제어하는 속성
ch12	position / transform	블록 요소를 쉽게 중앙으로 배치하는 방법
ch12	flex	배치 속성

■ 콘텐츠 영역❷-1 HTML

```
<!-- 콘텐츠 영역②-1 -->
<div class="title">
    <img src="images/section02/title.png" alt="">
</div>
```

■ 콘텐츠 영역❷-1 CSS

```
#section02 > div {
    position: absolute; /* 부모(상위)를 기준점으로 고정된 상태 */
}
/* 콘텐츠 영역②-1 */
#section02 .title {
    left: 217px; /* 좌측 좌표값 */
    top: 50%; /* 상단 좌표값 */
    transform: translateY(-50%); /* transform: translateY; */
}
```

위 코드를 다음과 같이 설명할 수 있습니다.

부모(상위) 요소인 #section02를 기준으로 .title은 왼쪽 217px 떨어져 있고, 세로 중앙 정렬에 위치되어있습니다.

■ 콘텐츠 영역❷-2 HTML

```
<!-- 콘텐츠 영역②-2 -->
<div class="img">
    <img src="images/section02/img.jpg" alt="">
</div>
```

▌콘텐츠 영역❷-2 CSS

```css
/* 콘텐츠 영역②-2 */
#section02 .img {
    left: 1265px; /* 좌측 좌표값 */
    top: 0; /* 상단 좌표값 */
    z-index: -100; /* 요소의 순서를 제어하는 속성 */
}
```

위 코드를 다음과 같이 설명할 수 있습니다.

> 부모(상위) 요소인 #section02를 기준으로 .img은 왼쪽 1265px 떨어져 있고, 상단 0px에 위치되어 있으며 요소 순서는
> .title 보다 뒤에 위치하여 z-index 값을 음수(−)로 정의하여 제어합니다.

▌콘텐츠 영역❷-3 HTML

```html
<!-- 콘텐츠 영역②-3 -->
<div class="text">
    <div class="text01">
        <img src="images/section02/text01.png" alt="">
    </div>
    <div class="text02">
        <img src="images/section02/text02.png" alt="">
    </div>
    <div class="text03">
        <img src="images/section02/text03.png" alt="">
    </div>
    <a href="#" class="btn">
        <img src="images/section02/btn_text.png" alt="">
    </a>
</div>
```

```
/* 콘텐츠 영역②-3 */
#section02 .text {
    right: 830px; /* 우측 좌표값 */
    top: 50%; /* 상단 좌표값 */
    transform: translateY(-50%); /* transform: translateY; */
}
/* 마우스 올리기 전 */
#section02 .btn:after {
    background: url("../images/section02/btn_arrow_off.png") no-repeat; /* 배경 지정 */
    background-size: cover; /* 배경 크기 지정 */
}
/* 마우스 올리기 후 */
#section02 .btn:hover:after {
    background: url("../images/section02/btn_arrow_on.png") no-repeat; /* 배경 지정 */
}
```

위 코드를 다음과 같이 설명할 수 있습니다.

부모(상위) 요소인 #section02를 기준으로 .text은 오른쪽 830px 떨어져 있고, 세로 중앙 정렬에 위치되어있습니다.

콘텐츠 영역❸

콘텐츠 영역❸은 위의 그림과 같이 크게 콘텐츠❸-1과 콘텐츠❸-2 두 가지 영역으로 나눠서 작업하도록 하겠습니다. 두 가지 영역 모두 자유롭게 배치되어 있으므로 position: absolute; 속성을 활용하여 구조를 잡겠습니다.

- **필수 태그 및 속성**

챕터	구분	설명
ch09	background	배경 속성
ch10	margin	요소 바깥 여백 속성
ch12	position	원하는 위치에 배치하는 속성
ch12	z-index	요소의 순서를 제어하는 속성

█ 콘텐츠 영역❸-1 HTML

```
<!-- 콘텐츠 영역③-1 -->
<div class="img">
    <img src="images/section03/img.jpg" alt="">
</div>
```

█ 콘텐츠 영역❸-1 CSS

```
/* 콘텐츠 영역③-1 */
#section03 .img {
    left: -517px; /* 좌측 좌표값 */
    bottom: 0; /* 하단 좌표값 */
}
```

위 코드를 다음과 같이 설명할 수 있습니다.

> 부모(상위) 요소인 #section03를 기준으로 .img는 왼쪽 517px만큼 가까워져 있고, 세로 중앙 정렬에 위치되어있습니다.

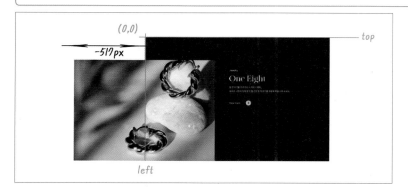

▌콘텐츠 영역❸-2 HTML

```html
<!-- 콘텐츠 영역③-2 -->
<div class="text">
    <div class="text01">
        <img src="images/section03/text01.png" alt="">
    </div>
    <div class="text02">
        <img src="images/section03/text02.png" alt="">
    </div>
    <div class="text03">
        <img src="images/section03/text03.png" alt="">
    </div>
    <a href="#" class="btn">
        <img src="images/section03/btn_text.png" alt="">
    </a>
</div>
```

▌콘텐츠 영역❸-2 CSS

```css
/* 콘텐츠 영역③-2 */
#section03 .text {
    left: 617px; /* 좌측 좌표값 */
    top: 240px; /* 상단 좌표값 */
}
#section03 .text03 {
    margin-bottom: 80px; /* 바깥 아래 여백 80px */
}
/* 마우스 올리기 전 */
#section03 .btn:after {
    background: url("../images/section03/btn_arrow_off.png") no-repeat; /* 배경 지정 */
    background-size: cover; /* 배경 크기 지정 */
}
/* 마우스 올리기 후 */
#section03 .btn:hover:after {
    background: url("../images/section03/btn_arrow_on.png") no-repeat; /* 배경 지정 */
}
```

위 코드를 다음과 같이 설명할 수 있습니다.

> 부모(상위) 요소인 #section03를 기준으로 .img는 왼쪽 517px만큼 떨어져 있고, 상단 240px 만큼 떨어져 위치되어있습니다.

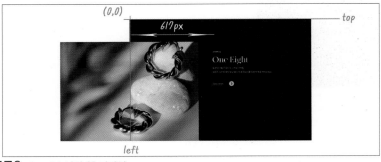

콘텐츠 영역❹

콘텐츠 영역❹는 위의 그림과 같이 크게 콘텐츠❹-1과 푸터 두 가지 영역으로 나눠서 작업하도록 하겠습니다. 그 전에 레이아웃이 무너지는 현상이 생기는 확률을 낮추기 위해서 눈에 보이지 않는 가장 큰 영역을 먼저 잡아줍니다.

• 필수 태그 및 속성

챕터	구분	설명
ch02	display:block	인라인-블록 요소 정의
ch03	⟨a⟩	하이퍼링크 태그
ch09	opacity	투명도 지정
ch09	background	배경 속성
ch10	margin	요소 바깥 여백 속성
ch10	padding	요소 내부 여백 속성
ch12	position	원하는 위치에 배치하는 속성
ch12	z-index	요소의 순서를 제어하는 속성
ch12	position / transform	블록 요소를 쉽게 중앙으로 배치하는 방법
ch12	flex	배치 속성
ch15	:hover	마우스를 올린 상태 (반응 선택자)
부록 2	transition	전환 속성
–	cursor	마우스 커서 속성

▌HTML

```
<!-- 콘텐츠 영역④ -->
<section id="section04">
    <!-- 콘텐츠 영역④ 안 전체 콘텐츠 영역 -->
    <div class="wrap">
    </div>
</section>
```

```
#section04 .wrap {
    position: absolute; /* 부모(상위)를 기준점으로 배치된 상태 */
    top: 50%; /* 상단 좌표값 */
    transform: translateY(-50%); /* transform: translateY; */
    display: flex; /* flex container(부모 요소)에 display: flex; 선언 */
}
```

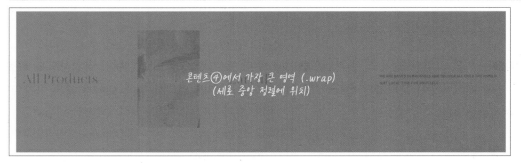

콘텐츠④에서 가장 큰 영역 (.wrap)
(세로 중앙 정렬에 위치)

■ 콘텐츠 영역 ❹-1 HTML

```
<!-- 콘텐츠 영역④-1 -->
<ul class="menu">
    <li>
        <div class="text">
            <img src="images/section04/menu01_text.png" alt="">
        </div>
        <div class="img">
            <img src="images/section04/menu01_img.jpg" alt="">
        </div>
    </li>
    <li>
        <div class="text">
            <img src="images/section04/menu02_text.png" alt="">
        </div>
        <div class="img">
            <img src="images/section04/menu02_img.jpg" alt="">
        </div>
    </li>
    <li>
        <div class="text">
            <img src="images/section04/menu03_text.png" alt="">
        </div>
        <div class="img">
            <img src="images/section04/menu03_img.jpg" alt="">
        </div>
    </li>
</ul>
```

```
/* 콘텐츠 영역④-1 */
#section04 .menu {
    padding: 0 310px; /* 상하 내부 여백 0px 좌우 내부 여백 310px */
    display: flex; /* flex container(부모 요소)에 display: flex; 선언 */
}
#section04 .menu > li {
    position: relative; /* 자기자신을 기준점 */
    display: block; /* 인라인 요소를 블록요소로 변경 */
    width: 274px; /* 너비 274px */
    height: 441px; /* 높이 441px */
    cursor: pointer; /* 커서 손모양으로 변경*/
}
/* #section04 .menu li 자식 중 두 번째 자식 선택 */
#section04 .menu > li:nth-of-type(2) {
    margin: 0 157px; /* 좌우 바깥 여백 157px 블록 요소 가운데 정렬 */
}
#section04 .menu > li > div {
    position: absolute; /* 부모(상위)를 기준점으로 배치된 상태 */
}
#section04 .menu .text {
    width: 333px; /* 너비 333px */
    height: 72px; /* 높이 72px */
    left: 50%; /* 좌측 좌표값 */
    top: 50%; /* 상단 좌표값 */
    transform: translate(-50%, -50%); /* transform: translate(X,Y); */
    z-index: 100; /* 요소의 순서를 제어하는 속성 */
}
#section04 .menu > li .img {
    opacity: 0; /* 투명도 0 */
    transition: all 0.5s; /* 모든 속성이 0.5초 동안 전환 */
}
#section04 .menu > li:hover .img {
    opacity: 1; /* 투명도 1 */
}
```

위 코드를 다음과 같이 설명할 수 있습니다.

2 먼저 콘텐츠❹ –1에서 가장 큰 영역인 .menu의 스타일을 지정해 줍니다.

레이아웃이 무너지는 현상이 생기는 확률을 낮춰주기 위해서 눈에 보이지 않는 가장 큰 영역을 먼저 잡아줍니다. 앞에서 콘텐츠 영역❹–1 안 전체 콘텐츠 영역인 .menu에 대한 padding을 사용하여 배치하였습니다. (자식으로 인라인–블록 요소인 〈img〉 태그를 사용하여 크기 지정을 따로 할 필요가 없으므로 width, height 값을 생략합니다.)

콘텐츠④에서 가장 큰 영역 (.menu)

3 .menu의 자식들은 블록 요소이므로 세로로 배치됩니다.

.menu 자식들은 〈li〉 요소 즉, 블록 요소이므로 세로로 배치됩니다.

4 .menu 자식들을 가로 배치하기 위해서 flex container(부모 요소)인 .menu에 display: flex;를 선언합니다.

flex container(부모 요소)인 .menu를 설정하면 안에 들어 있는 flex item (자식 요소)인 〈li〉 요소들이 가로로 나열됩니다

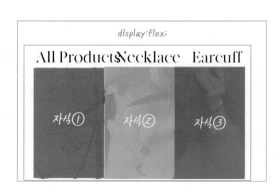

4 .menu 자식 안에 .img(이미지)와 .text(텍스트)를 부모(상위) 요소 기준으로 서로 겹쳐진 상태에서 배치되어야 하므로 position: absolute;를 활용합니다.

.menu li와 .img, .text는 부모-자식 관계를 이루고 있으며, .img, .text는 부모 기준으로 배치되어야 하므로 position:absolute 속성을 정의합니다. 이때, 아무런 좌표 값을 설정하지 않으면 각각 부모를 기준으로 좌측상단에 배치됩니다.

(앞에서 .menu li (부모)에게 position 값을 설정하였습니다. 항상 자식에게 position: absolute 값을 정의하면 부모에게 position 값이 설정되어있는지 확인해야 합니다.)

4 .menu 자식 안에 텍스트가 이미지 보다 앞에 위치하도록 요소의 순서를 제어하는 z-index 속성을 활용하여 배치합니다.

- **필수 문법**

```
z-index: number;
```

.menu li와 .text, .img는 position 속성값이 적용되어 있으므로 z-index를 사용하여 순서를 제어할 수 있습니다. 숫자가 높을수록 위로 배치할 수 있으므로 .img 보다 .text에게 z-index값에 높은 숫자 값을 정의합니다.

5 .text(자식)는 .menu li (부모) 기준으로 X, Y축 중앙정렬로 배치합니다.

- **필수 문법**

```
position: absolute;
top: 50%;
left: 50%;
transform: translate(-50%,-50%); translate(X, Y);
```

.menu li와 .text,는 부모-자식 관계를 이루고 있으며, .text는 .menu li안에 X, Y축으로 중앙정렬로 위치되어있습니다. 앞에서 .text에게 position: absolute; 부모 기준으로 배치하는 속성을 정의하였으므로, transform 사용하여 X, Y 축으로 중앙정렬로 배치합니다.

6 .menu li에서 두 번째 형제인 li 요소를 선택하여 좌우 바깥 여백 값을 설정합니다.

필수 문법
E:nth-of-type(n) 같은 유형의 n번째 형제인 E요소 선택

클래스 이름을 각각 정의하지 않아도 구조 선택자를 이용하여 요소를 선택하여 스타일을 정의할 수 있습니다. nth-of-type(n) 구조 선택자 같은 경우, 같은 유형의 요소여야 하며 형제 관계를 이루고 있어야 합니다. 이때, .menu li는 같은 〈li〉 태그이며, 형제관계를 이루고 있으므로 nth-of-type(n)을 사용할 수 있습니다.

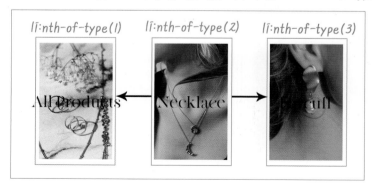

5 .menu li 자식인 .img에게 마우스를 올리기 전 상태인 투명도 0인 스타일을 정의합니다.

.menu li에게 마우스 올리기 전 opacity 속성 값을 이용하여 .img(이미지)가 보이지 않도록 설정합니다.

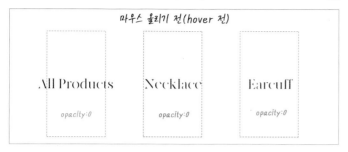

6 .menu li 자식인 .img에게 마우스를 올린 상태인 투명도 1인 스타일을 정의합니다.

.menu li에게 마우스 올린 후 opacity 속성 값을 이용하여 .img(이미지)가 보이도록 설정합니다.

▌ 푸터 영역 HTML

```
<!-- 푸터영역 -->
<div class="footer">
    <img src="images/footer/text.png" alt="">
</div>
```

▌ 푸터 영역 CSS

```
/* 푸터 영역 */
#section04 .footer {
    position: relative; /* 자기자신을 기준점 */
}
#section04 .footer > img {
    position: absolute; /* 부모(상위)를 기준점으로 배치된 상태 */
    top: 50%; /* 상단 좌표값 */
    transform: translateY(-50%); /* transform: translateY; */
}
```

위 코드를 다음과 같이 설명할 수 있습니다.

> .footer 자식으로 인라인–블록 요소인 〈img〉 태그를 사용하였습니다. 〈img〉 태그를 사용하여 크기 지정을 따로 할 필요
> 없으므로 width, height 값을 생략할 수 있습니다.

html, body

• 필수 태그 및 속성

챕터	구분	설명
ch06	overflow	내용이 넘칠 때 어떻게 보여줄지 설정하는 속성

html, body CSS

```
/* 공통 */
html, body {
    height: 100%; /* 높이 100% */
    overflow-y: hidden; /* y축 스크롤 숨기기 */
}
```

위 코드를 해석하면 다음과 같이 설명할 수 있습니다.

1 x축 스크롤만 보여야하므로 y축 스크롤을 숨기기 위해 overflow-y 속성을 활용하여 정의합니다.

overfloew 속성은 내용이 넘칠 때 어떻게 보여줄지 설정하는 속성이지만, 스크롤을 보여줄지에 대해 설정할 때도 사용하는 속성입니다. overflow-y 속성을 이용하여 y축 스크롤이 보이지 않도록 정의해줍니다. 이때, X, Y축 스크롤이 모두 나타나지 않는 걸 확인할 수 있습니다.

2 overflow-y 속성을 적용하면 X, Y축 스크롤이 모두 나타나지 않는 걸 확인할 수 있습니다.

body와 #wrapper은 부모-자식 관계이므로 부모에게 높이 값이 없는 경우, 자식에게 높이 값을 상속받습니다.

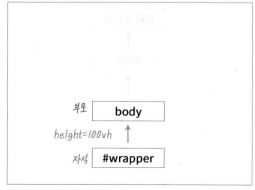

body와 html은 부모-자식 관계이므로 부모에게 높이 값이 없는 경우, 자식에게 높이 값을 상속받습니다.

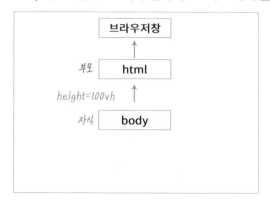

그러므로 화면에는 브라우저 높이 값의 100%인 100vh 높이 값을 가지므로 브라우저 높이 값에 맞춰서 콘텐츠가 잘려 보이는 상태입니다.

◆ overflow-y 속성 적용한 화면

③ 최상위 요소인 〈html〉, 〈body〉 높이 값을 100%로 지정해 줍니다.

〈html〉,〈body〉에게 높이 값 100%로 크기 값을 지정해야 합니다. 〈html〉과 〈body〉는 같은 스타일을 가지고 있으므로 다중선택자(,)를 사용하여 정의해줍니다. 안 보이던 x축 스크롤이 나타나는 것을 확인할 수 있습니다.

안 보이던 x축 스크롤이 나타나는 것을 확인할 수 있습니다.

> 자식에게 높이 값이 정의되어있는 경우 부모의 높이 값 100%는 자식의 높이 값이 됩니다. #wrapper의 자식들인 #section01~#section04의 높이 값이 인식되어 x축 스크롤이 나타나는 것을 확인할 수 있습니다.

반응형 사이트 만들기

이번 예제에서는 미디어 쿼리를 활용한 반응형 사이트입니다. 시중에 사용되고 있는 다양한 디바이스 크기를 일일이 설정하는 건 현실적으로 불가능하여 미디어 쿼리 범위는 desktop(1920px 이하 1600px 이상)과 mobile(480px 이하) 정하여 작업했습니다. 이전 예제들처럼 레이아웃 구조와 스타일 정의에 집중했다면 이번 예제 풀이는 미디어 쿼리를 중심으로 풀이하였습니다. 차근차근 복습해나가며 하나씩 완성해 보도록 하겠습니다.

예제를 풀다가 필수 태그 및 속성이 생각나지 않는다면 해당 페이지에서 내용을 다시 확인하며, 작업 순서에 맞춰 하나씩 따라해 보세요.

- **필수 태그 및 속성**

챕터	구분	설명
ch02	display	요소의 속성 값을 원하는 값으로 지정
ch03	⟨a⟩	하이퍼링크 태그
ch09	opacity	투명도 지정
ch09	background	배경 속성
ch10	width	요소 너비 속성
ch10	height	요소 높이 속성
ch10	margin	요소 바깥 여백 속성
ch10	padding	요소 내부 여백 속성
ch12	position	원하는 위치에 배치하는 속성
ch12	z-index	요소의 순서를 제어하는 속성
ch12	position / transform	블록 요소를 쉽게 중앙으로 배치하는 방법
ch12	flex	배치 속성
ch15	:hover	마우스를 올린 상태 (반응 선택자)
부록	transition	전환 속성

▌작업 순서

1️⃣ 미디어 쿼리 범위 정하기

2️⃣ 기본적인 준비 (소스 폴더 : ch20)

3️⃣ 콘텐츠 영역 만들기

4️⃣ 미디어 쿼리 적용하기

5️⃣ 전체 코드 확인하기

01 미디어 쿼리 범위 정하기

시중에 사용되고 있는 다양한 디바이스 크기를 일일이 설정하는 건 현실적으로 불가능하여 미디어 쿼리 범위는 desktop(1920px 이하 1600px 이상)과 mobile(480px 이하) 정하여 작업했습니다.

- **미디어 쿼리 범위**

구분	설명
desktop	1920px 이하 1600px 이상
laptop	1600px 이하 1280px 이상
tablet(가로)	1024px 이하
tablet(세로)	768px 이하
mobile	480px 이하

02 기본적인 준비(소스 폴더 : ch20)

이번 예제 작업을 위한 폴더 구성을 살펴보겠습니다. 예제 4번에 해당하는 폴더 안에는 아래와 같이 구성되어 있습니다.

구분	설명
index.html	웹 문서를 만들기 위한 HTML 파일
css/reset.css	브라우저마다 가지고 있는 기본적인 CSS 스타일 초기화하는 CSS 파일
css/main.css	자기 자신이 작성한 CSS 파일
images 폴더	이미지 소스

index.html

• 필수 태그 및 속성

챕터	구분	설명
ch06	〈link〉	외부 스타일시트 적용

• 미디어 쿼리 적용시키기 위해서 〈head〉 태그 안에 viewport 지정

width=device-width	페이지의 너비를 기기의 스크린 너비로 설정
initial-scale=1.0	– 처음 페이지 로딩 시 확대/축소가 되지 않은 원래 크기를 사용하도록 설정 – 0~10사이의 값

▌소스

```
<!DOCTYPE html>
<html lang="ko">
<head>
    <meta charset="utf-8">
    <meta name="viewport" content="width=device-width, initial-scale=1">
    <title>example04</title>
    <!-- 초기화 css 파일 -->
    <link rel="stylesheet" href="css/reset.css">
    <!-- 내가 작성한 css 파일 -->
    <link rel="stylesheet" href="css/main.css">
</head>
<body>
</body>
</html>
```

viewport는 모바일 화면을 위해 꼭 필요한 태그입니다. 그래서 반응형 웹을 만들기 위해서 viewport 지정은 필수입니다. 설정 방법은 〈meta〉 태그를 〈head〉 태그 안에 넣어주면 설정 완료됩니다.

main.css

• 필수 태그 및 속성

챕터	구분	설명
ch16	@media	특정한 디바이스에서 어떤 CSS을 적용할 것인지 지정

형식

```
@media screen and (min-width: px) and (max-width: px){
    선택자 { css속성 : 속성 값; }
}
```

▌소스

```
/* 공통 */

/* 헤더 영역 */

/* 콘텐츠 영역① */

/* 콘텐츠 영역② */

/* 콘텐츠 영역③ */

/* 콘텐츠 영역④ */

/* 콘텐츠 영역⑤ */

/* 푸터 영역 */

/* desktop */
@media screen and (max-width: 1600px){

}

/* mobile */
@media screen and (max-width: 480px){

}
```

max-width(뷰 영역에서의 최대 넓이)를 사용할 때 디바이스 크기가 큰 순서대로 작성해야 합니다. 만약 min-width(뷰 영역에서의 최소 넓이)를 사용한다면 디바이스 크기가 작은 순서대로 작성해야 합니다.

03 콘텐츠 영역 만들기

전체 콘텐츠 영역

❶ 클래스명 : .wrap / 너비: 90% / 높이: 100%

• 필수 태그 및 속성

챕터	구분	설명
ch16	%	상대적인 단위

```html
<!-- 헤더 영역 -->
<header></header>
<!-- 콘텐츠 영역① -->
<section id="section01" class="section">
    <div class="wrap">
    </div>
</section>
<!-- 콘텐츠 영역② -->
<section id="section02" class="section">
    <div class="wrap">
    </div>
</section>
<!-- 콘텐츠 영역③ -->
<section id="section03" class="section">
</section>
<!-- 콘텐츠 영역④ -->
<section id="section04" class="section">
    <div class="wrap">
    </div>
</section>
<!-- 콘텐츠 영역⑤ -->
<section id="section05" class="section">
</section>
<!-- 푸터 영역 -->
<footer></footer>
```

▌CSS

```css
/* 공통 */
.section > .wrap {
    width: 90%; /* 너비 90% */
    height: 100%; /* 높이 100% */
    margin: 0 auto; /* 블록 요소 가운데 정렬 */
    position: relative; /* 자기자신을 기준점 */
}
```

위 코드를 다음과 같이 설명할 수 있습니다.

브라우저 크기에 따라 변하는 가변 그리드로 정의하기 위해서 %(상대적인 단위)로 사용합니다.

주로 사용하는 px 단위는 절대적인 고정된 크기이므로, 디바이스에 따라 크기를 조절할 수 없습니다. 반면에 %단위는 상대적인 크기이므로, 디바이스에 따라 크기를 조절할 수 있습니다.

이러한 점에서 반응형 사이트의 그리드는 크게 화면의 너비를 특정 값으로 고정한 고정 그리드와 화면에 따라 비율에 맞게 자동으로 레이아웃이 변형되는 가변 그리드가 있으므로 레이아웃 구조에 따라 적절하게 사용하는 것이 중요합니다.

고정 그리드	화면 너비를 특정 값으로 고정	px (절대값)
가변 그리드	화면 너비를 %와 같은 가변 값으로 지정	% (상대값)

버튼 영역

- 필수 태그 및 속성

페이지	구분	설명
ch02	display:block	블록 요소 정의
ch03	〈img〉	이미지 삽입 태그
ch03	〈a〉	하이퍼링크 태그
ch07	클래스 선택자	지정한 클래스 속성을 갖는 태그에만 스타일 적용
ch09	opacity	투명도 지정
ch12	position	원하는 위치에 배치하는 속성
ch15	:hover	마우스를 올린 상태 (반응 선택자)
부록2	transition	전환 속성

버튼 영역 HTML

```
<!-- 버튼 영역 -->
<a href="#" class="btn">
    <div class="off">
        <img src="images/common/btn_off.png" alt="">
    </div>
    <div class="on">
        <img src="images/common/btn_on.png" alt="">
    </div>
</a>
```

버튼 영역 CSS

```
/* 버튼 */
.btn {
    width: 125px; /* 너비 125px */
    height: 44px; /* 높이 100% */
    display: block; /* 인라인 요소를 블록요소로 변경 */
    position: relative; /* 자기자신을 기준점 */
}
.btn > div {
    position: absolute; /* 부모(상위)를 기준점으로 배치된 상태 */
    left: 0; /* 좌측 좌표값 */
    top: 0; /* 상단 좌표값 */
    transition: all .5s; /* 모든 속성이 0.5초 동안 전환 */
}
/* 마우스 올리기 전 */
.btn .on {
    opacity: 0; /* 투명도 0 */
}
```

```
/* 마우스 올리기 후 */
.btn:hover .off {
    opacity: 0; /* 투명도 0 */
}
.btn:hover .on {
    opacity: 1; /* 투명도 1 */
}
```

위 코드를 다음과 같이 설명할 수 있습니다.

> **버튼 영역은 콘텐츠 영역❶ , 콘텐츠 영역❸ , 콘텐츠 영역❺에 공통 스타일 이므로 클래스로 정의하며, 가상선택자로 스타일을 지정합니다.**
>
> . 기호에 클래스 이름을 붙여서 사용하는 클래스 선택자를 사용하여 특정 클래스 속성 값을 가지고 있는 여러 태그들에 스타일을 지정하여 사용할 수 있습니다. 그래서 공통된 스타일은 주로 클래스 선택자로 정의하여 사용합니다.
>
> .btn 클래스 선택자 요소 뒤에 가상 콘텐츠를 삽입하여 스타일을 지정합니다.

콘텐츠 영역

이전 예제들처럼 레이아웃 구조와 스타일 정의에 집중을 했다면 이번 예제 풀이는 미디어 쿼리를 중심으로 풀이하겠습니다.

▌ HTML

```
<!-- 헤더 영역 -->
<header>
    <img src="images/header/header.jpg" alt="">
</header>
<!-- 콘텐츠 영역① -->
<section id="section01" class="section">
    <div class="wrap">
        <div class="text_container">
            <div class="title">
                <img src="images/section01/title.png" alt="">
            </div>
            <div class="text">
                <img src="images/section01/text.png" alt="">
            </div>
            <!-- 버튼 영역 -->
            <a href="#" class="btn">
                <div class="off">
                    <img src="images/common/btn_off.png" alt="">
                </div>
                <div class="on">
                    <img src="images/common/btn_on.png" alt="">
                </div>
            </a>
```

```
            </div>
        </div>
    </section>
    <!-- 콘텐츠 영역② -->
    <section id="section02" class="section">
        <div class="wrap">
            <!-- 콘텐츠 영역②-1 -->
            <div class="top">
                <div class="title">
                    <img src="images/section02/title.png" alt="">
                </div>
                <div class="nav">
                    <img src="images/section02/nav.png" alt="">
                </div>
            </div>
            <!-- 콘텐츠 영역②-2 -->
            <div class="img_container">
                <!-- 1920px ~ 1600px 까지 보여지는 클래스 선택자 정의 -->
                <div class="pc">
                    <img src="images/section02/model01.jpg" alt="">
                </div>
                <div class="pc">
                    <img src="images/section02/model02.jpg" alt="">
                </div>
                <div class="pc">
                    <img src="images/section02/model03.jpg" alt="">
                </div>
                <div class="pc">
                <img src="images/section02/model04.jpg" alt="">
                </div>
            </div>
        </div>
    </section>
    <!-- 콘텐츠 영역③ -->
    <section id="section03" class="section">
        <!-- 콘텐츠 영역③-1 -->
        <div class="left">
            <img src="images/section03/img01.jpg" alt="">
        </div>
        <!-- 콘텐츠 영역③-2 -->
        <div class="right">
            <div class="text_container">
                <div class="title">
                    <img src="images/section03/title.png" alt="">
                </div>
                <div class="text">
                    <img src="images/section03/text.png" alt="">
                </div>
                <!-- 버튼 영역 -->
                <a href="#" class="btn">
                <div class="off">
                    <img src="images/common/btn_off.png" alt="">
```

```
                </div>
                <div class="on">
                        <img src="images/common/btn_on.png" alt="">
                </div>
                </a>
        </div>
    </div>
</section>
<!-- 콘텐츠 영역④ -->
<section id="section04" class="section">
    <div class="wrap">
            <!-- 콘텐츠 영역④-1 -->
        <div class="title">
                <img src="images/section04/title.png" alt="">
        </div>
            <!-- 콘텐츠 영역④-2 -->
        <div class="img_container">
                <!-- 1920px ~ 1600px -->
                <div class="pc">
                        <img src="images/section04/car01.jpg" alt="">
                </div>
                <div class="pc">
                        <img src="images/section04/car02.jpg" alt="">
                </div>
                <div class="pc">
                        <img src="images/section04/car03.jpg" alt="">
                </div>
                <div class="pc">
                        <img src="images/section04/car04.jpg" alt="">
                </div>
        </div>
    </div>
</section>
<!-- 콘텐츠 영역⑤ -->
<section id="section05" class="section">
    <!-- 콘텐츠 영역⑤-1 -->
    <div class="left">
        <img src="images/section05/img.jpg" alt="">
    </div>
    <!-- 콘텐츠 영역⑤-2 -->
    <div class="right">
        <div class="text_container">
            <div class="title">
                <img src="images/section05/title.png" alt="">
            </div>
            <div class="text">
                <img src="images/section05/text.png" alt="">
            </div>
            <!-- 버튼 영역 -->
            <a href="#" class="btn">
                <div class="off">
                        <img src="images/common/btn_off.png" alt="">
```

```html
                </div>
                <div class="on">
                    <img src="images/common/btn_on.png" alt="">
                </div>
            </a>
        </div>
    </div>
</section>
<!-- 푸터 영역 -->
<footer>
    <img src="images/footer/footer.jpg" alt="">
</footer>
```

▌CSS

```css
/* 공통 */
.section > .wrap {
    width: 90%; /* 너비 90% */
    height: 100%; /* 높이 100% */
    margin: 0 auto; /* 블록 요소 가운데 정렬 */
    position: relative; /* 자기자신을 기준점 */
}
/* 버튼 */
.btn {
    width: 125px; /* 너비 125px */
    height: 44px; /* 높이 100% */
    display: block; /* 인라인 요소를 블록요소로 변경 */
    position: relative; /* 자기자신을 기준점 */
}
.btn > div {
    position: absolute; /* 부모(상위)를 기준점으로 배치된 상태 */
    left: 0; /* 좌측 좌표값 */
    top: 0; /* 상단 좌표값 */
    transition: all .5s; /* 모든 속성이 0.5초 동안 전환 */
}
/* 마우스 올리기 전 */
.btn .on {
    opacity: 0; /* 투명도 0 */
}
/* 마우스 올리기 후 */
.btn:hover .off {
    opacity: 0; /* 투명도 0 */
}
.btn:hover .on {
    opacity: 1; /* 투명도 1 */
}
/* 헤더 영역 */
header img {
    width: 100%; /* 너비 100% */
    display: block; /* 인라인 요소를 블록요소로 변경 */
}
```

```css
}
/* 콘텐츠 영역① */
#section01 {
    height: 852px; /* 높이 85px */
    background: url("../images/section01/bg.jpg") no-repeat; /* 배경 지정 */
    background-size: cover; /* 배경 크기 지정 */
    margin-bottom: 112px; /* 바깥 아래 여백 112px */
}
#section01 .text_container {
    position: absolute; /* 부모(상위)를 기준점으로 배치된 상태 */
    left: 0; /* 좌측 좌표값 */
    bottom: 116px; /* 하단 좌표값 */
}
#section01 .text {
    margin-bottom: 30px; /* 바깥 아래 여백 30px */
}
/* 콘텐츠 영역② */
#section02 .top {
    display: flex; /* flex container(부모 요소)에 display: flex; 선언 */
    justify-content: space-between;
    /* flex container(부모 요소)에 justify-content정렬 방식 설정 */
    /* space-between 좌우 여백 없이 사이 여백 균등하게 배치 */
    margin-bottom: 20px; /* 바깥 아래 여백 20px */
}
#section02 .img_container {
    display: flex; /* flex container(부모 요소)에 display: flex; 선언 */
    margin-bottom: 100px; /* 바깥 아래 여백 100px */
}
#section02 .img_container>div {
    margin-right: 76px; /* 바깥 우측 여백 76px */
}
/* 콘텐츠 영역③ */
#section03 {
    display: flex; /* flex container(부모 요소)에 display: flex; 선언 */
    margin-bottom: 226px; /* 바깥 아래 여백 226px */
}
#section03 .left > img {
    width: 100%; /* 너비 100% */
    display: block; /* 인라인 요소를 블록요소로 변경 */
}
#section03 .right {
    position: relative; /* 자기자신을 기준점 */
}
#section03 .right .text_container {
    position: absolute; /* 부모(상위)를 기준점으로 배치된 상태 */
    left: 150px; /* 좌측 좌표값 */
    top: 50%; /* 상단 좌표값 */
    transform: translateY(-50%); /* transform: translateY; */
}
#section03 .right .text {
    margin-bottom: 20px; /* 바깥 아래 여백 20px */
}
```

```css
/* 콘텐츠 영역④ */
#section04 .title {
    margin-bottom: 20px; /* 바깥 아래 여백 20px */
}
#section04 .img_container {
    display: flex; /* flex container(부모 요소)에 display: flex; 선언 */
    justify-content: space-between;
    /* flex container(부모 요소)에 justify-content정렬 방식 설정 */
    /* space-between 좌우 여백 없이 사이 여백 균등하게 배치 */
    flex-wrap: wrap; /* flex item(자식 요소)을 줄바꿈 설정 */
}
#section04 .img_container > div {
    margin-bottom: 100px; /* 바깥 아래 여백 100px */
}
#section04 .img_container img {
    width: 100%; /* 너비 100% */
    display: block; /* 인라인 요소를 블록요소로 변경 */
}
/* 콘텐츠 영역⑤ */
#section05 {
    padding: 115px 0; /* 안쪽 좌우 여백 115px */
    background: #efefef; /* 배경색 지정 */
    display: flex; /* flex container(부모 요소)에 display: flex; 선언 */
}
#section05 .left > img {
    width: 100%; /* 너비 100% */
    display: block; /* 인라인 요소를 블록요소로 변경 */
}
#section05 .right {
    position: relative; /* 자기자신을 기준점 */
}
#section05 .right .text_container {
    position: absolute; /* 부모(상위)를 기준점으로 배치된 상태 */
    left: 150px; /* 좌측 좌표값 */
    top: 50%; /* 상단 좌표값 */
    transform: translateY(-50%); /* transform: translateY; */
}
#section05 .right .text {
    margin-bottom: 20px; /* 바깥 아래 여백 20px */
}
/* 푸터영역 */
footer img {
    width: 100%; /* 너비 100% */
    display: block; /* 인라인 요소를 블록요소로 변경 */
}
```

▌콘텐츠 영역 (max-width: 1600px)

1600px일 경우 header, 콘텐츠 영역❸, 콘텐츠 영역❹, 콘텐츠 영역❺와 같이 레이아웃이 무너지는 부분이 생깁니다. 우리가 정한 desktop(1920px 이하 1600px 이상)까지 레이아웃이 무너지는 부분을 홈페이지가 최적화된 크기로 보여지도록 미디어 쿼리를 사용하여 정의합니다.

◆ 미디어 쿼리 적용 전

▌콘텐츠 영역❸ CSS

```
/* desktop */
@media screen and (max-width: 1600px) {
    /* 콘텐츠 영역③ */
    #section03 > div {
        width: 50%; /* 너비 50% */
    }
}
```

위 코드를 해석하면 다음과 같이 설명할 수 있습니다.

> 1600px부터 #section03 > div 너비 값을 50%로 정의합니다.

▌콘텐츠 영역❹-2 HTML

```
<!-- 콘텐츠 영역④-2 -->
<div class="img_container">
    <!-- 1920px ~ 1600px -->
    <div class="pc">
        <img src="images/section04/car01.jpg" alt="">
    </div>
    <div class="pc">
        <img src="images/section04/car02.jpg" alt="">
    </div>
    <div class="pc">
        <img src="images/section04/car03.jpg" alt="">
    </div>
    <div class="pc">
        <img src="images/section04/car04.jpg" alt="">
    </div>
</div>
```

▌콘텐츠 영역❹-2 CSS

```
/* desktop */
@media screen and (max-width: 1600px) {
    /* 콘텐츠 영역④ */
    #section04 .img_container .pc {
        width: 46%; /* 너비 46% */
    }
}
```

위 코드를 해석하면 다음과 같이 설명할 수 있습니다.

> 1920px ~ 1600px 까지 보여지는 스타일 .pc 클래스 선택자로 그룹화하여 스타일을 정의합니다.
> . 기호에 클래스 이름을 붙여서 사용하는 클래스 선택자는 그룹화하여 동일한 속성을 적용시키는 경우 유용하게 사용됩니다.

```
/* desktop */
@media screen and (max-width: 1600px) {
    /* 콘텐츠 영역⑤ */
    #section05 > div {
        width: 50%; /* 너비 50% */
    }
}
```

위 코드를 해석하면 다음과 같이 설명할 수 있습니다.

1600px부터 #section05 〉 div 너비 값을 50%로 정의합니다.

• **결과값**

desktop(1920px 이하 1600px 이상)까지 레이아웃이 무너지는 부분에 대해 미디어 쿼리를 사용하여 정의한 후, 결과 화면을 다시 확인하면 홈페이지가 최적화된 크기로 보여집니다.

◆ 미디어 쿼리 적용 후

■ 콘텐츠 영역 (max-width: 480px)

마찬가지로 480px일 경우 레이아웃이 무너지는 부분이 생깁니다. 우리가 정한 mobile(480px 이하)까지 레이아웃이 무너지는 부분을 홈페이지가 최적화된 크기로 보여지도록 미디어 쿼리를 사용하여 정의합니다.

◆ 미디어 쿼리 적용 전 (레이아웃이 무너진 한 부분)

▌공통 CSS

```css
/* 공통 */
.mob {
    display: none; /* 1920px ~ 1600px까지 보이지 않도록 지정 */
}
.section > .wrap {
    width: 90%; /* 너비 90% */
    height: 100%; /* 높이 100% */
    margin: 0 auto; /* 블록 요소 가운데 정렬 */
    position: relative; /* 자기자신을 기준점 */
}
/* mobile */
@media screen and (max-width: 480px) {
    /* 공통 */
    .pc {
        display: none; /* 480px부터 보이지 않도록 지정 */
    }
    .mob {
        display: block; /* 480px부터 보이도록 지정 */
    }
    .section > .wrap {
        width: 100%; /* 너비 100% */
    }
}
```

위 코드를 해석하면 다음과 같이 설명할 수 있습니다.

480px 부터 보여지는 스타일 .mob 클래스 선택자로 그룹화하여 스타일을 정의합니다.

앞에서 1920px ~ 1600px 까지 보여지는 스타일 .pc 클래스 선택자로 그룹화하여 스타일을 정의한 것처럼 480px부터 보여지는 스타일은 .mob 클래스 선택자로 그룹화하여 스타일을 정의합니다.

HTML에서는 1920px ~ 1600px까지 보여지는 부분은 〈div class="pc"〉〈/div〉 / 480px부터 보여져야하는 부분은 〈div class="mob"〉〈/div〉 와 같이 클래스를 부여하여 사용합니다.

범위	클래스 선택자명	HTML
1920px ~ 1600px	.pc	〈태그 class="pc"〉〈/태그〉
480px ~	.mob	〈태그 class="mob"〉〈/태그〉

▌헤더 영역 HTML

```html
<!-- 헤더 영역 -->
<header>
    <!-- 1920px ~ 1600px -->
    <div class="pc">
        <img src="images/header/header.jpg" alt="">
    </div>
    <!-- 480px ~ -->
    <div class="mob">
        <img src="images/header/mob.png" alt="">
    </div>
</header>
```

위 코드를 해석하면 다음과 같이 설명할 수 있습니다.

앞에서 1920px ～ 1600px 까지 보여지는 스타일 .pc와 480px부터 보여지는 스타일은 .mob 클래스로 정의했습니다. 그러므로 헤더 영역 클래스를 사용하여 미디어 쿼리 범위에 맞게 스타일을 정의합니다.

▌콘텐츠 영역❶ CSS

```
/* pc */
/* 콘텐츠 영역① */
#section01 .text_container {
    position: absolute; /* 부모(상위)를 기준점으로 배치된 상태 */
    left: 0; /* 좌측 좌표값 */
    bottom: 116px; /* 하단 좌표값 */
}
/* mobile */
edia screen and (max-width: 480px) {
    /* 콘텐츠 영역① */
    #section01 {
     height: 100vh; /* 높이 100vh = 디바이스 높이 100% */
     background: url("../images/section01/mob.jpg") no-repeat; /* 배경 지정*/
     background-size: cover; /* 배경 크기 지정 */
    }
    #section01 .text_container {
     left: 25px; /* 좌측 좌표값 */
    }
    #section01 .text_container .title > img {
     width: 80%; /* 너비 80% */
    }
}
```

위 코드를 해석하면 다음과 같이 설명할 수 있습니다.

1920px ～ 1600px에서 보여준 스타일을 480px ～부터 다른 스타일로 정의할 때, 선택자 명과 변경할 속성이 같아야 됩니다.

예 #section01 .text_container 요소를 선택하여 1920px ～ 1600px일 경우, 좌측 좌표 값left 속성 값이 0 이였지만, 480px 이하일 경우, left 속성 값을 25px로 재정의하였습니다.

범위	클래스 선택자명	HTML
1920px ～ 1600px	#section01 .text_container	left: 0;
480px ～	#section01 .text_container	left: 25px;

▌콘텐츠 영역❷ CSS

```
콘텐츠 영역  CSS
/* mobile */
@media screen and (max-width: 480px) {
    /* 콘텐츠 영역② */
    #section02 .wrap {
        padding: 0 25px; /* 안쪽 상하 여백 25px */
    }
    #section02 .img_container > div {
        width: 80%; /* 너비 80% */
    }
}
```

▌콘텐츠 영역❸ CSS

```
/* mobile */
@media screen and (max-width: 480px) {
/* 콘텐츠 영역③ */
    #section03 {
        display: block; /* flex를 블록 요소로 재정의*/
        margin-bottom: 115px; /* 바깥 아래 여백 115px */
    }
    #section03 > div {
        width: 100%; /* 너비 100% */
    }
    #section03 .left {
        margin-bottom: 40px; /* 바깥 아래 여백 40px */
    }
    #section03 .right .text_container {
        position: relative; /* 자기자신을 기준점 */
        left: 25px; /* 좌측 좌표값 */
        top: 0; /* 상단 좌표값 */
        transform: translateY(0); /* transform: translateY */
    }
}
```

▌콘텐츠 영역❹-2 HTML

```
<!-- 콘텐츠 영역④-2 -->
<div class="img_container">
    <!-- 1920px ~ 1600px 까지 보여지는 클래스 선택자 정의 -->
    <div class="pc">
        <img src="images/section04/car01.jpg" alt="">
    </div>
    <div class="pc">
        <img src="images/section04/car02.jpg" alt="">
    </div>
    <div class="pc">
        <img src="images/section04/car03.jpg" alt="">
    </div>
```

```
        <div class="pc">
            <img src="images/section04/car04.jpg" alt="">
        </div>
        <!-- 480px ~ 보여지는 클래스 선택자 정의 -->
        <div class="mob">
            <img src="images/section04/mob01.jpg" alt="">
        </div>
        <div class="mob">
            <img src="images/section04/mob02.jpg" alt="">
        </div>
        <div class="mob">
            <img src="images/section04/mob03.jpg" alt="">
        </div>
        <div class="mob">
            <img src="images/section04/mob04.jpg" alt="">
        </div>
    </div>
```

▌콘텐츠 영역❹ CSS

```
/* mobile */
@media screen and (max-width: 480px) {
    /* 콘텐츠 영역④ */
    #section04 .title {
        padding-left: 25px; /* 안쪽 좌측 여백 25px */
    }
    #section04 .img_container > div {
        margin-bottom: 20px; /* 바깥 하단 여백 20px */
    }
    /* #section04 .img_container > div 자식 중 마지막 자식 선택 */
    #section04 .img_container > div:last-child {
        margin-bottom: 40px; /* 바깥 하단 여백 40px */
    }
}
```

> **480px 부터 보여지는 스타일 .mob 클래스 선택자로 그룹화하여 스타일을 정의합니다.**
>
> 앞에서 1920px ~ 1600px 까지 보여지는 스타일 .pc 클래스 선택자로 그룹화하여 스타일을 정의한 것처럼 480px부터
> 보여지는 스타일은 .mob 클래스 선택자로 그룹화하여 스타일을 정의합니다.

▌콘텐츠 영역❺ CSS

```
/* mobile */
@media screen and (max-width: 480px) {
    /* 콘텐츠 영역⑤ */
    #section05 {
        padding: 40px 0; /* 안쪽 좌우 여백 40px */
        display: block; /* flex를 블록 요소로 재정의*/
    }
    #section05 > div {
```

```
        width: 100%; /* 너비 100% */
    }
    #section05 .left {
        margin-bottom: 40px; /* 바깥 하단 여백 40px */
    }
    #section05 .right .text_container {
        position: relative; /* 자기자신을 기준점 */
        left: 25px; /* 좌측 좌표값 */
        top: 0; /* 상단 좌표값 */
        transform: translateY(0); /* transform: translateY; */
    }
}
```

mobile(480px 이하) 레이아웃이 무너지는 부분에 대해 미디어 쿼리를 사용하여 정의한 후, 결과 화면을 다시 확인하면 홈페이지가 최적화된 크기로 보여집니다.

▌ html, body

• 필수 태그 및 속성

챕터	구분	설명
ch08	overflow	내용이 넘칠 때 어떻게 보여줄지 설정하는 속성

▌ html, body CSS

```
/* 공통 */
html, body {
    overflow-x: hidden; /* x축 스크롤 숨기기 */
}
```

위 코드를 해석하면 다음과 같이 설명할 수 있습니다.

x축 스크롤이 생기지 않을 경우에도 오류를 대비하여 html, body에 대한 x축 스크롤을 숨기는 것을 정의합니다.